THE CRISIS OF NEOLIBERALISM

The Crisis of Neoliberalism

by Gérard Duménil & Dominique Lévy

신자유주의의 위기: 자본의 반격 그 이후

1판1쇄 | 2014년 7월 21일

지은이 | 제라르 뒤메닐, 도미니크 레비
옮긴이 | 김덕민

펴낸이 | 박상훈
주간 | 정민용
편집장 | 안중철
책임편집 | 최미정
편집 | 윤상훈, 이진실, 장윤미(영업 담당)
업무지원 | 김재선

펴낸 곳 | 후마니타스(주)
등록 | 2002년 2월 19일 제300-2003-108호
주소 | 서울 마포구 독막로 23(합정동) 1층 (121-883)
전화 | 편집_02.739.9929 제작·영업_02.722.9960 팩스_02.733.9910
홈페이지 | www.humanitasbook.co.kr

인쇄 | 천일_031.955.8083 제본 | 일진_031.908.1407

값 25,000원

ISBN 978-89-6437-209-8 93320

이 도서의 국립중앙도서관 출판시도서목록(CIP)은 e-CIP 홈페이지(http://www.nl.go.kr/ecip)에서
이용하실 수 있습니다.(CIP제어번호: CIP2014020292)

자 본 의 반 격 그 이 후

신자유주의의 위기

제라르 뒤메닐 · 도미니크 레비 지음

김덕민 옮김

후마니타스

| 도표 |

| 약어표 |

약어	원어	우리말
ABCP	Asset-Backed Commercial Paper	자산유동화기업어음
ABS	Asset-Backed Security	자산유동화증권
ARM	Adjustable Rate Mortgage	변동금리주택담보대출
BIS	Bank of International Settlements	국제결제은행
CDO	Collateralized Debt Obligation	부채담보부증권
CDS	Credit Default Swap	신용부도스와프
CLO	Collateralized Loan Obligation	대출담보부증권
DIA	Direct Investment Abroad	해외직접투자
FDIC	Federal Deposit Insurance Corporation	연방예금보험공사
FHA	Federal Housing Administration	연방주택청
FHFA	Federal Housing Finance Agency	연방주택금융국
FHLB	Federal Home Loan Bank	연방주택대부은행
FSLIC	Federal Savings and Loan Insurance Company	연방저축대부조합보험공사
GATT	General Agreement on Tariffs and Trade	관세와 무역에 관한 일반협정
GDP	Gross Domestic Product	국내총생산
GSE	Government-Sponsored Enterprise	정부지원기관
GWP	Gross World Product	세계총생산
HEL	Home Equity Loans	홈-에쿼티론
HELOC	Home Equity Line Of Credit	홈-에쿼티-라인-오브-크레딧
IBF	International Banking Facility	역외금융시장
IMF	International Monetary Fund	국제통화기금
ISI	Import-Substitution Industrialization	수입대체공업화
JOM	Japan Offshore Market	일본역외시장
LBO	Leveraged Buyout	차입매수
LIBOR	London Inter Bank Offered Rate	런던 은행 간 금리
MBS	Mortgage-Backed Security	주택담보대출유동화증권
MMMF	Money Market Mutual Fund	머니-마켓-뮤추얼-펀드
NATO	North Atlantic Treaty Organization	북대서양조약기구
NRA	National Recovery Administration	국가재건청
NYSE	New York Stock Exchange	뉴욕증권거래소
OBSE	Off-Balance-Sheet Entity	장부 외 회사
OECD	Organization for Economic Cooperation and Development	경제협력개발기구
OITP	Other Important Trading Partners	기타 주요 무역 상대국
OTC	Over The Counter	장외거래
PPP	Purchasing Power Parity	구매력평가지수
ROE	Rate of Return on Equity	자기자본수익률
SEC	Securities and Exchange Commission	증권거래위원회
SIV	Structured Investment Vehicle	구조화투자회사
WTO	World Trade Organization	세계무역기구

한국어판 서문

2008년의 위기인 미국과 유럽의 '신자유주의의 위기'는 19세기 후반 이후 발생한, 자본주의 역사의 네 번째 구조적 위기다. 역사는 절대 반복되지 않지만, 수수께끼 같은 규정 요소들이 관찰된다. 구조적 위기가 약 40년을 주기로 발생하는 이유는 무엇일까? 왜 그런 위기들은 약 10년 동안 지속될까? 사실 우리는 이 같은 기본적 질문에 대한 해답을 가지고 있지 않다. 하지만 한 가지만은 확실하다. 이번 위기는 구조적 위기이며, 몇 달 또는 몇 년 만에 빠져나올 수 있으리라 예상하기 힘들다는 점이 바로 그것이다. 바로 이것이 이 책 『신자유주의의 위기』의 주제다. 한국어판이 출판되는 바로 이 시점에서 위기는 5년째로 접어들고 있다. 낡은 중심부 내에서나 신흥국가들 안에서 모두 안정적인 새로운 경로를 발견하기 위해서는 상당한 시간이 필요할 것이다. 확실히 위기는 그 이전에 발생한 세 번의 구조적 위기보다 덜 지속되지는 않을 것이고, 아마도 더 지속될는지 모른다.

　여러분은 이 책의 각 장과 그 안에 들어 있는 다양한 도표와 그림들을 통해 위기를 명확하고 확실하게 다루는 기술적 측면들을 파악할 수 있기 때문에 이 서문에서 그런 문제를 다루지는 않는다. 이 책은 역사적 분석과 실물 및 금융 메커니즘에 대한 세밀하고 기술적인 설명을 결합한다. 여기서 주목하고 싶은 것은 위기 및 현재의 정치적 상황들에 대한 해석을 둘러싼 논쟁들이다. 이런 논쟁들이 결국 앞으로 다가올 수십 년을 규정할 것이다.

우리는 1890년대 위기, 대공황, 1970년대 위기를 지배한 메커니즘과 관련된 이론 및 경험적 연구를 지속해 오면서 구조적 위기를 설명하는 단일한 틀은 존재하지 않는다고 결론을 내렸다. 물론 이윤율의 장기적인 운동은 자본주의의 역사적 동역학을 이해하는 데 결정적인 요소다. 과거와 마찬가지로 현재 나타나고 있는 이윤율의 경향은 수십 년 후에도 중요한 역할을 할 것이다. 그러나 또한 마르크스의 논의 속에는 커다란 붕괴로 이어지는 대칭적 유형의 메커니즘이 존재한다. 이런 메커니즘 안에서 자본주의는 수익성 위기 때와 같이 침몰하는 것이 아니라 폭발한다.『공산주의자 선언』에서 칼 마르크스Karl Marx는 지속 불가능한 궤도들을 향해 모든 메커니즘들 — 특히 금융(『자본』의 가공자본에 대한 분석에서처럼) — 을 밀어붙이는 자본가계급을 도제 '마법사'로서 묘사했다. 많은 마르크스주의 학자들은 '케인스주의자'들만이 금융 메커니즘에 대해서 언급하는 것으로 치부하면서(마치 마르크스가 금융 불안정성에 대한 이론을 펼치지 않은 사람인 것처럼) 이윤율 저하로만 2008년 위기를 해석하려고 한다. [그리고 그들은 동시에] 우리가 신자유주의와 그 위기의 기본적인 '계급적' 성격을 분석하고 있다는 점을 고려하지 않는다. 또한 세계화 또는 미국 경제의 불균형 — 결정적 역할을 했던 국제적 헤게모니를 통해 표현되고 있는 — 과 같은 위기의 비금융적 결정 요소들을 간과해 버린다.

1970년대의 위기가 수익성 위기였다면 모든 위기도 동일한 입장에서 설명되어야만 한다고 믿고 있다. 그들은 이따금 자본주의가 이와 같은 이윤율의 지속적인 저하의 결과로 나타난 최종적 위기에 진입했다고 주장한다. 우리가 보기에 역사적 동역학은 훨씬 더 복잡하다. 자본주의는 인간 사회의 하나의 국면일 뿐이지만, 신자유주의 또는 전후 사회-민주주의적 타협처럼 다양한 형태로 존재할 수 있으며, 미래에 사라질 것이지만 어떤 상황에서 그렇게 될지는 예상하기 힘들다. 한 가지 길만 존재하는 것이 아니다.

이 책에서는 2008년 위기를 '금융 헤게모니' — 관리자 계급과 동맹한 자본가계급 및 그들의 금융기관이 갖고 있는 헤게모니 — 의 위기로 해석한다. 이 위기는 대공황을 떠올리게 한다. 많은 점에서 대공황과 비교해 볼 때 이번 위기로부터 발생한 하강 국면이 그때보다 더 크다고 말할 수는 없다. 이는 우리가 1930년대로부터 많은 교훈을 얻었다는 사실을 확인해 준다. 특히 미국의 경우에는 확실하다. 2008년부터 지금까지 이루어지고 있는 강력한 수단들 — 금융기관에 대한 막대한 대출과 정부 적자의 감내 — 을 통해 1929년부터 1933년까지 나타났던 더 심각한 거시 경제적 붕괴를 피할 수 있었다. 이번 위기 이후 또 다른 위기가 발생할 것으로 예상되기는 하지만, 적어도 2012년 초까지의 모습을 보면 그것은 '대공황'Great depression이 아니라 '대수축'Great contraction이다.

하지만 이 책은 이와 같은 교훈을 **부분적으로만** 배웠다는 것을 보여주고 있다. 뉴딜의 급진적 성격과는 대조적으로, 현재의 위기에 대응하기 위해 반드시 필요한 변화를 이끌어 내는 쪽으로 그런 수단이 사용되고 있지는 않다. 금융 메커니즘 또는 세계화의 난폭한 팽창에 대한 그 어떤 실질적 통제도 실행되지 않고 있다. 산업 정책 역시 전혀 실행되지 않았으며, 더 일반적으로는 경제에 대한 정부 개입의 증가를 나타내는 그 어떤 경향도 탐지할 수 없다. '새로운 뉴딜'은 존재하지 않는다. 대공황과의 두 번째 커다란 차이는 제2차 세계대전 준비가 수행한 역할이다. 그것은 완전히 새로운 맥락을 만들어 냈는데, 전쟁 기간 동안 미국 정부에 의한 경제의 전반적 통제가 도입된 것이다. 결론적으로, 신자유주의적 세계의 맥락에서 유럽과 미국의 상대적 우위를 지속시키긴 거의 불가능하다. 2013년 초, 유럽과 미국은 경기후퇴로 진입하고 있다. 시간이 지날수록, 정부 적자의 감축과 총계적 [거시] 경제를 유지하는 데 뒤따르는 필요 조건들 사이의 모순이 점점 더 분명해질 것이다.

하지만 이 두 기간 사이의 차이를 이해하기 위해 정치적 요소를 고려하는 것이 중요하다. 1930년대는 계급투쟁이 강력하게 벌어지던 시기다. 전 세계적으로 강력한 노동자 운동이 존재했으며, 이런 대담한 투쟁으로 말미암아 결국 '사회주의' — 재앙에 가까운 결과를 나은 — 를 주장하는 나라들 내부에 새로운 계급적 권력 형세configuration가 수립되기도 했지만, 전전 기간의 전반적 상황과 그 결과를 변화시키는 못했다. 그와는 반대로 지금 상위 계급들은 계급투쟁에 대한 위협을 느끼고 있지 못하다.

이런 정치적 상황이 갖는 주요 결과들이 이 책의 주제다. 상위 계급들은 그들이 엄청나게 이익을 본 사회적 추세들의 지속을 여전히 꿈꾸면서 급진적 전환의 필요성을 느끼지 못하고 있다. 최악은 미국의 공화당 가운데 가장 급진적인 분파들이 이번 위기를 경제에 대한 정부의 과도한 개입 탓으로 돌리면서, '초신자유주의'super neoliberalism로의 전환을 촉진하고 있다. 몇몇 지점에서 그 '스타일'이 매우 다르긴 하지만, 이와 유사한 추세가 유럽에서도 관찰된다. 이는 특히 유럽의 주변 국가에 대해 민족경제에 대한 더 엄격하고 더 정통적인 통제를 실행할 것을 요구하고 있다. 미국의 민주당 분파들 내에서와 같이 더 상당한 수준의 조정 — 특히 금융 규제 및 산업 정책과 관련한 — 을 요구하는 두 번째 상황도 있지만 새로운 사회적 배치의 윤곽을 만들어 내는 과업은 상위 계급(버락 오바마 대통령의 건강보험 프로그램처럼 사회보장의 확대 방향으로 일부 열려져 있기는 하지만)으로만 국한되어 있다. 상층부 소득 위계 관계의 재배치가 기대될 수 있을지라도 상위 계급의 특권에 대해서는 어떤 심각한 의문도 표시되지 않을 것이라 예상된다.

이 책의 마지막 부분에서는 미국 내의 중요한 결정 요소로서 '민족적 요소', 미국의 국제적 헤게모니의 쇠퇴에 대한 의식 증대가 빚어낼 새로운 동역학을 이야기하고 있다. 아직 뒤쳐져 있지만, 군사적 잠재력 또한 계속 확대하고 있는 중국과 같은 나라의 부상이 중심에 있다. 유럽에는 명확히 그런 가능성이 없다.

결국 이번 위기는 미국 및 유럽과 같은 낡은 중심부의 위기다. 주변부의 경제 대부분도 위기로 인해 손실을 입었지만 다소 빠르게 회복되었다. 따라서 신자유주의의 운명만이 문제가 아니라 새로운 국제적 권력 형세 또한 문제인 것이다. 사실 이런 두 개의 현상 범주 사이의 관계는 상호적이다. 신자유주의로부터 멀리 벗어날수록 전통적인 국제적 지배 양상의 쇠퇴도 감속될 수 있을 것이다.

2013년 4월
제라르 뒤메닐, 도미니크 레비

서론

서브프라임 붕괴로부터 대수축으로

2007년 8월 미국 서브프라임 대출 붕괴에서 시작된 위기는 여전히 자본주의 역사에 뚜렷한 이정표로 남아 있다. 위기가 발생한 이후, 금융적 혼란은 예상치 못한 수준으로 전개되었다. 그 충격으로 인해 지난 수십 년 동안 형성되었던 취약한 금융 구조는 악화되었고, 실물경제는 불안정화되었다. 2008년 9월에는 자본주의가 심각하고 지속적인 위기, 즉 대공황을 연상시키는 대수축의 단계로 접어들었음이 명백해졌다.

신자유주의의 위기

신자유주의는 1970년대의 구조적 위기의 결과로 출현한 새로운 국면의 자본주의다. 그것은 자신들의 헤게모니를 강화하고 그것을 전 지구적으로 확장시킬 목적으로 자본가들이 상위 관리자, 좀 더 구체적으로는 금융 관리자와의 동맹을 통해 실행하고 있는 전략이다. 우리가 2004년『자

본의 반격: 신자유주의 혁명의 기원』*Capital Resurgent: Roots of the Neoliberal Revolution*을 하버드대학교 출판부에서 출간하면서 말한 것처럼 그와 같은 전략들은 그 목표들에 비추어 볼 때 성공적이었다. 그들의 목표는 소수 특권층의 소득과 부 그리고 국가에 대한 지배력을 확보하는 것이었다. 지금 발생하고 있는 위기는 바로 그런 전략에 내재하고 있는 모순의 결과다. 위기로 말미암아 그런 전략이 지속 불가능한 것으로 드러났고, 결국 '신자유주의의 위기'라고 일컬어질 수 있는 현재의 사태로 이어졌다. 신자유주의적 경향은 궁극적으로 상위 계급 '안전판'의 경제적 기초 — 금융기관들에 대한 전 세계적인 지도력과 자신의 통화가 가지고 있는 지배력을 유지하고 성장시킬 미국의 역량(이는 막다른 궁지로 귀결될 계급적이고도 제국주의적인 전략이었다) — 를 불안정화했다.

새로운 사회질서: 다극화된 세계

신자유주의의 위기는 19세기 말 이후 자본주의에서 발생한 네 번째 구조적 위기다. 이런 각각의 지각변동을 계기로 새로운 사회질서가 수립되었고, 국제 관계 또한 완전히 변화되었다. 현재의 위기는 이와 유사한 이행 과정의 시작을 나타낸다. 이와 관련한 금융 규제뿐만 아니라 새로운 기업지배구조, 금융 부문의 재건, 새로운 정책들이 요구되고 있다. 신자유주의적 세계화의 기본적인 교리와 실천이 의문시될 것이고, 미국의 생산은 상당 부분 '재영토화'되어야 할 것이다. 따라서 중국, 인도, 브라질 같은 나라들은 미국과의 관계에서 점차 덜 의존적이게 될 것이다. 특히 이런 상황은 현재의 대수축이 일단 멈추게 되면 이루어져야 할 미국 경제의 누적적 불균형과 하락 추세의 축적이라는 거시 궤도를 수정하는 데 상당한 어려움을 줄 것이다.

어쨌든 새로운 세계 질서는 현재보다 더욱 다극적이 될 것이다. 나아가, 만약 그런 변화가 미국에서 성공적으로 이루어지지 못한다면 미국의 국제적 헤게모니는 급격하게 쇠퇴할 것이다. 미국 경제의 상대적 쇠퇴를 늦추기 위해 향후 수십 년간 시급히 요구되는 과제는 [현재와] 같은 계급 지도력과 고삐 풀린 세계화 경향 아래에서는 실현될 수 없다. 상위 계급 일부의 억제되지 않은 [소득과 권력에 대한] 추구를 멈춰야만 할 것이다. 민중 계급 및 세계의 민중들에 의해 행사되는 압력이 많은 것을 좌우할 것이지만, '민족적 요소' — 자신의 전 세계적 우위를 유지하기 위한 미국의 민족적 헌신 — 가 결정적인 역할을 할 것이다. 2009년 말 현재, 좌파적 대안이 희미하게 등장하고 있기는 하지만, 그것은 새로운 우파 또는 좌파적 사회적 배치를 조건으로 해서 필연적으로 조정될 것이다.

현재 발생하고 있는 위기가 장기적인 교정 과정의 초기 단계에 불과하다는 점을 이해하는 것이 중요하다. 이런 과정이 얼마나 걸릴지는 국내적·국제적 투쟁 및 위기의 심각성에 의존하고 있다. 더욱 긴급한 조정을 수행할 수 있는 미국 상위 계급의 역량과 중국의 협력 의지가 중요한 요소다. 달러 위기는 그 과정의 기본적 모습들을 바꿀 수 있는 일련의 사건들을 초래할 수도 있다.

앞으로의 수십 년 동안 나타날 새로운 사회질서와 글로벌 질서들은 지구온난화에 의해 만들어진 위기적 상황에도 직면해야만 할 것이다. 이런 문제는 이번 연구의 범위를 넘어서는 것이다. [그러나] 난폭한 신자유주의적 자본주의의 동역학을 넘어서는 새로운 형세들을 수립해야 할 필요성에 더해, 이와 같은 새로운 과제에 대한 더욱 강력한 정부 개입과 국제 협력이 요구될 것이다.

몇몇 시계열의 업데이트를 제외하면, 이 책은 2009년 10월 마지막으로 수정되었다. 확실히 드러날 것이 앞으로도 많이 남아 있다. 하지만 가까운 미래에 최종적인 결과가 나타날 것이라는 예상은 현실적이지 않다. 이 책은 위기의 원인과 그것의 발생, 전 지구적인 산출 수준의 위축이 일어난 첫 번째 단계 및 앞으로 수십 년간 발생한 일들에 대한 전망을 다루고 있다. 이는 규범적인 관점이 아니라 분석적인 것이다.

| 제1부 |

신자유주의와
미국 상위 계급의 전략

대담한 시도의 성공과 실패

현재적 위기를 분석하는 과정에는 서로 다른 두 가지의 현상 범주가 연루되어 있다. 하나는 자본주의의 역사적 동역학이며, 또 다른 범주는 금융 및 거시 메커니즘이다. 우리는 이런 두 가지 범주의 교차점 위에서 위기를 해석해야 하지만, 이런 상호적 관계를 설명하고 올바로 평가하는 데에는 상당한 어려움이 있다.

신자유주의는 자본주의의 진화 과정 속에서 등장한 새로운 국면으로 해석되어야만 한다. 따라서 그것은 기본적 메커니즘과 모순이라는 측면에서 내재적으로 묘사될 수 있다. 하지만 현재의 국면을 이해하기 위해서는 그 이전에 무슨 일이 있었는지 검토하는 것이 필수적이다. 이전의 기간과 비교해 보면 새로운 기간이 가지고 있는 고유한 특징들이 명확히 드러난다. 신자유주의가 수립될 수 있었던 사회·정치·경제적인 추세에 대한 분석을 통해 그런 사회적 질서가 담고 있는 본질과 운명에 대해 이야기할 수 있다. 그와 대칭적으로 신자유주의의 위기라는 개념은 새로운 국면으로의 이행이 가능할 수도 있다는 것을 의미하며, 따라서 현재 발생하고 있는 위기의 결과에 따라 나타날 수 있는 사회의 본질 역시 이번 연구의 주요한 구성 요소다.

따라서 몇 가지 기본적인 질문을 제기할 필요가 있다. 자본주의의 국면들이란 무엇인가? 그런 국면들은 어떻게 수립되었는가? 그것들은 어떻게 사라졌는가? 무엇이 신자유주의의 구체적 특징들인가? 첫 번째 장의 목표는 자본주의의 역사적 동역학이라는 광범위한 맥락에서 미국의 헤게모니 아래서 이루어진 신자유주의의 상승과 몰락을 해석하는 것이다. 문자 그대로의 금융 위기와 그 뒤에 이어진 미국 및 전 지구적 규모의 급격한 산출 수축이 두 번째 문제들의 경계를 확정한다. 이런 메커니즘들 속에는 두 가지 중요한 양상이 존재한다. 첫 번째는 금융 활동의 극적인 팽창 및 이를 위한 대대적인 규제 완화와 관련이 있다. 여기에는 금융 행위자의 놀라운 혁신 역량(증권화, 파생상품시장 등)을 통한 기술적 복잡성이 관련되어 있다. 거시 경제적 메커니즘은 두 번째 요소 집합을 정의한다. 소비 및 투자, 대외무역, 그리고 미국 경제의 대내외적 부채가 이와 관련된 주요 변수들이다. 그리고 일련의 두 메커니즘, 즉 금융적 변수들과 거시적인 변수들은 오직 서로 간의 관계 속에서만 이해될 수 있다. 예를 들어, 새로운 금융적 도구들의 발전이 없었다면, 미국 거시 궤도의 기본적 구성 요소인 국내 부채의 증가는 불가능했을 것이다. 이는 금융 위기 및 산출의 수축에 대한 분석과 전반적인 분석 틀 및 결론에 대한 개요를 서술하는 2장에서 다뤄질 것이다.

1장과 2장의 목표는 이 책의 전반적인 주장을 요약하는 것이지만, 좀 더 근본적으로는 이 책의 나머지 부분에서 논의될 다양한 기본적인 개념들과 메커니즘을 소개하는 것이다.

1

헤게모니의 역사적 동역학

이번 장에서는 신자유주의를 계급들과 국가들 간의 위계 관계, 좀 더 구체적으로는 계급 헤게모니와 신자유주의적 세계화 과정에서 미국이 가지고 있었던 전 지구적 지배력으로 해석하는 데 집중할 것이다. 신자유주의의 형성과 절정, 위기라는 과정은 바로 그런 사회적이고 국제적인 형세들의 상승과 몰락이라는 역사 속의 사건들로서 해석된다. 신자유주의는 20세기로의 전환 이후 나타난 자본주의, 즉 현대자본주의를 공통적으로 구성하는 세 가지 사회적 질서의 가장 최근 단계로 나타났다. 이런 각 사회질서의 흥륭과 몰락은 지금과 같은 대위기 또는 '구조적 위기'의 발생을 시점으로 이루어진다. 국제적 헤게모니의 역사적 동역학은 명백히 상호 관련되어 있지만 다소 상이한 두 가지 범주의 현상과 관련되어 있다. 다시 말해, 신자유주의의 위기로 인해 미국 헤게모니의 후퇴가 임박해 있음이 드러난다.

계급 헤게모니로서 신자유주의: 신자유주의 세계화 속의 제국주의

신자유주의는 다면적인 현상으로, 모든 역사적 결정 요소들이 수렴한 결과다. 정확히 그 시작을 규정하기는 어렵다. 실제로 그런 추세는 전후 사회 및 경제의 기본적인 특징이 규정되었던 제2차 세계대전 말에도 분명히 나타났었다. 환율의 변동과 같은 1970년대 초 달러의 위기 또는 1970년대 라틴아메리카의 독재 권력에 의해 수립되었던 정책들을 둘러싼 다양한 전개 과정들이 초기의 징후로서 고려될 수 있다. 하지만 범위를 좁혀서 보면, 신자유주의는 위기의 10년이었던 1970년대 말 미국과 영국에서 우선적으로 수립되었고, 몇 해 후에 유럽 대륙을 비롯해 전 지구적으로 수립되었다고 주장할 수 있다. 미국 연방준비제도Federal Reserve[이하, 연준_옮긴이]가 이른바 인플레이션을 억제하기 위해 요구되는 어떤 수준까지 이자율을 올리기로 결정한 1979년을 새로운 기간으로의 진입을 상징하는 해로 이야기할 수 있다.

가장 고소득 층위, 즉 자본주의적 소유자 및 상위 관리자 분파에 이롭게 설정된 새로운 계급적 목표가 국내적이고 국제적인 신자유주의적 자본주의의 전반적인 동역학을 규정하고 있다는 것이 『자본의 반격』의 중심적 테제였다. 특권적인 소수에게 유리한, 소득의 거대한 집중이 새로운 질서로부터 나타난 주요한 성과로 이는 소득 자료를 통해 명확히 확인할 수 있다. 이런 점에서 **사회질서**는 **권력 형세**와 동일하며, 권력 형세라는 개념 속에는 '계급' 권력이 내포되어 있다. 이런 관찰에 추가해 미국 자본소득의 많은 부분이 미국 바깥에서 온 것이며, 그 양이 증가하고 있다는 점을 국민 계정을 통해 확인할 수 있다. 계급 관계뿐만 아니라 자본주의의 항상적인 특징인 제국주의적 위계 관계 또한 관련되어 있는 것이다.[1]

다양한 경향이 수렴된 결과, 새로운 소득분배 형세가 등장했다. 1970년대 낮은 수준에 도달했던 이윤율을 회복시키거나 적어도 하락 추세를 막기 위해 다수의 임노동자에게 강력한 압력이 가해졌다. 무역과 자본이동의 경계를 개방함으로써, 높은 수익을 발생시키는 사회적 조건을 갖춘 지역에 투자를 할 수 있는 길이 열렸고, 이에 따라 미국 상위 계급들(과 일정한 범위에서 자본소득을 통해 이익을 보는 더 광범위한 집단)에 유리한 소득 흐름이 창출되었다. 자유무역은 노동자들에게 더 큰 압력을 가했는데, 이는 노동비용이 낮은 국가들과의 경쟁 효과 때문이었다. 또한 가계와 정부의 채무가 증가함에 따라 그로부터 거대한 자본소득이 발생했다. 금융 메커니즘의 팽창과 복잡성의 정도가 2000년 이후 극단적인 수준에 도달함에 따라, 부유한 가계와 금융 부문에 막대한 소득이 발생했다. 마침내 위기를 통해 이런 소득 흐름의 많은 부분이 증권의 과대평가로 인해 발생한 의심스러운 이익dubious profits에 기초하고 있음이 드러났다.

사회 계급들의 상대적 이해관계 이외에도 경제·정치·군사적으로 미국이 차지하고 있는 주도적 지위 역시 고려할 필요가 있다. 위기가 발생하기 이전 수십 년 동안 존재했던 미국의 우위에 기초한 정치적 조건은 잘 알려져 있다. 정치적 실체로서 유럽의 약화와 소비에트의 몰락이 주요한 요소들이다. 1970년대에 유럽과 일본의 성장으로 인해 나타났던

1_G. Duménil & D. Lévy, *Capital Resurgent: Roots of the Neoliberal Revolution* (Cambridge, Mass: Harvard University Press, 2004)[『자본의 반격』, 이강국·장시복 옮김, 필맥, 2006]. 이렇듯 신자유주의를 계급적 현상으로 해석하는 것은 G. Duménil & D. Lévy, "Costs and Benefits of Neoliberalism: A Class Analysis," *Review of International Political Economy* 8-4 (2001), 578-607을 통해 영어권에 처음으로 출판되었다.

미국의 상대적 쇠퇴 추세는 신자유주의로 인해 수정되었다. 미국은 국내 총생산GDP 규모 면에서 여전히 가장 큰 나라이며, 생산 및 금융 메커니즘 양쪽 모두에서 이루어진 연구 및 혁신에서도 선도적 위치에 있다. 그 결과 달러는 국제적 통화로 승인되었다.

국제적인 신자유주의적 질서 — 신자유주의적 세계화라 알려져 있는 — 는 중심부의 주요 자본주의국가들로부터 주변부의 저발전 국가들에 이르기까지, 1990년대와 2000년 이후 발생한 라틴아메리카와 아시아의 심각한 위기들을 대가로, 전 세계에 부과되었다. 제국주의의 모든 단계에서 그런 것처럼 부패·전복·전쟁과 같은, 직접적인 경제적 폭력 이상의 것들이 이 같은 국제적 권력관계의 도구가 되어 왔다. 주요한 정치적 수단은 항상 그렇지만, 제국주의에 친화적인 정부의 수립이다. 피지배 국가 엘리트들의 협력이 중요하며, 또한 현대자본주의에서는 세계무역기구WTO, 세계은행World Bank, 국제통화기금IMF, 북대서양조약기구NATO와 같은 국제기관의 역할도 결정적이다. 이 같은 지배의 경제적인 목표는 저가의 천연자원을 확보하고, 포트폴리오 및 해외직접투자로 매개되는 해외투자를 통해 '잉여'를 추출하려는 것이다. 주변부 국가들이 스스로 천연자원 판매와 해외투자 유치를 열망했다고 하더라도 지배 관계의 본질은 변하지 않는다. 설령 어떤 국가의 노동자들이 이윤의 궁극적 원천인 노동력을 팔길 스스로 원했다 해도, 지배 관계의 본질이 변하지 않듯 말이다.

동일한 개념인 헤게모니는 국제적인 제국주의 및 신자유주의에서와 같은 계급적 위계 관계를 모두 언급할 때 사용된다. 안토니오 그람시Antonio Gramsci의 접근법과 같이 헤게모니와 지배domination는 구별되는 것이 아니다. 그 개념은 계급 및 국제적 메커니즘의 공통적 측면을 강조하고 있다. 각각의 사례에서 계급 또는 국가는 다양한 행위자들이 관련되어 있는 지배 과정을 지휘한다. 신자유주의 내에서 금융기관의 지원을 받는 자본가계급 상위 분파는 자본가들의 공동 지배를 실행하는 좀 더 광범위한 상위 계급 집단 내에서 리더 역할을 했다. 이와 유사하게 미국도 제국주의 국가들 사이에서 리더로 행동했다.

상위 계급 또는 선진국 집단에 의한, 불균등하기는 하지만 결합적인 지배라는 개념 속에는 중요한 함의가 내포되어 있다. 공동 지배는 협력뿐만 아니라 경쟁적 관계에 기초하고 있다. 사회적 위계의 꼭대기에는 다양한 집단들이 연루되어 있고, 이들은 더 좁게 정의된 지도부의 기획을 지원하고 있다. 그런 위계적 동맹을 '타협'이라고 부를 수도 있는데, 리더는 자신의 요구를 추종자들의 어떤 요구들에 맞추어 조정하기도 하지만, 결국에는 그들 전체를 지배한다. 이는 제국주의적 권력 집단 내에 있는 다양한 국가들의 상대적 지위에서도 마찬가지다. 상층부의 타협은 국제적인 결합적 지배의 실행에서 지배적이지만 헤게모니적 권력에 의해 규율된다(아테네의 델로스 동맹에서와 마찬가지로).

현대자본주의의 실물 및 금융적 추세들의 결정 과정에서, 이 두 구성요소들 — 계급 및 국제적 헤게모니 — 은 상호작용적 영향을 미친다. 이번 위기는 "미국 헤게모니하의 신자유주의"라고 일컬을 수 있는 것에서 전형적으로 나타나는 두 개의 요소들에 의해 결합적으로 형성된 역사적 궤도의 모순을 표현한다.

역사적 관점: 현대자본주의

신자유주의를 자본주의의 가장 최근의 국면으로 정의하는 것은 이전 기자본주의에 대한 단일한 시기 구분은 존재하지 않는다. 역사는 상당한 정도의 자율성을 지니고 있는 상호 관계의 네트워크 내에 있는 개별적 현상들의 집합에 준거하고 있다. 분석가들은 여러 다른 것들 중에서 제도적 변화, 장기파동, 기술 변화와 수익성 추세, 경쟁 양상, 정책적 틀, 또는 사회·정치적 관계에 기초해 시기를 구분해 왔다. 예컨대 루돌프 힐퍼딩은 금융 부문과 산업 부문 사이의 관계에서 나타나는 전환을 기초로 20세기 초에 등장한 자본주의의 새로운 국면(이 글에서는 "현대자본주의"라고 명명한)이 가진 특징을 설명하기 위해 '금융자본'이라는 개념을 발전시켰다. '장기파동' 개념에 초점을 맞춘 중요 문헌들도 있는데, 이 개념은 원래 니콜라이 콘트라티에프가 주장한 것으로, 거대 위기들로 구분되는 팽창과 불황의 수십 년 동안의 장기 국면들을 동반한다. 1960년대에 폴 배런과 폴 스위지는 경쟁 메커니즘의 새로운 양상에 기초해 '독점자본주의'라는 개념을 만들었다. 미국에서는 자본주의 변용과 관련된 또 다른 결정적 측면인 '관리 자본주의'에 대한 중요한 연구가 이루어졌다. 우리는 19세기 말부터 현재까지 이어지는 자본주의의 역사를 세 가지 현상 범주에 기초해 묘사해 왔다. (1) 생산관계와 계급 양상, (2) 계급들 사이의 권력 형세 또는 사회질서, (3) 이윤율 추세.●

시기를 정의하는 과정에서 명확한 연대기적 중첩이 발생하지는 않지만, 그런 시기 구분들 사이의 중요한 상호적 관계가 존재하고 있다.

● R. Hilferding, *Finance Capital: A Study of the Latest Phase of Capitalist Development* (1910; London: Routledge and Kegan Paul, 1981); N. D. Kondratieff, "The Static and Dynamic View of Economics," *Quarterly Journal of Economics* 34, no. 4 (1925), 575-583; I. Wallerstein, "Globalization or the Age of Transition? A Long Term View of the Trajectory of the World System," *International Sociology* 15, no. 2 (2000), 250-268; G. Arrighi, *The Long Twentieth Century: Money, Power and the Origins of Our times* (London: Verso, 1994); P. Baran & P. Sweezy, *The Monopoly Capital* (New York: Monthly Review Press, 1966); A. D. Chandler, *The Visible Hand: The Managerial Revolution in American Business* (Cambridge, Mass.: Harvard University Press, 1977).

간 및 자본주의의 전반적인 시기 구분의 문제를 제기한다(〈상자 1.1〉). 이전 국면의 자본주의는 어떤 것이었는가? 어떤 측면에서 신자유주의를 구별할 수 있는가? 여기에서는 기업, 금융, 그리고 관리 혁명 이후의 자본주의, 즉 20세기 초반부터 현재까지의 현대자본주의 개념을 사용해 연구할 것이며 신자유주의는 현대자본주의 세 번째이자 가장 최근 국면으로 묘사된다.

20세기 초반은 현대자본주의에 전형적인 일련의 제도들, 즉 자본주의적 관계라는 새로운 제도적 틀의 출현에 의해 특징지어진다(이와 같은 분석에서는 그에 상응하는 사회 및 경제적 전환이 극단적으로 나타났던 미국이 특히 강조되고 있다).

1. 19세기 후반의 자본주의. 19세기 후반 마지막 10년 동안 기업의 규모는 기업 내부의 기술적이고 조직적인 과정들의 복잡화와 더불어 커졌다. 교통과 통신의 발전으로 기업은 국내·국제적으로 확장될 수 있었다. 동시에 통화 및 금융 메커니즘은 은행, 대출, 신용화폐fiduciary money의 극적인 발전과 더불어 확장 및 전화 과정 속에 있었다.

1890년대 미국 경제에 커다란 불황이 닥쳤는데, 이는 '대불황'으로 알려져 있다. 이후 [동일한 이름으로 불리는] 더 큰 위기가 1930년대에 발생한다.[2] 앞서 이야기한 새로운 틀이 수립되는 데에는 바로 1890년대의 불황이 중요한 역할을 했다. 그 이전 수십 년 동안 트러스트, 기업 연합, 카

2_[옮긴이] 1890년대, 즉 19세기 말의 위기와 1930년대의 위기를 모두 Great depression으로 표기한다. 하지만 우리나라에서는 대체로 전자의 위기를 대불황이라 부르고 후자를 대공황이라 부르는 경향이 있다. 최근에 1930년대 위기 역시 대불황이라고 부르자는 의견이 있지만, 이 책에서는 통상적인 용어법을 따라 1930년대의 위기를 '대공황'으로 부르고 있다.

르텔의 형성이 두드러졌는데, 이는 점증하는 경쟁 압력에 맞서려는 시도였다. 1890년대 위기는 과잉 경쟁 탓으로 여겨졌으며, 이에 따라 살인적인 경쟁을 피하기 위한 보호책을 마련하기 위한 다양한 시도들이 증가했다. 시장 또는 이윤을 분할하기 위해 개별적으로 존재하고 있는 기업들 간에 이루어질 수 있는 느슨한 수준의 합의는 〈셔먼법〉Sherman Act에 의해 금지되었다. 1890년에 통과된 이 법은 경쟁과 관련한 첫 번째 연방 입법 조치였다.

2. **삼중의 혁명.** 이 책에서 사용되고 있는 이론적 틀에 따르면 19세기 자본주의와 20세기 초에 달성된 소유 및 관리(생산관계)에서의 거대한 혁명 이후의 자본주의는 구별된다. 이 같은 혁명을 세 가지 구성 요소 — 기업, 금융, 관리 — 로 구별할 수 있다. **기업 혁명**으로 인해 기업은 법인화 되었다. 1890년대 위기의 결과로 새로운 기업법이 뉴저지에서 제정되었으며, (셔먼법의 통과와 동시에) 다른 주로 빠르게 퍼져 나갔다.[3] 이런 과정에서 1900년경 기업의 법인화가 극적으로 증가했다. 대형 은행들은 실질적으로 지원과 지배의 혼합적 성격을 갖는 복잡한 관계 속에서 새로운 기업들에 자금을 공급했으며, 금융 체계의 급격한 팽창은 **금융 혁명**의 엔진이 되었다. 이런 새로운 틀 내에서 세 번째 전환, 즉 **관리 혁명**이 시작되었다. 이를 통해 기업에 대한 관리가 봉급을 받는 관리직으로 위임되는 과정은 새로운 정점(특히 이에만 배타적으로 국한된 건 아니었지만, '테일러주의'로 알려진 작업장 내의 조직적 배치와 관련해)에 도달했다. 이는 소유와 관

3_G. Duménil, M. Glick, D. Lévy, "The History of Competition Policy as Economic History," *Antitrust Bulletin* 42-2 (1997), 373-416.

리의 분리를 나타내는 커다란 발걸음이었다. 관리 혁명[4]이 20세기 초반에 일어났기는 하지만, 이와 같은 분리와 그에 상응하는 복잡화된 관리양식은 현대자본주의의 모든 국면에서 근본적인 특징을 이룬다('관리 자본주의'는 여기서 세계대전 이후의 몇십 년 동안을 가리킬 때만 쓰일 뿐이다).

3. 자본가계급과 금융기관: 금융. 세 가지 혁명을 통해 개별 기업들과 연결되어 있다기보다는 좀 더 광범위한 형태의 관계를 가지는 부르주아계급이 수립될 수 있었다. 생산수단의 소유권은 증권 보유를 통해 이루어졌다. 이는 마르크스가 '화폐 자본가', 대부자lender, 주주라고 불렀던 것들이 팽창한 결과였다.[5] 금융기관들이 지원하는 대기업의 출현과 더불어 나타난 금융 및 기업 혁명의 조합은 자본가계급 상위 분파들이 금융기관에 상당히 의존하는 새로운 유형의 관계를 형성했다(〈상자 4.1〉). 금융기관 내로의 이와 같은 자본가 권력의 집중과 생산수단의 소유에서 증권이 차지하는 중요성은, 현대자본주의에서 자본가계급의 지배에 강력한 금융적 성격을 부여했다.

이런 이유로 이 책에서는 자본가계급 상위 분파가 금융기관을 통제하는 사회적 배치 속에서, 자본가계급 상위 분파와 금융기관을 일컫기

4_[옮긴이] Managerial Revolution을 경영학이나 제도주의 등에서 경영자주의와 연관시켜 경영자 혁명이라고 부르는 관행이 있지만, 이 책에서는 더 넓은 의미의 관리 encadrement라는 저자들의 원래의 의미를 살려 '관리'(이는 관리자라는 행위 주체를 관리 관계 속에서 해석하는 저자들의 독특한 관점이다)라 번역했다. 따라서 mangerialism 또한 관리주의다. 더 자세한 것은 J. Bidet et G. Duménil, Altermarxisme: un autre marxisme pour un autre monde(PUF, 2007)나 제라르 뒤메닐, 도미니크 레비, 『현대 마르크스주의 경제학』, 김덕민 옮김(그린비, 2009)을 참조.

5_K. Marx, *Capital*, vol. 3 (1894; New York: Vintage Books, 1981).

위해 '금융'Finance이라는 용어를 사용한다(일반적으로 자본주의에서 그러하 듯). 여기서 사용되는 금융은 산업과 분리된 것이 아니며, 오히려 그것은 계급과 제도적 측면을 결합시키고 있다.

　이와 같은 금융 개념은 현대자본주의에만 적용된다. 위와 같은 삼중 의 혁명이 일어나기 이전에도, '기능 자본가'active capitalists(기업가)와 분리 된 형태의 화폐 자본가뿐만 아니라 금융 부문 또한 경제 내에 명백히 존 재하고 있었다. 하지만 새로운 제도적 형세는 20세기 초에 만들어졌다. 잠재적으로 다양한 산업들 사이로 다각화되는 주식과 채권 형태의 거대 한 투자 지분을 보유한 거대 자본가 가족들 및 소유권에 첨부된 특권을 실행하고 축적에 대한 자금조달에 주요한 역할을 하는 금융 부문이 등장 했다. 금융이라는 개념은 신자유주의 분석에서 결정적이다. 하지만 이와 같은 사회질서 속에서 금융기관 및 자본가계급의 권력은 상당한 중요성 을 획득한 관리의 진보 — 특히 금융 관리에만 배타적으로 국한된 것은 아니다 — 와 떼어 놓고 생각할 수는 없다. 따라서 20세기 초반의 특징 은, 19세기에 이미 진행되어 오던 사회적 추세가 그 절정에 도달했다는 점이다. 그 상징적 형상은 소스타인 베블런이 이야기한 금리생활자 부르 주아계급, 즉 '여가 계급'과 새로운 관리자 계급이었다.[6]

　4. 삼극의 계급 형세. 여기서 우리의 분석은 현대자본주의가 자본가 와 생산 노동자 사이의 단순한 구별보다 훨씬 복잡하고 새로운 계급 양 상을 나타내고 있다는 관찰을 중심으로 이루어지고 있다. 소농, 소매상,

---

6_T. Veblen, *The Theory of the Leisure Class*(London: Macmillan, 1899)[『유한계급론』, 김 성균 옮김, 우물이있는집, 2005].

1. 자본가계급
2. 관리자 계급
3. 민중 계급

장인과 같은 전통적 중간계급 외에도 현대자본주의에서는 관리직 및 직원의 확대를 목격할 수 있다.

이런 사회적 추세의 결과로 말미암아 소유자와 생산 노동자 사이에 계급 경계가 모호한, 단일하고 동질적인 매개 계급, 즉 새로운 중간계급이 형성된 것은 아니다. 오히려 이런 집단 내에서 임금 소득자 사이의 새로운 위계를 의미하는 예리한 양극화, 즉 지도적 범주와 종속적 범주 사이의 분할이 발생했다. "관리직 및 직원"이라는 표현은 이런 이중적 양상을 포착한다는 것을 의미한다([사무] 직원이라는 개념은 특히 여기에서 통상적인 직무 또는 유지 보수 관리를 포함하는 광범위한 의미를 가지고 있다). 관리직은 지도적 범주로 정의되며, 직원은 종속적 범주에 들어간다.

최근 수십 년 동안 현대자본주의에서 발생한 생산 및 사무 노동의 점진적 전환의 결과로 말미암아 직원 및 생산 노동자들을 결합적으로 고려하는 것이 점차 더 적절해졌다. 이는 단순하게 중간계급을 관리자 계급으로 환원하는 단순화를 통해 가능하다. 이 책에서는 〈도표 1.1〉과 같은 삼중의 계급 양상을 활용한다.

이런 계급들 가운데 그 어떤 계급도 동질적이지 않다. 전통적인 자본가계급 내의 분류법에서처럼, 상위 분파와 나머지 집단을 나누는 것이 종종 유용하기도 한다. 거대 주식 보유자, 중소기업 소유자, 진정한 프티

부르주아로 나눌 수도 있다. 그러나 이와 유사한 위계 관계가 관리자 계급에서 전형적으로 나타나기도 한다. 마지막으로, 생산과 사무 노동자 사이의 융합merger은 성숙한 결과라기보다는 어떤 추세를 명확히 나타내며, 현대자본주의 내부의 이질적 범주들의 공존이 여전히 이런 집단의 기본적 특징이다.

권력 형세와 그 계급적 기초

신자유주의는 현대자본주의를 결합적으로 구성하고 있는 세 가지 질서 가운데 가장 최근에 나타난 형태에 해당한다. 그와 같은 사회적 배치에는 계급적 기초가 존재한다. 이런 이유로, 우리는 그것을 "계급 권력 형세"라고 부를 수 있다. 첫 번째와 세 번째 — 각각 20세기 초부터 뉴딜까지, 그리고 1980년대 초반 이후 — 권력 형세를 "제1차 금융 헤게모니"와 "제2차 금융 헤게모니"로 부르기도 한다. 여기서 사용된 금융 헤게모니는 자본가계급 — 현실적으로 금융Finance, 즉 자본가계급 상위 분파와 금융기관 — 이 자신의 이익 또는 그들이 그와 같은 것으로 인식하고 있는 것에 따라 일반적으로 경제 및 사회를 이끌어 나가는 다소 무제한적 역량으로부터 이익을 얻는다는 사실을 언급하고 있다. 이는 어느 정도 현대자본주의에서 '일반'적인 상황이며, 이런 힘이 감소했던 제2차 세계대전 이후 몇십 년 동안, 즉 뉴딜부터 1970년대 후반까지 자본주의는 예외로 받아들일 수 있다. 그런 기간에 지배적이었던 사회질서를, 문제가 있는 용어법이기는 하지만, 흔히 "사회민주주의적" 또는 "케인스주의적 타협"이라고 부르고 있다.

　1. 제1차 금융 헤게모니. 20세기 초 몇십 년 동안의 결정적 특징은 국

내적이고 국제적인 (금본위제와 더불어) 자유-시장경제의 조합이었다. 그리고 기업 내부에서 조직화가 극적으로 진전되었다.[7]

이전 절에서 말한 바와 같이 20세기 초반에 수립된 현대자본주의의 중심에는 기업과는 다소 분리된 부르주아계급 및 비금융 기업과 긴밀히 연관된 새로운 금융기관의 출현이 자리 잡고 있다. 부르주아들이 이 같은 새로운 제도적 형세에 진입함에 따라 과거에 존재했던 모든 분파들이 파괴된 것은 아니다. 상위 계급 일부가 사라지기는 했지만, 일부는 살아남았으며, 변형되었다. 이런 새로운 권력 형세 속에서 자본가계급 상위 분파는 국내적으로나 국제적으로 경제 및 사회를 지배할 수 있었다. 대기업 내의 관리 권력은 20세기 초반에 이미 두드러지기 시작했으며, 자본가계급들은 관리직의 기업 통제 역량에 대해 점점 더 많이 인식할 수 있다. 금융과 관리자 계급 상위 분파 사이의 타협이 횡행했다고 분명히 이야기할 수도 있다. 이런 시대가 종말을 고하고 있다는 신호는 대공황과 뉴딜, 제2차 세계대전을 통해 나타났다.

2. 전후 타협. 뉴딜과 제2차 세계대전부터 1970년대 말까지가 두 번째 기간에 해당한다. 이 기간에 이루어진 사회적 위계의 전반적 전환을 나타내는 세 가지 주요 측면들이 존재한다. 이것들을 통해 그 기간을 지칭하는 데 사용된 용어들의 다양성이 설명된다.

제2차 세계대전 이후 첫 몇십 년 동안 전형적으로 나타난 첫 번째 특징들로는, 자본가계급에 대한 관리직의 자율성 증가와 그에 동반하는 투

---

[7]_이 기간에는 화폐·금융 메커니즘을 안정시키려는 정부와 금융 체계의 미약한 시도가 이루어지기도 했으며, 이는 1913년 연준의 설립으로 이어졌다.

자 및 기술 변화에 우호적인 대기업 관리, 경제에 대한 국가 개입의 확대(규제, 특히 금융 규제와 더불어, 낮은 이자율과 팽창적 화폐 및 재정 정책이 특징인 발전 및 거시 정책)를 들 수 있다. 일반적인 현대자본주의의 전형적 추이에 기초하고 있기는 하지만, 새로운 정치적 상황 속에서 만들어진 이 같은 관리직의 자율성은 1960년대 또는 1970년대에 절정에 다다른 관리자본주의에 대한 논의에 그 근거를 두고 있다(〈상자 5.1〉). 거시 경제 관리와 관련된 케인스주의 혁명은 이런 광범위한 관리주의적 측면들 속에 위치한 하나의 구성 요소로 이해될 수 있다. 국내 경제의 발전을 보호하기 위해 대외무역에 대한 상당한 제한이 주어져 있었고, 1944년 브레턴우즈협정 내에서처럼 자본의 이동성(국가들 사이에서 이루어지는 자본의 자유로운 유출입)에 규제를 가했던 점이 또 다른 측면이다. 이런 국제 관계의 틀은, 비록 존 메이너드 케인스John Maynard Keynes가 옹호했던 모든 수단들이 실행되지는 못했지만, 전후 관계의 또 다른 고유한 특징이었던 케인스주의적 측면을 분명히 나타낸다. 실제로, 케인스주의 혁명은 20세기 초에 나타난 세 가지 혁명과 동일한 지위에 위치해야만 할 만큼 중요하다. 이 네 번째 혁명은 대공황을 통해 그 필요성이 명백해졌지만, 상당히 시간이 지난 후에야 공고화될 수 있었다.

전후 타협의 두 번째 측면은 구매력의 증가와 완전고용에 우호적인 정책, 그리고 이른바 복지국가의 확립, 즉 국가가 민중 계급의 교육, 퇴직, 보건 등을 지원하는 데 점진적으로 헌신했다는 점과 관련되어 있다.

이런 두 측면들은 완전히 구분된다. 위에서 이야기한 두 측면의 다양한 조합을 통해, 국가별 상황에 따라 어느 정도 적절해 보일 수도 있는 다양한 표현들 — "관리주의적", "케인스주의적", 또는 "사회민주주의적 타협" — 을 설명할 수 있다.

금융(또는 자본가)의 이해를 억압했다는 점이 이 기간의 세 번째 측면이다. 이는 위의 두 측면에 이미 내포되어 있다. 이 세 번째 측면은 세 개의 주요 구성 요소로 구분할 수 있다. (1) 신자유주의에서처럼 자본가들의 집합적 이해를 관리administration하는 것이 아니라 실물경제의 성장에 목표를 둔 금융 부문. (2) 주주에 대한 경시(즉, 자본소득보다는 축적을 목표로 한 관리), 낮은 이자율, '규제된' 증권시장. (3) 높은 노동비용으로 인해 발생할 수도 있는 이윤의 감소.

계급 관계의 측면에서 전후 타협의 권력 형세는 관리직의 주도 아래서 형성된 관리직과 민중 계급 사이의 동맹으로 해석되어야만 한다. 자본가계급은 결코 제거되지 않았고, 타협에서 완전히 배제된 것도 아니었지만 민간 관리, 정책, 강력한 국가 개입은 훗날 신자유주의 내에서 강력히 표현될 자본가계급의 이해와는 상당히 구별되는 사회적 이해를 표현하는 것이었다. 사회적 타협과 관련한 또 다른 해석은 포드주의와 같은 자본과 노동 사이의 타협의 존재다. 이런 관점은 오직 두 개의 계급만이 내포되어 있는 마르크스주의 틀에 형식적으로 더 가까운 것이다. 우리 연구의 관점은 그것과 전혀 다르다. 우리는 증가된 관리직의 자율성 및 금융 억압을 바탕으로 한 관리직 및 민중 계급의 동맹을 강조하고 있다.

전후 사회질서의 특징들은 국제적으로 그리고 국가별로 상당히 달랐다. 그런 특징들은 미국보다는 유럽과 일본에서 더욱 두드러졌다. 그럼에도 자본가의 이해를 제한했다는 점은 대다수의 중심부 국가들에서 전후에 나타난 중요한 측면이다. 유럽, 한국, 일본과 같은 나라들에서 자본가의 이해가 억압되고, 관리자 계급이 가장 높은 수준에서 우위를 점하고 있었지만(국유화, 정부 주도의 경제계획, 완전고용을 목표로 한 정책 또는 실물경제에 이바지하는 금융 부문 등과 같은), 역설적으로 관리자 계급의 결정적 역할을 가장 명확하게 강조하고 있는 관리 자본주의 이론은 미국에서 발전했다. 유럽에서는 민간 부문과 국가 부문이 공존한 결과, 혼합경제라는 개념이 관리 자본주의보다 더 선호되었다.

다시 거대한 위기, 즉 1970년대의 구조적 위기가 이런 사회적 양상을 불안정하게 만들었다. 위기는 이윤율의 하락 추세와 경제적 긴장을 표현하던 누적적 인플레이션의 결과였다. 그것은 신자유주의가 등장할 수 있는 조건을 창출했는데, 그 상징적 인물은 로널드 레이건Ronald Reagan과 마가렛 대처Margaret Thatcher였다.

3. 제2차 금융 헤게모니로서 신자유주의. 신자유주의는 20세기 전환기에 나타난 세 가지 혁명들의 전형적 추세를 중단시키지 못했으며, 거시 정책의 목표가 재정의되기는 했지만, 거시 경제 통제와 관련된 네 번째 혁명을 역전시키지도 않았다. 하지만 변화는 광범위하고 급진적이었다. 새로운 고도 관리, 또 다른 말로는 기업지배구조가 그 첫 번째 측면이었다. 신자유주의는 기업 활동의 자유를 확대했다. 이를 "시장경제"(국내적으로나 국제적으로 제한받지 않는 자본주의적 동역학을 완곡하게 표현한)로의 복귀라고 말하기도 한다. 이런 시장 이데올로기를 따라서 신자유주의는 특히 금융 메커니즘을 포함한 모든 영역에서 규제를 완화했다. 그것은 물가 안정을 중시하면서 대부자를 보호하고, 무역 및 자본의 경계를 개방하려는 목적의 강력한 거시 정책을 실시했다.

신자유주의가 단순히 이데올로기를 통해 추동된 것은 아니다. 매우 명확한 계급 위계 관계가 여기에 관련되어 있다. 즉 상위 계급의 소득을 극대화하는 것이다. 노동자들의 구매력은 억제되었고, 세계는 초민족 기업들에 개방되었으며, 정부와 가계의 부채는 증가했고, 이는 거대한 이자의 원천이 되었다. 금융화를 통해 금융 부문의 엄청난 소득(임금, 보너

스, 스톡옵션, 배당)이 나타날 수 있었다. 상위 계급의 헤게모니가 서서히 회복되었고, 금융 헤게모니가 복귀했다. 신자유주의적 이데올로기가 출현했다. 그것은 신자유주의의 계급적 목표를 표현하는 것이었다. 이런 이데올로기는 신자유주의를 수립하는 결정적인 정치적 도구였다.

특히 자본가와 관리자 계급 상위 분파 사이의 동맹이 없었더라면 신자유주의 기간 동안 실현된 극적인 사회적 전환은 불가능했을지도 모른다. 이 같은 동맹의 이동을 "신자유주의적 타협"이라고 부를 수 있다. 나라들마다 전후 타협의 특징들 및 구체적인 권력 형세가 주어져 있기 때문에, 관리자 계급과 신자유주의적 프로젝트 사이의 유착이 달성될 수 있는 정도는 다양하다. 또한 금융, 엔지니어링과 같은 활동 영역에 따른 중요한 차이들이 존재한다. 하지만 신자유주의적 타협이 없었다면 관리 및 정책이 신자유주의적 목표에 맞게 철저히 조정되기는 힘들었을 것이다.

역사에 대한 이런 해석은 사회적 전환에서 관리자 계급에 두드러진 역할을 부여하는 것이지만, 제2차 세계대전 이후 성립된 관리자 계급과 민중 계급 사이의 동맹은 강력한 국내적·국제적 노동자 운동을 통한 대중적 압력과 그 기간의 정치적 조건에 의해서만 가능했다. 하지만 관리자 계급이 단지 역사의 수동적 행위자는 아니다. 이들은 신자유주의 기간 동안 금융 헤게모니가 복귀하는 과정에서뿐만 아니라 뉴딜과 전후 타협의 수립 과정 모두에서 중요한 역할을 했다.

전후 기간 동안 민중 계급과 관리자 계급 사이의 타협이 신자유주의 내에서 자본가와 관리자 계급의 타협으로 대체된다는 것은 〈도표 1.2〉에서 제안한 것처럼 우파적 정치 지향과 좌파적 정치 지향 사이의 전통적 구분에 대한 계급적 기초를 제공한다.

전반적으로 이와 같은 세 행위자가 상호작용하는 연속적인 계급투쟁의 결과에 따라 사회질서의 역사적 계기가 형성된다. 하지만 이런 대결의 결과는 기술-조직적 변화, 이윤율 추세, 거시 경제적 안정성을 담당하는 제도적 틀의 성숙성과 같은 구체적인 경제적 상황에 강하게 의존한다.

구조적 위기: 수익성과 금융 헤게모니

현대자본주의 역사의 세 국면은 여기서 "구조적 위기"라고 부르고 있는 지속적이고 심각한 위기의 발생을 통해 그 시기가 구분된다. 1890년대의 위기, 대공황, 1970년대 위기가 있었고, 그리고 대수축[8]으로 절정에 달한 신자유주의의 위기가 있다. 구조적 위기는 각 사회질서의 내적 모순과 계급투쟁이 결합한 결과다. 그것들은 자본주의 역사의 예리한 단절

8_대공황과 관련해서 보면 "대수축"(great contraction)이라는 표현은 밀튼 프리드먼과 애너 슈워츠의 연구에서처럼 완곡한 표현이라고 판단될 수 있다(M. Friedman & A. Schwartz, *A Monetary History of the United States*[Princeton, N.J.: Princeton University Press, 1963]). 그와 같은 표현은 여기서는 현 위기의 산출 하락이 1930년대 수준만큼은 심각하지 않은 정도를 유지하고 있다는 가정에서 사용되었다.

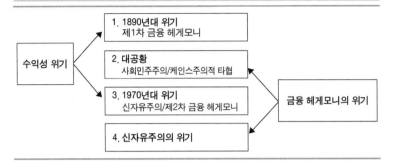

을 특징짓지만, 그 기초를 이루고 있는 진화 양상은 변화하지 않았다(〈상자 1.2〉). 전반적인 역사적 양상을 〈도표 1.3〉과 같이 요약할 수 있다.

현재 발생하고 있는 위기가 어떤 새로운 역사적 국면으로의 진입을 유발하는 식으로 역사를 반복할 것인지가 중요한 쟁점이다. 미래의 전개 과정은 그 성격상 예측 불가능한 측면이 있지만, 여기에서 주어진 대답은 "그렇다"는 것이다.

이윤율은 구조적 위기의 분석에서 중요한 변수다(이윤율의 역사적 추이는 〈그림 21.1〉에서 확인할 수 있다. 〈상자 21.2〉 역시 참조). 1890년대와 1970년대의 위기는 모두 수익성 하락 추세에서 비롯됐다. 반대로 대공황Great depression과 신자유주의의 위기는 이윤율의 저하와 연관되어 있지 않다. 이윤율의 상승 경향이나 하락 경향 모두 현재 위기의 결정 요소로 고려될 수 없다. 이는 이윤율이 현재의 위기를 분석하는 데 있어 부적절한 변수라는 것을 의미하는 것은 아니다.[9]

9_ 만약 이윤율 하락 경향이 시의적절한 방식으로 억제되었더라면, 1970년대의 구조적 위기는 신

대공황과 현재의 위기에서 나타나는 공통적인 특징은 금융 헤게모니가 그 절정에 도달했다는 점이다. 대공황은 "제1차 금융 헤게모니의 위기"로 표현될 수 있다. 이와 같은 명명법은 그 자체로 "제2차 금융 헤게모니의 위기"라는 신자유주의 위기와의 공통적인 측면을 직접적으로 표현한다. 두 위기는 모두 계급적이며 국제적인 헤게모니가 행사된 결과이자, 상위 계급의 끊임없는 팽창적 요구를 통해 경제 메커니즘이 최종적으로 지속 불가능성의 수준에까지 도달한 결과다.

구조적 위기의 공통적인 특징은 위기의 다양한 양상과 지속 기간이다. 예를 들어, 전쟁 준비에 따른 경제 부양이 없었다면, 대공황이 얼마나 오랫동안 지속되었을지 장담하기가 어려울 정도였다. 1929년 후반부터 1933년까지 거시 경제는 대공황 상태에 있었다. 점진적인 회복이 있었지만, 1937년에 경제는 다시 곤두박질쳤다. 이후 전시경제가 시작됨에 따라 상황은 완전히 바뀌었다. 이는 1970년대 위기에서도 동일하다. 신자유주의로 이행하는 동안에도 새로운 사건들이 끊임없이 발생했고, 1980년대에는 새로운 형태로 위기가 지속되었다. 1980년대 초반 심각한 경기후퇴에 뒤이은 금융 위기가 존재했다. 그것은 이번 위기에도 마찬가지일 것이다. 산출의 축소에 뒤이어 양의 성장률이 나타나기는 했지만 이는 새로운 국면으로의 진입이며, 위기로 이어진 긴장들에 대한 해결책은 확실히 아니다. 양의 성장률이 자리를 잡을 수 있을 것인가? 미국 경제의 불균형들은 언제 해결될까? 정부 부채는 얼마나 늘어날까? 달러

자유주의 수립으로 이어지지 않았을 것이다. 이런 경향이 어느 정도까지 신자유주의 기간 동안 역전되지 않았더라면 역사의 진로는 또한 완전히 바뀌었을 것이다.

자본주의 역사에서 구조적 위기를 통해 서로 구별되는 각각의 국면들이 역사의 진행 과정을 가로막은 것은 아니다. 그런 커다란 단절점들을 통해 사회 변화의 추세가 일반적으로 규정되는 것은 아니며, 오히려 잠재적 전환을 촉진한다. 그것들은 변화에 유리한 조건을 만든다. 그런 변환의 논리는 매우 심오하며, 따라서 그리 명확하지 않은 역사적 동역학의 표현이다. 20세기 초의 세 가지 혁명 — 금융, 기업, 관리 — 과 이후에 추가된 케인스주의 혁명(거시 경제에 대한 중앙 관리) 및 금융 안정성은 현대자본주의에서도 여전히 전형적으로 작동하고 있는 제도적 틀의 수립과 관련된 연속적인 단계들로 고려될 수 있다. 마르크스는 자본주의 이 같은 동역학을 "생산력과 생산관계의 변증법"과 관련지어 설명했다.• 이 동역학 내에는 점진적인 "생산의 사회화"를 표현하는 과정이 작동하고 있으며, 그것은 각 나라와 국제적인 차원에서 이루어지는 사회적 분업의 세련화를 가능하게 하는 네트워크 및 중앙 기관과 대기업 같은 조직의 발전과 밀접한 관련이 있다.

　마치 지진 속에서 표현되는 지각판들의 운동과 같이, 다양한 사회적 변화의 구성 요소들 사이의 결합적이고 조화로운 진화의 결핍은 커다란 동요로 이어지며, 사회·정치적 조건이 충족될 때 전체 체계는 새로운 형세에 적응한다. '내적 모순'은 기본적으로 상위 계급들의 무제한적 야망 및 수익성의 추세와 더불어, 이런 동기화(synchronism)의 부족에서 오는 긴장으로 표현된다. 19세기 말의 틀로부터 현대자본주의로의 이행은 수십 년에 걸친 점진적이고 고통스러운 과정을 대가로 한 것이며, 대공황은 그것의 '불운한 부수적 효과'였다. 광범위한 의미에서, 기술적·조직적 진전은 사회적 지각판을 움직이는 힘이다. 구조적 위기 속에서 표현되는 붕괴는 새로운 사회질서를 필요로 한다. 사회적 투쟁이 언제나 이와 같은 과정의 엔진이 된다. 놀라운 규칙성을 가지고 역사는 30년 또는 40년의 장기적인 간격으로 근원적 경향들의 진전을 나타내면서 반복되었다.

• K. Marx, *A Contribution to the Critique of Political Economy* (Moscow: Progress Publishers, 1970), 서문.

는 국제적 압력을 버텨 낼 수 있는가? 새롭고 지속 가능한 상황들이 수립되려면 길고도 험난한 과정이 필요할 것이다.

미국의 국내·국제적 신자유주의 전략의 야망과 모순

신자유주의 또한 전반적인 자본주의적 동역학에서 벗어나는 것은 아니다. 계급 및 국제적 구성 요소들 내에서 야심차게 추진된 신자유주의 전략은 그 초기부터 중요한 내적 모순에 의해 훼손되고 있었다. 거대한 위기가 발생했다는 점에 대해 놀랄 필요는 없다. 이번 절에서는 이런 모순들의 주요 측면들을 세 가지로 분리해서 고찰해 본다.

1. 고소득 추구의 아찔한 동역학. 신자유주의는, 생산적 투자도 아니고 하물며 사회적 진보도 아닌, 상위 소득 계층의 소득 발생을 목표로 한 사회질서다. 중심부 국가들에서, 국내 자본축적은 상위 계급에 유리한 소득분배로 말미암아 심하게 훼손되었다. 특히 미국의 신자유주의는 주변부 경제들에 이익을 주는 생산의 탈영토화(영토 바깥으로의 생산의 이전)를 의미했다. 중심부 국가들이 애초에 목표로 삼았던 것은 서비스 경제로 점차 탈바꿈하고, 지식·교육·연구가 중심이 되는 활동에 더욱 집중하며, 금융 서비스를 세계에 공급하는 것이었다. 물론 이른바 지적 소유권 역시 보호되어야 할 것이다. 무엇보다도 이런 경제들은 금융 센터가 될 것으로 가정되었다 — 결국에는 악몽이 되었지만, 이것이 바로 마가렛 대처의 꿈이었다. 이 첫 번째 측면에서 발생할 수 있는 위험은 새로운 도전자들이 기본적 상품의 생산에서 효율성을 추구할 뿐만 아니라, 첨단 기술, 연구, 혁신 그리고 가능하다면 금융 서비스 분야에도 진출하려 할 것이라는 점이다. 그것도 중심부 경제들이 이런 야심찬 도전자들에게 밀

리게 될 정도로까지 말이다.

고소득의 추구가 바로 금융화의 엔진이었는데, 금융화는 신자유주적 실천에 고유한 규제 완화라는 전반적인 맥락에서 국내적·국제적으로 이루어졌다. 미국의 대규모 가계 부채를 바탕으로, 금융 메커니즘 증가의 구체적 구성 요소들인 증권화 및 일반적으로 "구조화 금융"structured finance이라고 알려진 것들이 폭발적으로 성장했다(이런 [금융적] 도구들의 상당수가 외국으로 팔려 나갔다). 여기에 덧붙여, 파생상품시장의 대담한 방식과 전 지구적 차원에서 벌어지는 캐리트레이드carry trade와 같이 위험한 금융적 활동이 엄청나게 팽창했다.

신자유주의 내에서 매우 미심쩍은 행위들에 기초한 취약하고 통제 불가능한 금융적 구조가 미국 및 나머지 지역 안에 생겨나고 있었다. 이런 과정은 2000년 이후에 급격하게 가속화되었다. 그 기간 동안 금융 부문에서 달성된 놀랄 만한 수준의 소득 및 수익성 수준은 부실자산 및 불안정한 자본이득의 축적에 매년 더욱 의존해 나갔다. 이런 경향을 "가공적 잉여의 생산 성향"이라고 묘사할 수 있다. 위기는 신기루를 현실로 바꾸어 놓았다.

2. 거시 경제에 대한 통제력의 손상. 자본의 자유로운 국제적 이동성으로 말미암아 해당 국가의 거시 정책이 손상되거나 차단되었다. 글로벌 규제 및 정책의 부재 또는 그 낮은 효율성으로 말미암아 아무런 견제도 받지 않는 금융화 및 세계화 과정이 금융 메커니즘과 거시 경제를 통제하려는 주요 자본주의국가의 능력을 위협했다.

현재의 위기 이전만 해도, 이런 위협은 국제적인 신자유주의 '공동체'에 진입하고 있던 주변부 국가들(1990년대 아르헨티나에서처럼 때로는 극단적인 형태로)에만 영향을 끼쳤을 뿐이다. 조건은 점진적으로 변화했다. 금융 세계화는 착실히 진전되었고, 세계 어느 곳에든 투자할 수 있는 글로벌 자본의 양도 폭발적으로 증가했다. 유럽보다도 미국 경제에서 신자유주의적 세계화가 가져올 고유한 위험이 분명히 나타나고 있었다.

고소득 추구와 거시 통제 구조의 손상이라는 위에서 이야기한 두 가지 유형의 전개 과정은 주요 자본주의국가들의 특징을 전형적으로 나타내고 있지만, 미국의 금융—글로벌 헤게모니 — 미국 헤게모니하의 신자유주의 — 로 말미암아 미국은 중심부의 다른 큰 나라들이 달성할 수 있는 수준 이상으로 신자유주의 전략을 추진할 수 있었다. 미국의 신자유주의적 실천이 가진 내적 모순이 전 세계에 드러나게 되었다.

3. 축적의 쇠퇴 궤도와 위험한 누적적 불균형들을 대가로 한 전진. 미국이 다른 주요 자본주의국가들보다 앞서 나갈 수 있었던 미국 경제의 독특한 거시 궤도가 또 다른 모순의 원천이다. 국제통화인 달러의 역할을 포함해, 자신들이 보유한 글로벌 헤게모니 덕분에 미국은 대외적 무역수지 균형 조건을 충족시키지 않아도 되었으며, 그것을 이용해 전례 없는 수준으로 상품생산의 국제화를 추진했다. 이런 메커니즘에는 두 가지 측면이 존재한다. 한편으로는 미국 경제의 축적률이 이로 인해 하락했다는 점이다. 다른 한편으로는 소비 수요의 증가로 말미암아 수입과 무역적자가 증가했다는 점이다. 이런 경향들은 미국의 정상적 생산 활동 수준과 그에 상응하는 성장률 수준이 강력한 국내 수요 촉진을 통해 유지되어야만 하도록 만들었다. 주택 투자 호황에 기름을 부은 가계 채무의 급증을 통해 수요가 촉진되었다. 이는 모험적이고 위험천만한 금융 혁신을 통해서만 달성될 수 있었다. (서로 연결된) 금융화와 세계화로의 진입은, 미국 이외 지역의 정부 및 금융기관과의 협력 아래서, 가계 부채의 극적 성장의 필수적 전제 조건이 되었다.

이런 거시적 궤도는 세계적 수준에서 미국 헤게모니의 점진적인 쇠퇴만을 초래할 수도 있었다. 어떤 식으로 나타날지는 예상하기 힘들었지만 거대한 위기가 발생하리라는 점은 확실했다. 가능한 첫 번째 시나리오는 미국과 같은 주요 자본주의국가들 내에서 발생한 금융 위기와 그로 인해 나타나는 산출의 축소로 말미암아 신자유주의적 계급 전략이 좌절될 수 있다는 점이다. 두 번째 시나리오는 취약한 금융 구조를 불안정하게 만들어 거대한 위기로 변형될 수도 있는 경기후퇴였다. 세 번째 시나리오는 중심부의 국가들을 불안정하게 만들 주변부의 거대 위기였다. 마지막으로 네 번째 가능성은 달러 위기였다. 첫 번째 위기 시나리오가 유력했지만 예단하기는 어려웠고, 앞으로의 전개 과정과 관련한 거대한 불확실성이 여전히 존재한다.

이번 위기가 미국 경제의 극단적인 금융화, 거시 경제 통제 능력의 상실 및 누적 불균형을 통해 세계로 전파되었다는 사실 때문에, 미국 경제의 대외 자금조달 의존성과 관련된 고유한 위험이 상쇄되는 것은 아니다. 2009년 말에는, 이번 위기의 특징들이 전반적으로 전환될 수도 있다는 잠재적 가능성이, 달러에 대한 점진적이거나 갑작스러운 위협을 통해서 드러날 수도 있다는 전망이 제기되기도 했다. 그런 형태의 통화 위기의 발생으로 인해 새로운 사회질서 및 미국 헤게모니 모두와 관련한 역사적 과정을 재촉될 수도 있을 것이다. 따라서 위기는 예상보다 길게 지속될 것이며, 더 엄청날 것이다.

성공이냐, 실패냐?

차이가 있기는 하지만 신자유주의적 계급 전략은 모든 나라에서 유행했고, 소수의 특권층을 위해 작동되었다. 이는 선진 자본주의에서 그러했던 것처럼, 주변부 국가들(심지어는 상위 계급들의 의지로 신자유주의적 국제 분업에 진입한)에서도 마찬가지였고, 심지어 중국에서도 그러했다. 이런 주변부 국가들이 풀어야 할 문제는 자본가계급 권력의 복귀가 아니라, 그런 계급의 형성이었다. [주변부 국가들에서] 강력한 자본주의적 부문의 발전은 국가의 강력한 지도력 아래에서 촉진되었는데, 이를 통해 대담한 발전 전략이 추진되었고, 지금도 여전히 이 나라들에는 강력한 공공 부문이 존재하고 있기도 하다. "신자유주의적 세계화" 또는 "신자유주의의 비호 아래서 이루어지는 제국주의"와 같이 이런 계급적 전략에 고유한 글로벌한 측면은 모든 선진 자본주의국가에 공통적이기는 하지만, 미국은 그 헤게모니적 권력 때문에 유일무이한 지위를 차지하고 있었다.

계급적 목표 그 자체의 관점에서 보면, 신자유주의는 이번 위기 이전까지만 하더라도 의심할 바 없이 성공적이었다. 예를 들어, 중심부 국가들 내에서는 복지 수준을 유지하기 위한 중요한 사회적 저항이 존재했다. 또한 라틴아메리카에서처럼 신자유주의로 인한 약탈에 대항하는 세계 곳곳의 저항이 존재하기도 했다. 그럼에도, 가장 부유한 자들의 소득과 부가 막대하게 증가했다는 사실은 변하지 않는다.

이런 성공과는 정반대로 현재 나타나고 있는 위기의 심각성과 전 지구적 확산, 그 지속의 가능성, 위기에 대응할 수 있는 수단들의 측면에서 보면 신자유주의적 계급 전략은 최종적 실패로 이어질 수 있다. 이 책의 마지막 장에서 우리는 그런 결론을 내보려고 한다. 위에서 말한 모순들(지속 불가능한 취약한 금융 구조와 미국 경제의 궤도 모두)은 미국 헤게모니 아래서 추진된 신자유주의에 고유한 계급적 야망과는 공존할 수가 없다. 미국 자본주의는 네 번째 사회질서로 진입하고 있는데, 그 본질에 대해서는 추후에 좀 더 논의될 것이다.

미국 상위 계급과 미국 경제: 이혼과 화해

위기를 겪고 있기는 하지만, 국제사회를 지배하는 미국의 잠재력이 수년 내에 훼손되지는 않을 것이다. 특히 미국의 거대한 군사 기구들을 감안했을 때 그렇다. 하지만 새로운 동역학이 시작되었다. 나머지 지역들과 비교해 미국 경제의 상대적 쇠퇴를 확인할 수 있는 지표들이 존재한다. 중국과 인도의 거대한 경제 모두 발전 중에 있으며, 비록 덜 극적인 방식이긴 하지만 다른 지역들에서도 이와 비슷한 추세가 나타나고 있다. 이와 같은 미국의 상대적 쇠퇴는 미국 국내 경제의 생산뿐만 아니라 미국 자본의 전 지구적 배치 및 미국의 초민족 기업들이 가지는 지배력 모두와 연관이 있다. 만약 급격한 조정이 빠르고 효율적으로 이루어지지 않을 경우, 주요 국제 열강들 사이에서 미국이 가진 지도적 지위는 진행 중인 추세에서 나타나고 있는 것보다 훨씬 더 빠르게 쇠퇴할 것이다.

상위 계급이 추진한 전략이 명백히 성공했다는 점과 미국 국내 경제의 상대적 쇠퇴는 서로 큰 대조를 이룬다. 이런 상위 계급들은 적어도 위기가 발생하기 이전까지는 자신들의 권력과 소득을 증가시키고 회복하는 데 성공했다. 신자유주의적인 계급적 목표를 추구하는 과정에서, 투자가 이루어지는 국가의 정치적 신뢰성만 존재한다면, 이윤이 미국에서 나오든 다른 지역에서 나오든 그것은 중요하지 않았다. 이는 미국 경제의 궤도가 점점 대외 자금조달에 의존적이 되어 간다는 사실에 대해서도 마찬가지였다. 정부 부채와 가계 부채의 증가에 대해서도 마찬가지인데, 이는 미국 경제가 모험적인 국내 발전의 길을 선택하는 대신에 금융 소득의 원천을 증가시키기로 했다는 점을 의미한다. 미국에서 이런 분기는 상위 계급과 국내 경제의 "이혼"이라고 언급될 정도로 엄청난 수준에 도달했다.

이런 상황에서 정말로 새로운 것은 단절 그 자체가 아니다. 상당수의 주변부 국가들 역시 자국의 진보에는 전혀 관심이 없는 계급 분파 또는 상위 계급에 의해 지배되거나 그래 왔다. 오히려 그와 같은 엘리트들의 행동은 대체로 중심부 제국주의 국가들과 협력해 자신들의 개인적 부를 (특히 해외에서) 증가시키려는 열망에 의해 규정되었으며, 이에 따라 그런 지역의 경제와 사회는 황폐화되었다. [그에 반해] 상위 계급의 민족주의와 애국주의가 민족경제의 발전에 결정적 역할을 하기도 했다. 상당수 저발전 국가에서 주로 관찰되던 이런 [말하자면] 이혼 과정이 1980년대 이후에는 중심부 신자유주의 국가들에서도 나타났다는 점이 흥미롭다.

이와는 대칭적인 민족주의적 경향이 중국을 비롯한 수많은 주변부 국가들에서 수립되었다. 이들은 그 기회 — 값싸고 잘 훈련된 노동력과 천연자원 등과 같은 또 다른 이점을 통해— 를 포착했고, 그 결과 중심부의 지배를 위협할 수 있었다. 중국의 강력한 자본축적이 사실상 이를 잘 보여 주고 있다. 이는 이혼이라고 말한 것이 자본주의 동역학의 일반적 속성, 그리고 심지어 신자유주의에 일반적인 것도 아님을 보여 주고 있다. 현대자본주의 내의 중국 국내 경제와 중국 자본가계급들 사이의 관계는 여전히 신혼이라 말할 수 있다.

이런 메커니즘은 성숙화 과정, 즉 어떤 주어진 맥락에서 어떤 주어진 단계에 도달했다는 사실에 기초하고 있다. 중국 디아스포라[화교] 자본가 또는 지역 자본가들의 관점에서 보면, 중국이 가진 영토와 인구가 '끌개' attractors[10]로 작동한다. 이런 계급적 전략이 해외투자와 같은 [자본의] 전 지구적 배치와 분리될 수 없음은 명확하지만, 전반적인 목표는 여전히 민족적 발전을 지향하고 있다. 이런 국제적 배치는 넓게 보면, 국내 영토에서 얻을 수 있는 이윤율보다 높은 수준의 수익성을 추구하기 위해서가 아니라, 중국 금융기관의 글로벌 금융 네트워크 내로의 진입 또는 천연자원에 대한 통제와 같은 것들을 목표로 한 것이었다. 장기적으로, 중국의 자본가계급 또는 좀 더 일반적으로 말해 상위 계급이 미국 상위 계급의 경로와 유사하게 움직일 수 있다고 해도, 그런 사실이 현 시기의 기본적 성격을 변화시키지는 않는다.

미국의 경우, 신자유주의적 계급 전략과 국내 경제 궤도 사이의 분기는 1990년대 후반 '장기 호황'으로 인해 일시적으로 감추어져 있었다(되돌아보면, 이런 호황을 종결시킨 2000년 이후의 첫 번째 위기와 경기후퇴recession 그리고 증권시장 폭락은 2000년대 말 도래할 붕괴의 전조가 된 예행연습이었다). 이와 같이 1990년대는 신자유주의적 실천의 전성기로서 기억될 수 있으며, 그 이후 신자유주의가 궤도에서 이탈하기 시작했다고 할 수 있다. 따라서 1990년대의 좋았던 기억으로 인해 국내 경제와 상위 계급의 이해 사이에 일치가 있었다는 인상을 주었을 따름이다.

10_[옮긴이] 어떤 중요한 의미를 지닌다고 할 수는 없지만, 이매뉴얼 월러스틴과 마찬가지로, 제라르 뒤메닐도 몇몇 수학적 표현을 즐겨 사용한다. '끌개'는 위상공간에 형성되는 어떤 궤도로서 고정점의 국소적 불안정성과 공간의 전역적 안정성 사이에서 발생한다. 다시 말하자면, 이는 초기에 어디 지점에서 출발하더라도 어떤 움직임들이 끌개 주의에서 형성된다는 점을 지적하는 것이다. 마찬가지로 '분기'(bifurcation)라는 용어도 자주 사용되는데, 이는 어떤 시점(이는 시간에 따라 변화할 수 있는 매개변수에 의존한다)을 중심으로 이전의 궤도와는 또 다른 궤도가 나타난다는 의미를 지니고 있다. 이 책과 프랑스에서 새로 출판된 *La grand bifurcation*, Édition la découverte, 2014에서도 사용되고 있는 '분기'라는 용어는 바로 그런 의미를 지니고 있다.

미국 경제와 사회의 관점에서 보면, [이 둘 사이의] 화해가 긴급하게 요청되고 있다. 그것은 극적이고도 아마도 시간이 꽤 걸리는 조정 과정, 즉 새로운 사회질서로의 이행을 요구할 것이다. 만약 신자유주의적 방식과 계급적 목표가 유지된다면, 금융적 안정성을 확보할 수 있는 금융 규제가 실시된다고 가정하더라도, 미국 헤게모니는 급속하게 쇠퇴할 것이며, 아마도 이는 미국의 상위 계급들도 견디어 내기에는 너무도 급격할 것이다.

새로운 사회, 글로벌 질서: 민족적 요소와 신관리주의적 자본주의의 선택

미국 경제의 상대적 쇠퇴를 가져온 추세들을 수정하는 과정은 신자유주의적 전략과 양립할 수 없으며, 이는 앞으로 올 몇십 년 동안의 변화와 관련된 근본적 가설로 제출될 수 있다. 자본소득과 증권시장에서의 성과에 그 목표가 맞추어진 기업지배구조는 강력한 국내적 자본 축적률과 어울리지 않는 것이었다. 자본의 국제적인 자유로운 이동성과 자유무역 역시 마찬가지다. 노동비용이 낮은 국가로부터의 수입 증가와 해외직접투자는 국내 경제에 견딜 수 없는 압력을 만들어 낸다. 그 목표가 소유자와 관리자를 위해 엄청난 고소득의 발생시키는 데 맞춰져 있는 금융 부문은 비금융 부문의 축적에 이바지할 수 없다. 게다가 그런 금융 부문은 경제의 안정성을 위협하는 금융 메커니즘을 과도하게 확장하는 경향이 있다. 선택지는 다음과 같이 분명하다. (1) 신자유주의적 목표를 추구하는 데 우선권이 주어지며, 세계의 지도적 국가로서 미국의 지위가 쇠퇴하는 것. (2) 신자유주의에서 새로운 사회질서로 이행하는 것. 이는 바로 앞 절에서 상위 계급과 국내 경제의 긴급히 요구되는 "화해"로 묘사된 바 있다.

  1. 신관리주의적 자본주의neomanagerial capitalism. 위의 모든 요구 조건들

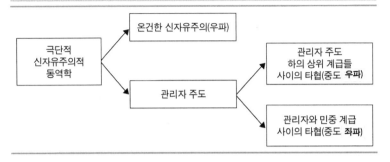

은 신자유주의적 목표에 헌신하지 않는 관리직 주도의 새로운 시기가 수립될 수 있음을 표현하고 있다. (1) 증권시장과 자본소득이 아니라 국내 투자를 목표로 하는 관리. (2) 자유무역과 자본의 자유로운 이동성에 대한 제한. (3) 비금융 경제에 이바지하며 적절히 규제되는 금융을 바탕으로, 관리직은 지도력을 행사할 수 있을 것이다. 이는 미국 경제의 불균형을 조정하고, 금융 메커니즘을 안정화하며, 미국 영토 위에서 미국 경제를 강화하기 위해 필요한 기본적 조건이다.

신자유주의적 목표와 국내 경제의 보존 사이에 존재하고 있는 모순이 빚어낸 결과는, 〈도표 1.4〉의 첫 번째 분기점에서 보여 주고 있듯이, 전 지구적으로 미국이 차지하고 있는 상대적 우위를 유지하기 위한 결정이 미국 내의 새로운 사회적 타협을 향한 이동의 결정적 요소가 될 수 있다는 점이다. 비금융 및 정부 관리자의 역할이 증가할지도 모른다.

이와 같은 조정이 시작될지는 명확하지 않다. 설령 그것이 상위 계급의 단기적이고 편협한 이해를 압도한다고 해도 성공적으로 수립될 수 있을지는 여전히 불명확하다. 미국 경제의 궤도를 수정하는 일은 일반적으로 생각되는 것보다 훨씬 더 긴급히 요구되는 일이다. 대다수 임금 소득자의 구매력(사회적 평화의 한 조건)과 이윤율을 유지하는 것, 그리고 초민족 기업들의 확대와 생산의 재영토화를 둘러싼 첨예한 갈등이 드러날 것이다.

2. 좌편향인가 우편향인가? 상위 계급은 소수에게 전적으로 유리하게 작동하는 신자유주의를 민중 계급에 부과했다. 위기는, 특히 2000년 이후에 유행했던 형태 아래서 이루어진 이런 시도의 진정한 본질과 지속 불가능한 성격을 보여 주었다. 따라서 다음과 같은 질문을 제기할 수 있다. 민중 계급은 제한적 조정이 이루어진 가운데 상위 계급이 새로운 신자유주의적 궤도를 정의하도록 허용할 것인가? 아니면 여전히 상층부에서 이루어지고 있는 새로운 계급적 타협에 타격을 가할 것인가? — 민중 계급은 두 가지 서로 다른 사회적 배치 모두에서 배제될 것인가? 우리는 대공황과의 비교를 통해, 그런 금융 헤게모니의 위기가 어떻게 좌파적인 사회적 타협으로 이어질 수 있는지 확인할 수 있다. 하지만 현대자본주의 내에서 20세기 초반에 존재했던 강력한 노동자 운동과 비견될 만한 것은 존재하지 않는다. 2009년 버락 오바마Barack Obama의 당선은, 소극적이나마 뉴딜을 환기시키며, 그와 같은 사회적 조정의 기회를 제기했다. 하지만 주도권은 민중 계급 쪽에 있는 것으로 보이지 않았다. 사회민주주의적 타협이나 좀 더 급진적인 변혁이 의제에 올라와 있는 것으로 보이지는 않는다.

만약 민족적 요소가 완화된 신자유주의적 과정의 진행을 압도한다면, 전후 타협 시기에 나타난 것과 같은 좌편향적인 사회적 타협이 나타나기는 오히려 어려울 것으로 보인다. 2009년 말 — (실물·금융·화폐적 측면에서) 위기의 심화로 나타난 잠재적 효과들 이외에도 — 시점에서 보면 현재의 위기는, 여전히 우편향적이기는 하지만 신자유주의와는 다른 형세 속에서 이루어지는, 상위 계급들 사이의 사회적 타협으로 나아가고 있는 듯 보인다. 〈도표 1.4〉의 두 번째 분기점으로 이어지고 있는 것이다.

그런 사회질서의 계급적 기초는 신자유주의와 같이 상위 계급, 즉 자본가계급과 관리직 사이의 타협일 것이다. 하지만 그것은 관리직의 주도하에서 이루어지며, 자본가의 이해를 어느 정도 억압하기는 하지만, 전후 시기에 나타난 복지국가적 성격은 없을 것이다. 이런 권력 형세를 "신관리주의적 자본주의"라 부를 수 있다.

새로운 권력 형세의 정확한 내용은 상위 계급 분파들 사이의 내적 투쟁의 정도 및 민중 계급이 행사하는 압력에 달려 있을 것이다. 그런 시나리오는 상당히 넓은 스펙트럼의 정치적 지향들의 가능성을 개방한다(극우적 대안을 제외한).

a. 상위 계급에 편향적인 소득 흐름과 관련해, 다음과 같은 점을 강조하는 것이 중요하다. 즉 세계에서 미국이 차지하는 우위[우월적 지위]를 강화하려는 강력한 의지는 관리직 및 자본가들에게 돌아가는 소득 모두에 대한 상당한 제한을 요구할 것이라는 점이다. 하지만 새로운 타협은 여전히 상위 계급들 사이에서, 즉 우편향적으로 이루어질 것이다. 이런 계급들의 상대석 이해관계 내부에서 변동이 일어날 것이다.

b. 그런 광범위한 전환이 민중 계급의 상당한 지원 없이 달성되리라고 상상하기는 어렵다. 민중 계급에 대한 일정한 양보가 필수적일 것이다. 결과적으로 중도 우파적인 정치적 지향점을 기대할 수 있다.

3. 다른 지역들의 다각화. 미국 국내 경제를 강화하려는 이 같은 새로운 전략은 신자유주의적인 국제분업에 깊이 참여하고 있는 주변부 국가들에 중대한 효과를 미칠지도 모른다. 하지만 장기적으로 그런 추세는

대공황 이후 사례(라틴아메리카의 수입대체공업화ISI와 같은)에서처럼, 신자유주의적 세계화에 대한 더욱 적극적인 대안으로 이어질 수 있는, 민족적 발전 모형의 수립을 향한 기회를 개방한다.

전 지구적 차원에서 발생할 상황은 이후에 나타날 미국의 경로와는 상당히 차이를 보일 것이다. 다소 우파적이거나 좌파적인 새로운 사회질서가 다양한 형태로 수립될 것이다. 유럽은 미국처럼 국제적 헤게모니로 행동할 입장이 아니다. 유럽연합은 정치적으로 그런 야심찬 전략을 추구할 수 없다. 유럽은 아마도 — 역설적으로, 주어진 상황에서 — 앞으로 수십 년간 여전히 신자유주의적 전통을 따르고 있는 지역이 될지도 모른다.

몇몇 라틴아메리카 국가들에서 나타나고 있는 사회민주주의적 경향이 사회적 진보의 새로운 길을 열 것인지는 여전히 불명확하다. 결정적인 요소는 현재의 위기가 중국에 미칠 충격이다. 만약 위기가 만들어 낸 결과들을 성공적으로 극복한다면, 중국은 아무 일도 없었던 듯 신자유주의적 추세를 강화해 나갈 것이다. 그렇지 않고 중국 또는 나머지 세계가 위기를 겪게 될 경우, 위기의 경험은 오늘날 중국에서 지배적인 형태인 혼합경제의 양상과 같은 '제3의 길'에 우호적인 방향으로 작동할 것이다.

새로운 사회적 배치가 미국에서 성공적으로 수립된다고 할지라도 미국 헤게모니가 유지될 것이라 보기는 어렵다. 미국의 손상된 지배력을 확실히 대체할 국가가 명확히 드러나지는 않을 것이며, 다양한 지역의 리더들을 중심으로 하는 다극적인 형세가 앞으로 몇십 년 동안 점진적으로 지배적이 될 것이다. 대서양과 아시아의 양극적 세계를 상상해 보는 것도 가능하다. 이런 새로운 국제 질서는, 이들의 대립적 이해들이 극복되지 못하는 국제적 대결의 증가로 이어질 수 있는 가능성을 제외한다면, 글로벌 지배 구조를 관장하는 업무를 점진적으로 관장하게 될 국제기구들 내에서 표현될 것이라고 낙관적으로 생각해 볼 수 있다. 이런 새로운 환경은 전 지구적인 사회질서들의 국제적 다각화에 유리하게 될 것이다. 마치 국내 사회질서 내에서 민중 계급이 할 수 있는 역할과 마찬가지로 발전도상국들이 이런 과정에서 미칠 수 있는 막대한 잠재력과 더불어, 이는 신자유주의적 세계화 논리와의 급격한 단절을 의미할 것이다.

이와 관련된 상당히 많은 수의 잠재적 위험이 상존하고 있다.

2

위기의 해부

2000년 이후 금융적 확장과 혁신의 메커니즘, 그리고 미국 경제의 거시 궤도의 기술적 측면은 1장에서 제시된 사회적·국제적인 위계 관계 및 시기 구분에 대한 논의의 범위를 벗어난다. 하지만 이런 두 문제 범주의 상호 교차 속에서 신자유주의의 위기에 대한 설명이 가능하다. 이번 연구의 목적 가운데 하나는 기술적 메커니즘과 역사적 해석 사이의 간격을 메우는 것이다.

위기를 낳은 메커니즘에 대한 연구들은 대체로 가장 극단적인 금융혁신이 시행되었던 2001년 경기후퇴 이후부터 그 시간표를 구성하고 있다. 하지만 금융 혁신은 그 기원에서부터 신자유주의의 일반적 특징이기 때문에 역사적 관점에서 제시될 수도 있다. 이는 거시 메커니즘을 분석하는 과정에서도 마찬가지다. 거의 30년 동안 진행된 신자유주의적 추세가 위기의 중요한 요소이기는 하지만, 이 연구에서는 경기후퇴와 회복국면의 연속이라는 의미에서 좀 더 짧은 경기변동 과정을 추적해 보는 것이 필수적이다.

이번 장의 목표는 다음의 두 가지다. 1장보다는 좀 더 기술적인 관점에서 현재의 위기를 분석할 수 있는 전반적인 틀을 다시 설명하고, 서브프라임 붕괴에서 대수축으로 이어지는 주요 단계들을 요약한다.

취약한 구조와 지속 불가능한 거시 궤도

이번 위기에 대한 종합적인 기술적 설명은 존재하지 않으며, 그것이 부족한 이윤율로부터 비롯된 것도 아니다. 또한 그것이 수요 부족의 결과, 즉 불충한 임금 구매력을 표현하는 것도 아니다. 만약 모든 것을 포함하는 설명을 제시해야만 한다면, 그것은 신자유주의의 목표, 그것을 추구하기 위해 사용된 도구, 그리고 이 같은 목적과 방법에 고유한 모순들이라고 말할 수 있을 것이다. 현재의 위기는 신자유주의의 위기이기 때문에, 이 연구가 이 같은 사회질서에 초점을 맞추고 있다는 점은 당연하다. 하지만 신자유주의는, 특히 금융기관 및 금융 메커니즘과 관련해, 미국의 전 세계적인 헤게모니와 분리할 수 없다.

이런 위기 발생의 궁극적 결정 요인들로부터 〈도표 2.1〉에 나타난 것과 같은 두 메커니즘의 연쇄가 작동했다는 점을 확인할 수 있다. 그것들은 미국의 헤게모니 아래에서 나타난 신자유주의의 모순들을 직접적으로 표현하고 있다고 판단할 수 있다(1장). 한편으로 무제한적인 고소득 추구가 있으며, 이는 금융화 및 세계화 관련된 결합적 성과들이 조합된 결과다. 또 다른 한편으로는 다른 중심부 자본주의국가들이 갖고 있는 제약으로부터 벗어날 수 있었던 미국 경제의 지속 불가능한 거시적 궤도가 존재한다.

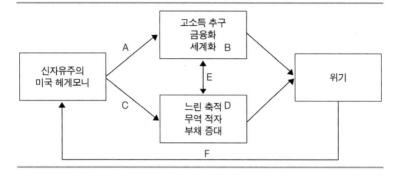

도표 속에서 신자유주의, 금융화, 세계화를 분리한 것이 뜻밖으로 보일지도 모른다. 우리는 현대자본주의의 이런 측면들을 상호 연관된 것으로 보아야 하지만, 일단 [분석을 위해] 별개의 현상으로 취급하도록 하겠다 (〈상자 2.1〉).

1. **고소득 추구, 금융화, 세계화.** 도표의 윗부분(화살표 A, B)의 첫 번째 요소는 "고소득 추구"다. 여기서 고소득은 상위 소득 계층의 고임금, 자본이득, 이윤을 말한다(이 연구에서 '임금'wages은 임금, 봉급, 스톡옵션, 보너스, 연금을 포함한다). 고소득에 대한 이 같은 추구는 지속 가능한 한계를 넘어 실질소득 지불에 대한 명목으로 가공적 잉여 생산까지 이루어진다는 것을 의미한다.

금융화와 세계화가 고소득을 획득하기 위한 도구로 사용된다. 제2차 세계대전 이후의 금융 메커니즘에 부과되었던 한계와는 완전히 대조적으로 신자유주의는 금융 메커니즘의 팽창에 강력한 촉진제로 작용했다. 금융 메커니즘이 2000년 이후 훨씬 더 극적인 팽창 국면으로 접어들었다는 사실이 위기 분석에 결정적이다. 자유무역과 자본의 자유로운 전 신자유주의의 국내적·국제적 측면 — 자유 시장 경제학, 자유무역, 자유로운 자본 이동성 — 을 고려하면, 확실히 신자유주의는 새로운 자유주의를 의미하는 용어다. 하지만 이번 연구에서 우리는 신자유주의라는 개념을 새로운 관리 규준과 노동 규율을 부과하고, 관련된 정책들을 수립하는 사회적 질서로 사용하고 있다(물론 나라들과 국가별로 나타나는 다양한 관리 요소들 사이의 현저한 차이를 고려해야 한다). 이른바 '자유 시장'은 이런 목적에서 이용되는 수단일 뿐이다.

세계화는 현대자본주의를 분석하는 사람들이 신자유주의보다 더 많이 사용하는 경향이 있는 개념이다. 자본주의 초기, 심지어는 그 사전적 단계에서부터 세계화 과정이 존재했음에도 불구하고, 20세기 마지막 몇십 년 동안 국제적인 무역·금융 장벽들이 상당히 경감되었다. 21세기 경제는 전보다 더 글로벌한 경제다. 신자유주의로 인해 세계화는 그 구체적 형상을 부여받지만("신자유주의적 세계화"라는 구절처럼), 그것은 세계화 국면 그 이상의 의미를 지니고 있다.

'금융화'라는 개념 또한 동일한 모호성을 지니고 있다. 세계화와 마찬가지로 그것은 자본주의만큼 오래된 메커니즘이며, 심지어는 훨씬 이전의 전 자본주의적 시장경제에도 존재했다. 하지만 금융 메커니즘이 전례 없는 수준으로 복잡화되고 확대되어 그 절정에 달했다는 점이 신자유주의의 특징이기도 하다. 이 책에서는 한편으로는 혁신 절차를 감안한 금융기관과 메커니즘(그리고 그에 상응하는 자산과 부채량)의 팽창을 가리키기 위해, 그리고 다른 한편으로는 주주 가치 창조와 같은 관리주의적 규준을 언급하기 위해 '금융화'라는 개념을 사용하려고 한다. 이는 금융 부문의 이윤율 및 상대적 규모와도 관련이 있다. 금융기관 및 비금융 기업 내의 금융적 관리 요소의 확대뿐만 아니라 금융 관리자들이 지급받는 소득의 스펙터클한 증가에도 마찬가지로 고려한다.

현대자본주의에서 금융적 이해관계에 부여된 역할을 강조하면서, 금융화는 신자유주의의 특징 대부분을 포괄하는 광범위한 의미로 사용되기도 한다. 신자유주의를 때로는 "금융적 또는 금융자본(주의)"와 같은 지반에서 "금융화된 자본주의"라고 부르는 것은 상당히 일리가 있다. 하지만 이런 특징이 실질적으로 새로운 것은 아니다. 20세기 초반 루돌프 힐퍼딩은 "금융자본"이라는 표현을 만들어 냈다.● "금융 주도 자본주의"(Finance-led capitalism)라는 표현이, 이 책에서 '금융'에 부여한 고유한 정의와 관련해, 이 책의 관점과 좀 더 가까울 것이다.

● R. Hilferding, *Finance Capital: A Study of the Latest Phase of Capitalist Development* (1910; London: Routeldge and Kegan Paul, 1981).

지구적 이동성(해외투자) 및 금융·화폐 메커니즘의 세계화는 신자유주의적 세계화의 지주pillar였다. 이런 세계화 추세는 금융화만큼이나 위협적이었다. 전체적으로 금융화와 세계화는 취약하고 통제 불가능한 금융 구조를 만들어 냈다. 이런 메커니즘은 거시 정책의 안정화 능력을 손상시키는 추가적 결과를 가져왔다. 자유무역과 자유로운 자본 이동성이 보장되고 있는 상황에서 이자율, 대출, 환율을 통제하기는 어렵다.

2. 미국 경제의 거시적 궤도. 도표의 아랫부분은 신자유주의 아래서 나타난 미국 경제의 30년 동안의 장기적인 거시적 궤도가 행한 역할을 강조하고 있다(화살표 C, D). 세 가지 기본적 측면이 구별될 수 있다. (1) 느린 축적률과 그 하락, (2) 무역적자, (3) 해외로부터의 자금조달 의존성 증가와 국내 채무. (2)와 (3)은 종종 결합적으로 "글로벌 불균형"이라 불리는데, 이는 "미국 경제의 불균형"을 완곡히 표현한 것이다. 미국의 무역적자는 다른 국가들에서 나타나는 무역 흑자의 또 다른 측면이다. 하지만 우리의 연구는 신자유주의적 세계화의 맥락에서 보면 이런 추세가 발생한 책임이 전적으로 미국에 있다고 본다.

부족한 축적률은 미국 경제 궤도의 기본적 요소이지만 이런 추세만이 위기의 원인은 아니다. 역으로, 특히 일부 상위 소득 계층의 소비 증가는 위기로 이어진 메커니즘의 중심부에 있다. 따라서 위기는 과잉 축적의 결과 또는 과소 소비의 결과라기보다는 오히려 과소 축적에 평행하는 과잉 소비의 결과로 해석되어야만 한다. 무역 개방으로 인해 미국은 수출보다 훨씬 많은 수입을 하게 되었고, 이는 무역적자의 상승 추이를 만들어 냈다.

도표의 윗부분과 아랫부분에서 보이고 있는 두 가지 경향들은 이미 지속 불가능한 발전을 내재적으로 표현하고 있다. 따라서 위기의 원인은 '과잉'이라는 관점에서 묘사할 수 있다. 과도한 금융화는 취약한 금융 구조를 의미하며, 과도한 세계화는 통제 불가능한 세계경제를 만들어 낸다. 미국 가계 일부에서 나타나는 부채의 점진적인 축적은 한계 없이 지속될 수 없다. 바로 그 지점에 [미국 경제의] 대외 자금조달 의존성이 위치해야만 한다. 하지만 화살표 E에서 표현되는 것처럼 다양한 범주의 결정 요소들 사이의 관계를 이해하는 것이 중요하다. 가계 부채의 상승 추세(도표의 아랫부분)는 확실히 규제의 부족과 금융기관에 의한 탐욕스러운 이윤 추구(도표의 윗부분)의 결과다. 무역적자와 대외 자금조달의 결합적 증가(도표의 아랫부분)는 세계경제의 개방(윗부분)이 가져온 결과다. 이는 미국의 국제적 헤게모니 아래서 가능했으며, 이로 인해 달러의 안정성에 심각한 타격을 주지 않는 적자의 성장이 가능했다.

하지만 위기의 중심에는, 훨씬 더 구체적인 관계가 자리 잡고 있는데, 위의 모든 요소들이 그 관계 속에서 상호 연관되어 있다. 국내 채무의 증가(1990년대 중반까지 정부에서, 그 이후에는 가계에서 나타난)는 개방경제에서 정상 가동률capacity utilization rates과 적정 성장률을 유지하기 위해 의도된 거시 정책의 결과다. 이런 결과들은 다음과 같은 세 가지 범주의 메커니즘을 통해 결합되고 있다.

1. 신자유주의적 추세가 만들어 낸 결과인, 부유한 가계들의 수요 팽

창이 급격한 소비 증가의 출발점이다. 무역에 대한 장벽이 개방된 가운데서 소비재 수요의 성장은 수입품으로 채워진다. 따라서 넓은 의미에서 이런 소비 추세는 미국 국내 생산자들에게는 이익이 되지 못하고 수입의 상승(미국의 수출 역량보다 훨씬 높은 수준이며, 무역적자의 증가를 설명한다)으로 이어진다.

2. 국내 생산자들에 대한 수요는 만성적으로 부족했고, 대담한 신용정책을 통해 소비를 자극하는 것이 필요했다. 위에서 언급했듯이 이런 소비 진작의 많은 부분이 해외 생산자들의 이익으로 돌아갔다(이런 의미에서, 미국 경제는 세계경제 성장의 엔진으로 비쳤다).

3. 다양한 이유로 인해 — 대외무역 균형 제약의 부재, 완화된 신용 요구 조건에서 발생하는 금융 혁신, 파생상품시장의 폭발(신용부도스와프 CDS와 이자율 계약[1]) 등 — 가계 부채의 팽창을 제약할 수 없었으며, 누적적 증가 양상이 나타났다.

미국의 주택담보대출 관련 시장의 폭발과 뒤이은 붕괴는 바로 이런 맥락에서 이해되어야만 한다. 그것은 금융화로 인해 자동적으로 발생한 부수 효과가 아니라, (특히 2000년 이후) 금융 메커니즘의 엄청난 팽창으로 말미암아 발생한 것이며, 미국 거시 경제 궤도의 필수적인 요소였다. 주택 시장의 위기와 금융기관 피라미드의 붕괴는 그 외의 취약한 금융-글로벌 구조를 불안정하게 만드는 지진과 같은 역할을 했다. 그것은 방아쇠였지, 위기의 원인이 아니었다.

1_[옮긴이] 이번 위기를 통해 대중적으로 알려지게 된 CDS, MBS, CDO 등의 금융 상품 또는 구조화 파생상품에 대한 더욱 자세한 설명은 금융 메커니즘과 금융 구조에 대한 본격적인 분석이 시작되는 7장을 참조.

명백히 위기를 가능하게 만든 조건들에 대한 위기의 피드백 효과가 존재한다(화살표 F). 신자유주의와 미국 헤게모니는 1장의 마지막 절에서 말했던 것처럼 상호 연관되어 있다.

사건들의 전개

위기가 시작된 2007년 8월 이후 발생한 일련의 사건들은, 그 이전까지 거의 30년 동안 전개된 신자유주의 역사의 최신 국면이자 그 정점으로 이해되어야만 한다. 위기가 발생하기 이전에, 신자유주의는 다소 엄격하게 말하자면, 1980년대, 1990년대, 2000년대에 조응하는 연속적인 세 국면들을 지나왔다.

1. 1980년부터 1991년까지 신자유주의 수립의 첫 번째 국면은 어려운 시기였다. 이 국면에서 발생한 세 번의 경기후퇴에 주목할 수 있는데, 이는 1980년, 1982년, 1991년으로 네거티브 성장률을 기록한 해였다. 동시에 그해들 모두 은행 위기, 저축대부조합Saving and Loan Association 위기를 동반한 금융적 혼란이 발생한 시기이기도 했다.

2. 1991년 경기후퇴로부터의 회복은 더디기는 했지만, 1990년대 후반에는 높은 수준의 성장률로 안정화된다. 이런 회복은 정보 기술IT에 대한 투자 물결에 기초하고 있다. 이 기간 동안 미국 투자가의 해외직접투자가 이루어지고, 그와 동시에 미국으로의 해외직접투자도 증가한다. 이런 우호적 10년 동안 신자유주의라는 선택지는 특히 유럽과 비교해 볼 때(아시아와 라틴아메리카에 발생한 주기적 위기는 간과한 채) 새로운 만병통치약으로 간주되었다. 정보 기술 호황과 그에 동반한 1990년대 후반의 증권시장 호황에 뒤이어 미국 경제는 2001년 경기후퇴로 접어든다.

3. 2000년 이후 발생한 사건들의 연쇄적 과정은 위기의 도입부로 해석될 수 있다. 2001년 경기후퇴로부터의 회복은 오직 주택 투자의 증가를 통해서만 이루어질 수 있었다. 생산적 투자는 매우 낮은 수준을 유지했지만 주택 부문은 호황을 누린 것이다. 전체 거시 경제가 완만한 성장률 수준에서 안정화되었다. 동시에 신자유주의가 시작된 이래로 나타난 일정 정도의 건실한 성장 이후, 가계 부채, 무역적자, 미국 경제의 다른 지역으로부터의 자금조달이 급상승했다. 예를 들어, 파생상품 계약의 총시장가치가 2001년 말과 2005년 사이에 2.6배나 증가했다. 이 기간 동안, 증권화와 채무불이행에 대비한 보험과 같은, 주택담보대출 관련 수단들이 급격히 증가했다. 연준은 이런 추세를 의식하고 있었고, 연방기금금리를 2001년 경기후퇴로부터 회복된 이후 점차 증가시켰지만 신용 팽창을 억제할 수 없었으며, 규제와 관련된 사항들은 의제에 오르지도 못했다.

다음과 같은 다섯 단계로 나눌 수 있다.

1. 심각한 붕괴의 초기 조짐이 2005년과 2006년 사이에 나타났는데, 건축 허가, 주택 판매, 주택 가격 하락의 첫 번째 단계가 시작되었다. 이 시기는 또한 채무불이행의 파고가 시작되던 때다(변동금리 서브프라임 대출에 우선적으로 영향을 주었다). 은행들은 대출을 평가절하하기 시작했고, 가장 위험한 자산인 주택담보대출유동화증권MBS의 가치도 평가절하되었다. 2007년 전반기 동안 주택담보대출을 직접적으로 다루고 있던 많은 금융기관들이 흔들리고 있었다.

2. 2007년 8월, 문자 그대로 금융 위기가 시작되었다. 그것은 원래 유동성 위기였다. 주택 시장(신규 주택 허가 및 주택 가격 등에서)의 하락세가 뚜렷했다. MBS 위기로 인해, 증권에 대해 더는 가치를 매길 수 없는, 엄

청난 불확실성의 상황이 도래했다. 은행 간 시장의 붕괴와 더불어, 연준은 사태를 진정시키기 위한 조치에 착수했으며, 그 첫 조치로 공개 시장 조작이라는 전통적 메커니즘에 의지해 이자율을 낮추려 했다. 2007년 말 공개 시장 조작으로는 위기의 심각성을 해소할 수 없다는 점이 명확해졌다. 연준은 점증하는 부실 증권을 담보로 받아들이는 새로운 도구를 만들어 냈다. 위기는 확실히 완화되는 듯 보였다. 그러나 길지 않았다. 서브프라임 주택담보대출은, 신자유주의의 진정한 본질이 느닷없이 드러나도록 만든, 좀 더 광범위한 일련의 결정 요소들 가운데 하나에 불과한 것이었다.

3. 다수의 금융 도구들이 붕괴함에 따라 금융 구조 전반이 불안정해졌다. 2008년 초에 이르러, 연쇄적인 파산이 시작되면서, 금융기관들이 초래한 손실이 불어나고 있음이 명백해졌다. 3월에는 베어스턴스Bear Stearns가 부도를 냈고, 패니메이Fannie Mae와 프레디맥Freddie Mac의 취약성이 드러났다. 2008년 초부터 금융 부문의 악화된 상황은 가계 및 비금융 기업에 대한 신용 공급의 위기로 이어졌다. 이른바 '신용경색'이 발생했다.

4. 위기가 급격히 심화되었고, 공황 분위기가 만연했던 2008년 4분기는 주요한 단절점을 나타낸다. 리먼브라더스Lehman Brothers, 워싱턴뮤추얼은행Washington Mutual Bank 및 기타 거대 금융 기업들이 부도 상황에 처해졌다. AIGAmerican International Group, 메릴린치Merrill Lynch, 시티그룹Citigroup과 같은 다른 곳은 마지막 순간에 구제되었지만, 그들의 주가는 90% 이상 폭락했다. 화폐 정책은 효과적이지 못했다. 신용경색이 엄청난 규모로 발생했다. 산출의 축소가 전 지구적으로 확산되었다. 환율 시장이 불안정해졌고, 주가가 극적으로 폭락했다.

이런 맥락에서 연준과 재무부는 민간 기관의 대체물로 작동하면서 그들의 활동 폭을 늘렸다. 자본 자금조달capital financing(부실기업의 주식 구입)을 통해 (대출에 의한) 신용 자금조달credit financing이 보충되었다. 연준과 재무부는 (보증인으로서) 부실자산을 보증했다. 해외 통화스와프를 통해 준비금 부족에 시달리고 있는 해외 중앙은행을 도왔다(연준이 글로벌 경제의 중앙은행 역할을 한 것이다).

5. 2008년 말 대수축이 시작되었다. 정부 적자가 위기에 대처하기 위한 주요한 구성 요소로 작동했다. 정부 부채가 늘어났고, 여타 다른 지역 및 연준을 통한 자금조달이 증가했다.

대수축: 달러 위기

2009년에는 대공황을 연상시키는 산출의 축소가 주되게 나타났다. 2007년 7월과 2009년 6월 사이에 미국의 제조업 가동률은 79.4%에서 65.1%까지 하락했다. 하지만 다른 나라에서는 더 큰 하락이 확인되었다. 미국에서 철강 생산은 2008년 8월에서 2009년 5월 사이에 56%까지 하락했다. 미국의 재화 및 서비스 수입은 2008년 8월과 2009년 5월 사이에 33% 감소했다. 금융 부문, 비금융 기업들, 가계 각각의 상황들이 서로 맞물린 누적적 산출 축소 효과[산출의 피드백 효과]가 나타났다. 미국 재무부 증권이 GDP에서 차지하는 비중은 2007년 9월 35%에서 2009년 말에는 54% 이상으로 증가했다. 전 지구적으로 정부 부채와 국가 부채가 급증했다. 2009년 후반 시점에서 산출의 축소가 어느 정도까지 깊어질지 알기는 불가능했다. 예측은 점점 비관적이 되어 갔다. 바닥에 도달했고, 2009년 11월 미국의 가동률은 여전히 68.4%로 6월 가동률을 가까스로 상회하고 있었다(대공황 시절 경기가 바닥이었을 때 산출은 약 25%까지 하락했다).

대수축은 얼마나 심각할 것인가? 얼마나 지속될 것인가? 이는 경제활동을 부양하는 긴급한 촉진책들에 상당 부분 달려 있다. 이런 지원의 실제적 양, 그 내용, 이행의 속도, 문제를 국가별로가 아닌 글로벌한 차원에서 제기하는 능력이 핵심적인 요소다. 미국에서는 정부 또는 정부와 밀접한 관련이 있는 중앙 기관들이 민간 부문의 대체물로서 활약하기 위해 발 벗고 나섰다. 적어도 세 가지 측면이 강조되어야만 한다. (1) 신용경색의 맥락에서, 민간 부문의 수요 부족은 대규모 정부 적자를 통해 보충했다. (2) 연방 기관들과 이제는 정부가 소유하게 된 정부지원기관GSE이 증권화를 수행했고, 민간 발행자들의 활동은 중지되었다. (3) 연준이 민간 투자자 대신 MBS를 구매했다.

미국 경제가 대외 자금조달에 의존해 있고, 특히 정부 적자가 극적으로 증가하고 있는 상황에서, 달러의 폭락이 발생할 수도 있다. 위기의 본질과 범위가 변할 것이다. 달러의 완만한 하락은 다른 지역, 특히 유럽으로 위기를 수출하는 경향이 있다. 아랍권 국가들이 원유 가격을 결정하는 데 의존하고 있는 달러를 대체하기 위해 통화 바구니(와 금)를 사용하면서, 달러 사용에 대한 위험을 회피하려는 계획을 모색하고 있으며, 중국, 러시아, 프랑스와 협상에 착수했다고 알려져 있다. 그런 위기는 기본적으로 미국 헤게모니의 지속을 위협할 것이다.

| 제 2 부 |

금융의 두 번째 지배

계급과 금융기관

이전 장들에서 이야기한 많은 것들을 통해 이 책의 주요 결론을 예상할 수 있지만, 실제적인 분석은 제2부에서부터 시작된다. 이 책에서 우리는 현재의 위기를 통해 신자유주의의 고유 메커니즘과 미국에서 나타나는 구체적 특징들을 추적한다. '신자유주의'라는 용어가 광범위하게 사용되고는 있지만, 그 개념의 내용과 관련된 일반적인 합의는 존재하지 않으며, 때때로 잘못된 용어로 치부되기도 한다. 이에 따라 이 개념에 대한 예비적 정의가 필요할 것이다.

제2부에서 우리는 신자유주의를 계급적 현상으로 소개하고, 이런 해석을 지지하는 경험적 자료들을 점차적으로 제공할 것이다. 3장에서는 그 소득의 원천과는 별개로, 상위 소득 계층에서 나타난 소득의 회복에 대해서 논하고, 4장에서는 신자유주의 기간 동안 이루어진 자본소득(이자, 배당, 자본이득)의 증가에 대해 구체적으로 다룰 것이다. 제3부(5장과 6장)에서는 신자유주의를, 1장에서 도입한 자본가, 관리자 계급, 민중 계급이라는 삼극의 형세 속에서 나타나는 계급 현상으로 살펴본다.

• 제2부에서는 미국 경제와 사회에 초점을 맞춘다. 다른 나라의 자본가계급과 관련한 정보는 G. Duménil & D. Lévy, Additional Materials 1 (2010), www.jourdan.ens.fr/levy/dle2010b. htm을 참조.

3

상위 소득 계층의 이익

소득 통계에서는 계급 양상과 그 형세 및 권력의 변화에 대한 직접적인 정보가 제공되지 않기 때문에, 우리는 '상위 계급'이라는 느슨한 개념과 소득 계층과 같은 범주들에 만족해야만 한다. 그러나 소득분배의 역사적 변형은 그 기저에서 나타나고 있는 사회 변화들을 꽤 잘 드러내고 있다. 3장은 바로 이런 관점에 기반을 두고 있다.

상위로의 소득의 집중

흥미롭게도 현대자본주의를 결합적으로 구성하고 있는 세 개의 사회질서를 통해 미국에서 나타나는 소득분배의 역사적 윤곽을 명확히 확인할 수 있다. 각 국가 및 전 지구적으로 신자유주의 기간 동안 소득 불평등 및 좀 더 일반적으로는 사회 불평등이 심화되었다는 점은 종종 논의되어 왔다. 토마 피케티와 에마뉘엘 새즈가 소득 신고서로부터 얻어 낸 데이터를

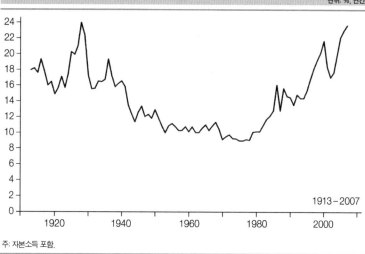

| 그림 3.1 | 1% 초고소득 계층이 총소득에서 차지하고 있는 비중: 미국 가계

단위: %, 연간

1913-2007

주: 자본소득 포함.

통해 소득의 역사적 추이를 명확하게 확인할 수 있다[1](이런 소득 신고서로부터 추출해 낸 데이터 안에는 편향이 존재하지만, 미국세청Internal Revenue Service, IRS이 보고한 바에 따르면 고소득에 대한 과대평가는 존재하지 않는다. 그리고 이는 그런 양상이 관찰되고 있는 현재 연구 대부분이 가지고 있는 문제다).

〈그림 3.1〉을 통해 위계적 소득의 역사적 양상을 확인할 수가 있다. 이는 상위 1% 소득 계층에 있는 가계가 올린 총소득의 몫을 보여 주고 있다(이는 2007년에는 거의 1,500만 가계에 달했는데, 연간 39만8,909달러 이상의 소득을 올린 것으로 보고되어 있다). 제2차 세계대전 이전 이 특권 집단으

1_T. Picketty & E. Saez, "Income Inequality in the United States, 1913-1998," *Quarterly Journal of Economics* 118, no. 1 (2003), 1-39.

| 그림 3.2 | 두 소득 계층의 실질임금: 미국 가계

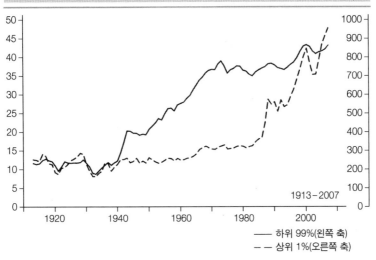

단위: 2007년 달러로 1천 달러, 연간

1913-2007

—— 하위 99%(왼쪽 축)
－ － 상위 1%(오른쪽 축)

주: 왼쪽 축은 하위 99%가계의 실질임금. 오른쪽 축은 상위 1% 가계의 실질임금이다. 오른쪽 축은 왼쪽 축보다 20배 크다.

로 미국 가계 총소득의 18%(1913~39년, 연평균)가 흘러들어 갔다. 제1차 세계대전 초와 대공황 및 제2차 세계대전 내내 그 비중은 점점 떨어졌다. 주목할 만한 점은, 1970년까지 그 어떤 회복 추세도 나타나지 않았다는 점이다(다른 지표[2]를 통해서 이런 상위 계층의 상대적 부가 1970년대에 심각하게 감소했음을 확인할 수 있다. 1970년에는 증권시장이 침체되어 있었고, 매우 낮거나 음의 실질이자율 그리고 제한된 배당소득이 특징적이었다). 이후에 나타나는 회복의 규모는 엄청나다. 1970년대 중반 최소 9% 수준이었던 것이 전전 戰前 수준까지 증가한다. 우리는 일부 고소득 계층의 조세 도피(조세 피난

2_E. Wolff, *Top Heavy* (New York: New Press, 1996).

처 같은 곳으로)로 인해 회복의 정도가 실제로는 과소평가되어 있다고 추측할 수 있지만, 그것이 어느 정도인지는 정확히 알려져 있지 않다.

구매력(소비자물가지수로 소득을 나눈)의 윤곽을 통해 비슷한 이야기를 할 수 있다. 〈그림 3.2〉를 통해 상위 1% 분위에 있는 가계와 나머지 가계(99%)의 연평균 구매력을 확인할 수 있다. 오른쪽 축은 상위 1%의 실질소득을, 왼쪽 축은 하위 99%의 실질소득을 나타내고 있다. 모두 2007년, 천 달러 기준이다. 오른쪽 축의 단위는 왼쪽 축의 단위보다 20배 크다.

제2차 세계대전 이전에는 두 개의 선이 겹쳐진 것으로 나타나는 부분에서 소득이 20배 차이가 났다가, 전쟁 기간 동안 99%(——) 분위의 구매력은 극적으로 상승했으며, 1970년대에는 전전 평균의 3.3배에 도달했다. 2007년까지는 확실히 거의 수평적 추세를 보이고 있다. 이런 윤곽은 제2차 세계대전 이후 몇십 년 동안 이어진 중간기의 구체적 특징을 정확히 나타내고 있다. 1970년대 초에 나타난 침체기는 그 기간 동안 발생한 구조적 위기에 따른 소득 침체 효과 때문으로 추론할 수 있지만, 신자유주의 아래에서도 새로운 상승 추이는 수립되지 못했다. 상위 1% 소득 계층의 구매력은 두 번째 변수(_ _)를 통해 확인할 수 있다. 여기서는 [나머지 99%와는] 대칭적인 양상이 지배적으로 나타나는데, 1980년대 초반 잠시 침체되었다가 급작스럽게 증가했으며, 2000년 이후에는 전전 수준에 비해 3.6배나 증가했다(2007년에는 훨씬 더 증가다). 소득 위계 관계에서 나타나는 이 같은 변동은, 각 소득 계층 사이의 급격한 양극화 현상을 발생시키면서, 1장에서 논의한 세 국면들의 각 단계들을 잘 설명해 주고 있다.

미국에서만 특별히 상위 계층으로의 부와 소득의 집중이 발생한 것은 아니었다. 전 세계적으로 금융자산이 막대하게 증가했다. 〈표 3.1〉에

| 표 3.1 | 전 세계 상위 순 자산 보유 개인

단위: 1백만 명, 1조 달러

	인원수	금융자산		인원수	금융자산
1996년	4.5	16.6	2002년	7.3	26.7
1997년	5.2	19.1	2003년	7.7	28.5
1998년	5.9	21.6	2004년	8.2	30.7
1999년	7.0	25.5	2005년	8.7	33.4
2000년	7.0	27.0	2006년	9.5	37.2
2001년	7.1	26.2	2007년	10.1	40.7

서는, 메릴린치-캡제미니Merrill Lynch-Capgemini의 세계 부 보고서World Wealth Reports에서 제시된 세계 전체 인구 중 1백만 달러 이상의 부(자기 주거 주택을 배제하고 부채를 제외한)를 보유하고 있는 1천만 명 이상의 인구를 의미하는 초부유층 개인high net worth individual, HNWI 개념이 사용되고 있다. 1996년과 2007년 사이의 그런 개인들의 수는 연평균 7.6% 증가했으며, 그들은 총부는 연평균 8.5% 증가하는데, 이는 상당한 양의 자본이득과 수익이 발생했음을 나타내고 있다(세계총생산GWP은 그에 비해 연 5.5% 증가했다). 2007년 초부유층 개인의 총 부는 41조 달러에 이르렀다(〈표 7.1〉을 보면 2006년 다른 항목들과 비교해 볼 수 있다).

상위 소득 계층의 고임금과 이윤

전통적 의미의 총소득에 대한 이윤몫과 임금몫은 변화하지 않았지만, 신자유주의는 미국에서 소득분배의 전반적 양상을 크게 변화시켰다('임금'이라는 용어는 총 노동 보수, 즉 고용주의 노동비용을 의미한다).

〈그림 3.3〉을 통해서 비금융 및 금융 기업을 결합적으로 고려한 미국 기업 부문의 국내 소득 가운데 임금몫(──)을 확인할 수 있다(소득분배를 분석할 때는 비영리 법인 및 정부 부문을 제외하는 것이 편리하다. 이 부문에

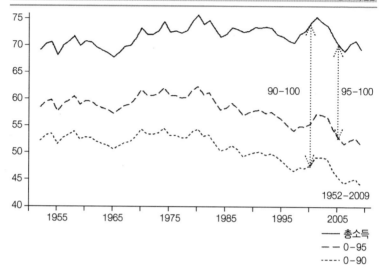

| 그림 3.3 | 총소득 중 임금몫: 미국 법인 부문

단위: %, 연간

90-100   95-100

1952-2009

—— 총소득
－ － 0-95
‥‥‥ 0-90

주: 소득 계층에 따른 임금과 관련된 데이터를 국민 계정의 틀에서 이용할 수가 없기 때문에 〈그림 5.1〉에서 사용된 통계를 통
　해 위 계열(— —과 ‥‥‥)을 작성했고, 따라서 근사치라고 할 수 있다.

서는 임금과 이윤을 분할하기가 애매하며, 관련된 동역학은 특별한 메커니즘을 표
현하고 있다). 먼저 각 수준들에서 임금몫이 총소득의 72% 주위에서 변동
하고 있다는 점을 통해 나머지 28%가 이윤 및 조세의 합이라는 것을 확
인할 수 있다. 추세를 보면 1970년대까지의 임금몫의 제한적 성장이 확
인된 이후에는 평평한 수준이 지속되고 있다(이런 변수들은 경기순환의 상
승과 하락에 따라 변동을 겪는 경향이 있다). 이런 일정한 비율은 특히 미국에
서 나타나고 있으며, 그 밖의 다른 많은 국가들에서 임금몫은 신자유주
의 기간 동안 감소했고, 이는 1980년대 초 이윤율을 회복하는 데 도움을
주었다.[3]

　[이런 미국 임금몫의 추세는] 신자유주의 기간에 노동 착취가 증가했다

는 관점과 명백히 모순된다. 노동조건이 악화되고, 임금 소득자 대다수의 구매력이 침체되며, 낮은 노동비용의 국가들로부터 값싼 소비재가 수입된다는 점은 이미 잘 알려진 사실이며, 이런 것들로 인해 이윤몫이 상승할 것이라는 점을 직관적으로 파악할 수 있다.

모순은 표면적일 뿐이다. 상위 소득 계층의 고임금이 갖는 중요성을 생각한다면, 임금몫을 상위 계급과 민중 계급 사이의 소득 분할을 보여 주는 정확한 대리 변수로 간주하는 것은 불가능하다. 〈그림 3.3〉의 두 번째 변수(— —)는 상위 5%를 제외한 하위 임금 소득자 95%의 총소득 중 임금몫(0~95 소득 분위)을 보여 주고 있다(이 두 분위 사이의 경계는 2007년 가계 연 임금 14만3천 달러에서 형성되어 있다). 이에 상응해 두 선 사이의 거리는 95~100분위로 가는 총소득 중 임금몫을 뜻한다(2009년 18%). 신자유주의 기간(1980~2009년) 동안 상위 가계 계층의 임금을 제외하고는 심각한 하락 추세가 지배적임을 그림을 통해 확인할 수 있으며, 0~95분위는 62.2%에서 51.5%로 총 임금의 10.8%p가 감소했다.

임금 위계 관계 상위의 '고임금'이 어디까지인지lower boundary를 규정하는 단순한 이론적 기초는 존재하지 않는다. 여기서 사용되고 있는 것은 순전히 경험적 범주다. 하지만 임금 피라미드의 상위 분파를 제외한 나머지 계층의 임금몫이 하락 추세를 보인다는 점을, 고임금을 받는 상위 분파의 비율을 명확히 정의해 보여 줄 필요는 없을 것이다. 유사한 추세가 상위 10%를 가르는 선(.....)에서도 관찰된다. 이런 관찰을 통해 신

3_예를 들어, 프랑스의 경우 임금 이외의 소득 몫은 1959년부터 1973년 사이에 총소득의 20% 주위에서 변동했다. 1970년대 구조적 위기로 인해 7%p 감소했다가 11%p 회복해, 24% 주위에서 안정화되었다.

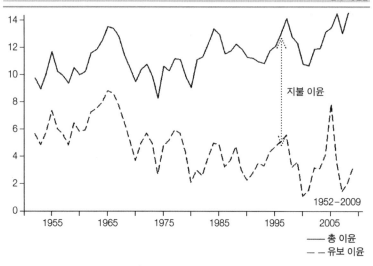

| 그림 3.4 | 총소득 중 유보 이윤과 총 세후 이윤의 비중: 미국 법인 부문

단위: %, 연간

지불 이윤

1952-2009

—— 총 이윤
– – 유보 이윤

주: 총 이윤은 모든 세금을 제외하고, 이자와 배당을 지급하기 이전의 이윤을 뜻한다.

자유주의에서 전형적으로 나타나는 상위 계층으로의 임금 집중이 90~ 95분위에서 발생한 것도 아님을 확인할 수 있다.[4]

따라서 총 임금을 검토할 때, 미국의 소득분배 분석에서 중심적인 요소는 고임금 계층에게 돌아가는 거대한 임금몫과 그것이 소득분배의 윤곽에 미치는 커다란 영향력이다. 이 임금 부분의 증가로 인해 대부분의 임금 소득자 계층의 감소분이 은폐된다. 하지만 이를 통해 총소득에서 임금이 차지하고 있는 몫이 여전히 유지되는 이유를 설명할 수 있다.

조세는 비임금 소득의 주요 부분을 차지하며, 그 나머지를 '이윤'이라

4_ 그와는 반대로 90~95분위의 몫은 신자유주의 이전에 증가했다.

고 부를 수 있다(이런 식으로 정의된 이윤몫은 모든 비임금 소득을 이윤이라고 정의하는 것보다는 작다). 〈그림 3.4〉를 통해서 그런 이윤몫의 척도(——)를 확인할 수가 있다. 이는 100%에서 임금 및 조세몫을 뺀 것으로 정의된다〈그림 3.3〉에서 보듯이 임금몫은 거의 일정하기 때문에 이 변수가 약간 상승 추이를 갖는 것은 총소득에서 조세몫이 줄어든 효과다). 최근 20년 동안 총소득의 12%가 이윤이었다(조세는 16%).

〈그림 3.4〉의 두 번째 변수(_ _)를 통해 기업의 유보 이윤을 확인할 수 있다. 하락 추이가 강하게 나타나고 있는데, 전후 20년 동안 대략 평균 6.3% 수준에서 신자유주의 기간 동안 3.5%까지 하락했다. 두 선 사이의 거리를 통해 자본소득 및 배당과 이자 총합으로 지불된 이윤 부분을 확인할 수 있다. 신자유주의 기간 동안 이런 자본소득은 증가했다. 그림을 보면 상위 집단의 고임금을 제외하고도 이윤에서 지불되는 자본소득 — 이자와 배당이라는 두 번째 통로— 이 증가하면서 상위 소득 계층의 소득도 함께 증가했다는 것을 알 수 있다. 소득분배에서 나타나고 있는 이런 굴곡이 신자유주의의 주요한 특징이다.

〈그림 3.5〉를 통해 이런 관찰들을 확인할 수 있다. 주요 변수(——)는 다른 두 변수 — 95~100분위의 임금(_ _), 이자 및 배당으로 지불된 이윤(.....) — 의 총합이 총소득에서 차지하고 있는 몫이다. 흥미로운 점을 발견할 수 있다. 먼저 1952~71년과 최근의 20년(1990~2009년)을 참조해 보면, 두 구성 요소의 총합이 총소득에서 차지하고 있는 몫이 15.5%에서 25.8%로 상승했다. 두 번째, 고임금이 이런 총체적 상승의 절반 이상을 설명하고 있다. 세 번째로 두 구성 요소의 시간에 따른 변화는 어떤 범위에서는 별개다. 고임금몫은 1970년대 이래로 안정적으로 증가해 온 반면, [이자와 배당으로] 지불된 이윤몫은 1980년대 신자유주의

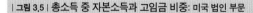

| 그림 3.5 | 총소득 중 자본소득과 고임금 비중: 미국 법인 부문

단위: %, 연간

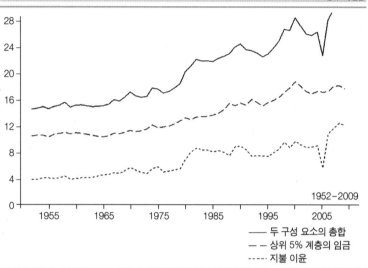

1952-2009

── 두 구성 요소의 총합
─ ─ 상위 5% 계층의 임금
······ 지불 이윤

의 형성과 더불어 급격히 상승했다(이자와 배당은 의심할 바 없이 자본소득이지만, 그것이 모두 상위 임금 계층으로 가는 것은 명백히 아니다).

　요약하자면, 신자유주의 기간 동안 발생한 상위 소득 계층의 소득 회복은 고임금 및 이윤 중 자본소득으로 지불된 부분이 증가하는 동시에, 기업의 유보 이윤과 대다수의 임금 부분이 나타내고 있는 하락 추세가 결합된 결과다. 이는 상위 소득 계층에 유리하게 작동하는 신자유주의를 적나라하게 표현해 주고 있다.

규율 수단

상위 계층의 소득이 회복될 수 있게 한 수단들 가운데 국내적 구성 요소,

즉 각 특정 경제에 고유한 행위들과 신자유주의의 글로벌 측면을 구분하는 것이 중요하다. 이런 이중적 성격은 "신자유주의적 세계화"라는 구절속에 있는 두 요소들을 결합적으로 참고해야 하는 게 필수적임을 말해주고 있다. 하지만 두 범주의 메커니즘 사이에 중첩되는 중요한 측면도존재한다.

수익성 규준을 더욱 강력히 준수하도록 한다는 점이 첫 번째 기본적측면이다. 이는 노동자에 대한 압력의 증가, 일반적으로 요구되는 조직의 개선, 자본수출, 그에 상응해 요구되는 초민족 기업의 해외 지사로부터의 이윤 송금이라는 수단을 통해 수행된다. 각 국가들에서 신자유주의는 우선적으로 노동자들에게 새로운 규율이 부과된다는 것을 의미한다.구매력 정체(〈그림 3.2〉의 미국의 사례를 보는 바와 같이), 점진적인 사회복지의 해체, 더욱 엄격한 노동 규율, 고용과 해고에 있어 이른바 '신축적인'flexible 노동시장이 그 주요 측면이다. 관리 또한 새로운 목표를 채택해야만 했다. 하지만 노동자와 관리자 사이에는 차이가 존재한다. 채찍과당근의 비유를 해보자면, 노동자에게 주어지는 것은 채찍이고 관리자에게 주는 것은 당근이다. 현실적으로, 특히 최상층 관리직은 점점 고임금형태 — 여기서 사용되고 있는 광범위한 의미에서 — 로 기업 내에서 발생된 잉여의 많은 부분을 나누어 가질 수 있는 자신의 역량을 증가시켰다.

관리의 측면에서 보자면, 높은 수준의 수익성을 추구하려는 유인 이외에도, 우리는 배당과 주가 극대화를 목표로 하는 기업지배구조에 민간관리자가 종속되는 것을 목격할 수 있다. 하지만 이런 규칙과 더불어, 정부 관료 및 대표자들이 관련되어 있는 정책적 구성 요소 또한 존재한다.그것은 고용 및 성장을 촉진하기보다는 인플레이션 압력을 억제하려는화폐 정책, 사회복지의 민영화, 부과 방식의 공적 체계 연금을 부분적으로 개혁하는 것, 그리고 규제 완화 등을 통해서 이루어진다.

　신자유주의의 국제적 측면이 갖고 있는 두 개의 지주pillar는 자유무역과 자본의 자유로운 국제적 이동성이다. 자유무역은 제2차 세계대전 이후 진행된 장기적이고 점진적인 과정의 결과다. 신자유주의는 지역 엘리트들과의 협력 아래서 세계 전역에 '개방 모형'을 부과했다. 자본 통제는 점진적으로 해체되었는데, 이는 1970년대 미국에서 시작된 것이다. 1990년대부터는 해외직접투자가 엄청나게 증가했는데, 이는 초민족 기업의 성장을 반영하고 있다. 이런 국내·국제적인 다양한 구성 요소들 간의 중요한 고리가 존재한다. 해외투자는 기업들이 주변부 국가에서 고수익을 추구할 수 있도록 해주었다. 세계화로 인해 선진국의 노동자들은 주변부 노동자들과의 경쟁 상황에 놓이게 되었다. 노동비용이 특히 낮은 국가로부터 값싼 소비재를 수입함으로써, 선진국에서 주어진 재화 꾸러미를 사는 데 필요한 명목 임금이 감소했다. 따라서 이는 임금 소득자 대부분의 구매력을 일정(또는 하락)하게 유지하면서 이윤율을 회복시키는 기제로 작동했다.

　화폐 금융적 메커니즘이 현재의 위기를 분석하는 데 매우 유효하다. 첫째, 정부 및 가계 부채의 증가는 거대한 이자의 원천이었다. 둘째, 금융 규제 완화와 혁신으로 금융 부문의 활동 및 수입이 폭발적으로 증가할 수 있었다. 고수익을 획득하려는 과정은 극단적으로 이루어졌으며, 배당 지불과 고임금을 수반했다. 이런 실천은 이 책에서 "가공성"fictitiousness(9장)이라고 부르고 있는 수준에 도달했다. 이런 영역의 모든 것은 관료 및 정치인들의 협력이 없었더라면 불가능했다.

4

자본에 대한 숭배

3장에서는 "상위 소득 계층"이라는 통계학적 개념을 중심으로 논의했다. 이에는 두 가지 소득 범주, 즉 소득 위계 상위에서 나타나는 고임금과 자본소득이 관련되어 있다. 이번 장에서는 자본소득에 집중할 텐데, 이는 자본주의적 사회관계의 구체적 측면에 대한 것이다. 이런 관점에서 접근하는 사회적 틀은 잘 알려져 있는데, 그 틀에서는 자본가계급들과 임금소득자로 광범위하게 정의되는 노동자계급이 대립하고 있다. 이 책에서 분석하는 나머지 연구의 일부는 그런 지반 위에서 이루어진다. 따라서 신자유주의는 자본가계급의 소득과 권력의 회복을 의미하는 것으로 이해된다.

이번 장에서는, 먼저 전체 기업 부문의 수익성과 자본소득(이자, 배당, 그리고 증권시장의 이득)의 원천에 대해 살펴본다. 이 장의 마지막 부분에서는, 비금융 및 금융 기업의 상대적 이윤율에 대한 좀 더 기술적인 논의가 이루어진다.[1]

금융: 신자유주의와 자본가계급

이번 연구에서 사용되고 있는 금융 및 금융 헤게모니라는 개념은 자본가계급의 상위 분파 및 금융기관을 일컫는 것이다. 잘 알려진 바와 같이 중소기업의 소유자부터 초민족 기업의 지분을 상당 부분 보유하고 있는 주주에 이르기까지 자본가계급 내부에는 강력한 위계 관계가 존재하고 있다. 자본 집중 과정은 역사적으로 존재하고 있지만, 새로운 기업 역시 여전히 만들어지고 있으며, 거대 기업과 소규모 기업 사이의 위계 관계 역시 현대자본주의 내에 존재하고 있다. 소규모 기업은 종종 거대 금융 및 비금융 기업의 지배 아래 있다. 이런 우위성의 여러 측면들이 금융 메커니즘과 관련되어 있다(전부는 아니지만, 예를 들어 하청에서 비롯되는 통제와 종속성). 제1차 금융 헤게모니 기간 동안 이미 전반적인 사회적 동역학, 경제 상태 및 정치적 조건이 자본가계급 상위 분파에 의해 지배되었다.[2] 이런 거대 소유자들이 신자유주의 수립의 주인공들이다.

금융기관들이 점진적으로 생겨났다. 19세기적인 은행과 보험 주변에, 증권시장의 새로운 틀이 생겨났으며, 뮤추얼펀드, 연금기금 및 헤지펀드, 사모투자전문회사private equity firm,[3] 패밀리오피스family office,[4] 정부지원기관GSE, 중앙은행과 IMF 및 세계은행 같은 국제기구, 새로운 기법

1_이 장에서 '금융 기업'은 연금 또는 뮤추얼펀드뿐만 아니라 GSE 또는 그들의 모기지 풀(mortgage pool) 및 민간 발행자(private-label issuers)를 포함한다.

2_첫 번째 타협(서면법으로 상징적으로 표현되는)은 중소 자본가들과 전통적 기업(후에 대공황 기간 동안 사라지는)의 공격을 받았다.

3_[옮긴이] 이는 우리나라의 간접투자자산 운용법에 따른 번역이다. 대체로 private은 secret이라는 뜻으로 이해하면 된다.

4_[옮긴이] 부유한 가계의 자산을 관리해 주는 회사.

을 통한 부의 축적 방식 등이 발전했다. 이런 기관들의 기능은 20세기 동안 다각화되고 배가되었다. 그들은 신자유주의 기간 동안 중심적 역할을 했는데, 그들은 중앙은행 또는 국제기구와 같은 민간 기관이자 정부 기관이기도 했다.

개별 자본가의 힘은 금융기관들이 없었다면 상당히 제한적이었을 것이다. 국가는 규제 완화의 시행자였고, 자유무역 및 자본의 자유로운 국제적 이동성을 부과했다. 하지만 국가 이외에도 금융기관들이 신자유주의의 대리인이 되었다. 중앙은행은 완전고용보다는 자본소득의 증가를 목적으로 하는 물가 안정에 우호적인 정책을 실행했다. 거대 자본(연금기금의 자본을 포함해)을 운용하는 자산 관리자들이 비금융 기업들에 신자유주의적 규범을 부과했다. 자본가계급 상위 분파들이 접근할 수 있는 좀 더 한정적인 최첨단 금융 기법을 활용하는 금융기관들도 있었다.

금융 헤게모니라는 개념은 이런 실천들 모두를 일컫는다. 자본가계급 상위 분파와 그들의 금융기관들, 즉 [우리가 이야기하는] 금융은 신자유주의를 통해 그들의 권력과 소득과 관련해 새로운 성과를 달성할 수 있었다.

덧붙이자면, 자본가계급과 금융기관을 결합적으로 고려하는 것은 마르크스의 분석으로까지 거슬러 올라갈 수 있다. 마르크스는 이미 『자본』 제3권[5]에서 19세기의 금융기관인 은행이 구체적인 금융 산업을 정의할 뿐만 아니라, 이자 낳는 자본의 '관리자'로서 행동하고 있다고 썼다(〈상자 4.1〉). 이는 금융을 자본가계급과 자본의 (제도적) 관리자로 정의하는 것이다.

5_K. Marx, *Capital*, vol. 3 (1894; New York: Vintage Books, 1981).

1980년대 이후 자본주의의 새로운 경향을 때때로 산업자본(상업자본이 총계화되서 나타나는)에 대한 '금융' 또는 '금융자본' ― 경제의 한 부문으로서 그 자체의 고유한 자본가들이 존재하는 ― 의 지배로 묘사하기도 한다. 이런 접근 방식은 루돌프 힐퍼딩이 한 세기 전에 제시한 방식과도 어울리지 않으며, 이번 연구의 근본 관점과도 맞지 않는다.

금융기관은 전체 경제에 대해 그들이 실행하는 지배력의 총체로서 자본가계급의 손에 쥐어진 수단이다. 좀 더 구체적으로 말하면 금융 기업은 마르크스가 "화폐 거래 자본"(money-dealing capital)●이라 부른 구체적인 활동들의 범주와 연관되어 있는 부문이자, 마르크스적 어법에 따라 "이자 낳는 자본"(이는 다소 오해의 소지가 있는 용어로, 대출, 채무증권, 지분 등을 가리킨다. 외려 '자본 조달'이라는 표현이 더 좋다)의 관리자다.●● 이런 두 가지 유형의 메커니즘 ― 산업 부문과 관리자로서의 ― 이 신자유주의에서 전례 없는 수준에 도달했다. 예를 들어, 우리는 첫 번째 사례로 통화에 대한 거래와 두 번째 사례로 자산 관리를 생각해 볼 수 있다. 이런 두 번째 요소, 즉 자본 조달 관리 때문에, 비금융 및 금융 기업 사이의 관계를 경쟁이라는 측면에서 단순하게 고찰하는 것은 불가능하다. 이와 관련된 위계 관계가 존재한다.

● '상품거래자본'(commodity-dealing)과는 반대되는 의미로 쓰인다. K. Marx, *Capital*, vol. 3 (1894; New York: Vintage Books, 1981), 431.
●● G. Duménil & D. Lévy, "Les trois champs de la théorie des relations financières de Marx. Le capital financier d'Hiferding et Lénine," Séminaire d'Études Marxistes, *La Finance Capitaliste* (Paris: Presses Universitaires de France, 2006).

신자유주의 기간 동안 이윤율

금융 소득은 가계 및 정부로부터의 이자에 기초하고 있지만, 금융 소득을 발생시키는 자본의 역량에 대한 분석은 자본의 수익성을 중심에 두고

| 그림 4.1 | 네 가지 이윤율 척도: 미국 법인 부문

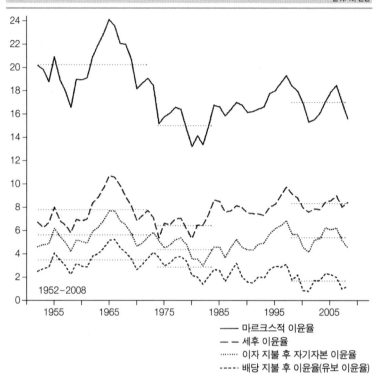

단위: %, 연간

—— 마르크스적 이윤율
– – 세후 이윤율
······ 이자 지불 후 자기자본 이윤율
---- 배당 지불 후 이윤율(유보 이윤율)

주: 조세를 지불하고, 이자를 지불하기 이전을 기준으로 하여 자기자본 대비 이윤율을 계산하는 것 또한 가능할 것이다. 비금
융 부문에 대해 측정된 이런 이윤율은 〈그림 10.4〉를 통해 확인할 수 있으며, 이를 통해 자본소득이 유보 수익률에 어떤
영향을 끼치는지 살펴볼 수 있다. 하지만 그것은 수익성 추이를 검토하기에 적절한 변수는 아니다. 만약 이윤율이 자기자
본에 대해 측정되었다면, 논리적으로 이자를 이윤으로부터 제외해야 한다.

이루어진다.

  우리는 1970년대에 나타난 이윤율의 하락과 그에 뒤이은 새로운 추
세에 대한 연구를 주로 해왔다.[6] 우리는 〈그림 4.1〉에서 그 연구를 업데
이트했다. 그림에서 **마르크스적 이윤율**(——)은 법인 기업 부문 자본(고
정자본 스톡)[7] 대비 총소득에서 노동 보수를 제외한 이윤의 비율이다.

그림에서 점선은 세 기간 — 1952~71년, 1974~83년, 1998~2007년, 즉 1950년대, 1960년대, 1970년대, 위기 이전의 10년이라고 단순화시켜 부르는 — 에 해당하는 연속적인 수준을 보여 주고 있다. 이런 세 값은 각각 20.2%, 15.0%, 17.0%에 해당한다. 따라서 마르크스적 이윤율은 1970년대부터 위기 이전 10년 사이에 회복되었다(회복률은 17.0/15.0으로 1.13이다). 하지만 전후에 지배적이었던 값 정도까지는 회복되지 않았다(복구율은 17.0/20.2로 0.84이다).

이런 첫 번째 정의에서, 수익성 추이를 분석하기 위해서는 노동비용과 기술을 모두 고려해야만 한다. 잘 알려져 있는 **이윤율 = 이윤몫 ×** **자본 생산성**이라는 관계를 사용해, 우리는 이윤몫과 자본 생산성(고정자본 가격 대비 산출 가격의 비율)을 각각 평가할 수 있다. 전후 기간과 위기 이전 10년 사이에 두 변수는 거의 비슷한 수준으로 [이윤율의] 회복에 기여했다고 말할 수 있다(0.84 = 0.93 × 0.91)(3장에서 이미 1970년대 이전 임금몫이 상승 추이를 띠었으며, 1970년대부터 위기 이전까지 평평한 수평적 추세를 보였다고 말한 바 있다). 값싼 상품의 수입과 새로운 정보 기술은 확실히 1970년대 이후 이윤율의 회복에 대해 일정 정도 역할을 했다.

[위에서 선보인 마르크스적 이윤율로부터] 자본소득을 발생시키고 기업 행위와 그들의 투자 역량에 영향을 줄 수 있는 이윤율 경향의 추이를 직

6_G. Duménil & D. Lévy, "The Profit Rate: Where and How Much Did it Fall? Did it Recover? (USA 1948-2000)," *Review of Radical Political Economy* 34 (2002), 437-461; G. Duménil & D. Lévy, *Capital Resurgent: Roots of the Neoliberal Revolution* (Cambridge, Mass.: Harvard University Press, 2004).

7_고정자본 대신에 재고를 포함하는 총 유형자산으로 대체할 수도 있다.

접적으로 유도하는 것은 쉽지 않다. **마르크스**적 이윤율과 기업이 '체감하는' 이윤율 사이의 차이는 크다. 조세를 고려할 경우 이윤율의 추이와 수준이 극적으로 수정된다. 〈그림 4.1〉의 두 번째 변수(_ _)에서 우리는 모든 조세(생산세production tax 및 이윤세profit tax)를 제거했다.[8] 이런 두 번째 척도를 사용하면, 제2차 세계대전 이후 몇십 년간과 비교해 볼 때, 위기 이전 10년간의 이윤율 회복은 이전의 척도보다 더 확실하다. 이런 운동이 조세 지불 이전 이윤율 때문에 나타난 수직축 때문에 왜소하게 보일지는 모르지만 말이다. 이런 이윤율의 1952~71년 평균은 7.8%다. 1970년대에는 6.4%로 하락했다가 위기 이전 10년 동안 8.3%에 있었다. 회복률은 1.29이고, 복구율은 1.06이다. 이런 효과는 단순히 신자유주의 시기의 법인세 감소 때문만이 아니라, 제2차 세계대전 직후 높은 조세 수준이 지속적으로 경감된 결과에서 기인한다는 점을 이해할 필요가 있다.[9]

세 번째 척도(........)에서는 순 고정자본 스톡[10]을 대신해 기업의 자기

8_[옮긴이] 이와 관련해서는 "옮긴이 후기"를 참조하라.

9_전쟁 기간 동안 이루어진 조세 증가로 인해 세계대전 직후 몇십 년 동안의 세후 수익성 수준은, 마르크스적 이윤율의 상당한 회복에도 불구하고, 1929년에 도달된 수준에 머물렀다. G. Duménil & D. Lévy, *La dynamique du capital: Un siècle d'économie américaine* (Paris: Presses Universitaires de France, 1996), chap. 19. fig. 19.1.

10_자금순환표(Flows of Funds) 자료 내에서 기업의 자기자본을 측정하는 과정에는 어려움이 존재하며, 이 변수와 관련된 상당한 정도의 불확실성이 존재한다. 하지만 이런 새로운 변수의 도입을 통해 이 장 말미에 있는 비금융 및 금융 부문 사이의 상대적 수익성을 따져 볼 수 있다는 점이 중요하다. 부족한 정보로 말미암아 제기되는 문제들 이외에도 기업의 자기자본을 측정하는 데 따르는 어려움 가운데 한 측면은 '차액'(goodwill)[우리는 흔히 영업권이라고 번역하기도 한다_옮긴이], 즉 판매될 때의 기업의 회계 가치와 구매될 때의 가격 사이의 차이를 고려하는 것이다. 이런 차이는 대차대조표의 자산 측면에서 무형 자산으로 취급된다[그리고 자금순환표상의 '기타 자산'(other miscellaneous assets) 항목으로 분류된다]. 연방예금보험공

자본(자산에서 부채를 제한 것)을 사용했다(이와 동시에 약간의 변화가 있다). 그와 동시에 이윤에서 조세와 이자 지불을 제했다. 이런 척도를 사용하면 복구율은 거의 1.0이다.

네 번째 변수(----)에서는, 이윤에서 지불된 배당을 제외했다. 이는 '기업의 유보 이윤율'(〈그림 3.4〉의 유보 이윤몫과 공명하는)이다. 이전의 세 가지 척도가 1970년 구조적 위기부터 위기 이전 10년까지 이윤율의 실질적 회복을 나타내고 있는 반면, 이 마지막 척도를 통해서는 이 세 기간 동안 이윤율이 지속적인 하락 경향을 갖고 있음을 확인할 수 있다. 다른 말로 하면, 유보 이윤율의 측면에서 보면, 위기 이전 10년 동안의 이윤율이 1970년대보다 더 작다. 복구율은 0.46에 불과하다!

요약하자면, 1970년대 구조적 위기의 낮은 수준과 비교해 볼 때, 신자유주의 기간 내에 나타난 마르크스적 이윤율은 약간의 상승 추이를 갖고 있는 듯 보이지만, 1970년대 이전의 일반적인 이윤율보다는 낮다. 이윤에서 조세를 제했을 때는 1950년대와 1960년대 기간에 일반적이었던 값으로 복귀(또는 그 이상으로 상승)하는 것을 관찰할 수 있다. 그러나 기업의 배당 지불이 증가한 결과로 유보 이윤율은 지속적으로 감소했다.

이자율: 1979년의 격변

자본주의의 역사에서 제1차 세계대전처럼 인플레이션이 일어나는 순간

사(FDIC)는 예금 보증 은행들의 자기자본과 비교할 때 이 구성 요소가 상당히 중요하며 일관적으로 증가했다고 보고하고 있다. Federal Deposit Insurance Corporation, Quarterly Banking Profile (Washington, D. C.: FDIC, 2008).

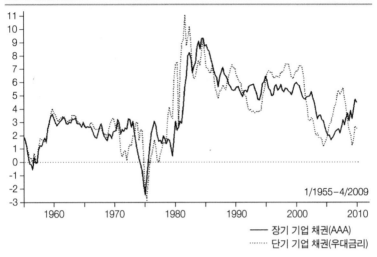

| 그림 4.2 | 실질이자율: 미국 기업

단위: %, 분기

1/1955–4/2009

―― 장기 기업 채권(AAA)
········· 단기 기업 채권(우대금리)

주: 실질이자율이라는 명목이자율에서 인플레이션율을 뺀 것이다.
미국 장기 정부 증권과 주택담보대출 이자율은 이 그림에서 나타난 기업이 지불한 장기이자율과 매우 유사하다. 1990년대 초부터 그 이후로 명목 단기 우대금리는 연방기금금리에 3%p를 더한 것과 같다.

에는 대부자로부터 차입자로의 엄청난 부의 이전이 일어난다. 이로 인해 증권 보유자들과 금융기관은 엄청난 손실을 입었다. 이런 역사적 경험을 통해, 우리는 상위 계급이 인플레이션을 피하기 위해 노력한다는 사실을 알 수 있다.

1970년대에, 주요 자본주의국가들이 구조적 위기(위에서 이야기한 모든 수익성 척도들의 하락)에 진입했을 때, 중심부 국가들의 GDP 성장률은 그럭저럭 유지되는 수준이었다. 이는 인플레이션을 대가로 이루어진 수요 촉진적 거시 정책의 결과였다. 누적적 인플레이션으로 인해 비금융 부문(정부와 가계 일부와 같은 다른 차입자에게도)에 유리하며, 대부자의 희생을 대가로 한 거대한 소득의 이전이 발생했다. 이런 정책이 갑작스럽게 중단되었고, 이는 자본소득의 흐름에 엄청난 영향을 미쳤다. 1979년 말 연준이 갑작스럽게 이자율을 올렸는데, 이를 '1979년의 격변coup'이라고 한다.

〈그림 4.2〉에서 확인할 수 있는 것과 같이 이런 전개는 장기 및 단기 이자율(명목이자율에서 인플레이션율을 뺀) 모두의 변화에 직접적인 영향을 미쳤다. 1960년대와 1970년대를 보면 두 이자율 모두 약 2.1%의 평평한 구간 주위에서 변동하고 있다(기업 장기 채권 AAA 연평균). 그리고 위기 기간 동안에는 마이너스 금리로 내려앉기도 한다. 1979년의 변화는 급격하게 발생했다. 1980년대와 1990년대에는 신자유주의적인 새로운 기간이 나타났고, 장기이자율의 경우에는 여전히 5.9%를 유지하고 있다.

초기의 피드백 정책[11]을 포기하려는 통화주의 정책에 뒤이어, 새로운 방향의 정책들이 극적으로 모색되었다. 1974~75년 경기후퇴의 결과, 지미 카터Jimmy Carter 행정부는 세계경제를 부양하기 위해 주요 자본주의국가들과의 협력을 모색했다. 1979년 말, 폴 볼커Paul Volker — 1979년 8월 연준 의장에 취임한 — 는 전례 없는 수준으로 이자율을 끌어올리려고 했다. 이는 미국과 유럽의 거대 금융 위기와 1982년 제3세계 외채 위기, 제2차 세계대전 이후의 미국 경제에 가장 심각한 경제 위기를 야기했다. 1980년에는 〈예금기관규제완화와 통화통제법〉Depository Institutions Deregulation and Monetary Control Act으로 인해 이전의 규제적 틀(9장)이 해체될 수 있었으

11_[옮긴이] 피드백 정책(feedback policy)은 경기 순응적인 포지티브 피드백과 경기 역행적인 네거티브 피드백을 의미한다. 경기가 좋을 때는 기업의 화폐 수요에 맞게 적절히 공급하고, 인플레이션 경향이 강하게 나타나고 경기 수준이 과도하다 싶을 때는 화폐 당국이 통화량을 반대로 조절한다.

며, 동시에 연준의 권력도 증가했다.

이런 격변으로 말미암아 1983년 이후 상대적 거시 경제 안정성이 확보되었고, 제한된 인플레이션만 존재했다. 1991년 경기후퇴로 인해 중단된 것을 제외한다면, 2001년 경기후퇴까지 이와 같은 신자유주의의 전형적인 상황이 이어졌다.

그림을 통해 2000년 이후 실질이자율의 하락 또한 확인할 수 있다. 여기에는 복잡한 메커니즘이 연루되어 있다(〈상자 14.2〉).

배당 분배와 자사주 매입

기업의 배당이 자본소득의 두 번째 원천이다. 〈그림 4.3〉을 통해 비금융 및 금융 기업들의 조세 후 이윤 가운데 배당이 차지하고 있는 비중을 확인할 수 있다. 1980년 이전에는 이 몫이 51%(1960년대와 1970년대 비금융 기업 연평균) 주위에서 변동했다. 신자유주의 기간 동안에는 74% 주위에서 변동한다(비금융 기업 연평균).[12] 이런 갑작스러운 증가는 주주에게 유리한 새로운 기업지배구조 덕분이다. 전후 몇십 년 동안 비금융 기업은 생산적 투자를 목적으로 훨씬 더 큰 이윤 부분을 유보했다. 배당 지불과 투자 결정은 서로 분리할 수 없는 것으로, 새로운 기업지배구조는 배당에 유리하게 작동했다. 따라서 신자유주의 기간 동안 이윤은 아낌없이 분배되었는데, 이자율 부담이 이미 증가한 상태에 더해, 이런 두 개의 추

12_이런 비중은 2000년 이후에 100% 약간 이상으로 올라갔다. 전례 없는 일은 아니었다(대공황 시기를 예로 들 수 있다). 이는 기업들이 유동성을 확보하거나 금융자산을 판매해 감가상각분을 채우고 있다는 것을 의미한다.

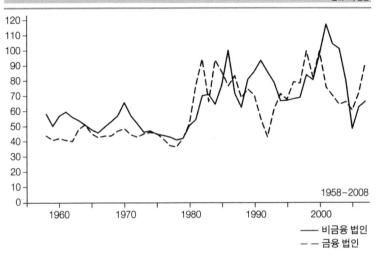

| 그림 4.3 | 세후 이윤에서 배당이 지불된 비중: 미국 비금융 법인

단위: %, 연간

1958-2008

—— 비금융 법인
- - 금융 법인

주: 배당이란 지불된 배당분을 뜻한다. 수령된 배당은 세후 이윤에 포함되어 있다.

세는 비금융 기업의 투자 역량을 제한했다.

이 같은 이윤의 분배는 신자유주의 이데올로기에 따라 나타난 것이다. 즉, 일단 이윤이 개인 또는 기관에 분배되면, 새로운 투자 기회를 통해 새로운 자원이 산업과 기업들 사이에 최적으로 할당될 것이라고 가정되었다. [그러나] 이 같은 주장은 다음과 같은 문제를 안고 있었다. 즉 미국 비금융 기업을 살펴볼 때, 지불된 이윤은 기업으로 돌아오지 않았으며, 이에 따라 축적은 낮은 수준을 유지했다.[13] 이는 신자유주의 기간에 나타난 결정적 특징이고, 미국 경제의 장기적 궤도를 규정한 주요 요소

13_Duménil & Lévy, *Capital Resurgent*, chap. 14.

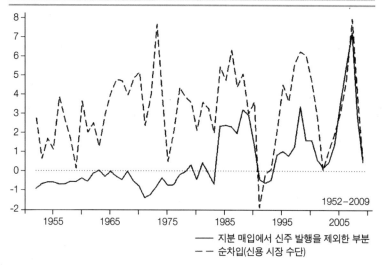

| 그림 4.4 | 지분 매입에서 신주 발행을 제외한 부분과 순 차입: 미국 비금융 법인

단위: 순 고정자본 스톡에 대한 비율, 연간

—— 지분 매입에서 신주 발행을 제외한 부분
- - 순차입(신용 시장 수단)

주: 양의 값을 갖는 변수(——)는 지분 매입이 신주 발행보다 크다는 것을 의미한다.

다(10장).

이 같은 관찰에, 주가 상승을 목표로 하는 비금융 기업들의 주식 매입[자사주 매입 과정]을 추가할 수 있다(이런 현상은 금융 기업이 아니라 비금융 기업의 전형적인 특징이다). 〈그림 4.4〉를 통해 지분 매입에서 신주 발행을 뺀 변수(——)를 확인할 수 있다. 지분 매입은 기본적으로 자사주를 매입하는 것이었다.[14] 이런 변수는 순 고정자본 스톡에 대한 비율이다. 우리는 신자유주의 기간, 특히 1984년, 1990년, 1998년과 같은 일시적인 세

14_H. Sylverblatt & D. Guarino, "S&P 500 Buybacks: Three Years and $ 1.3 Trillion Later," *The McGraw Hill Companies*, December 13, 2007.

번의 기간 동안 이런 행위가 증가하고 있음을 확인할 수 있다. 이런 전략은 앞으로 명확해질 것과 같이 미국 경제의 성장에 대한 엄청난 결과를 야기했던 '탈축적'disaccumulation 전략을 의미하는 것이다. 〈그림 4.4〉의 두 번째 변수(ㅡ ㅡ)를 통해 비금융 기업의 순 차입(차입에서 대부를 뺀) 규모를 확인할 수 있다. 우리는 두 변수가 신자유주의 기간 동안 서로서로 어떤 식으로 움직였는지 관찰할 수 있다. 특히 2004년 이후 신자유주의 내에서 이런 차입을 통해 자사주 매입을 위한 자금을 조달했다.

주가의 급상승

새로운 규준이 부과됨에 따라 증권시장이 생산과 금융 활동 전개의 중심축이 되었다. 〈그림 4.5〉를 통해 GDP 가격지수로 나눈 증권시장지수를 확인할 수 있다. 주가는 1970년대 구조적 위기 동안 엄청나게 침체되었다. 하지만 1980년 1분기를 1로 잡을 때 뉴욕증권거래소NYSE 지수는 2000~01년의 붕괴 이전인 2000년 3분기의 5.45에서 정점에 도달했다 (2003년 1분기 3.58로 내려갔다). 이와 같은 주목할 만한 성과가 미국 경제에 국한되지 않았다는 점을 강조해 둘 필요가 있다. 이와 유사한 추세가, 신자유주의로 뒤늦게 진입해 연속적 위기가 발생했던 일본을 제외한다면, 유럽과 같은 주요 자본주의국가들에서도 지배적이었다.

미국 거시 경제의 주요 사건들이 이런 과정에서 명확하게 드러난다.[15] (1) 1960년대 경제 호황, (2) 1970년대 초 위기로의 진입(1972년 4분기

15_관찰된 양상은 GDP 디플레이터와 지표들의 변동 모두를 반영하고 있다.

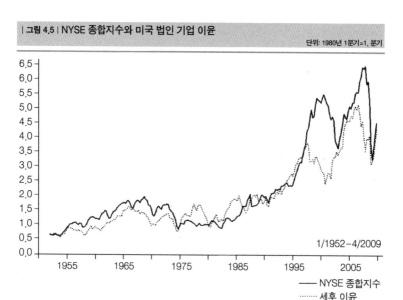

| 그림 4.5 | NYSE 종합지수와 미국 법인 기업 이윤

단위: 1980년 1분기=1, 분기

1/1952~4/2009

—— NYSE 종합지수
······· 세후 이윤

주: 모든 변수를 GDP 디플레이터로 나누었다.

1.68에서 1974년 0.84로 지수가 절반으로 하락했다), (3)1980년대 초 위기의

종결(은행 및 저축대부조합의 위기에도 불구하고), (4) 정보 기술 호황 기간

동안의 거품, (5) 2000~01년 붕괴와 회복, (6) 2007년 중반 이후 위기.

이런 추세를 단지 투기적 행위의 표현으로만 해석해서는 안 된다. 이

는 〈그림 4.5〉의 두 번째 변수(········), 조세 지불 후 기업 이윤에서 확인할

수 있다. 두 변수 모두 평행적으로 움직이고 있다. 두 변수들이 완전히 분

기된 1990년대 말 또는 2005년 이후에 대해, 우리는 '거품'이라고 말할

수 있다.

마르크스는 자본을 자기 증식 과정 속의 가치로 정의했다.[*] 이런 정의는 잉여가
치론('증식'을 설명하는) 및 세 가지 형태 — 화폐자본, 상품자본 및 생산자본(자본
의 '과정'을 설명하는) — 를 거치는 자본순환 이론과 동시에 관련이 있다.

마르크스의 정의에 부합하지 않는 자본은 "가공적"이라 불린다.[**] 가공자본
(Fictitious Capital)의 대부분은 정부에 대한 대부다. 대부자의 진정한 소득인 이
자를 정부가 지불하지만, 직접적인 잉여가치의 형태(기업이 지불하는 지대, 배당,
이자와 같은)를 취하고 있지는 않다. 그런 형태로 대부된 화폐는 자본순환에 필
요한 자금을 조달하는 것이 아니라 그로부터 지출되는 것이며, 이런 점에서 마
르크스의 정의에 따른 자본이라 볼 수 없다. 소비재 또는 주택을 구입하기 위한
자금을 조달하기 위해 가계가 차입하는 대출에 대해서도 동일하게 말할 수 있
다. 비금융 기업이 발행한 지분의 보유는 '자기 증식 과정 내의 가치'로서 자본
일부에 대한 소유권이다. 하지만 마르크스는 주식이 증권시장에서 자신의 가격
을 갖기 때문에 "가공자본"이라고 지적하고 있다.

● K. Marx, *Capital*, vol. 1 (1867; New York: Vintage Books, 1977), chap. 4; G. Duménil
& D. Foley, "Marx's Analysis of Capitalist Production," S. N. Durlauf & L. B. Blume
eds., *The New Palgrave: A Dictionary of Economics* (London and Basingstoke:
Macmillan, 2008).

●● K. Marx, *Capital*, vol. 3 (1894; New York: Vintage Books, 1981), chap. 25; G.
Duménil & D. Lévy, "Les trois champs de la théorie des relations financières de
Marx. Le capital financier d'Hiferding et Lénine," *Séminaire d'Études Marxistes*,
La Finance Capitaliste (Paris: Presses Universtaires de France, 2006).

잉여 끌어올리기

마르크스적 관점에 익숙한 경제학자들은 자본소득 개념을 마르크스의
잉여가치, 즉 생산 영역까지 거슬러 올라가서 사고한다. 신자유주의가 시
작된 초기 20년 동안 이자율의 증가 및 정부와 가계 채무의 증가가 일어

낳는데, 이는 이자 상환이라는 다른 방식을 통해 기업 내의 노동자 이외의 다른 주체들로부터 수입을 영유하는 중요한 방식이었다.[16] 마르크스적 용어법에 따르면, 가계와 정부에 대한 대출은 가공자본이다(〈상자 4.2〉).

제2차 세계대전 이후 몇십 년 동안 가계가 지불한 이자는 완만하지만 지속적으로 상승해 1979년에는 GDP의 4.4% 수준이었다.[17] 신자유주의 기간에는 이 수준이 5.7%로 높아졌다. 정부가 지불한 이자는 1990년대 초 GDP의 3.6%에서 2007년에는 1.7%로 하락했다. 2007년에는 가계와 정부가 지불한 이자가 GDP의 약 8.1%에 달했다. 이 총량은 2007년 GDP의 7.6%로 이자와 조세를 지불하기 전 비금융 기업의 이윤(이 이윤 안에 조세와 이자 여전히 포함되어 있는)보다 크다.

상대적인 이윤율

비금융 및 금융 기업들의 상대적 이윤율을 연구하는 것은 쉽지 않으며, 척도 문제로 인해 신뢰하기가 힘들다. 금융 기업의 경우, 적절한 자본 척도는 기업의 자기자본(고정자본 스톡은 매우 부적절하다)이다. 이윤에는 주주에 대한 배당 지불 이전의 순이자(지불받은 것에서 지불한 것을 뺀)가 고

16_ 코스타스 라파비스타스는 이를 "직접적 착취"(direct exploitation)라고 부른다(Costas Lapavistas, "Financialized Capitalism: Direct Exploitation and Periodic Bubble"[Working paper, Department of Economics, School of Oriental and African Studies (SOAS), London, 2008]).

17_ 가계 또한 이자를 지급받는 점이 중요하다. 이런 지급받는 이자분이 지불된 이자보다 크다. 어느 쪽도 배타적인 것은 아니지만, 가계의 일부분은 이자를 받고 있고, 다른 부분은 지불하고 있다는 점은 확실하다.

| 그림 4.6 | 이윤율: 미국 금융 및 비금융 법인

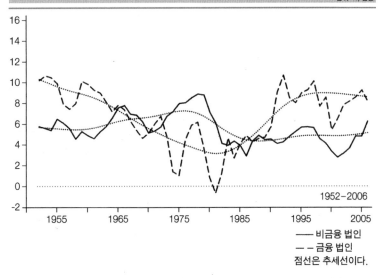

단위: %, 연간

비금융 법인
── 금융 법인
점선은 추세선이다.

1952-2006

주: 이런 이윤율 계산에서 이윤은 이자와 조세를 지불한 이후로 규정된다. 금융자산과 부채에 대해서는 인플레이션(또는 순 부채 가치 하락분)을 감안해 조정했다. 자본이득 또한 고려했다(이 부분은 상당한 변동분이 존재하기 때문에 평활화시켰다).

려되어야 하며, 주주들은 이윤의 일부를 배당받는다. 증권시장의 자본이득 및, 대출과 부채에 대해서도 물가 상승분을 고려하는 것이 중요하다 (금융 기업은 만약 이자율이 일정하다면 재평가될 수 있는 부채를 보유하고 있다). 기업의 자기자본에 대한 이윤율은 자기자본수익률ROE이라고 알려져 있다. 가능한 한 비금융 기업에도 동일한 정의를 사용해야만 비교 가능하다는 것이 확실하다.

〈그림 4.6〉은 이런 정의를 따라서 측정된 비금융 및 금융(각각 ── , ──) 기업의 이윤율을 보여 주고 있으며, 추세선(‥‥‥‥)은 단기적 변동분을 제외한 기초적 경향들을 나타내고 있다.

| **상자 4.3** | 〈그림 4.6〉과 〈그림 4.1〉의 이윤율 척도에 대한 조정

〈그림 4.6〉과 〈그림 4.1〉의 세 번째 척도(........)에서 이윤율에 대한 정의는 유사하다. 그 이유는 두 경우 모두 이자 지불을 추출해 냈으며, 자본을 자기자본으로 추정하고 있기 때문이다. 수준은 비슷하지만 관찰된 양상은 매우 다르다. 첫 번째 이유는 〈그림 4.6〉에 포함된 자본이득 때문이다. 두 번째는 인플레이션 효과를 반영했기 때문이다. 이런 효과는 1970년대 비금융 부문의 이윤율을 상당히 증가시키고, 금융 부문의 이윤율을 감소시킨다. 두 경우 모두 이자 지불로 인해 이윤율의 회복이 더뎌지고 있다. 하지만 〈그림 4.1〉의 (........)을 통해 확인할 수 있듯이, 이런 잠식 효과에도 불구하고 비금융 기업의 이윤율은 상당히 회복되었다. 그와는 반대로 〈그림 4.6〉에서는 인플레이션이 끝남에 따라 부채의 평가절하도 중단되었다는 사실을 보여 주고 있다. 이런 가치 절하를 고려하고 있는 비금융 기업의 이윤율은 상당히 낮은 수준에 머물러 있다. 우리는 '실질 이자율'의 증가로 인해, 인플레이션에 의한 부채의 평가절하를 고려하지 않고 또 다른 척도에서 추정된 이윤율의 회복이 상쇄된다고 주장할 수도 있다.

인플레이션이 발생한 시기(대부분 1970년대)에는 금융 기업뿐만 아니라 비금융 대부자로부터 비금융 기업으로 소득의 대량 이전이 발생했다. 따라서 금융 부문의 이윤율은 급락한 반면, 비금융 기업의 이윤율은 전 부문에 걸친 **마르크스적** 이윤율의 하락에도 불구하고, 유지되고 있을 뿐만 아니라 상승한다(〈그림 4.1〉). 1980년대 후반까지도 금융 기업의 상황은 즉각적으로 회복되지 않았고, 1980년대 말에 나타난 심각한 금융 위기 덕분에 낮은 이자율이 지배적이었다. 금융 부문이 도달한 이윤율 수준은 그들에게 유리한 상당 정도의 이자 지불이 이루어졌음에도 비금융 기업의 이윤율과 비슷했다.[18] 신자유주의 기간 동안 비금융 부문에 유리했던 이전의 위계질서가 역전되었다. 비금융 기업의 이윤율은 거의 수평적 추세 주위에서 변동하고 있지만, 금융 기업의 이윤율은 증가했다. 이자 이외에도 금융 기업은 금융 혁신과 관련한 새로운 이윤과 증권시장의 자본이득에서 이익을 얻게 되었다.

두 부문의 이윤율을 결합적으로 고려해 규정하는 것도 가능하다. 금융 부문이 비금융 부문보다 훨씬 작기 때문에, 비금융 부문의 변수와는 그 결과가 매우 다르다. 1950년대와 1960년대에는 금융 기업의 자기자본이 비금융 부문의 12.6%였는데, 2000년 이후에는 24.3%에 이르렀다 (〈상자 4.3〉에서는 〈그림 4.6〉과 〈그림 4.1〉 사이의 척도를 비교하고 있다).

결과적으로 이런 데이터에 따르면 1990년대에는 금융 및 비금융 기업 사이에 새로운 이윤율의 위계 관계가 금융 기업에 유리하게 수립되었다고 할 수 있다. 반면 비금융 기업의 이윤율은 침체되어 있다. 인플레이션의 효과를 고려한 이 같은 척도에서 보면(이 장에서 가장 복잡화된), 금융 및 비금융 기업 모두의 회복률은 0.76이며, 복구율은 0.82이다.

기록적인 수준의 수익성을 달성한 금융 부문

〈그림 4.6〉에서처럼 금융 기업들이 도달한 수익성 수준은 아마도 높다고 평가될 수 있을 것이다. 우리는 신자유주의적 기준이 15% 정도의 기업 ROE(기업회계상)를 목표로 정하고 있음을 기억해야만 한다. 심지어는 연방 기관이 보증하고 있는 은행들이 공표하고 있는 ROE ― 투기적 형태

18_Duménil & Lévy, *Capital Resurgent*, chap. 11, 〈그림 11.3〉.

| 그림 4.7 | 연간으로 전환된 분기별 ROE: 미국 보증 은행

단위: %, 연간

—— 인플레이션이 감안되지 않은
---- 인플레이션이 감안된

주: '보증 은행'이라는 표현은 FDIC가 예금을 보증하는 예금 기관을 일컫는다.

를 자제하고 연방예금보험공사FDIC의 감독하에 있는 — 가 적어도 2003 년까지 약 10년 동안 이 수준에 근접해 있었다. 위기 직전에도 여전히 12% 수준을 유지하고 있었다.[19]

이런 부문의 ROE는 〈그림 4.7〉(——)에 나타나 있다. 우리는 이런 높은 수익이 1980년대 후반 금융 위기의 회복과 현재의 위기 초에 집중되어 있다는 점을 관찰할 수 있다. 2000년 이후의 이자율 감소와 비이자성 소득의 축소는 이 부문의 수익성을 침해했다. 그러나 ROE는 비이자 비용의 과감한 축소 덕분에 유지되었다(우리는 또한 1990년 주위의 경기후

19_FDIC, Quarterly Banking Profile.

퇴와 금융 위기 동안의 강력한 동요와 쇠퇴를 언급할 수 있다).

〈그림 4.7〉의 두 번째 변수(......)는 인플레이션을 감안해 조정된 것이다. 예상한 바와 같이, ROE는 1964년과 1985년 사이에 상당히 감소했다. 따라서 그 수준과 연대기적 양상 모두에서 분석 단위의 차이(금융 부문과 예금 기관 중 은행)와 원천(국민 계정과 기업 계정)의 차이에도 불구하고 〈그림 4.6〉의 금융 부문에서 관찰된 것과 오히려 유사하다.

측정의 어려움이 존재하기는 하지만, 우리는 1980년대와 1990년대 사이의 이행기에 발생한 금융 위기로부터 회복된 이후 금융 기업의 이윤이 폭발적으로 증가했다고 결론을 내릴 수 있다.

제 3 부

삼극의 계급 형세

임금 소득자들 사이의 동질성 단절

제2부의 연구는 자본주의적 소유자와 임금 소득자 사이의 전통적인 계급 분할 또는 '상위 계급'이라는 광범위한 개념에 기초해 이루어졌다. 4장에서는 자본소득에 유리한 소득분배로 편향된 신자유주의에 대해 검토했다. 하지만 현대자본주의 내에서, 특권적 소수에게 유리한 고임금의 중요성이 점점 증가하고 있다는 사실은 자본소득만을 강조하는 것의 한계를 일깨워 준다. 미국에서 상위 소득 계층에 대한 분석과 그들이 받고 있는 소득의 역사적 양상은 고임금과 초고임금 — 보너스와 스톡옵션과 같은 모든 형태의 추가적 보상 형태를 포함한 — 이 자본소득(이자, 배당, 임대료 및 자본이득)과 더불어 사회적 잉여를 점유하는 주요한 통로라는 점을 보여 주고 있다. 그와 더불어 고임금 계층과 관련한 가계의 변화된 상황이 현대자본주의의 다양한 국면의 연속 과정에서 중요한 구성 요소다. 소득분배의 역사적 추세에 대한 분석은 이런 사회적 구성 요소의 동역학이 가진 중요성을 확증하고 있다(앞으로의 수십 년 동안 전개될 상황에 대한 시나리오를 제시하는 제9부로 가면, 자본가와 임금 소득자를 구별하는 전통적인 이중적 [계급] 양상의 한계가 더욱 명확해질 것이다).

5장은 역사-경험적 관점에 기반을 두고 있는 반면, 6장에서는 이론적 틀의 기초를 수립한다.

5

관리 및 민중 계급

자본소득과 임금 사이를 구별하는 것으로는 현대자본주의에서 나타나는 사회관계의 복잡성을 설명할 수 없다는 관찰에서 출발해, 이번 장에서는 자본가, 관리자 그리고 민중 계급으로 구별되는, 삼극의 계급 형세 틀을 구성하려고 한다. 관리자들이 특히 강조되는데, 현대자본주의 국면들에 따라 변화하는 그들의 역할과 기능을 살펴본다.

고소득 계층의 임금

자료를 들여다보면, 임금이 고소득의 형성에서 중요한 역할을 하고 있다는 점이 분명히 드러난다. 그리고 이는 점점 더 그렇다. 기본적으로, 이런 관찰을 통해 임금을 동질적 전체로 취급하는 것에 대해, 두 가지 측면에서 의문을 제기할 수 있다. 먼저 가장 부유한 계층의 소득에서 임금이 큰 몫을 차지하고 있다. 둘째, 이런 임금 변동의 역사적 양상을 살펴보면 나

| 표 5.1 | 다양한 소득 계층의 소득에서 임금이 차지하는 비중: 미국 가계

단위: %

	90~95	95~99	99~99.5	99.5~99.9	99.9~100
1950~69년	87.4	71.8	48.3	41.5	29.3
1980~2007년	89.8	82.0	70.7	64.3	48.8

주: 기업가 소득 및 자본소득, 즉 이자, 배당, 지대 등으로 100%가 채워진다. 〈그림 3.1〉과 〈그림 5.1〉에서처럼 상위 1%의 경우, 그런 비율이 각각 40.7%와 60.5%다.

머지 인구의 임금 변동에서 나타나는 지배적인 추세와는 차이가 있다. 이런 차이는 현대자본주의의 각 시기별로 고유하게 나타나는 사회적 특징과 관련이 있다. 특히, 각 사회질서 속에서 관리자들이 수행하는 역할과, 그들이 자본가 또는 민중 계급과 맺고 있는 관계가 이런 소득분배의 양상에 영향을 주는 핵심적인 변수다.

자료로부터 관찰할 수 있는 가장 단순한 측면 — 고소득 또는 초고소득 계층의 소득에서 임금이 차지하고 있는 중요성 — 은 〈표 5.1〉을 통해 확인할 수 있다. 〈표 5.1〉을 보면, 고소득으로 분류되는 계층의 총소득 대비 임금몫을 임금 분위별로 확인할 수 있다. 두 개의 기간을 구별하자. (1) 전후 20년(1950~69년), (2) 신자유주의(1980~2007년). 일견 살펴보면 이런 형상은 표준적 통찰을 표현해 주고 있다. 예상할 수 있는 바와 같이, 양 기간 동안 가장 높은 소득을 올리고 있는 계층[99.9~100분위]에서 임금몫이 가장 작은 비중을 차지하고 있다(두 기간 사이의 비교는 아래에서 더 논의할 것이다). 90~95분위의 소득에서는 거의 90%가 임금이며, 더 높은 소득으로 갈수록 이 비중은 하락한다. 놀라운 점은 고소득 층위 내에서 임금 비율이 높다는 점이다. 1980년대 이후에는 99.9~100분위(즉, 소득 순서로 볼 때, 1천 개의 가계 중 1개의 가계 정도)에 있는 소득의 약 50%가 임금이다(2007년에 이 작은 집단의 연 가계소득은 205만3천 달러 이상이었다).

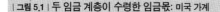

| 그림 5.1 | 두 임금 계층이 수령한 임금몫: 미국 가계

단위: %, 연간

1927-2007

— 상위 1% 계층
····· 95~99% 계층

역사적 추이 역시 시사적이다. 여기에서는 임금에 국한해, 소득분배의 역사적 양상을 다시 살펴볼 필요가 있다. 〈그림 5.1〉의 첫 번째 변수(──)는 〈그림 3.1〉의 총 소득분배 가운데 상위 1%(99~100분위)와 동일한 가계 집단을 나타내고 있다. 하지만 〈그림 3.1〉의 변수가 이런 상위 1%가 받은 총소득 몫을 나타내고 있다면, 〈그림 5.1〉의 경우에는 이 집단이 받은 총 임금몫을 보여 주고 있다는 점에서 차이가 있다. 우리는 (1) 제2차 세계대전 동안 나타난 8.4%(1927~39년 평균)에서 6.2%(1946~49년 평균)로의 하락 추세(이는 불평등의 감소를 의미한다), (2) 1960년대 후반에 나타난 약간의 감소, (3) 11.4%로의 증가(2000~07년 평균)(이런 후반부 상승세의 첫 단계가 1970년대 발생했다)를 확인할 수 있다. 따라서 상위 1%가 총소득에서 차지하는 비중이 1980년에서 2007년 사이에 10%에서 23.5%로 상승할 때(〈그림 3.1〉), 그중에서 임금 비중은 6.4%에서 12.4%

로 증가했다. 두 경우 모두 약 두 배 정도 증가한 셈이다. 이런 새로운 관찰을 통해 위에서 이야기한 진단을 확증할 수 있다. 자본소득 이외에도 상위 소득 계층의 고임금은 신자유주의 시기 동안 소득 피라미드 정상으로 소득을 집중시키는 중요한 도구였다.

〈표 5.1〉과 비교해, 임금만을 고려하고 있는 〈그림 5.1〉의 이점은 초고소득 계층이 당국에 신고하는 자본소득과 관련된 불확실성에 종속되지 않는다는 점이다. 물론 외국에서 받은 임금이 일정 정도 축소 보고되기는 하겠지만, 의심할 바 없이 〈표 5.1〉과 같은 동일한 관찰이 〈그림 5.1〉에서도 두드러진다. 신자유주의 내에서 임금은 고소득 또는 심지어는 초고소득을 형성하는 주요 통로가 되었다. 실제로 임금은 〈그림 3.1〉과 같이 총소득에서 상위 1% 소득 계층이 차지하는 몫이 회복되는 데 큰 역할을 했다.

〈그림 5.1〉의 두 번째 변수(.....)는 95~99분위에 대한 동일한 정보를 제공하고 있다(그림에 있는 이 두 분위가 결합해, 이전 장에서 "고소득 계층"이라고 부른 상위 5%를 구성한다). 제2차 세계대전 기간 동안 유사한 하락 추세를 발견할 수 있다. 하지만 완만한 상승 추이가 전후에 명백히 나타나고 있으며 신자유주의 기간 동안 유지되었다. 이런 약간 빠른 상승은, 제2차 세계대전에 뒤이어 몇십 년 동안 나타난, 자본소득의 정체 및 임금의 엄청난 상승 양자 모두와 대조를 이룬다. 95~99분위의 임금은 전쟁 기간 동안의 소득 불평등 감소 이후 나타난 새로운 추세의 혜택을 가장 먼저 입었다고 할 수 있다. 그리고 이런 관찰을 통해 그 기간 동안의 관리주의적 특징을 확인할 수 있다. 하지만 신자유주의로 인해 이 집단으로의 점진적인 임금 집중 추이가 변화하지 않았다는 점(가속화시키지도 감속시키지도)이 흥미로우며, 이런 관찰을 통해 자본가계급과 광범위한 관리

자 집단(95~99분위를 고려했을 때) 사이의 관계 및 임금 위계 관계의 꼭대기(99~100분위)에 있는 임금의 구체적 특징을 동시에 확인할 수 있다.

〈표 5.1〉로 돌아가, 표의 두 기간 사이를 비교해 보면, 신자유주의 기간 동안 전형적이라고 기대했던 자본소득의 상승이 감소하는 대신에 모든 상위 소득 계층의 총소득 가운데 임금 비중이 증가했다는 점을 확인할 수 있다. 상위 99.9~100분위에서 이런 상승이 가장 두드러진다.

이런 추세는 상위 소득 계층이 받은 고임금이 위에서 언급한 것처럼 자본소득보다 더 급격하게 증가했음을 나타내고 있다.[1] 이런 역사적 동역학은 나머지 임금 소득자들의 동역학과는 다소 상이하며, 이는 전후 및 신자유주의 기간 동안 잘 나타나고 있다. 결론적으로 신자유주의적 경향으로 인해 최상위층은 자본소득과 고임금 모두에서 막대한 이익을 얻을 수 있었다. 여기서 우리는 이런 고임금의 역사적 양상이 관리자 계급의 변화된 사회적 지위 및 그와 대칭적으로 민중 계급과 관리자 계급 또는 자본가계급과 관리자 계급 사이의 관계를 반영한다고 해석한다.

다음 절에서 이런 변화된 양상을 해석할 것인데, 이를 위해서는 관리자 기능 및 사회적 관계 내에서의 변화된 역할과 지위에 대한 면밀한 검토가 필요하다.

1_임금 위계 관계 상층에서 나타나고 있는 임금의 상승은 현재 광범위하게 인식되고 있다. 앤서니 앳킨슨, 토마 피케티, 에마뉘엘 새즈는 자신들의 워킹 페이퍼 요약을 통해 다음과 같이 분명히 이야기하고 있다. "지난 30년 넘게 상층 임금몫은 영어권 국가들과 인도, 중국에서 상당히 증가했다. 하지만 유럽 대륙 국가들이나 일본에서는 그렇지 않다. 이런 상승은 상층 임금 소득의 전례 없는 급격한 상승으로 가능했다." A. Atkinson & T. Piketty & E. Saez, "Top Incomes in the Long Run of History"(Working paper series, National Bureau of Economic Research [NBER], 15408, October 2009), www.nber.org/papers/w15408.

관리자의 기능적 형상

관리 혁명 이후 관리자들이 주로 활동한 영역은 기업 조직이다. 따라서 관리자들은 다양한 범주로 분류될 수 있다. 한편으로는 관리의 기술, 더 엄격하게는 조직 및 상업적 부문과 또 다른 한편으로 금융 영역을 구분할 수 있다. 하지만 관리는 민간 기업에만 국한되지 않는다. 20세기 초반부터 민간 관리 방식은 도시들[2]과 일반적인 정부 서비스로 점차 퍼져 나갔다. 뉴딜과 전후 몇십 년 동안 정부 기관 관료들의 역할이 상당히 증가했다(1930년대 동안 전시경제가 존재했으며, 정책적으로는 1960년대 사회 프로그램과 거시 정책이 있다). 따라서 관리자 계급에는 기업 관리자들 외에도 행정 관료들을 포함시켜야 한다.

관리자들의 목표는 관리가 수행되는 사회질서에 달려 있다. 제2차 세계대전 이후, 관리의 목표는 기본적으로 성장(기업 및 정책 규정)과 기술 변화였다. 신자유주의에서는 증권시장과 자본소득이 목표가 되었다. 결과적으로, 어떤 구체적인 권력 형세가 지배적인지와 관리의 이러저러한 구성 요소 가운데 어떤 요소가 현저해지는지 사이에는 상호적인 관계가 존재한다. 뉴딜이라는 역사적 상황으로 인해 정부 관료는 중요한 역할을 수행할 수 있었고, 이와 같은 특정한 방향으로 관리가 발전할 수 있었다. 전후 타협은 모든 측면에서 관리주의적 역량을 촉진했지만, 특히 기술과 조직에 강조점을 두고 있었다. 신자유주의는 금융적 관리 요소에 유리하게 관리주의적 경향이 편향되어 있는 시기다.

2_J. Weinstein, *The Corporate Ideal in the Liberal State*, 1900~1918 (Boston Beacon Press, 1968).

역사적 과정을 규정하는 과정에서 관리자를 단순히 수동적 주체로 간주해서는 안 된다. 정부 관료는, 뉴딜을 실천하고 제2차 세계대전 이후의 새로운 사회적 타협을 공고화하는 과정에서 적극적인 역할을 했다. 신자유주의 시기에는, 관리자 계급, 특히 그 상위 분파가 고수입과 소유권의 적극적 행사를 목표로 하는 새로운 사회적 추세를 형성하는 데 적극적으로 참여했다. 사실 사회적 피라미드 상층에서 이루어진 소유와 관리 사이의 새로운 동맹이 없었더라면, 신자유주의는 불가능했을지도 모른다.

관리의 지배: 전후 타협의 세 가지 측면

제2차 세계대전 이후 몇십 년 동안의 사회를 지칭하는 용어들에는 명확한 문제가 있다. 일반적으로 받아들여지는 용어는 존재하지 않는다. 이 책에서는 "전후", "사회민주주의적" 또는 "케인스주의적 타협"이라는 말을 사용하고 있지만, "관리 자본주의" 또는 몇몇 국가에 대해서는 "혼합경제"라는 말이 적절할지도 모른다. 이런 사회적 배치가 주요 자본주의 국가에 지배적이었지만 정확한 형세와 그 정도는 시간적·지리적으로 변화했다. 나라들마다 다양한 방식이 존재했으며, 시간에 따라 상당히 변화했다.

삼극의 계급적 관점을 통해 보면, 전후 자본주의의 고유한 특징에 대한 계급적 해석이 가능하다. 이런 사회질서는 한편으로는 민중운동의 영향력 아래서 이루어진 민중 계급(생산에 종사하며 직원으로도 존재하는)과 다른 한편으로는 관료를 포함하는 관리자 계급 사이의 타협에 기초하고 있다. 민중 계급이 그 전환의 원동력이었고, 관리자와 관료들은 새로운 사회질서에서 중심적 역할을 했다.

이런 세 개의 사회적 행위자들이 각기 다른 측면에서 전후 타협에 연루되어 있었다는 점을 이해하는 것이 중요하다. 첫 번째, 고유한 사회(또는 복지)적 요소가 존재하고, 여기에서 민중 계급은 주 무대에 있다. 두 번째, 이런 동역학의 관리주의적인 측면이 있다. 이 몇십 년 동안은 의심할 바 없이 관리주의의 시대였으며, 민간 부문에 대한 정부 관료의 강력한 개입이 존재했다. 세 번째 측면은, **자본가 이해의 봉쇄**이며, 자본가계급의 상황이 고려되는 것은 바로 이 지점이다.

1. 사회적 구성 요소(민중 계급). 전후 사회적 타협이라는 개념이 의미하는 바는 변화된 민중 계급의 상황이다. 이런 자본주의는 제1차 금융 헤게모니 및 신자유주의와는 명확히 대비되는 [자본주의의] 폭력이 완화된 경제 또는 좀 더 일반적으로 말해 사회로서 나타났다. 그래서 "온건 자본주의"tempered capitalism이라는 대안적 표현이 사용될 수도 있다. 구매력의 증가, 완전고용을 목표로 하는 정책, 사회복지, 교육, 보건, 퇴직과 관련된 조건의 진보를 통해 민중 계급과의 타협이 표현될 수 있다. 제2차 세계대전 직후 나타난 자본주의를 프랑스의 인민전선, 영국의 윌리엄 비버리지William Beveridge와 은연중에 연관시키면서, 미국에서는 강력한 프랭클린 루스벨트Franklin Roosevelt적 특징을 갖고 있었다고 언급되곤 한다.

2. 관리직의 자율성(관리자). 관리자들이 택할 수 있는 대안은 사실상 많지 않았다. 노동자들은 권력을 쟁취하지 못했고, 자본가들의 권력이 봉쇄되었다는 두 가지 사실은 관리자 계급의 자율성 및 역할이 강화되었음을 의미한다. 전체적으로, 노동자에게는 권력이 없었고, 자본계급은 봉쇄되었으며, 조직은 관리자의 손아귀에 있었다. 이런 자율성은 관리혁명이라는 역사적 추세가 만든 토대 위에서 자라났으며, 뉴딜과 전시경

제 그리고 전후 타협이라는 정치·경제적 상황 속에서 자신의 고유한 잠재력을 표현할 수 있는 기회를 찾았다. 두 개의 금융 헤게모니 사이에 펼쳐진 중간기가 미국에서 그와 같은 사회질서의 독특한 역사를 제공했다.

기업은 기술 변화 및 투자와 같은, '주주 가치'의 창조와는 아주 별개의 이해관계를 바탕으로 관리되었다. 관리자들은 소유자들에 대한 상대적 자율성을 향유하고 있었고, 투자를 목적으로 기업 내에 유보된 상당 정도의 이윤을 이용할 수 있었다. 몇몇 나라에서는 경제의 상당 부문들이 국유화를 통해 정부의 통제 아래 들어갔다. 여기에, 우리는 금융 부문이 비금융 부문을 위해 헌신했으며, 관리자의 통제 아래 있었다는 사실을 추가할 수 있다. 이 같은 관리직의 자율성은 또한 전후 시기의 국가 장치 내에서도 표현되었다. 구체적인 조직화 역할이 관료들에게 부여되었는데, 관료들이 고안한 정책은 대체로 성장과 고용을 목표로 했다.

케인스주의적 거시 정책은 이 같은 정책 요소의 주요 측면을 정의한다. 거시 경제가 중앙 기관 — 재정 및 화폐 정책을 통해, 그리고 고용 및 물가와 관련된 구체적 목표를 가지고 — 에 의해 통제되어야만 한다는 통념은 관리주의적 실천과 직접적으로 연관되어 있다. 그들은 정보를 수집해야만 하고, 이를 바탕으로 결정하며, 이로 인한 결과를 평가받아야만 했다. 민간 기업들 내의 관리자들 대신에 중앙 기관에 있는 관료들을 통해 이런 과업들이 수행되었다는 사실은 이런 메커니즘의 관리주의적 특징을 상쇄하기보다는 오히려 확장했다.

이런 관리주의적 측면들이, 대개 이를 통해 자본주의의 본래적 폭력을 완할 수 있다고 보는 현실적 중도(신자유주의 시대의 명목상의 중도와는 다른)의 길을 내세우는 분석들이나 행위자들에 의해 명확하게 언급되고 있는 것은 아니다. 예외적으로, 미국에서 1960년대와 1970년대 절정에 오

'관리 자본주의'(managerial capitalism) 개념을 둘러싼 상당한 혼란이 있다. 이런 어려움은 두 가지 유형의 결정 요소들의 결합으로부터 발생한다.

먼저 현대자본주의 내에서, 조직 업무의 관리직 및 직원으로의 위임과 그로 인해 발생한 조직적 효율성의 진전이, 제2차 세계대전 이후 나타난 관리 자본주의를 정의할 수 있는 역사적 추세의 토대가 되었다. 현대 경제 내에서도 이런 관리주의적 특징과 추세가 여전히 나타나고 있다는 점은 의심할 바 없다. 기업은 초민족 기업들과 같이 신자유주의에 고유한 새로운 틀 내에서, 이전보다 훨씬 더 큰 관리주의적 측면을 지니고 있다. 즉 이전보다 더 많은 직원, 숙련, 기술을 필요로 하고 있다.

다른 한편으로, 관리 자본주의는 관리자와 생산 노동자 및 직원이라는 민중 계급 사이의 사회적 타협과 관리의 역사적 진전이 결합된, 전후 초기 수십 년 동안 나타났던 구체적인 역사적 시기를 가리키기도 한다. 대공황 이후부터 1970년대까지 나라들마다 다양한 정도로 이런 사회질서가 나타났는데, 이런 사회질서는 자본 소유자들에 대한 관리직과 공무원들의 늘어난 자율성(그에 상응하는 기업지배구조와 정책들을 동반하는)을 나타내는 것이었다. 신자유주의로 인해 이런 관리자들의 자율성은 중단될 수밖에 없었는데, 이는 이 같은 자율성으로 말미암아 자본가의 이해가 봉쇄되었기 때문이었다. 그리고 신자유주의를 통해, 다른 부분에 대한 금융 관리자들의 우위를 바탕으로, 사회적 위계 관계 상층부에서 새로운 타협이 수립되었다. 그렇다고 해서 신자유주의로 인해 관리의 진보가 방해받은 것은 아니었다.

근원적인 경제적 규정 요소(관리주의적 역량의 증가)와 권력 형세(관리직의 지도력 아래에서 이루어진 사회적 타협) 사이의 조응 관계를 통해, 우리는 전후 수십 년간 나타난 관리주의적 특징을 명확하게 확인할 수 있다. 관리 혁명에 내재된 자본가에 대한 잠재적 위협 — 20세기 초 관리 혁명 초기 단계에 몇몇 부문의 자본가들이 품고 있던 우려의 대상 — 이 이 시기에 최종적으로 구체화되었다. 전후 몇십 년 동안 자본가들 일부가 공포에 떨던 일이 발생했다. 자본주의가 금융 헤게모니로부터 해방되었고, 관리직의 지도력 아래 위치하게 되었다. 제2차 세계대전 이후에 관리주의적 관계가 선명하게 드러났다는 사실은 알프레드 챈들러와 존 케네스 갤브레이스의 작업과 같은 관리 자본주의 이론이 1960년대와 1970년에 발전할 수 있는 토양이 되었다.[•] 신자유주의의 수립 그리고 소비에트주의에서와 같은 형세의 관료적 관리주의의 실패로 말미암아, "시장"(고삐 풀린 자본주의적 폭력에 대한 완고한 표현) 동역학에 대한 급진적이고 관리주의적인 실험에 대한 신뢰가 추락했다.

• A. D. Chandler, *The Visible Hand: The Managerial Revolution in American Business* (Cambridge, Mass.: Harvard University Press, 1977); J. K. Galbraith, *The New Industrial State* (New York: New American Library, 1967)

른 관리 자본주의에 대해 언급했다는 사실이 중요하다(〈상자 5.1〉).

3. **자본가적 이해의 봉쇄(자본가).** 위에서 언급한 각각의 특징을 통해 자본가계급의 상황을 추론할 수 있다. 기업 관리의 측면에서, 증권시장의 성과에 대해 큰 관심이 없었다는 것이 좋은 예다. 금융 부문이 비금융 부문의 축적에 헌신했다는 사실은 자본가계급의 몰락을 명확히 보여 주는 또 다른 예다. 이 계급들은 [우리가 언급한] 금융이라는 관점에서, 자신의 헤게모니(즉, 권력과 소득)를 유지하는 결정적 도구인 금융 부문에 대한 통제력을 부분적으로 상실했다.

자본가 이해의 봉쇄와 관련해, 상황은 나라마다 상당히 달랐다. 예를 들어, 제2차 세계대전 이후 주요 금융 부문을 포함해 강력한 공공 부문('국영'이라는 의미에서)이 수립되었던 프랑스에서는 미국보다 강력한 봉쇄가 이루어졌다. 일본에서는 국가 발전이 공공 및 민간 관리자들 사이의 상당한 협력을 바탕으로 직접적으로 이루어졌다. 그런 상황은 수입대체공업화ISI(〈상자 23.1〉)의 맥락에서 '민족' 자본가에게 구체적 역할을 부여한 라틴아메리카와는 또 다르다.

위의 세 가지 측면에서, 전후 자본주의는 신자유주의 또는 제1차 금융 헤게모니 시기보다 덜 자본주의적이었다. 어떤 의미에서 노동력은 경제 내의 다른 어떤 상품보다 덜 상품적이었다. 미국에서 이 같은 새로운 기간의 출발을 상징하는 것은 1946년의 〈고용법〉Employment Act으로, 이 법은 완전고용을 정부의 의무로 상정했다. 축적의 동역학은 관리자들의 통제 아래 있었다. 이른바 시장 메커니즘에 대한 많은 예외 과정들이 실행되었다(신자유주의가 상쇄하려고 했던 바로 그것). 하지만 전후 사회가 비록 제1차 금융 헤게모니 시기보다 덜 자본주의적이라 할 수 있지만, 여전히 상위 계급의 이익을 위한 잉여 추출, 즉 착취가 존재하는 계급사회였다. 그런 잉여 추출의 두 가지 통로는 앞에서 묘사한 추세와 위계 관계 속에서 발생한 자본소득과 고임금이었다.

위에서 이야기한 세 가지 구성 요소 사이의 관계를 이해하는 것이 중요하다. 타협을 통한 복지와 관리자의 자율성이라는 앞의 두 측면은 다른 것들과 상관없이 존재하는 구조적으로 **독립적인** 것이다. 구체적인 역사 상황 아래서, 민중 계급의 지지를 통해 관리직의 자율성이 수립되었다는 것과 이런 조건이 민중 계급에 도움이 되는 수많은 개선을 요구했다는 점은 사실이다. 하지만 관리직의 자율성은 민중 계급에 유리한 상황이 없더라도 나타날 수 있다. 나치즘에서는, 극우에 [우호적인] 사회적 배치 속에서 관료들에게 결정적 역할이 주어졌다. 역으로 세 번째 구성 요소 — 자본가계급 이해의 봉쇄 — 는 전형적으로 위의 두 가지 구성 요소가 **결합**된 결과다. 민중 계급의 구매력과 사회복지의 진전은 자본소득을 침해했고, 관리직의 자율성은 자본계급의 권력을 제한했다. 전후 타협 속에서 두 가지 구성 요소가 결합했다.

관리직의 자율성 수립 과정에서 발생한 계급투쟁

역사적 전환의 원동력은 계급투쟁이다. 대공황은 자본주의의 기초를 심하게 흔들어 놓았고, 그 생존이 의문시되었다. 자본주의에 살고 있는 사람들은 모두 비관주의에 빠져 있었다.[3] 이런 맥락에서, 미국의 뉴딜과 전후 타협의 정확한 내용을 규정한 것은 강렬한 사회적 투쟁이었는데, 그것은 전통적인 노동자 운동 및 이른바 사회주의 또는 공산주의 국가를 자임한 나라들의 출현과 더불어 나타났다. 이런 추세는 증가하는 내전(스페인, 그리스, 중국 등) 속에서 나타났다. 민중 계급 일부의 그런 투쟁으로 인해 상층의 타협이 약화되면서 관리자 계급과 자본가계급 사이의 긴장이 나타났다. 이는 예를 들어 뉴딜이라는 역사적 정세 속에서, 각기 다른 형세들의 광범위한 스펙트럼을 가지고 일어났다. 하지만 이를 둘러싼 강렬한 계급투쟁으로 말미암아, 파시즘과 같은 자본가계급 일부의 극단적 반응이 있을 수도 있다는 것을 의미하기도 했다. 미국에서는 루스벨트 대통령이 공산주의와 파시즘으로부터 나라를 구할 수 있는지에 대한 토론이 있었다. 대답은 분명히 둘 모두에 관한 것이었다. 자본주의를 생존시키기 위해서 더 온화해질 필요가 있었고, 민중 계급을 달래기 위해 타협할 필요가 있다는 두 가지 목표는 수렴했다.

미국에서 나타난 전후 권력 형세는 (매카시즘에서처럼) 모든 자유주의자들 및 (국내외적 차원에서) 공산당과 같은 가장 급진적인 구성 요소들에

3_잘 알려진 사례로는 조지프 슘페터가 있다. 그는 자본주의의 잠재적 생존 가능성에 의문을 제기했고, 부정적인 전망을 내놓았다. J. Schumpeter, *Socialism, Capitalism and Democracy* (New York: Harper and Brothers, 1942)[『자본주의, 사회주의, 민주주의』, 변상진 옮김, 한길사, 2011].

대한 억압과 타협의 혼합을 통해 만들어질 수 있었다. 샤를 드골의 프랑스에서는, 곧 파기되기는 했지만, 제2차 세계대전 이후 프랑스 공산당과의 일시적 동맹을 통해 유사한 결과를 획득할 수 있었다. 거시 정책과 민간 주도(시장)를 결합한 케인스주의가 어느 곳에서나 타협의 틀을 제공했다. 엄격한 의미에서의 사회민주주의는 북부 유럽에서 전형적인 형태로 나타났다. 영국이나 프랑스는 중요 공공 부문, 사회복지, 발전 및 고용과 관련된 정책을 가지고 있는 중간적 사례로 보일 수 있다. 미국에서는 유럽과 같은 국유화는 없었지만 국가기관들이 만들어졌고, 그들의 기능이 확대되었다(정부 기관 및 GSE). 그리고 기업 관리 및 정책(낮은 실질이자율, 산업 발전을 목표로 하는 정책 등)은 금융 규제와 사회복지, 연구 및 교육에 대한 강력한 국가 개입을 동반하면서 전후의 특징으로 자리 잡았다. 하지만 금융에 대한 억압이 다른 나라들보다 심하지는 않았다.[4] 앞서 언급한 바와 같이, 일본의 경우에는 극단적이었다. 공적 관리자와 관료들 사이의 긴밀한 협력이 존재했고, 금융 부문은 생산적 경제에 배타적으로 헌신했다. 자본가들은 중요한 역할을 수행하지 못했다.

제2차 세계대전 이후에 드러난 것처럼, 기술 변화의 새로운 추세와 새로운 수준의 이윤율은 타협이 수립되고 수십 년간 지속되는 데 상당히 기여했다. 아마도 그런 우호적인 경향이 있다고 할지라도 자본주의 역사의 초기 시기, 적어도 확실히 현대자본주의 역사가 진행되는 동안 항상

4_하지만 '금융 억압'이라는 표현은 미국의 사례에 근거해 만들어진 표현이다. R. I. Mckinnon, *Money and Capital in Economic Development* (Washington, D. C.: Brookings Institution, 1973); E. Shaw, *Financial Deepening in Economic Development* (New York: Oxford University Press, 1973).

적으로 분배를 짓누르고 있던 제약이 제거되지는 못했을 것이다(〈그림 4.1〉과 〈그림 21.1〉에서 명백히 확인할 수 있다). 높은 수준의 이윤율로 인해 (1) 기업 내 유보 이윤율의 보존, (2) 법인세와 정부 수령액의 증가, (3) 임금 소득자 구매력의 증가 등이 병립할 수 있었다. 이는 축적과 크고 능동적인 정부(전쟁 수행을 포함해), 임금 소득자 대다수의 상황 개선에 유리한 조건을 의미한다.

따라서 매우 우호적인 경제 조건과 전후 기간의 특징을 규정하는 정치적 조건이 수렴했다. 이처럼 우호적인 조건이 없었더라도 전후 타협이 존재할 수 있었을까? 이런 조건들이 결정적으로 중요했는데, 이는 1970년대에 발생한 기술-조직적 추세의 반전과 그에 따른 이윤율의 저하라는 상황으로 말미암아 전후 타협이 지속될 수 없었다는 점을 통해 잘 드러난다. 이 같은 추세의 역전으로 인해 자본가계급과 더 일반적으로 말해 자본가계급의 지도 아래 상위 계급들이 승리할 수 있는 상황이 만들어졌다. 전후 타협이 기초하고 있는 사회적 힘들의 일관성 부족과 신자유주의로 가는 길을 열어 놓을 수밖에 없었던 정치적 취약성이 결정적이었다.

신자유주의와 관리자 계급: 금융 관리로의 편향

신자유주의로 인해 관리의 진보가 멈춘 것은 아니다. 그 우선적 결과로 자본가의 계급적 목표에 관리가 종속되기는 했지만, 관리 기능의 진보에 중단은 없었다. 거대 초민족 기업은 거대한 관리 구조이며, 정부 종사자의 수는 신자유주의 기간에도 증가했다.

이런 종속은 연이은 신자유주의 국면 내내 점차적으로 확장되었다.

더 많은 연구가 필요할 터이지만, 1980년대에는 자본가와 관리자 사이의 새로운 관계에서 나타나는 규율적 측면이 지배적이었다고 추측할 수 있다. 관리자들은, 기업지배구조에서처럼, 소유자를 위해 '지배'해야만 했다. 이와 같은 자본가와 관리자 사이의 새로운 관계의 본질이 점진적으로 서로에게 더욱 호의적이거나 열정적인 협력(위계 관계 및 소득수준에서 나타나는 지위에 따라서 아마도 상당히 다른 정도로 수행되는)의 형태로 바뀌어 나가는 동안, 금융 관리자들과 나머지 관리자 집단 사이의 차이가 수립되었는데, 이는 소득분배의 위계 관계에 반영되었다. 1990년대가 이행기였다면, 2000년 이후에는 금융 관리자들이 금융의 주도적 행위자로 등장했다.

신자유주의는 금융 관리에 유리하게 편향된 관리주의적 경향을 그 특징을 한다. 관리자들은 금융 메커니즘(주주 가치의 극대화, 파생상품시장의 운용, M&A 실행 등) 안에서 광범위하게 활동했다. 자산 관리자와 트레이더trader는 수학을 광범위하게 활용하는 '과학적' 관리자였다. 관리의 기술 부문과 금융 부문 사이의 위계 관계는 완전히 바뀌게 되었다. 이는 직업 선택에서 금융 부문이 가진 매력과 그에 따른 거대한 보수에서 잘 나타난다.

관리주의적 위계 관계의 상위에서, 관리자는 신자유주의적 기업지배구조 — 금융적 측면의 관리가 압도적인 경향을 갖는 — 의 동역학 속에 연루되어 있었다. 금융 활동, 특히 M&A와 같은 금융 활동으로 말미암아, 기술-조직적 성과는 현저히 훼손되었다. 이런 성과들이 위계 관계의 낮은 수준에 있는 사람들에게 위임되었고, 금융적 기준에 종속되었다. 상층 관리는 금융 관리로 변모되었다.

신자유주의에서 금융 관리가 커다란 중요성을 얻게 됨에 따라, 금융 및 비금융 기업 모두의 금융 관리자들과 자본가들 사이에 매우 구체적인 관계가 수립되었다. 금융 관리직의 부상은 상층 관리직[금융 관리자들]이 핵심부, 즉 소유권이 표현되는 매우 내밀한 메커니즘 속으로 진출했다는 것을 의미했다. 긴밀한 협력이 내포되어 있지만, 신자유주의에서 자본 소유자들이 관리자, 특히 금융 관리자의 전문성에 상당히 종속적인 지위에 있다는 것을 알 수가 있다.

신자유주의적 타협: 상층부에서의 잡종 형성

소득과 부의 측면에서 보자면, 관리자 계급은 신자유주의적 경향으로부터 고임금과 금융자산 포트폴리오의 축적이라는 두 가지 측면에서 이익을 보았다. 상당수 임금 소득자의 구매력이 침체되어 있는 동안, 상위 계층의 임금은 신자유주의 기간 동안 급격히 증가했으며, 이는 일부 고임금 계층의 소비 호황과 금융자산의 축적을 동반했다. 이런 상위 계층에서 발생한 수렴 과정은 전후 기간의 사회민주주의적 타협과 대립하는 신자유주의적 타협의 기초를 제공했다(이런 과정은 유럽 국가들에서도 진행 중이긴 했지만, 미국에서 더욱 두드러졌다[5]). 앞 장에서 상위 계급들이라고 표현했던 것을 계급 권력과 소득 관계에서 나타난 새로운 형세의 동반자적 관계를 통해 더욱 명확히 표현할 수 있을 것이다.

5_G. Duménil & D. Lévy, "Finance and Management in the Dynamics of Social Change: Contrasting Two Trajectories: United States and France," L. Assassi & A. Nesvetailova & D. Wigan eds., *Global Finance in the New Century: Beyond Deregulation* (New York: Palgrave Macmillan, 2007), 127-147.

관리주의적 위계 관계 최상층에서는, 동맹 이상의 것이 발생했다. 이런 새로운 사회적 경향에 대한 좀 더 구체적인 분석이 추가적으로 필요할지 모른다. 하지만 소득 양상은 '잡종 형성'hybridization 또는 합병 과정이 진행 중임을 보여 주고 있다. 이런 사회적 배치의 양방향적 특징을 이해하는 것이 중요하다. 현대자본주의의 이런 상위 영역에서 임금을 받는 자본가들과, 자본소득을 벌어들이고 소유권을 가지고 있는 임금 소득자가 결합된다(〈상자 5.2〉). 초고임금 계층은 금융자산 포트폴리오를 보유하고 있을 뿐만 아니라, 자본가 가족들 가운데 일부 구성원들은 이런 위계 관계[상층 금융 관리직]에 참여함으로써 기업으로부터 소득의 많은 부분을 가져오고 있다. 상층 관리자와 자본가계급 사이의 경계가 흐려지게 되었다.

우리는 이런 합병 과정이 특히 금융기관 내에서 두드러진다고 추정할 수 있다. 이런 기관들의 관리자는 초고임금을 받고 있으며, 거대 금융자산 포트폴리오 보유자들은 금융기관의 상위 관리 집단으로 적절히 자리 잡을 수 있고, 이들은 기업의 자문단 또는 사모투자전문회사의 관리자로서 활동한다. 따라서 금융 관리자란, 이런 사회적 범주를 포함할 수 있는 금융Finance이라는 확장된 개념 내에서처럼, 금융기관 및 자본가계급 상위 분파를 동시에 일컫는 것이라 할 수 있다.

이 장의 앞부분에 있는 자료를 다시 보면, 이는 확실히 〈그림 5.1〉과 같이 가장 높은 임금의 역사적 진화가 동일한 집단의 총소득 변화를 나타내고 있는 〈그림 3.1〉의 양상과 동일하게 나타났다고 있다는 점은 우연이 아니다(반면 95~99분위의 총소득 증가 양상은 다소 다르게 나타나고 있다). 〈그림 3.5〉에서도 유사한 관계가 확인된다. 하지만 어떤 분파들이 연루되어 있고, 어떤 메커니즘을 통해서인지는 더 많은 연구를 통해 규

| 상자 5.2 | 첫 번째 층위와 두 번째 층위의 자본주의

관리자와 자본가계급의 공동의 목표 이외에도, 신자유주의에는 관리자와 자본가들 사이의 긴밀한 관계의 두 번째 측면이 존재한다. 관리자 또한 자본 소유권에 참여하고 있다는 점이다.

자본가계급 내에서 상위 부분과 하위 부분을 구별하는 것은 언제나 가능했지만, 적어도 미국에서는, 신자유주의에서 구체화된 자본 소유권의 '이층적'(two-tier) 양상이 수립되었다.● '두 번째 층위'(Second-Tier)의 자본주의의 제도 내에서(하위 범주), 증권을 보유하고 있는 상당한 인구(직접적으로나 다양한 유형의 펀드를 통해서)가 자본 소유자처럼 활동하게 되었다. 하지만 이런 뒤섞임을 통해 그들의 사회적 지위가 규정되는 것은 아니다. 그와는 반대로 첫 번째 층위의 자본주의는 자본가계급의 고유 영역이라고 할 수 있는데, 그들의 금융적 부는 소비 또는 퇴직을 위해 필요한 수준을 훨씬 초과하고 있다. 모든 자본이 연금 또는 뮤추얼펀드 안에 있는 것은 아니다.

이런 점에서 관리자 계급은 동질적이지 않다. 관리자 하위 분파는 자의적이건 아니건 퇴직 이후를 위해 자본 또는 다양한 펀드 속에 거대한 지출분을 축적한다. 이 같은 축적은 원래는 주로 임금 형태를 취하고 있던 소득에서 발생하던 수익을 시간에 따라 적절히 배분하려는 목적에서 이루어지며, 이는 부를 축적한다기보다는 미래를 대비해 소득을 준비하려는 것이다. 그런 상황은 상위 분파의 관리자와는 상당히 다르다. 바로 이와 같은 곳에 권력이 집중되고, 자본가계급 상위 분파와의 접점이 형성된다. 이런 상황은 당연히 소득수준에 반영되고 잡종 형성이라는 개념과 관계가 있다. 관리자 상위 분파는 소유에 대한 상당한 접근권을 향유하고 있다.

● G. Duménil & D. Lévy, "Neoliberal Income Trends: Wealth, Class and Ownership in the USA," *New Left Review* 30 (2004), 105-133. [이층 자본주의라는 개념은 지배계급과 상위 임금 소득자 계급 사이의 새로운 타협을 나타낸다. 신자유주의는 중간계급 일부를 새로운 사회적 동역학에 포함시켰지만, 그것은 종속적 지위였다. 그런 종속적 지위는 이층 자본주의의 하위, 두 번째 층을 의미한다._옮긴이]]

정할 필요가 있다.

이 같은 사회적 배치의 사회정치적 결과는 명백하다. 상층부에서 일어나고 있는 잡종 형성은, 전통적인 자본가들의 소득 통로들 또는 여기서 사용된 광범위한 의미의 임금들 사이의 구별을 넘어, [상위 계급들 사이의] 목표가 서로 수렴하고 있음을 의미한다. 하위직 관리자와 자본 소유자 사이의 관계는 여전히 이와는 다른 성격을 띠지만, 대체로 관리자와 민중 사이의 계급 동맹은 관리자와 자본가 사이의 계급 동맹으로 대체되었다. 그것은 일시적 동맹 이상의 문제가 연루된 것이었다.

시장과 자본가 vs. 국가와 관료

기업 관리자 외에도, 국가 관료 또한 관리자 계급의 중요한 구성 요소다. 주어진 역사적 환경 속에서, 이런 종류의 구체적인 계급적 지위를 차지하고 있는 사람들이 사회 동역학의 주된 요소로 자리 잡게 되었다. 이미 말한 바와 같이, 이는 위기로 인해 불안정해진 이전의 권력 형세가 붕괴하고, 격렬한 계급 대립이 벌어지고 있었던 뉴딜 기간에 특히 그러했다.

관료들이 자본가계급을 비롯한 여타 사회집단들과 어떤 관계를 맺고 있는지에 따라 자율성의 정도가 표현된다. 하지만 관료들로의 권력 이동은 일반적으로 관리자 계급의 자율성이 광범위하게 강화되고 자본가계급의 권력과 이해가 봉쇄되었음을 구체적으로 표현한다. 하지만 위기 상황은 오래가지 않았다. 뉴딜의 경우를 보면, 전쟁 이후에는 사회구조들과 정부 기관 사이의 관계가 좀 더 정상적인 모습으로 복구되는 방식으로 타협이 조정되었다. 하지만 정부 관료들은 여전히 전후 타협 내에서 중요한 역할을 수행했으며, 그들이 획득한 이 같은 자율성은 좀 더 일반적인 전후 관리주의적 지도력의 한 가지 표현이었다.

이와 대칭적으로 신자유주의는 시장에 더 유리한 국가의 쇠퇴를 의미하며, 그에 조응한 자본가계급 권력은 시장 메커니즘과의 관계 속에서 해석된다는 주장이 있기도 하다. 하지만 시장경제라 할지라도, 관리자들이 더 큰 자율성을 향유하는 경제 및 사회가 나타날 수도 있다고 이야기할 수 있다. 이런 이론적 재정의refinement 문제와는 별도로, 시장과 국가 각각에 준거해 전후 기간 및 신자유주의의 성격을 규정해야 한다는 입장은, 국가를 언제나 계급적 맥락에서 이해해야만 한다는 이 연구의 관점과 대립한다는 점이 중요하다.

신자유주의 시기에 '자유-시장' 메커니즘이 강조되었다는 것을 부정하는 것은 아니지만, 모든 나라들에서 국가는 신자유주의를 부과하는 새로운 사회질서의 수립에 중요한 역할을 해왔다.[6] 신자유주의의 옹호자들은 기업의 자유를 제한하고, 노동자의 권리를 보호하며, 고소득에 대해 세금을 부과하는 과도한 국가 개입을 반대했다. 신자유주의는 사회민주주의적 타협의 국가를 거부한 것이지 국가 일반을 거부한 것은 아니다. 신자유주의적 국가 — 지배적 헤게모니의 도구이자 그 발현이며, 사회적 위계 관계의 상층부에서 이루어진 타협인 — 는 그들 자신의 정책적 역량을 제한하는 자유로운 자본 이동성과 자유무역에 관한 협정을 의도적으로 체결했다. 이는 유럽에서, 특히 유럽 연합의 형성 과정에서 그러했을 뿐만 아니라, 미국에서도 마찬가지였다(14장). 신자유주의적 세계화

6_E. Helleiner, *States and the Reemergence of Global Finance: From Bretton Woods to the 1990s* (Ithaca, N.Y.: Cornell University Press, 1994)[『누가 금융 세계화를 만들었나』, 정재환 옮김, 후마니타스, 2007].

라는 새로운 맥락의 창조는 국가가 의도적으로 설정한 목표의 일환이었으며, 이는 자신들이 대표하고 있는 계급들의 목표를 반영한 것이었다.

러시아, 중국 또는 베트남에서처럼, 신자유주의적 세계화로의 진입이 소비에트 모델(이른바 대다수의 또는 모든 사회주의국가들에서 재생산된 모델)에서 자본주의 모델로의 이행이라는 형태를 띠었을 경우, 정부는 "자본의 시초 축적"이라고 부를 수 있는 과정에서 중심적 역할을 수행했다. 따라서 이런 사회들은 서로 상이한 정도로 신자유주의적 목표들 가운데 일부를 공유했지만, 그것을 달성하는 방법을 공유했던 것은 아니다. 그런 과정에서 나타난 국가의 간섭 정도는 표준적인 신자유주의적 국가들에서보다 강력했고, 특히 권위주의적 형태로 표현되었다. 이처럼 경제 자유화와 국가의 개입 사이의 조합은 매우 복잡한 양상을 띠었는데, 현재의 위기로 말미암아 그 같은 양상은 바뀔 것으로 보인다.

대개 국가의 역할은 이전과 마찬가지로 신자유주의 내에서도 법적 잠재력을 활용하고, 직접적인 폭력에 의존하면서, 계급사회를 유지하고 수립하는 데 있다. 국가는 계급 위계 관계와 각 사회질서 사이의 타협을 정의하는 중심적인 기관이다. 권력 형세의 정치적 특징들에 따라, 타협의 구성 요소들 사이의 긴장이 표현되는 공간이 어느 정도 허용되지만, 국가는 언제나 그런 타협을 규정하는 기관이며, 그것을 유지하는 도구다.

6

이론적 틀

5장의 분석에서는 삼극의 계급 양상을 주어진 것으로 다루며, 이 같은 접근법의 이론적 기초에 대해서는 언급하지 않았다. 이 장의 첫 번째 절의 목적은 현대자본주의의 특징을 반영한 마르크스주의적 관점에서 그 기초를 수립하려는 것이다. 소유와 관리 사이의 구별을 정교화하고, 자본가와 관리자 계급을 분리하면서, 직원 및 생산 노동자들을 결합적으로 고려한 민중 계급의 범주를 도입한다. 두 번째 절에서는 사회질서의 전반적인 유형을 요약하는데, 여기에는 1장에서 소개된 역사적 선례들과는 다른 대안적인 잠재적 조합도 포함된다. 이런 틀을 통해, 좌파와 우파라는 전통적인 정치적 개념에 새로운 의미를 부여할 것이다.

생산의 사회화: 소유와 관리

사회적 관계 내에서 일어난 이른바 임금 소득자들의 동질적인 사회적 지

위의 붕괴는 어려운 이론적 쟁점들이 제기했으며, 이에 대한 많은 연구
가 이루어졌다. 봉급쟁이 관리직의 발전 및 사회적 위계 관계의 상층부
에서 나타난 새로운 양상은 미국에서 관리 자본주의에 관한 광범위한 문
헌들이 등장하게 된 원천이자(〈상자 5.1〉),[1] 관리 혁명의 시작과 더불어
자본 소유자들이 품었던 몇 가지 우려의 원천이기도 했다.[2] 관리 자본주
의론은 특히 관리자에 집중하고 있다. 하지만 관리직 및 직원을 함께 취
급하면서, 이를 새로운 중간계급으로 공통적으로 묘사하고 있다. 명시적
으로 계급이라는 개념을 쓰고 있기는 하지만, 이와 같은 성격 묘사로 인
해 종종 계급 분할의 존재를 모호하게 만들곤 한다. 이와는 달리, 마르크
스주의 연구자들은 관리직 및 직원을 새로운 프티부르주아 또는 좀 더
넓은 의미인 프롤레타리아 계급의 일부분으로 보았다.[3] 이 글에서 사용

1_J. Burnham, *The Managerial Revolution* (Harmondsworth, U. K.: Penguin Books, 1945);
R. L. Marris, *The Economic Theory of Managerial Capitalism* (London: Macmillan, 1964);
J. K. Galbraith, *The New Industrial State* (New York: New American Library, 1967); A.
D. Chandler, *The Visible Hand: The Managerial Revolution in American Business*
(Cambridge, Mass.: Harvard University Press, 1977); D. Stabile, "The New Classs and
Capitalism: A Three-and-Three-Thirds-Class Model," *Review of Radical Political Economics*,
15, no. 4 (1983), 45-70: M. Zeitlin, *The Large Corporation and Contemporary Classes*
(New Brunswick, N. J.: Rutgers University Press, 1989); J. Mcdermott, *Corporate Society:
Class, Property, and Contemporary Capitalism* (Boulder, Colo.: Westview Press, 1981);
E. Olin Wright, *Class Counts: Comparative Studies in Class Analysis* (Cambridge:
Cambridge University Press, 1997); J. Lojkine, *Adieu à la classe moyenne* (Paris: La
Diapute, 2005).

2_나중에 A. Berle, *Power without Property* (New York: Harcourt, Brace, 1960)와 같은 연구
에서 나타나고 있는 것처럼 말이다.

3_엄격하게 정의된 마르크스주의적 분석 틀(마르크스의 『자본』 개념) 내에서는, 관리직 및 직원
을 새로운 프티부르주아로 위치시키는 것 이상의 더 나은 선택지는 없다. 하지만 그런 식의 해

되는 관점은 이런 해석과는 다르다. 위계적인 임금 구조는 동질적인 생산과정 내의 구체적 실행 과정에서 발생하는 숙련도의 차이에 대한 보상을 단순히 표현하는 것이 아니다. 그와 같은 고임금은 생산관계에서의 상이한 지위를 나타내는 계급 형세 내에서 관리직이 수행하는 역할(중앙 또는 지역 차원에서 관료들이 수행하는 조직 업무를 포함하는 광범위한 의미에서)에 대한 보수다. 이전의 논쟁들에 반영된 바와 같이 문제는 이중적이다. 첫 번째 문제는, 전통적인 자본가와 프롤레타리아 계급 사이에 있는 중간자적인 사회집단을 어떻게 설명할 것인가에 대한 것이다. 두 번째 문제는, 관리직 요소와 직원 요소 사이의 분리다.

분석은 아래와 같은 다섯 가지 단계로 실행된다.

1. 계급과 소득. 계급 양상에 대한 해석에서 중심적인 요소는 소득 통로와 계급들 사이의 긴밀한 관계다. 프리드리히 엥겔스가 출판한 『자본』의 마지막 장에서, 마르크스는 다양한 소득 범주와 관련해 계급들을 정의했다.[4] 이런 소득 통로는 임금, 이윤, 지대다. '속류 경제학'과는 달리,

---

석은 마르크스의 관점이 가진 한계를 강조함과 동시에, 현대자본주의의 특징들과 양립할 수 있는 새로운 틀에 대한 정의를 시사한다. 이런 관점은 G. Duménil, *La Position de classe des cadres et employés* (Grenoble, France, Presses Universitaires de Grenoble, 1975)에서 채택되었다. 니코스 풀란차스는 마르크스적 접근에 충실하게 이 문제를 다루었다. N. Poulentzas, *Pouvoir politique et classes sociales*(Paris: Maspero, 1972)[『정치권력과 사회계급』, 홍순권 옮김, 풀빛, 1986]. 광범위한 프롤레타리아 개념을 통해 계급적 양상을 해석하는 것은 에르네스트 만델로부터 영향을 받은 트로츠키 그룹에서 공통적으로 나타난다. E. Mandel, *Les étudiants, les intellectuels et la lutte de classes* (Paris: La Bréche, 1979, www.ernestmandel.org/fr/ecrits/txt/1979/etudiants/index.htm)는 그와 같은 관점과, 간접적으로는, 트로츠키의 작업(소비에트 사회는 계급사회가 아니지만 관료적으로 타락한 노동자 국가다)을 옹호한다. M. Löwy, *Pour une sociologie des intellectuels revolutionnaires* (Paris: Presses Universitaires de France, 1976)도 참조.

마르크스는 후자의 두 범주를 잉여가치 형태 속에서 고려했으며, 임금은 노동력의 가격이며, 이를 통해 잉여가치가 추출된다고 보았다. 동일한 접근법이 현대자본주의에도 적용되어야 하지만, 관리자들이 받는 고임금 또한 사회적 잉여의 영유 형태 가운데 하나로 포함되어야만 한다는 점을 새롭게 지적할 수 있다. 이는 자본주의가 관리의 역사적 진보 때문에 진화함에 따라 더더욱 중요하게 된다. 난점은 그런 고임금을 다른 노동 보수의 형태처럼 "임금"이라고 부른다는 점에서 발생한다. 봉급salaries 및 임금wages과 같은 용어법처럼 별개의 소득 범주가 존재하지는 않는다.

불행하게도, 그런 고임금을 대다수의 임금 형태와 분리하거나, 고임금 계층이 영유하는 잠재적 잉여의 규모와 관련된 신뢰할 만한 추정치를 제공하는 것은 이론적으로나 경험적으로 불가능하다. 하지만 이용 가능한 데이터들을 통해 이런 메커니즘이 갖는 중요성이 제시될 수는 있다 (〈상자 6.1〉의 대략적인 수치를 참고하라).

2. 생산관계와 계급. 계급 양상을 분석할 때, 또 다른 기본적 준거는 생산관계와의 긴밀한 관계 속에 있다. 사회적 잉여가 소득으로서 영유되고 분배되는 통로는 지배적인 생산관계에 부합한다. 따라서 생산관계의 새로운 형세는 새로운 계급 관계를 내포하며, 그 역도 마찬가지다. 그런 조응 관계는 매우 엄격해 "상동 관계"homology라고도 불린다.

이런 분석은, 예컨대 봉건제와 자본주의 같은, 다양한 생산양식들 사이의 구별에 전통적으로 적용된다. 생산관계는, 노동력을 지휘할 수 있

4_K. Marx, *Capital*, vol. 3 (1894; New York: Vintage Books, 1981), 52장과 48장 "삼위일체의 공식"을 참조.

미국의 소득 추세에 대한 분석을 통해, "노동 보수"(labor compensation)라는 개념 또는 마르크스의 "노동력"의 가격이라는 용어법을 상위 임금 계층에 적용하는 것이 과연 정당한가에 대한 질문을 던질 수 있다. 두 가지 관점이 채택될 수 있다. 먼저 소득 피라미드의 상위에 대한 "노동 보수"는 "복잡노동"을 수행하는 노동자 범주에 적용되는 노동력 가격으로 해석될 수 있다. 이는 한편으로는 자본가들과 대립하고, 또 다른 한편으로는 노동자들과 대립하는, 전통적인 이중적 관점에 상응한다. 두 번째, 삼극의 형세에 일관적인 또 다른 접근법은, 그런 범주의 노동에 적용되는 높은 가격을 잉여가치에 대한 직접적인 영유와 일치하는 사회적 잉여의 "형태"로 해석하는 것이다. 그것은 대다수 임금 소득자의 임금보다 높은 수준에서 결정되는 임금 소득자들 가운데 가장 상위 분파에 의해 축적된 "잉여노동 보수"의 형태를 띤다.

이런 분석의 이론적 함의는 명확히 이번 연구의 한계를 넘어서는 것이다. 이와 관련된 설명이 중요하다는 사실을 다음의 예시를 통해 확인할 수 있다. 〈그림 3.1〉과 〈그림 5.1〉처럼 여기서도 동일한 원천의 데이터를 사용한다. 표준적인 노동 보수는 0~95분위 임금 계층의 평균적인 노동 보수로 측정된다. 1997년에서 2006년 사이의 10년간 평균을 보면, 이런 표준적 보수는 모든 임금 소득자들이 받는 평균적 노동 보수의 80%에 달한다.● 이런 비중을 2007년 국민소득 계정의 민간 부문에 적용해 보면, 총 표준 및 잉여 보수는 각각 5조3,070억과 1조600억 달러에 달한다.

이와 같은 계산은 2007년 잉여노동 보수 1조600억 달러를 이윤과 비교하기 위해서 이루어진 것이다. 배당으로 분배된 이윤은 6,420억 달러이고, 유보 이윤은 3,330억 달러다. 잉여노동 보수는 배당으로 지불된 이윤보다 1.6배나 크고 총 이윤보다도 심지어 약간 크다.

우리는 여기에 다음과 같은 점을 추가할 수 있는데, 위의 추정과는 관계없이 배당이 전체 민간경제의 표준 및 잉여를 모두 결합한 노동 보수의 10%가 된다는 사실이다.

● 노동통계국(Bureau of Labor Statistics, BLS)의 조사를 통해 미국 경제의 임금과 관련된 좀 더 세밀한 정보를 얻을 수 있다(www.bls.gov/ncs/ect/home.htm). 전체 직업 목록으로부터, 총고용의 40% 이상을 설명하고, "표준적 노동 보수"를 정의하는 전형적인 노동 범주라 판단될 수 있는 네 개의 '기본적인' 범주를 골라낼 수 있다. (1) 판매 및 소매업 종사자, (2) 사무 및 관리 직원, (3) 생산 종사자, (4) 운송 및 수송업 종사자. 2007년의 경우, 네 가지 범주의 연평균 노동 보수가 전체 경제의 평균 노동 보수의 82%에 달했다. 우리가 앞선 계산에 보여 주고 있는 것에 근접한 추정치다.

는 역량을 포함해, 생산수단에 대해 다양한 집단들이 갖는 지위(재화, 건물, 자연 자원 등에 대한 접근권)를 일컫는다. 봉건제에서 영주는 자신의 땅에서 일하게 하거나 곡식의 일부를 넘겨받거나 화폐 지대를 받는 등의 다양한 메커니즘을 통해 부역 노동의 생산물로부터 이익을 얻을 수 있다. 자본주의에서, 자본가계급은 생산수단을 소유하며, 생산수단에 대한 접근권(이는 우리가 검토하고 있는 시기에 경쟁에 참여하기 위해 필요한 조건이다)이 없기 때문에 자신의 노동력을 판매할 수밖에 없는 노동자들로부터 잉여가치를 추출한다.

역사적 동역학에 대한 좀 더 면밀한 검토가 가능하다면, 주어진 생산양식 내부의 역사적 전환에 대한 탐구를 통해 동일한 기본적 원칙을 제시할 수 있을 것이다. 이는 생산양식의 일반적인 변화들에 대한 분석보다 좀 더 세밀화된 시기 구분 — 생산양식 내부의 다양한 국면들에 대한 구분 — 과 관련되어 있다. 봉건제뿐만 아니라 자본주의도 그런 다양한 국면을 경험했다. 여기서 매우 중요한 것은, 20세기로의 전환기에 현대자본주의에 도입된 세 가지 혁명에 대한 해석이다. 생산관계, 계급 양상, 소득 통로의 전화가 현대자본주의 수립의 기본적 측면들이었다.

3. 소유권과 통제. 생산관계와 관련해서 보면, 현대자본주의 이전에는 '엄격한 의미에서 소유권' — 예컨대 '소유' — 으로 알려진 생산수단에

대한 소유와 '통제', 즉 관리의 두 측면을 결합적으로 다루는 것이 가능했다는 점이 중요하다. 20세기로 진입할 무렵, 소유와 통제를 나타내는 제도뿐만 아니라 계급 양상 모두 상당한 전화를 겪게 되었다.

이런 두 가지 발전 요소의 결합적 진화를 통해 그런 전화의 본질이 드러났다. 그것들을 어떤 제도들의 인과적 변화로 해석할 수는 없다. 그 대신 그것들은, 좀 더 광범위한 연결 고리인 생산양식들이라는 역사적 동역학의 긴 사슬 속에 얽혀 있는, 좀 더 작은 연결 고리들로 이해해야만 한다. 여기에는 어떤 역사의 방향이 내포되어 있는데(〈상자 1.2〉), 이는 생산양식의 소유권이 구체화되어 있는 제도들의 전화가 생산의 사회적 조정 방식의 점진적 세련화의 산물이기 때문이다. 이런 경향은 자율적 조직(전형적으로 기업)의 성장과 국내·국제적인 교통 및 통신의 발전, 중앙 기관(민간 조직, 정부, 국제기관)의 감독 속에서 나타났다. 이는 마르크스가 "생산의 사회화"라고 부르기도 한 것이다.

생산수단에 대한 소유권 — 증권(주식 및 채권) 보유를 중심으로 한 소유권, 그리고 주주의 감독 아래서 이루어진 봉급 관리자로의 관리의 이행[5] — 을 구성하는 두 가지 요소가 서로 분리된 결과, 봉급 관리자 계급이 수적으로 성장했고, 소유자와는 일정 정도 거리가 있는 민간 기업 내에서 그들이 차지하는 중요성 또한 커졌다. 중앙 및 지방정부의 관료 수도 이와 나란히 증가했다. 엄격한 의미에서 사실상, 직원인 "화이트칼라"라고 불리는 사람들 및 [기업의] 유지 또는 사업 활동이 종사하는 직원들과 같은 여타의 사람들이 이런 광범위한 의미의 관리 내에서 활동하게

5_ 현대적 용어로는 '주인'과 '대리인'의 문제다.

되었다.

4. 관리직과 직원 사이의 양극화. 봉급생활자들에게 관리가 점차 위임됨에 따라, "관리직과 직원"이라는 구절에서처럼 상위 계층과 하위 계층 사이의 상당한 양극화가 발생했다. 구상, 조직, 거래, 회계, 자금조달 등을 맡고 있는 임금 소득자 사이의 업무 분할은 기능적인 것일 뿐만 아니라 위계적인 것이었다. 이런 위계 관계는 여전히 현대자본주의 사회관계의 기본적 특징을 정의하고 있다. 이와 같은 양극화는 관리직과 직원들 사이에서처럼, 주도권 및 감독권은 상층으로 집중되고, 실무 집행은 위계 관계의 하위 수준에서 이루어지는 양상 속에서 전형적으로 나타난다. 사무 노동이 수행되는 조건은 위와 같이 엄격히 규정된다. 많은 활동들 내에서 사무 노동의 작업은 점점 생산 노동에 고유한 특징들을 공유한다. 이런 위계 관계는 임금 위계 관계를 반영하고 있다.

5. 생산 노동의 변형과 민중 계급의 구성. 대칭적으로 생산적 노동 또한 거대한 변형의 대상이었다. 사회학자들은 생산 노동자들의 노동이, 특히 정보 기술의 발전과 관련해, 점점 더 사무 노동의 형태를 취한다는 사실을 지적한다.[6] 현대자본주의 내의 많은 영역들 속에서 나타나는 서로 다른 차이가 여전히 중요하기는 하지만, 생산 노동자와 사무 노동자를 결합적으로 고려하면서, 민중 계급이라고 부르는 것이 점진적으로 더 적절한 것으로 나타나고 있다.[7] 적어도 단순화를 시키는 데 유용하다.

6_J. Lojkine, *La classe ouvrière en mutations*, Messidor (Paris: Édition Sociales, 1986).

7_민중 계급들과 관련해 어느 정도 수렴되는 경향이 있는 사회적 지위의 모호한 본질에 대해서는 1910년 루돌프 힐퍼딩의 책에서 이미 논의된 바 있으며, 생산적 노동의 전환이 여전히 발생하고 있는 현대자본주의 내에서도 사회학적 연구의 대상이다.

대체로, 자본가와 생산 노동자들 사이에 나타나는 새로운 중간계급 (관리직 및 직원)이라는 전통적 양상을, 〈도표 1.1〉에서처럼 자본가계급, 관리자 계급, 민중 계급을 결합해 삼극의 형세로 대체하는 것이 좀 더 적절해 보인다. 이런 틀은 전통적인 자본가-노동자라는 이중적 양상보다 상당한 이점이 있다. 먼저 현대자본주의를 이해하는 열쇠인 새로운 계급 관계로서 관리를 인식할 수 있다. 두 번째, 경험적 관찰로부터 직접적으로 제시되고 있는 상위 계급 또는 상위 소득 계층이라는 느슨한 범주의 이론적 기초를 제공한다. '상위 계급'은 소유와 관리, 즉 자본가와 관리자 모두를 가리키는데, 이 둘은 서로 상당히 겹친다. 세 번째, 민중 계급에 대한 분석 및 경험적으로 관찰되는 생산 노동자(엄격한 의미에서의) 수의 감소가 제기하는 문제를 해결할 수 있는 기초를 제공한다.

다양한 잠재적 사회질서의 유형학[8]

계급 관계의 삼극적 양상 — 자본가계급/관리자 계급/민중 계급 — 은

8_[옮긴이] 이 부분에서 저자들은 새로운 삼극의 틀을 통해 과거를 반추하면서, 미래의 잠재적인 사회 유형들에 진단하고 있다. 사실 이 '대안적'이라는 말 속에는 어떤 규범적 의미도 없으며, 오로지 분석적인 것이다. 이를 테면 '대안이 없다'(TINA)라는 말을 프랑스에서는 유일사상 (pensée unique)라고 말하는데, 이는 선택지가 없다는 말이다. 다시 말해 대안이라는 말에 '무조건적'으로 무언가 규범적 사고를 내포하는 우리의 사고방식으로는 오해의 소지가 많기 때문에 좀 더 풀어 번역했고, 이 절에서 표현되고 있는 '대안'이라는 말을 그렇게 받아들여야만 한다. 이런 오해는 2011년 뒤메닐이 한국을 방문했을 당시 학자들과의 토론 과정이나 뒤메닐의 관점에 대한 여러 비판 속에서 노출된 바 있어 옮긴이가 여기에 첨언해 둔다. 원서를 읽는 분들도 오해가 없길 바라며, 프랑스에서는 뒤메닐의 이런 관점 및 대안에 대한 논의를 두고 케인지언적 관점이라고 평가하는 사람은 하나도 없음을 밝혀 둔다.

잠재적alternative이고 다양한 사회질서를 형식적으로 분류할 수 있는 단순한 틀을 제공한다. 현대자본주의에서 고유하게 나타난 세 개의 사회질서를 한 계급의 지도력 아래서 이루어진 불평등한 사회적 동맹(권력 형세)으로 성격화될 수 있다('타협'이라는 용어는 그런 사회적 배치 속에 있는 고유한 긴장을 강조한다). 이 같은 사회질서의 유형학에서 근본적인 규준criterion은 지배적인 계급 동맹이 상위 계급 사이에서 이루어지는지 아니면 민중 계급과의 관련 속에서 이루어지는지에 대한 것이다. 신자유주의에서 나타난 자본가와 관리자 사이의 타협이 첫 번째 것을 대표하며, 두 번째는 관리자와 민중 계급 사이의 전후 타협이 대표적이다. 우파와 좌파라는 전통적인 구분을 통해 보면, 첫 번째 형세를 "우편향적"(우파적)이라 말할 수 있고, 두 번째를 "좌편향적"(좌파적)이라 부를 수 있다. 이는 정치적 지향성의 계급적 기초를 제공하는 중요한 구분이다.

이런 분류를 통해, 동맹에 참여하는 두 집단 가운데 어느 집단이 지도력[우위]을 가지는지를 바탕으로, 대안적 사례들을 더욱 구체화하는 것도 가능하다. 우파적 타협 내에서, 자본가계급은 신자유주의에서처럼 주도적 역할을 할 수 있지만, 관리직이 그런 역할을 할 수도 있을 것이다. 좌파적 타협 내에서, 관리직이 지도적 역할을 할 수 있지만, 민중이 지도력을 발휘하는 또 다른 사례 또한 예상할 수 있다. 따라서 〈표 6.1〉에서는 네 가지 형세를 정의하고 있다.

세 번째 형세와 네 번째 형세는 미국에서 나타난 적이 없다는 점에서 첫 번째 형세 및 두 번째 형세와 큰 차이가 있다. 이런 점이 그와 같은 정의를 더 논쟁적으로 만들고 있다.

먼저 앞의 두 형세에서는 "우편향" 또는 "좌편향"이라는 표현과 같이 어떤 방향성이 존재한다. 신자유주의를 "우파적"으로 그리고 전후 타협

| 표 6.1 | 다양하고 잠재적인 사회질서

	동맹	지도력	
우편향	자본가/관리자	[1] 자본가 (신자유주의)	[3] 관리자 (신관리주의적 자본주의)
좌편향	관리자/민중 계급	[2] 관리자 (전후 타협)	[4] 민중 계급 (`사회주의`)

주: (1) 제1차 금융 헤게모니 및 신자유주의와 마찬가지로 자본가계급의 지도력 아래서 이루어지는 우편향적인 관리자 계급과 자본가계급의 타협. (2) 뉴딜 및 전후 타협과 마찬가지로 관리자 계급의 지도력 아래서 좌편향적으로 이루어지는 민중 계급과 관리자 계급 사이의 타협. (3) 관리자 계급의 지도력 아래서 이루어지는 우편향적인 자본가계급과 관리자 계급의 타협. (4) 민중 계급의 지도력 아래서 좌편향적으로 이루어지는 관리자 계급과 민중 계급의 타협.

을 "중도 좌파적"으로 좀 더 구체화할 수 있다.

세 번째 형세(3) ─ 관리직이 주도하는 우파적 타협 ─ 를 분석하기 위해서는 이를 다른 대안적 형세들과 비교해 보는 것이 도움이 된다.[9]

1. 뉴딜과 전후 타협(2)에는, 세 가지 주요 측면이 존재한다. 관리자 계급이 기업지배구조와 정책 수립에서 주요한 역할을 했다. 노동에 유리한 새로운 태도가 지배적이었다. 자본가계급의 헤게모니는 상당히 제한되었다. 세 번째 형세에서도 이와 같은 다양한 측면들을 살펴보는 것이 핵심적이다. 세 번째 형세에서는 관리자 계급의 지도력에 고유한 특징들이 나타날 것인데, 이는 타협이 상위 계급들 사이에서 이루어진다는 점에서, 노동과의 동맹은 없으며, 자본가계급의 이해는, 온건한 정도이긴 하지만, 어느 정도 봉쇄될 것이다. 이런 사회적 배치를 (1) 관리 자본주의이지만 (2) 전후 타협에서 나타났던 사회적 특징은 존재하지 않는 것으로 대략적으로 특징지을 수 있다. 이런 권력 형세를 "신관리주의적 자본주의"라고 부를 수 있다.

9_현대 중국은 매우 구체적인 맥락에서 세 번째 형세의 사례로 해석될 수 있다.

2. 또한 그런 사회질서를 신자유주의와 비교해 정의할 수 있다. 신자유주의적 타협은 자본가계급의 주도하에서 상층부 내에서 이루어졌다. 세 번째 형세에서도 타협이 상층부에서 수립될 것이지만, 자본가계급에서 상층 관리자 계급으로 지도력의 이전이 발생할 것이다. 각각의 구별되는 목적과 방식을 가진, 소유와 관리의 분리선을 따라, 상위 계급들 사이에서 소득과 권력의 균형이 [관리자에게 유리한 방향으로] 대체되는 것이 새로운 점이다. 위에서 말한 신관리주의적 자본주의는 분명 '신자유주의'에 대한 패러디다. 넓은 범위에서 보면, 신자유주의neoliberalism는 새로운 자유주의new liberalism였다. 물론 이런 사회질서를 수립하는 데 국가가 결정적 역할을 했지만 말이다. 전후 시기에 나타났던 복지적 요소가 부재하고, 상위 계급들 사이의 동맹으로 말미암아 사회적 특징들이 상당히 바뀌기는 하겠지만, 신관리주의적 자본주의 역시 새로운 관리 자본주의다.

그런 권력 형세에 지배적일 소득 패턴과 관련해, 두 가지 추가적 요소들이 설명될 필요가 있다.

1. 위에서 언급한 것들의 결과를 "상층에서의 잡종 형성 과정"으로 고찰해 보는 것이 중요하다. 이런 사회적 배치의 새로운 관리주의적 추세는 전통적인 자본주의적 소득 통로(배당과 이자)에 비해 관리자들의 소득 통로(고임금, 이는 항상 광범위한 의미에서다)에 대체로 유리할 것이지만, 어떤 범위에서는 동일한 개인들이 두 가지 유형의 소득으로부터 이익을 얻을 것이다.

2. 미국 거시 궤도를 확실히 수정하기 위해서는 모든 형태의 고소득을 봉쇄할 필요가 있다. 미국 경제의 궤도를 강화하기 위해 얼마큼의 상위 계급에 대한 조정 과정이 필요할는지는 이 과정을 통해 드러날 것이다.

과거에 성공했던 이른바 사회주의혁명들은 언제나 새로운 계급 위계 관계로 이어졌기 때문에, 〈표 6.1〉의 네 번째 선택지(4) 또한 역사적 선례가 없다. 그러나 급진적 대안 역시 예상할 수 있다. 민중이 주도하는 대안이다. 그런 계획은 '좌파'의 좌파 또는 대안 세계화 운동을 하고 있는 집단들의 정치적 지향을 대표한다. 우리는 이런 급진적인 정치적 지향들 속에 있는 광범위한 스펙트럼 — 정확한 내용을 규정할 수 없는 혼합물 — 을 확인할 수 있다. 민중 계급의 권력을 강조하고 있는 급진적 담론에 기초해, 우리는 위의 두 번째와 네 번째 형세 사이 어딘가에 위치한 정치적 관점을 탐지할 수 있다. 사회주의는 명백히 급진적인 사회변혁에 가장 헌신하는 사람들이 정신 속에 남아 있다. 하지만 그런 원대한 사회적 변혁에 대한 논의를 이번 연구에서는 다루지 않는다.[10]

10_G. Duménil & D. Lévy, *Au-delà capitalisme?* (Paris: Presses Universitaires de France, 1998); J. Bidet & G. Duménil, *Altermarxisme: Un autre Marxisme pour un autre monde* (Paris: Presses Universitaires de France, Quadrige, Essais-Débats, 2007); G. Duménil & D. Lévy, "Cadres et classes populaires: Entre gauche traditionnelle, altermondialisme et anticapitalisme," *Actuel Marx* 44 (2008), 104-116.

| 제 4 부 |

금융화와 세계화

장벽의 철폐, 통제력의 상실

금융화와 세계화는 자본주의에 깊게 뿌리박힌 역사적 경향을 결합적으로 언급하는 것이다. 이런 특징 때문에 우리는 신자유주의와 이런 두 가지 통념을 직접적으로 연결시킬 수는 없다. 그럼에도 불구하고, 신자유주의는 이 두 가지 발전 경향에 구체적인 특징을 부여한다. 그리고 신자유주의적 금융화와 신자유주의적 세계화 없는 신자유주의는 다른 어떤 것이 될 것이다. 따라서 이런 두 가지 메커니즘은 〈도표 2.1〉의 아랫부분에서 보이고 있는 신자유주의의 효과를 직접적으로 설명하는 것이다.

7장과 8장에서는 금융 부문의 변모 및 세계화의 실물 및 금융적 구성요소들에 대해서 연속적으로 제시하게 된다. 위기 이전의 10년, 즉 이 두 측면에서 엄청난 발전이 일어났던 그 기간에 강조점을 둔다. 이 장들의 목적은 이번 위기에 대한 분석과 연관된 광범위한 현상들에 대한 기본적인 정보를 제공하는 것이다. 9장에서는 그런 경향들로부터 기인한 취약한 구조를 설명하는데 역점을 둔다.

결론은 확실하다. 재앙을 세계로 확산시킬 수 있는 정확한 통로를 아직 규정할 수 없지만, 거대한 붕괴의 단계에 접어들고 있었다.

7

새로운 금융 부문

신자유주의 및 신자유주의적 세계화는 금융 부문의 기능 양식과 구조를 심각하게 변화시켰다. 2000년 이후의 수많은 사례를 통해, 이를 명확히 확인할 수 있다. 이번 장에서는 이런 추세들을 체계적으로 설명하기보다는 위기 분석의 예비적 단계로서 금융 메커니즘의 극적인 팽창과 이것이 어떤 도구들 및 기관들을 통해 실행되고 있는지에 대해 묘사하려고 한다.

금융기관들이 보유한 자산과 부채의 규모만 고려해 보아도, 신자유주의 내에서 금융 팽창의 규모가 어느 정도인지 명확하게 묘사할 수 있다. 〈표 7.1〉은 위기 이전인 2006년 말의 몇 가지 특징들을 비교하고 있다.

먼저 첫 번째 절에서는 미국 전체 금융기관이 보유한 자산량에 대해 광범위하게 묘사한다.[1] 두 번째 절에서는 미국의 부채 팽창, 특히 금융

1_이 장에서 다루고 있는 금융화는 미국 경제의 관점에서 제시되는 것이다. 좀 더 글로벌한 정보를

| 표 7.1 | **"크다는 것"은 얼마나 큰가?**(2006년 말)

단위: 1조 달러

총 글로벌 파생상품(명목) (11)	415
글로벌 금융자산 (7)	167
총 세계 생산(PPP 달러)ᶜ (6)	77
세계 1천 대 은행의 자산 (10)	74
자산 관리 아래 있는 글로벌 자산(500대 자산 관리자) (8)	64
국내 시가총액(모든 증권시장) (3)	52
상위 순 자산 개인들의 금융적 부 (4)	37
글로벌 은행의 해외 자산 (11)	26.2
미국 가계가 직접적으로 보유하고 있는 금융자산ᵃ (1)	21.8
미국 연금기금과 뮤추얼펀드 자산 (1)	18.5
미국 이외의 지역이 보유하고 있는 미국 자산 (1)	14.4
미국 가계의 총 채무 (1)	13.4
미국 비금융 법인의 유형자산 (1)	13.4
미국 GDP (2)	13.2
미국 상업은행의 금융자산 (1)	10.2
파생상품 계약의 총 시장 가치ᵇ (11)	9.7
미국 연방정부의 총 채부 (1)	6.2
억만장자들의 금융적 부 (4)	3.5
외환시장, 일일 거래량ᵇ (11)	4.0
국부펀드 자산 (5)	3.0
아프리카의 GDP(PPP 달러)ᶜ (6)	1.8
헤지펀드가 관리하는 자산 (9)	1.7

주: 괄호 안의 수는 이 책 "부록 B"의 〈표 7.1〉에 표시된 출처를 가리킨다.
 a. 생명보험, 준비금, 연금기금 준비금, 비법인 기업의 주식은 제외되었다.
 b. 2007년 4월 평균
 c. 구매력평가지수(PPP) 환율은 세계의 물가수준이 동일하다는 가정에서 산출된 가상적 환율이다.

부문의 부채를 다루게 될 것이다. 나머지 절들에서는 위기의 금융적 구성 요소에 대한 기술적 분석을 위해 참조할 수 있는 세 가지의 광범위한 메커니즘을 소개한다. (1) 콘듀잇conduit, 구조화투자회사SIV, 자산유동화기업어음ABCP, (2) 차입매수LBO, (3) 파생상품derivatives contracts이 그것이다.

확인하기 위해서는 G. Duménil & D. Lévy, Additional Materials 1 and 2 (2010), www.jourdan.ens.fr/levy/dle2010.htm을 참조.

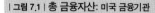

| 그림 7.1 | 총 금융자산: 미국 금융기관

단위: GDP 대비 %, 연간

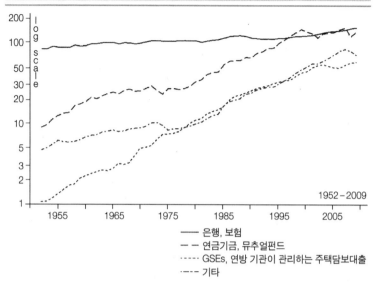

은행, 보험
연금기금, 뮤추얼펀드
GSEs, 연방 기관이 관리하는 주택담보대출
기타

주: 데이터는 연준을 제외한 모든 미국 금융기관을 포괄하고 있다.

금융기관들

금융화에 대해 직접적으로 접근하는 방법은, 다양한 금융기관들이 보유하고 있는 금융자산의 상대적 양과 그것의 시간에 따른 변화를 고려하는 것이다. 〈그림 7.1〉은 미국 경제의 각 금융기관들이 보유한 GDP 대비 금융자산 총량의 비중을 보여 주고 있다. 기관들은 네 개로 분류되어 있다.[2] 이런 변수들은 연준을 제외한 미국 전체 금융기관을 포괄한다.

2_ 자금순환표상의 분류에 따라 각 부문을 규정했다. 이런 분류법은 이따금 잘못된 방향으로 이어지기도 한다. '모기지 풀'과 '자산유동화증권 발행'은 새로운 기관은 아니지만 GSE와 상업은행

첫 번째 집단(──)은 상업은행(투자 및 예금 은행)과 보험사들에 더해 저축 기관saving institution[3]과 신용조합credit union[4]으로 구성되어 있다. 그림을 보면 1980년대에는 GDP 대비 107% 정도였던 것이, 2009년 157%로 서서히 안정적으로 증가하는 것을 볼 수 있다. 두 번째 변수(‒ ‒)를 통해 신자유주의가 진행된 20년 동안 연금기금, 뮤추얼펀드[개방형 펀드], 폐쇄형 투자신탁closed-edn fund[5] 등이 보유한 금융자산이 대대적으로 팽창했음을 확인할 수 있다. 1980년에 GDP 대비 33%였던 규모가 1999년에는 149%, 그리고 2007년 156%로 정점에 도달한다. 신자유주의 내에서 이같은 대규모의 자본은 자산 관리자, 주요 산업 및 행위자들이 운영한다. 자산 관리자들이 통제하는 펀드들에 집중된 거대한 자본량은 자본 규율의 실행을 가능케 한다. 그런 기관들의 힘은 신자유주의 기간 동안 배가되었다. 세 번째 부문(……)은 정부지원기관GSE(특히 원래는 정부 기관이었던 프레디맥과 페니메이)과 지니메이Ginnie Mae ― 이번 위기와 밀접하게 연관되어 있는 ― 이다. 가파른 상승 추이 외에도, 2000년대 이후 GDP 대비 비중이 잠시 정체되어 있음을 확인할 수 있다. 금융기관의 마지막 범주(.‒‒‒)는 새롭게 나타난 집단으로, 위기와 관련이 있는, 매우 흥미롭고 새로운 세대라고 할 수 있다. 그들은 누구인가? 놀랄 필요도 없이 자산유동화증권ABS의 민간 발행자private-label issuers ― 지니메이, 프레디맥, 페니

___

각각이 운용하는 새로운 수단이다.

3_[옮긴이] 저축예금을 통해 주택 융자 대출을 하는 금융기관이다.

4_[옮긴이] 협동조합 차원에서 운영되는 비영리 금융기관을 말한다.

5_'폐쇄형'이라는 것은 주식 수가 정해져 있다는 점을 가리키고 있다.

메이 이외의 발행자 — 와 증권 브로커 및 딜러⁶들이 그 주요 구성원들이다. 1980년과 1997년 사이에 이 집단은 GSE들 및 펀드들과 동일한 속도로 성장했지만, 그 이후 2007년까지도 계속적으로 성장했다.

마지막 두 부문의 성장이 금융 부문의 채무가 증가하게 된 원천이며, 이후 절에서 이들의 대대적인 발전에 대해 다룰 것이다.

부채의 증가

위기를 분석하는 과정에서 부채의 증가는 흔히 만나게 되는 요소다. 사람들의 관심은 주로 가계 채무의 급격한 증가에 있지만, 금융 부문에서 나타나는 부채의 증가 또한 신자유주의 시기의 주요 특징이다.

〈표 7.2〉는 미국 각 부문의 GDP 대비 채무의 증가를 보여 주고 있는데, 이는 제2차 세계대전 이후 1952년 126%에서 1980년에는 155%로 적당한 수준으로 증가했지만, 신자유주의 기간에 이는 2008년 353%까지 폭발적으로 증가한다.

1952년 금융 부문 채무는 GDP 대비 3%이고, 1980년대에는 20%에 불과하던 것이 2008년에는 119%에 이르게 된다. 〈표 7.2〉를 보면 2008년 금융기관의 채무가 비금융 부문보다는 작지만, 비금융 부문 가운데 가장 큰 가계 부문보다는 크다는 점을 보여 주고 있다. 따라서 금융기관의 부채는 새롭고도 스펙터클한 현상으로, 신자유주의 기간에 전형적으

6_ 여기에는 금융회사, 융자회사(funding corporation), 개방형투자회사(open-ended investment), 부동산투자신탁회사(real estate investment trust)가 포함된다.

| 표 7.2 | 미국의 부문별 총 부채

단위: 연말, GDP 대비 %

	1952년	1980년	2008년
비금융 부문	124	136	234
가계	25	48	96
기업	30	51	78
정부	68	37	60
금융 부문	3	20	119
총합	126	155	353

주: 부채는 신용 시장 수단

로 나타났다. 이런 극적 증가는 대부분 〈그림 7.1〉에서 보여 주고 있는 마지막 두 부분에서 발행된 증권이 증가한 결과다. 특히 이는 증권화 방식으로 가계 대출에 필요한 자금을 조달하는 민간 ABS 발행자와 GSE 때문인데, 이들은 신규 증권 발행을 통해 대출 또는 증권을 위한 자금을 조달했다. 이런 부문들과는 반대로, 가계와 정부 채무의 대부분은 소비와 투자를 목적으로 하는 재화나 서비스에 대한 수요를 위해 직접적으로 자금을 조달하는 공통적 속성(가계의 주택 투자와 정부의 인프라 및 장비)을 공유하고 있다.

모든 경제 주체가 (신용 시장에서) 차입을 하거나 대부를 할 수 있다. (신용 시장 내의) 총 채무와 순 채무(채무에서 자산을 제외한 것)를 모두 고려할 필요가 있다. 〈표 7.3〉은, 예상과 동일하게 금융 부문이 순 대부자[7]임을 보여 주고 있다. 2008년 금융 부문의 대부는 GDP의 271%에 달했고, 차입은 119%에 이르렀다(〈표 7.2〉). 따라서 금융 부문은 〈표 7.3〉의 마

7_은행은 차입을 통해서가 아니라 예금을 통해서 대부분의 자금을 조달한다. 이를 통해 그들은 광범위한 대출을 실시할 수 있다.

| 표 7.3 | 미국의 부문별 순 부채

단위: 연말, GDP 대비 %

	1952년	1980년	2008년
비금융 부문	79	102	192
가계	-3	30	68
기업	19	40	67
정부	60	25	48
금융 부문	-82	-103	-152
미국 이외 지역	3	1	-40
총합	0	0	0

주: 순 부채는 신용 시장 수단

지막 열에서 보듯 152% 정도의 순 대부자 역할을 하고 있다. 역으로 비금융 부문은 대부분 차입자다. 2008년에는 GDP 대비 234%에 달하는 총 차입을 실행했고, 42%를 대부했다. 따라서 순 차입은 GDP 대비 192%에 이른다.

대체로 은행과 별개의 기관들, 즉 민간 발행자의 증권화를 위한 특수 목적 회사special-purpose vehicle와 같은 진정으로 자율적인 법인들 ─ 그곳의 자산은 독립체들이 설립될 때 공동 출자된다 ─ 이나 GSE 및 에이전시들(증권화나 회사vehicle 같은 개념은 〈상자 7.1〉에서 정의했다)에서 차입이 증가했고, 이는 금융 부문 전체의 차입 증가로 이어졌다. 거대한 양의 자산 및 대부 또는 증권이 이런 법인들로 이전되었고, 새로운 증권 발행을 통해 자금이 조달되었다. 잘 알려진 바대로 민간 자체 발행자들에 의한 증권화는 위기 발생의 결정적 요소였다(이에 대해서는 제6부에서 분석할 것이다).

그 정확한 절차가 무엇이든 간에, 신자유주의 기간 동안 금융 부문이 주요 차입자로 떠올랐다는 점을 확인할 수 있다. 2008년과 1950년대 형세의 차이는 분명하다. 2008년에 금융 부문의 총 차입은 가계와 정부의 총 차입을 더한 것의 76%를 차지하며, 가계와 정부의 총 차입 각각보다 크다.

| 상자 7.1 | 증권화와 자산유동화증권의 발행

원래 "증권화"라는 말은 대출(금융 기업 자산 내)을 증권으로 전환하는 것을 일컫기 위해 만들어졌다. 이는 대출 취급자가 투자자에게 이런 대출을 판매할 수 있도록 하는 절차다. 그런 증권을 자산유동화증권(ABS)이라 부른다.

대출의 상당량이 특별 법인(entity)인 '기구'(vehicle)●(새로운 독립체[entity]로서 별개의 법인이다)에 모여들고, 그에 상응해 증권(채권)이 발행되며 투자자에게 팔려 나간다. 대출은 채권의 '담보'다. 채권 판매로 얻은 돈은 원래 대출 보유자에게 간다.

새로운 법인이 설립되면, 대출의 상환과 그에 동반되는 이자 지불은 발행된 증권을 보유하고 있는 사람의 이익으로 이전된다. 이런 것을 "이전"(pass-through)이라고 부른다. "자산유동화"(asset-backed)라는 말로 설명될 수 있는 증권화는 신규 증권을 이용하는 과정에서 발생하는 책임이 대출 취급자에게도 없고, 증권을 발행한 회사에도 없다는 점이 특징이다. ABS 보유자는 대출의 "소유자"로 간주된다. 만약 채무 불이행으로 인해 손실이 발생하면, 그와 같은 손실은 신규 증권 보유자가 감수하는 것이지 취급자 또는 일시적 중개자로 행동한 발행자가 감수해야 하는 것은 아니다.

이런 메커니즘의 두 가지 측면은 자금조달과 위험의 이전이다. 한편으로 은행과 같은 기관에게 증권화는 자금을 보충할 수 있는 강력한 메커니즘이다. 이는 대출 취급자의 대차대조표상의 기본적 금융 비율을 개선하는 데 쓰일 수 있다. 다른 한편으로 이런 절차는 특정 범주의 자산을 보유함으로써 발생할 수 있는 위험을 이전시키는 강력한 수단이다.

이런 수단이 너무 효율적이어서 ABS가 이미 존재하고 있는 증권을 기초로 해서 발행되기도 했다("증권화"라는 말을 쓰기가 애매한 상황). 동일한 방식으로 신규 법인에 내에 ABS가 모여들었으며, 새로운 증권이 동일한 절차를 통해 발행되었다. 따라서 ABS는 대출뿐만 아니라 이미 존재하고 있는 ABS와 같은 증권에 기초해 발행되었던 것이다!

GSE나 지니메이 또는 민간 ABS 발행자 모두 증권화를 수행했다.

● [옮긴이] 구조화투자회사(SIV)를 뜻한다. vehicle이 SIV와 같이 쓰일 때는 '회사'라고 번역했다.

콘듀잇, 구조화투자회사SIV, 자산유동화기업어음ABCP

상업어음 콘듀잇과 SIV는 장부 외 회사OBSE의 주요한 두 가지 사례다(그리고 이번 위기에 영향 받았기 때문에 [과거에] "그렇기도 했다")(〈상자 9.3〉). 이것들은 더 단기적인 증권을 통해 장기 자산의 자금을 조달하는 공통적인 측면을 가지고 있다. 그것들은 상업어음과 같이 그들이 발행한 '단기 증권과 중기 채권Medium-Term Note, MTN'[8] 및 구입 장기 자산 사이(대체로 증권화의 산물인)의 수익 차이를 통해 이익을 얻는다. 이는 잠재적으로 수익성이 매우 높은 활동이지만, 또한 레버리지가 극도로 높고 위험하다. 그리고 이는 은행이 장부 외에서 그것을 발전시키는 이유이기도 하다. 금융 부문의 많은 차입은 바로 이로부터 기인한다.

상업 어음 콘듀잇은, 그 이름에서 나타나듯, 그 기본적인 성격이 상업 어음을 발행하는 데 있으며, 이를 통해 자금을 100% 조달한다. 반면 SIV는 상업어음과 MTN을 통해 자금을 대부분 조달한다. SIV는 좀 더 긴 만기를 갖는 기업 채권과 그보다는 더 낮게 평가되는 구조화 신용 파생 상품structured credit products — 전통적인 장기성 자산인 ABS 및 부채담보부증권CDO과 같은 — 에 투자한다.[9] 2007년에 미국의 콘듀잇 총 재무제표

8_[옮긴이] 은행 지주회사가 발행하는 270일보다 길고, 대체로 30년 이하의 증권이며, 대개 만기 5~10년 사이에 돌아온다.

9_피치(Fitch)와 같은 신용평가사의 SIV에 대한 연구를 통해 SIV의 기본적 특징들에 대한 정보를 얻을 수 있다(S. Bund & G. Moore & K. Vladimirova, "Rating Performances of Structured Investment Vehicles(SIVs) in Times of Diminishing Liquidity for Assets and Liabilities," Structured Credit Special Report [New York and London: Derivative Fitch, September 20, 2007]). 피치가 평가한 SIV들은 가중 평균 보유 기간이 0.71년 정도 되는 상업어음을 통해 29%, MTN을 통해서는 62%의 자금을 조달했다. 그들의 증권 보유 기간은 가중 평균 3.62년 정도 되었다.

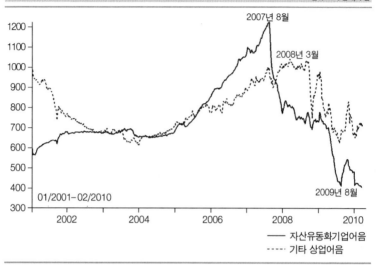

| 그림 7.2 | 미국 기발행 상업어음

단위: 10억 달러, 주간

2007년 8월

2008년 3월

01/2001–02/2010

2009년 8월

——— 자산유동화기업어음

----- 기타 상업어음

total balance sheet는 1조4천억 달러에 달했고, 세계 전체 SIV의 경우에는 그 것이 4천억 달러에 이르렀다.[10]

ABCP의 발행은 콘듀잇 자금조달의 주요 원천이며, 특히 2000년 이 후, 좀 더 구체적으로는 2005년 이후에 나타난 스펙터클한 금융적 폭발을 설명해 주는 사례이기도 하다. 이는 〈그림 7.2〉에 나와 있는데, 첫 번째 변수(——)가 바로 ABCP 스톡을 나타낸다. 2004년 말에 미결재 ABCP 는 6,890억 달러에 달했다. 2007년 8월 두 번째 주, 1조2,260억 달러로 절정에 달했던 것이, 2008년 7,340억까지 떨어지고 2009년 8월에는

10_International Monetary Fund, Global Financial Stability Report, *Market Developments and Issues* (Washington, D. C.: IMF, April 2008), 69.

4,160억 달러까지 내렸다. 두 번째 변수(.....)는 유동성을 확보하기 위해 대기업들이 활용한 ABCP 이외의 상업어음 스톡을 보여 주고 있다. 그것 또한 조금은 덜한 범위에서 금융 호황의 일부였다. 2008년 3월에 절정에 달했다(위기의 후반 국면에서 하락하기 시작했고, 원인이라기보다는 결과라 할 수 있다).

레버리지 효과와 차입매수LBO

어떻게 금융 기업들은 위기 이전에 15% 또는 그 이상의 수익을 주장할 수 있었을까? 그렇게 할 수 있었던 것은 예금과 차입을 통해 기업들이 자기자본 이외의 자금을 활용할 수 있었기 때문이었다. 파생상품시장의 운영 또는 주가의 급격한 상승과 같은 경우를 제외한다면, 그 같은 수준의 본원 수익을 올릴 수 있는 금융 운용 방식은 없었다. 그러나 그런 활동이 좀 더 낮은 수익성을 갖는 다른 투자 활동(전형적으로 채권)으로부터 자금을 조달할 때, 자기자본 대비 이윤율은 더 높은 수준에 도달할 것이다.[11] 레버리지 효과는 '수익성 승수'로서 이해되어야만 하는데, 이는 자본주의의 전통적인 기능 양식이다(기업은 이윤율보다 낮은 이자율 비용에서 자금을 차입한다). 하지만 레버리지 효과는 금융 부문에서 또는 비금융 부문의 금융 운용 과정에서 주목할 만한 수준에 도달할 수 있다.

  LBO는 훨씬 더 주목할 필요가 있는 금융 활동 가운데 하나다. 어떤

11_[옮긴이] 타인의 자본(채권 발행이나 차입과 같은 채무)을 통해 자기자본의 수익률을 상승시킨다. 대개 기업이 자신의 이윤율보다 낮은 수준의 이자율에서 차입을 하기 때문에 이런 경우, 수익성 효과를 발생시킬 수 있다.

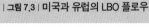
| 그림 7.3 | 미국과 유럽의 LBO 플로우

단위: 10억 달러, 연간

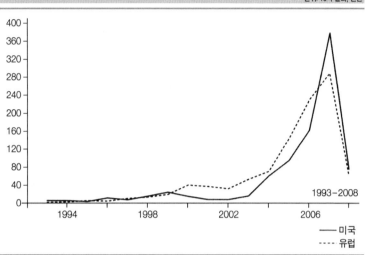

기업이 인수되어 구조조정을 거쳐 다양한 부분으로 분해되어 팔린다. 대체로, 사모투자전문회사(스폰서)가 회사를 산다. 이들은 자신이 구입하기로 한 기업의 자산을 담보로 활용해, 상당한 규모의 자금을 차입하고, 이를 통해 기업 인수에 필요한 자금을 조달한다. 대체로 전체 자금조달 가운데 50~80%가량을 채무가 차지하고 있으며, 어떤 경우에는 100%에 이르기도 한다(관리자매수MBO는 [그 회사의 현직] 관리자가 스폰서가 되는 특별한 경우다). 이런 일이 발생하는 이유는 명백하다. 만약 매수가 성공한다면, 다시 말해 구입한 기업이 구조조정 이후에 더 높은 가격으로 팔린다면 엄청난 수익이 떨어질 것이다. 하지만 LBO 역사를 보면, 숱한 실패들이 존재하기도 한다.

　　LBO는 2000년 이후 난폭한 금융화 과정의 또 다른 전형적인 구성요소다. 이는 〈그림 7.3〉에 선명하게 나타나 있는데, 미국과 유럽에서

LBO가 증가했음을 보여 주고 있다. 2003년 이전에 미국에서 LBO(──)는 120억 달러 주위(1993~2003년의 연평균)에서 변동했는데, 2007년에는 3,800억 달러로 절정에 도달했다. 이는 30배 이상으로 늘어난 것이었다. 또한 유럽에서 비슷한 유형이 관찰되는데(----) 2007년 2,900억 달러에 이르렀다.

파생상품

최근에 이루어진 것이지만 상당한 수준의 또 다른 거대한 발전이 파생상품시장에서 이루어졌다. 이것은 매우 수지맞는 장사이기도 하지만, 금융 활동의 가장 위험한 영역 가운데 하나이기도 하다. 파생상품시장은 금융운용의 가장 폭발적인 요소로 간주할 수 있는데(〈상자 7.2〉), 이는 위기 기간 동안 그것들 중 몇몇의 금융적 붕괴로 인해 확증되었다.

파생상품이란 미리 규정된 결과에 따라 어떤 미래 시점에서 한 계약자에게 유리한 보수가 발생할 것으로 예상하고 맺는 금융 계약이다. 그와 같은 결과들은 전형적으로 주식시장의 주가, 상품 가격, 통화의 환율, 대출 이자 및 채무불이행 등과 관련해 나타난다. 파생상품은 보험, 즉 불리한 결과에 대한 보호(헤징) 수단으로 활용될 수 있다. 예를 들자면, 그 불리한 결과는 대출에 대한 채무불이행이 있거나 당사자들 중 하나가 어떤 시점에서 사고자 하는 상품 가격이 상승했을 때를 말한다. 그것들은 실제적인 금융 서비스를 제공하지만 투기 수단을 제공하기도 한다. 그것들은 상당한 양의 차입금과 연관되어 있고, 커다란 수준의 불확실성과 연루되어 있다(예를 들어, 보유하지도 않은 증권의 부도에 대한 보증이 있을 수 있다).

유명한 억만장자 워렌 버핏(Warren Buffet)은 2002년 파생상품에 대해 다음과 같은 증언을 남겼다.

> [찰리와 나는 파생상품을 그것을 다루는 당사자들이나 경제 체계 모두에 시한폭탄이라고 보고 있다. …… 계약이 이루어지기 이전에, 거래 상대방은 실질적인 돈의 이전이 없더라도 그들의 경상 수익 장부에 수익과 손실 ― 종종 상당량의 ― 을 기록한다. 파생상품을 거래하는 사람들은 항상 시가 회계●로 계산된 '이익'을 전체 또는 부분적으로 지불받는다.

> 파생상품의 두 번째 문제는, 기업들이 전적으로 서로 무관한 이유들로 겪고 있는 문제들을 악화시킬 수 있다는 점이다. 이런 누적적 효과는, 상당수의 파생상품 계약들이 신용 등급이 하락하고 있는 회사에 거래 상대방에게 직접적으로 담보를 제공하도록 요구하고 있기 때문에 발생한다. 일반적인 곤란으로 인해 신용 등급이 하락한 회사에 대해 현금 담보를 불시에 그리고 막대하게 요구하는 동시에, 파생상품들에 붙어 있는 요구조건들의 즉각적 실행이 요구된다고 상상해 보자. 회사는 이런 요구를 만족시키기 위해 유동성 위기에 빠지게 되고, 어떤 경우에는 등급이 더욱 하락할 것이다. 이 모든 것이 기업의 붕괴로 이어지는 악순환이 될 것이다.●●

● '시가'(mark to market)라는 의미는 자산 가치가 시장에서의 현재 가치로 측정되는 것이다.
●● Berkshire Hathaway Report (Omaha, Neb.: Berkshire Hathaway, Inc., 2002), 13과 14, www.berkshirehathaway.com/2002ar/2002ar.pdf.

그런 막대한 양의 거래가 장외거래OTC로 이루어진다. 그와 같은 장외거래는 두 참여자들 사이에서 중개 없이 직접적으로 거래되며, 규제되지도 않는다. 거래의 나머지 부분은 상품거래소(미국, 특히 시카고 상품거래소Chicago Board of Trade나 유럽 또는 한국 등)에서 이루어지며 당사자들 가운데 한쪽의 위탁을 승인하고 다른 이의 위험이 제한되도록 하기 위한 예금을 의미하는 거래 증거금margin requirement에 종속되어 있다.

기발행 잔존(명목) 가치Notional (or face) amounts outstanding는 지급액(예를 들어, 대출의 가치)을 계산하는 데 활용되는 명목 가치다.[12] 대부분의 경우, 계약자들 사이에서 발생하는 위험은 상당히 낮다. 물론 여전히 매우 높은 수준이긴 하지만 말이다. 총 시장가치를 통해, 위험 발생에 대해 더 잘 (그리고 양적으로 훨씬 더 적은) 평가할 수 있다. 시장가치는 주어진 시기에 모든 계약자들이 현재의 시장 가격 및 위험에 따라 청산된다는 가정하에서 계산되고 있다. 따라서 그렇게 결정된 양은 위험에 대한 현재적 평가가 주어진 한에서, 평균적인 기대 가치 보상이다.[13]

대체로 파생상품은 새로운 것은 아니지만,[14] 신자유주의 기간 동안 파생상품과 관련된 총량은 어마어마하게, 그리고 그 잔존 가치는 극적으로 증가했다. 장외거래 파생상품의 글로벌 잔존 가치는 2005년 이후에 놀라운 수준에 도달했다. 전 세계적으로 1998년 6월 72조 달러에서 2008년 6월 684조 달러까지 급상승했다. 2008년 6월 458조 달러에 도

12_좀 더 정확히 말해, 그런 양은 스와프와 기타 리스크 관리 상품들에 대해 이루어진 지급액을 계산하는 데 쓰인다. 일반적으로 이런 양은 변화하지 않기 때문에 잔존(notional) 양이라고 일컫는다.

13_[옮긴이] 여기서 총 시상가치는 총 평가손익(gross positive and negative market balues)과 동일한 의미다. 본문의 설명과 마찬가지로 외환 및 장외 파생상품 계약 잔액을 조사 시점의 시장가격으로 평가한 평가익과 손실 규모의 합계다. 한국은행, "BIS의 「세계외환 및 장외 파생상품시장조사」 결과(2010년 6월 말 잔액 기준," 공보 2010-11-9호.

14_농산물 가격 변동에 대비하기 위해 19세기 중반 시카고에서 만들어졌다.

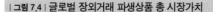

| 그림 7.4 | 글로벌 장외거래 파생상품 총 시장가치

단위: 1조 달러, 반년간

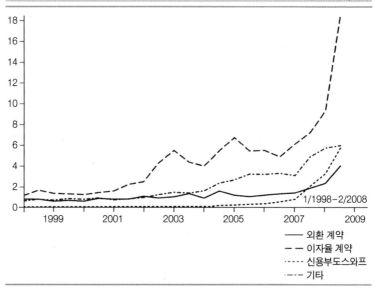

1/1998-2/2008

—— 외환 계약
-- 이자율 계약
···· 신용부도스와프
-·- 기타

달한 이자율 계약이 주를 이루고 있다. 이번 위기 분석을 위해서는 신용
부도스와프CDS에 대해 알 필요가 있다. CDS는 1990년대 중반 나타나서
58조 달러 정도로 성장했다. 이자율 계약보다는 여덟 배 정도 작은 수준
이다.

2000년 이후 장외거래 파생상품이 증가했을 뿐만 아니라, 거래소 내
의 파생상품 거래도 증가했다. 그런 파생상품의 잔존 가치는 1990년 약
2조 달러 수준에서 2000년에는 14조 달러로, 절정에 도달했던 2007년
에는 100조 달러에 약간 못 미치는 수준까지 도달했다.

전 세계적인 총 계약의 총 시장가치는 2008년 6월에 20조 달러(2008
년 12월에는 32조 달러)에 도달해 잔존 가치보다 34배 정도 작았지만, 미국

GDP보다 많은 수준이었다. 주요 구성 부분은 여전히 2008년 6월에 절반 약간 아래 수준에 있던 이자율 계약이다. 〈그림 7.4〉는 최초의 가속화 과정이 나타난 2002년 이후 파생상품 계약의 급격한 증가를 명확히 보여 주고 있다. '기타' 항목에서는 증권 관련 계약보다는 상품 계약에서 성장이 두드러지게 나타난다.

이전 다른 수단들과 동일한 진단을 내릴 수 있다. (1) 신자유주의 기간의 성장, (2) 2000년 이후의 폭발적 성장, (3) 2000년대 말 최종적 상승.

8

자유무역과 2000년 이후
글로벌 금융 호황

이번 장에서는 밀접하게 상호 연관된 추이들이 결합되어 있는 신자유주의적 세계화의 주요 측면들을 다시 제기하면서 이와 관련된 증거를 제시한다. 자유무역과 자본의 자유로운 국제적 이동성, 금융기관 및 메커니즘의 세계화, 외환 거래 등이 네 가지 주요 구성 요소다. 이번 위기의 기본적인 결정 요소 가운데 하나이자, 1990년 중반, 특히 2000년 이래로 진행된 실물적이고 금융적인 세계화의 급격한 가속화에 주목할 것이다. 이전 장에서도 동일한 가속화가 관찰되었다.

이 장에서는 가능한 한 글로벌 경제의 관점을 취한다. [하지만] 세계화 과정에서 미국이 처한 구체적인 상황은 물론, 일관적인 글로벌 데이터의 부족으로, 미국 경제가 특권적 사례로 활용됨에 따라 미국 경제에 주요 강조점이 두어졌다.

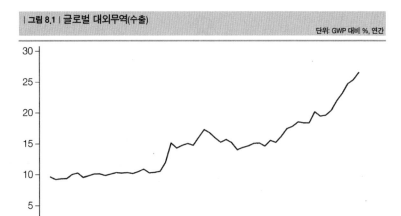

| 그림 8.1 | 글로벌 대외무역(수출)

단위: GWP 대비 %, 연간

1952-2008

자유무역과 해외직접투자

신자유주의의 첫 번째 특징은 대외무역의 팽창이다. 대외무역의 팽창은
제2차 세계대전 이후 '관세와 무역에 관한 일반협정'GATT을 바탕으로 한
협상[1]과 1995년부터는 WTO의 쌍무적 협정 및 유럽 내의 자유무역 지
대의 수립을 통해 점진적으로 이루어졌다.

제2차 세계대전과 신자유주의 이후 최초 몇십 년간의 차이는 명확하
다. 〈그림 8.1〉은 세계총생산GWP 대비 상품 수출(무역이 전 지구적으로 균
형을 이루기 때문에 수입이라고 해도 된다) 비중을 나타내고 있다. 제1차 오
일쇼크 이전에는 대외무역이 GWP 대비 10%보다 약간 큰 정도를 차지

1_특히 1986~94년 우루과이라운드 내에서 이루어졌다.

| 그림 8.2 | 글로벌 해외직접투자

단위: GWP 대비 %, 연간

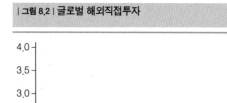

1970-2008

했다. 이 지점에서 변수는 상대가격의 갑작스러운 변동(특히 원유 가격)에 영향을 받았다. 이런 단절 이후, 대외무역의 상승 기조는 점진적으로 지배적이 되었으며, 1990년대 중반까지 적당한 정도를 유지하고 있었다. 그에 뒤이어 두 단계의 주요한 가속화 계기가 발견되는데, 1990년대 중반 이후의 첫 번째 단계와 2000년대 이후의 단계가 그러하다. 2008년에는 26.5% 수준에 도달한다.

해외직접투자는 국제무역보다 약간 적은 GWP 대비 비중을 나타내고 있다. 〈그림 8.2〉를 통해 알 수 있듯이, 국제무역과 마찬가지로 최근에 급격한 가속화가 나타났다. 1980년대까지 전 세계적인 해외직접투자의 비중은 GWP 대비 0.5% 수준에서 변동했다. 그 후에는 신자유주의로 대표되는 가파른 추이가 나타났고, 2007년에는 3.9%에 달했다. 역사적 추이를 통해 충분히 확인할 수 있듯이, 1990년대 후반 나타난 DIA의 엄청난 급증을 빼놓을 수는 없다. 이런 움직임은 정보 기술의 호황과 연관시켜 설명해야만 한다.

수입 및 수출과 DIA의 주요한 차이는 DIA의 경우 그것이 축적된다는 사실이다. 이런 누적적 효과는 엄청나다. 2007년 DIA 스톡은 GWP의 29%에 도달했고, 글로벌 증권시장 자본 가치의 25%를 차지했다.[2]

세계화 속의 미국 경제

미국은 글로벌 자본주의의 주인공이다. 이번 절에서는 미국의 관점에서 세계화의 두 측면을 다룰 것이다. (1) 자본소득의 국제적 유출입, (2) 미국 신규 발행 증권 구매 과정에서 두드러지고 있는 자금조달 통로의 세계화.

전 세계적으로 나타나는 해외 국가들에 대한 직간접적 투자의 증가는 그 자체로 그런 투자에서 파생된 글로벌 소득의 동시적 증가로 나타난다(다른 국가들로부터의 영업 이윤 — 이는 두 가지 구성 요소를 갖는데, 초민족 기업의 계열회사 내에서 발생한 해외 유보 이윤과 미국의 모회사에 대해 계열회사가 지불한 이자 및 배당 — 과 기타 자본소득). 〈그림 8.3〉의 첫 번째 변수(──)는 미국의 DIA에 의해 창조되어 여타 다른 국가들로부터 미국으로 유입되는 영업 이윤(미국 GDP 대비)을 나타낸다. 우리는 이 변수가 1980년대보다 신자유주의 이전 기간에 훨씬 급속하게 증가되었음을 볼

2_G. Duménil & D. Lévy, Additional materials (2010), 〈그림 M1,2〉, www.jourdan.ens.fr/levy/dle2010b.htm을 참조.

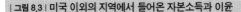

| 그림 8.3 | 미국 이외의 지역에서 들어온 자본소득과 이윤

단위: 미국 GDP 대비 %, 연간

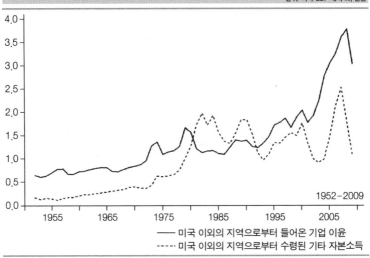

—— 미국 이외의 지역으로부터 들어온 기업 이윤
---- 미국 이외의 지역으로부터 수령된 기타 자본소득

수 있다. 하지만 새로운 추이가 1990년대 이후 확실하게 나타난다. 마지막 단계, 즉 2000년 이후의 상승 추이는 특히 가파르다(2008년도의 3.8%). 두 번째 변수(----)는 해외투자(예금, 대출 및 증권에 대한 포트폴리오 투자)를 보여 주고 있다. 신자유주의의 수립과 함께 발생한 단절은 엄청난데, 그것은 이자율이 급격히 상승한 결과다. 우리는 마지막 부분에서 2001년의 침체 효과와 그로부터 나타난 가파른 성장, 즉 그 기간 동안 일어난 금융 메커니즘의 가속화를 확인할 수 있다(해외 자금조달에 대한 의존성이 증가함에 따라 미국은 대칭적으로 여타 다른 국가들에게 금융적 소득을 지급했다).

명백히 미국 경제가 여타 다른 국가들로부터 금융적 소득과 이윤을 전용하는 유일한 행위자는 아니다. 영국은 이런 점에서 미국을 훨씬 앞서 있다(〈상자 8.1〉).

미국의 사례를 자금조달 통로와 관련시켜 보면 미국의 대외 적자 상

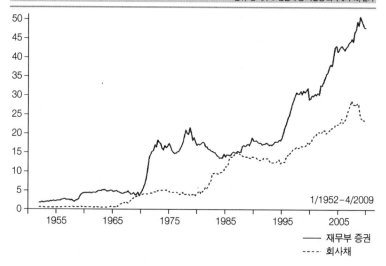

1/1952-4/2009

—— 재무부 증권
----- 회사채

주: 후반부 수십 년 동안 나타나고 있는 급격한 증가세는 미국 이외의 지역에서 이런 증권들에 대한 구매를 확대시켰다는 점을 의미하고 있다. 예를 들어, 1952년 초에는 미국 이외의 지역이 재무부 증권의 2%만을 보여주고 있었는데, 1980년 말 17%, 2009년 말에는 48%에 이르게 되었다. 회사채의 경우에는 이런 비율이 각각 0.8, 4.2, 23.7이다.

태가 적나라하게 드러난다. 새롭게 발행된 증권은 판매되고, 이는 최종적으로 해외 투자가들이 보유한다. 〈그림 8.4〉는 여타 다른 국가들이 보유하고 있는 기발행 사채와 재무부 증권의 비중을 보여 주고 있다. 1970년대 초 재무부 증권(——)의 증가는 중앙은행 달러 준비 잔액의 재무부 증권으로의 전환을 반영하고 있다. 그림을 보면 1990년대 후반기에 나타난 가파른 상승 기조를 명확히 볼 수 있다. 민간 부문에서 나온 증권 스톡량인 두 번째 변수(-----)의 증가와 관련해서 보면, 그런 증권의 24%를 여타 다른 국가들이 보유하고 있고, 1995년 이래로 가파른 상승 추이가 다시 나타남을 확인할 수 있다.

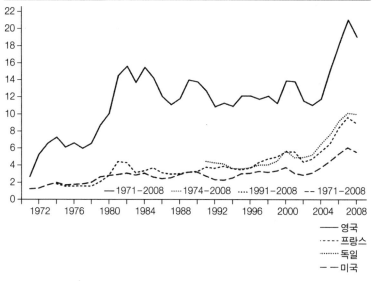

| 그림 8.5 | 각 나라 이외의 지역에서 들어온 금융 소득 플로우: 네 개의 국가

단위: 각 국가의 GDP 대비 %, 연간

─── 1971-2008   ······ 1974-2008   ⋯⋯ 1991-2008   ─ ─ 1971-2008

─── 영국
······ 프랑스
⋯⋯ 독일
─ ─ 미국

주: 미국과 관련된 변수는 〈그림 8.3〉에 있는 두 변수의 총합이다.

| 상자 8.1 | 주요 자본주의국가의 금융 세계화

〈그림 8.5〉는 네 개의 주요 자본주의국가를 대상으로, 다른 지역으로부터 유입되는 금융 소득을 GDP 대비 비율로 보여 준다. 영국이 글로벌 금융 메커니즘에서 차지하고 위치는 이 나라가 벌어들이고 있는 금융 소득의 양을 통해 금방 확인할 수 있다. 1991년과 2000년 사이에 변수의 연평균 값은 미국의 경우 3.5%, 독일 5.3%, 프랑스 5.1%이지만 영국은 무려 13.0%다.

전 세계적인 은행 활동

전 세계적인 무역과 투자의 팽창은 은행 활동 및 금융 메커니즘의 세계화가 이와 병행해 발전하지 않았다면 불가능했을 것이다. 따라서 전 세계적으로 은행이 보유하고 있는 해외 자산도 중요한 금융 세계화의 지표가 될 것이다.[3] 이런 자산은 1977년 말 GWP의 9% 정도 되던 것이 2008년 초에는 59%에 도달하게 되었다. 지난 몇 년간 급격한 가속화가 발생했으며, 이런 발전은 위기 이전의 금융의 마지막 단계와 연관되어 있다.

다른 나라에서 설립된 은행들에, 다양한 국가들의 주체(정부와 민간 기업)들이 지고 있는 증권과 총 대출을 확인하는 것은 가능하다. 다음과 같은 두 가지를 관찰할 수 있다.

1. 국제적 은행 활동은 주로 선진국들 사이의 상호적 관계 체계다. 2000~08년 사이의 연평균을 따져 보면, 확인할 수 있는 은행들의 총 자산 가운데 79%를 선진국 은행들이 보유하고 있다. 두 번째를 차지하고 있는 것이 역외 센터이고, 발전도상국들은 오직 7%만을 보유하고 있을 뿐이다.

2. [증권과 대출에서의] 매우 극적인 발전은 2004년 이래로 시작된 엄청난 증가 추이로, 이는 2000년 이후 발생한 전 세계적인 금융 메커니즘

3_국제결제은행(BIS)은 "은행 보고서"를 통해 관련 통계를 발표하고 있는데, 여기에는 글로벌 은행 시스템 내에서 이루어지는 외국 통화를 바탕으로 하거나 외국에서 이루어지는 활동들이 거의 완전한 형태로 정리되어 있다. 두 가지 기준이 사용된다. (1) 해당 지점이 세계 어디에서나 설립될 수 있는 은행의 국적, (2) 영토상 위치(예를 들어, 미국 국적을 갖는 은행 대신에 미국 영토 위에 설립된 은행). 미국 역외금융시장(IBF)이 미국의 영토 내에 위치한 '역외' 회사들이라는 점이 모호하다. 그것들은 역외로 고려된다. 일본역외시장(JOM)에 대해서도 마찬가지다[미국의 IBF들은 뉴욕에서 비거주자 거래를 위한 별개의 계정을 가지고 활동한다_옮긴이].

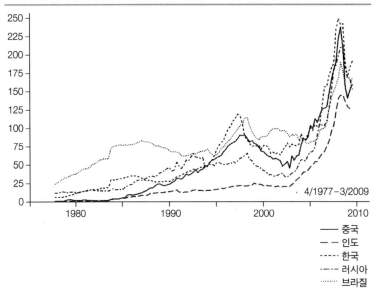

| 그림 8.6 | 외국은행에 대한 부채: 주변부 국가 다섯 개국

단위: 10억 달러, 분기

4/1977–3/2009

—— 중국
— — 인도
······· 한국
—··— 러시아
·········· 브라질

주: 각 변수는 은행들이 보유한 대출과 증권을 나타내고 있다(BIS 보고). 러시아가 지고 있는 부채는 붕괴 이전의 소비에트의 것을 포함하고 있다.

의 팽창을 보여 준다. 〈그림 8.6〉은 브라질, 러시아, 인도, 중국BRIC 등 네 나라와 한국이 외국 은행들에 지불해야만 하는 증권과 총 대출을 보여 주고 있다.

우리는 이에 덧붙여서 인도를 제외한 네 국가들 모두에서 1980년대 초부터 대출과 증권의 증가 — 한국과 브라질, 중국, 더 작은 규모이기는 하지만 러시아에서 1990년대 후반 급격한 가속화가 진행되기도 한다 — 가 일어난다는 것을 확인할 수 있다. 이런 전개가 1990년대 후반 이들 나라에서 발생한 위기와 명확히 연관되어 있음을 알 수 있다. 이후 그런 추이는 한국, 중국, 러시아에서 수년 동안 역전된다.

이 그림을 국가들의 '해외 부채'로 직접으로 해석할 수는 없다. 비은행 주체들 또한 다른 나라들에 자금을 공급하기 때문이다. 하지만 JEDH Joint External Debt Hub[4]의 자료에 따르면, 은행 자산에서 고려되고 있는 대출과 증권이 여기서 다루어지고 있는 국가들의 대외 부채량을 설명한다는 점이 분명하다. 예를 들어 브라질을 보면, 여기서 확인할 수 있는 은행들이 보유하고 있는 브라질 경제에 대한 대외 자산은 2008년 그 나라의 총 해외 포지션 가운데 83%(기업 간 DIA는 제외)에 달한다. 따라서 〈그림 8.6〉의 변수는 이 나라의 해외 부채에 대한 좋은 지표가 된다.

조세 피난처

조세 천국의 팽창과 증가는 명확히 신자유주의의 업적으로 해석될 수 있다. 이런 센터들의 첫 번째 목적은 부유한 가계나 기업들의 조세 회피이며, 두 번째 측면은 규제 완화 및 그 폐쇄성과 관련된다. 이곳에 신탁회사, 파트너십,[5] 패밀리오피스, OBSE 등이 위치하고 있다. 케이맨제도 같은 조세 천국은 헤지펀드의 땅이고, 브리티시 아일랜드[버진 아일랜드]는 부자들의 천국이다. 또한 이곳은 은행들이 CDO와 같은 더 복잡한 금융제도를 설립하는 곳이기도 하다.

조세 천국에 투자된 실제 자산과 관련한 통계는 없는데, 한 가지 흥미로운 지표가 조체 천국에서 이루어지는 외국 은행들의 활동이다. 〈그

4_BIS, IMF, OECD와 세계은행이 동시에 제공하고 있다.

5_[옮긴이] 우리의 합명회사 및 합자회사를 통칭하는 개념.

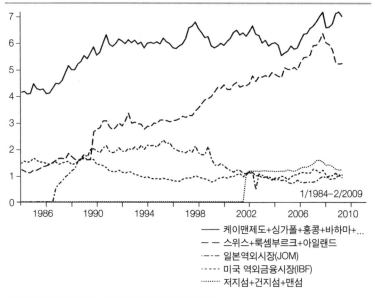

| 그림 8.7 | 조세 피난처에 있는 대외 자산: 글로벌 은행

단위: GWP에 대한 %, 분기

1/1984-2/2009

―― 케이맨제도+싱가폴+홍콩+바하마+...
‒ ‒ 스위스+룩셈부르크+아일랜드
·‒·‒ 일본역외시장(JOM)
······ 미국 역외금융시장(IBF)
········· 저지섬+건지섬+맨섬

주: 은행은 국적이 아니라 그들이 속한 조세 피난처에 의해 분류되어 있다.

림 8.7〉은 그런 센터들에 위치하고 있는 은행들의 해외 자산(GWP 대비)

성장을 보여 주고 있다. 불행하게도, 1984년 이전의 상황은 국제결재은

행BIS 자료가 적절하게 묘사하고 있지는 않다. 이런 이유로 〈그림 8.7〉은

1984년 1분기부터 시작한다.

　가장 큰 것(――)은 잘 알려진 케이맨제도와 바하마에 홍콩과 싱가포

르를 결합한 것이다. 그곳들은 1980년대 후반과 1990년대 초 엄청나게

성장했다. 유럽 국가들(‒ ‒), 즉 스위스, 룩셈부르크, 아일랜드가 있는

데, 이들은 해외 자산은 2000년대 이후 위 그룹과 거의 동일한 규모에 도

달했다. 2004년 즈음에 이 두 그룹이 급격한 성장세를 보였다는 점은 매

우 흥미로운데, 이는 명확하게 위기 이전의 금융적 팽창의 흐름과 연관되어 있다. 일본역외시장JOM(.---)은 1987년에 등장해 상당히 성장했지만, 점진적으로 상대적 중요성을 상실했다. 미국의 역외금융시장IBF(.....)은 1981년 말 연준 이사회를 통해 승인되었다. 그들이 상대적 중요성도 감소되었다. 버진 아일랜드, 저지Guernsey, 맨섬Isle of Man(.......)은 겨우 2000년 이후에야 등장한다.

자산 관리

〈표 8.1〉은 전 세계적으로 자산 관리자의 관리를 받고 있는 자산을 보여 주고 있는데, 2007년에는 74조 달러 이상으로 미국 GDP의 다섯 배 정도 되었다. 이는 전 세계 금융자산의 약 37%로 1998년 가치의 두 배가 되는 것이었다.

  신자유주의 사회가 갖고 있는 논리의 모든 측면이 여기서 나타난다. 먼저 이런 자산의 관리는 수지맞는 장사다. 수수료는 연금기금 자산의 최소 0.5%에 달한다. 뮤추얼펀드 평균 수수료는 1.3~1.5%다. 헤지펀드와 사모투자전문회사는 자산의 2%를 수수료로 요구하는데, 이는 자본수입의 20% 정도에 해당한다. 2006년에 전 지구적 규모의 수수료는 최소 4천억 달러였다(미국 금융 부문의 총 세금 전 국내 영업 이윤은 4,620억 달러였다). 두 번째, 이런 자산은 금융 부문의 수중에서 강력한 도구가 된다. 새로운 규율을 비금융 부문 관리자와 노동자들에게 부과하고, 수익이 기준에 못 미칠 경우 투자 철수의 압력을 행사한다.

  〈표 8.2〉는 전 세계 헤지펀드의 총 자산의 척도를 보여 주고 있다. 이들이 이번 위기 과정에서 상당히 중요한 역할을 했지만, 이들의 자산을

| 표 8.1 | 전통적 자산에 대한 글로벌 펀드 관리(자산 관리자의 관리를 받는 자산) ||||
			단위: 1조 달러
연도	자산	연도	자산
1998	33,4	2003	45,1
1999	40,1	2004	49,0
2000	37,7	2005	53,8
2001	38,2	2006	65,2
2002	36,0	2007	74,3

| 표 8.2 | 글로벌 헤지펀드 자산 ||||
			단위: 1조 달러
연도	자산	연도	자산
1996	0,13	2002	0,59
1997	0,21	2003	0,79
1998	0,22	2004	1,00
1999	0,32	2005	1,40
2000	0,41	2006	1,75
2001	0,56	2007	2,25

자산 관리자들이 관리하는 자산과 비교해 본다면, 작은 수준에 불과하다. 하지만 헤지펀드는 지난 12년 동안 거의 20배나 성장했고, 이 기금은 금융적 거래 활동의 노른자위를 형성하고 있다. 좀 더 구체적으로 살펴보면, 2006년 현재, 헤지펀드는 전 세계적으로 1조7,500억 달러를 관리하고 있는데, 이는 전통적인 펀드(연금기금, 뮤추얼펀드, 보험)의 전체 규모인 65조 달러, 세계 1천 대 은행의 자산 74조 달러에 비하면 미미한 수준이다. 그들은 고수익 채무의 25%, 신용 파생상품의 60%, '부실채권'과 신흥 시장 채권의 45%, 레버리지 론leveraged loan[6]의 32%를 관리하고 있다.[7]

6_[옮긴이] 사모펀드나 기업이 다른 기업을 인수할 때 피인수업체의 자산을 담보로 금융기관에서 빌리는 돈을 뜻한다.

캐리트레이드

전 세계적인 자본 유출입의 효과와 크기를 정확히 평가하기는 어렵다. 주변부 국가들에서 발생한 1990년대와 2000년대의 위기로 인해, 비교적 작은 경제의 거시적 측면을 불안정하게 만들 수 있는 자본 유출입의 역량에 주목하게 되었다. 우리는 이런 위기들에 앞서 발생한 금융 호황과 위기 그 자체를 통해, 심지어 큰 규모의 나라들에서도, 그와 같은 자본 운동이 증권시장 지표들과 환율에 미치는 영향력을 확인할 수 있다.

이와 관련된 주요한 메커니즘은 통화 캐리트레이드, 또는 줄여서 '캐리트레이드'다. 이런 용어는 이자율이 낮은 어떤 나라(그런 화폐는 "펀딩 통화"라 불린다)에서 자금을 조달해 더 높은 수익이 기대되는 다른 나라(이 나라의 화폐는 "타깃 통화"라 불린다)에 투자하는 금융적 활동의 구체적 범주를 언급할 때 쓰이곤 한다. 두 통화 사이의 환율이 명백히 그런 거래와 연관이 있으며, 환율의 변동이 어떤 중요한 역할을 한다. 투자가는 타깃 통화가 펀딩 통화에 대해 평가절상되길 기대한다. 캐리트레이드의 직접적 형태는 어떤 나라에서 돈을 차입해 다른 나라에서 그것을 빌려 주는 것이다. 그리고 이자율 차이로부터 수익을 얻는다(또는 증권을 구입해 자본수입을 기대한다).[8] 하지만 잠재적으로는 이외의 다양한 유형의 투자가 이

7_M. R. King & P. Maier, "Hedge Funds and Financial Stability: The State of the Debate" (Bank of Canada Discussion Paper, 2007-2009, September 2007).

8_기타 많은 금융 활동과 마찬가지로 캐리트레이드도 극도로 차입금에 의존(leveraged)할 수 있다. 예를 들어, 만약 투자의 10%가 증권을 통해서, 나머지 90%는 차입을 통해 이루어지고, 화폐를 2%에 차입해 5%에서 빌려 준다고 하면, 환율이 불변이라는 가정 아래서 자기자본에 대한 수익은 30%에 이른다. 낮은 이자율의 다른 나라 통화를 차입하는 목적은 더 나은 조건으로 자산을 획득하는 데 필요한 자금을 조달하려는 것일 수 있다(예를 들어, 집을 사기 위해 동유럽

루어질 수 있다.

2000년 이후에는 스위스 프랑과, 좀 더 광범위하게는, 일본의 엔화가 펀딩 통화의 구실을 했다. 오스트레일리아 달러와 뉴질랜드 달러, 파운드스털링, 브라질의 헤알real, 남아프리카의 란드rand는 대체로 타깃 통화였다. 하지만 미국 달러 또한 타깃 통화가 되기도 한다.

캐리트레이드와 관련해 이용할 수 있는 통계는 없다. 하지만 한해 수조 달러에 달하는 만큼 높은 평가액이 자주 언급된다. 캐리트레이드의 효과는 위기 이전 금융 호황기(9장)뿐만 아니라 위기 기간에도 명확히 드러난다. 위기가 2008년 마지막 달 새로운 국면에 접어들자 환율, 특히 엔에 우호적인 환율 변동이 있었고, 투자가들, 즉 특히 헤지펀드는 자신들의 캐리트레이드를 보호하기 위해 펀딩 통화로 다시 몰려들었다(20장).

통화 거래

그 규모를 측정하기는 어려운 캐리트레이드와는 달리, 통화 거래량은 자주 언급되곤 하는데, 이와 관련해 BIS가 신뢰할 만한 자료를 가지고 있다. 2007년 현물환 일일 거래량은 1조 달러 이상이었다(전 세계 금융자산 양이 2006년 167조 달러임을 상기하자. 〈표 7.1〉).

〈표 8.3〉의 자료들은 1989년에 시작되기 때문에, 신자유주의가 초기부터 거래량에 미친 효과를 평가하기는 불가능하다. 그럼에도 불구하고, 1989년과 2007년 사이 외환 거래의 유출입은 약 5.4배 증가했고, 선

가계가 스위스에서 차입하는). 하지만 환율과 관계된 위험이 존재한다.

| 표 8.3 | 외환시장: 일일 거래량

단위: 1조 달러

	1989년	1992년	1995년	1998년	2001년	2004년	2007년
현물환 거래	350	394	494	568	386	621	1,005
미결재 선물환 거래	240	58	97	128	130	208	362
외환스와프	–	324	546	734	656	944	1,714
보고된 추정 오차	0	43	53	61	28	107	129
총 거래량	590	820	1,190	1,490	1,200	1,880	3,210

주: 1989년에는 선물환과 스와프가 분리될 수 없다.

물이나 스와프는 거의 9배 증가했으며, 이를 통해 금융 메커니즘의 세계
화를 선도했다. 통화 거래의 윤곽은 위기 이전 10년 동안 있었던 국제적
금융 메커니즘의 폭발과 공명한다.

9

취약하고 통제 불가능한 구조

앞의 두 장에서의 분석을 통해 우리는 때때로 매우 짧은 기간에 벌어진 금융 및 글로벌 메커니즘의 엄청난 확장과 신자유주의 및 신자유주의적 세계화가 그것이 가장 만개된 구조 속에서 어떤 결과를 초래했는지에 대해 지적했다. 모든 장벽 — 규제는 물론이고, 나라들 사이의 경계까지 — 이 폐지되었다. 세계적 규모의 자유무역과 자본의 자유로운 국제적 이동이라는 거침없는 동역학으로 인해 기본적인 경제적 메커니즘은 완전히 변화할 수밖에 없었다. 거시 정책은 안정화 능력을 상실했다. 2000년 이후 나타난 팽창의 마지막 기간은 극도로 취약하고 통제 불가능한 구조를 만드는 마지막 기간으로 특징지을 수 있다.

무제한적인 고소득의 추구
신자유주의가 시행된 수십 년 동안 발생한 금융 메커니즘의 팽창 및 세계화의 뿌리는 높은 이윤 추구와 좀 더 일반적으로 고소득 추구다(이것이 〈도표 2.1〉의 화살표 A가 표현하고 있는 것이다). 특히 위기 이전 10년 동안의 금융적 확장을 이끌었던 것은 상위 계급의 가장 발전된 분파와 최첨단 금융기관들이었다. 자본 소유자, 최상위 관리자, 그리고 금융 관리자들은 금융 기업, 비금융 기업 및 사모투자전문회사에 모여 있다. 이들은 고소득의 추구를 극단까지 밀어붙였다.

그 목적에 비추어 볼 때, 이와 같은 노력들은 위기 이전까지만 해도 매우 성공적이었다. 그 성과에 대해서는 제2부와 제3부에서 잘 제시되어 있기에 여기서 굳이 반복할 필요는 없을 것이다. 상위 소득 계층의 소득은 신자유주의 기간 동안 극적으로 증가했다. 이윤과 금융 법인 주가의 상승으로부터 엄청난 수입이 밀려들어 왔다. 그럼에도, 고수익에 대한 헤지펀드 관리자들 스스로의 자화자찬식 말을 듣는 것 이외에, 사모투자전문회사 및 헤지펀드와 같은 고립된 세계에서 어느 정도의 수익을 실제로 달성했는지 알 수 없다.

하지만 금융화 및 세계화를 고소득의 추구로 해석하는 것과 그 결과에 대한 관찰 사이에는 일정한 거리가 존재한다. 이런 소수 — 기업, 정부, 국제기구 등 — 가 달성하려고 힘쓰던 것이 신자유주의가 소수에게 이익을 주려고 행했던 것과 과연 일치하느냐는 점이 신자유주의를 계급적으로 해석 과정에서 중요하다. 그와 같은 성과는 규제, 특히 금융에 대한 규제, 국제무역 및 자본 이동에 대한 제한이 억제되지 않았더라면 불가능했을 것이다. 자유 시장 이데올로기를 광신하는 이들을 제외한다면, 그런 논리가 비상식적인 수준까지 뻗어 나갔음이 위기를 통해 증명되었고, 이에 대해서는 대부분의 분석가들 역시 지금은 동의하고 있다.

요약해 보면, 목표는 고소득 추구였고, 주체는 금융 관리자들이었으

좌파 경제학자들 가운데 금융화의 '원인'을 비금융 기업 또는 가계의 과잉 저축 때문으로 해석하는 이들이 있다.

가계와 관련해, 상위 소득 계층으로의 소득 집중이 두드러지며, 이런 사회적 범주에서 축적된 거대한 양의 저축이 금융 메커니즘을 자극하고, 그에 필요한 자금을 공급했다는 것이다. 이는 저축이 비금융 부문에서 투자 기회를 얻지 못한다는 가정에 기초하고 있다.•

이런 사회집단들의 저축률이 신자유주의 기간 동안 실제로는 하락했기 때문에 이렇게 해석하기는 곤란하다.•• 실제로 비금융 기업들이 더는 제공하지 않는 투자 기회를 찾는 소득 따위는 없었으며, 부유한 가계들은 더 많은 지출을 위해 차입을 했다. 이런 경우, 비금융 기업에게 금융화는 이윤율의 회복과 침체된 축적률 사이의 분기의 '결과'로 해석될 수 있다. 이 점에서, 금융화는 다시 과잉 저축의 표현으로 보일 수 있다. 그러나 위와 동일한 이유로 이렇게 해석하기는 곤란하다. 경제 전반을 보면 기업이 이자와 배당으로 지불한 이윤은 소비와 주택 투자를 위한 자금으로 조달되었고, 미국 전체의 저축률은 마이너스였다.

2000년 이후 금융 메커니즘의 극적인 팽창이 보여 준 새로운 특징 — 파생상품, 콘듀잇, SIV, 캐리트레이드, LBO — 가운데 그 어느 것도 투자 기회를 절박하게 찾고 있는 과잉 저축을 표현하고 있지는 않다. 그와는 다르게 그런 것들은 고소득 추구를 표현하고 있다. 채무에 극도로 의존했으며, 저축 흐름에도 잠재적으로 의존하는, 과대한 자금조달의 극적 확대를 표현하는 것이었다.

• 프랑스의 대안 세계화 그룹인 ATTAC의 해석이다. "투자되지 못한 이윤량의 증가는 금융 소득으로 분배되었다. 그리고 이것이 금융화 과정의 원천이다. 이윤율과 투자율 간의 괴리는 금융화가 도달한 정도를 보여 주는 좋은 지표다." J. M. Harribey & D. Phlion, *Sortir de la crise globale: Vers un monde solidaire et écologique* (Paris: La Découverte, 2009). 이윤율 추세와 관련된 가정이 다르기는 하지만, 이런 해석은 이매뉴얼 월러스틴 및 조반니 아리기의 해석과 일정한 관계가 있다. 그들은 상대적으로 강력한 축적 국면(장기파동의 A 국면)이 과잉 축적 상황으로 이어지고 이에 따라 이윤율이 하락한다고 이야기한다. 그 후 자본가계급들은 금융화의 원천이 되는 금융 메커니즘에 대한 투자를 통해 불리한 추세를 극복하려고 한다. 이에 대해서는 아리기의 마지막 책, *Adam Smith in Beijing: Lineages of the Twenty-first Century* (London: Verso, 2009), 제3장의 요약을 참고할 수 있다.

•• D. Maki & M. Oalumbo, "Disentangling the Wealth Effect: A Cohort Analysis of Household Saving in the 1990s" (Working paper, Washington, D. C.: Federal Reserve, 2001).

며, 금융 혁신 및 금융 세계화와 결합된 금융화가 주요 수단이었고, 그 결과는 취약한 금융 구조였다. 물론 다른 해석도 있다. 예를 들어, 과잉 저축을 통해 금융화를 설명할 수 있다는 것이다(〈상자 9.1〉).

가공적 이익과 실질소득

신자유주의 역사의 정점에서, 우리는 한계에 도달하는 것과 한계를 넘어서는 것 사이의 미묘한 이행을 관찰할 수 있는데, 우리는 이를 "성과와 가공성의 변증법"이라 부를 수 있다. 금융 부분의 이윤은 진짜 이윤인가? 무엇을 기반으로 상위 임금 소득자 계층은 엄청난 수익을 올렸나? 그 정체를 확인하기는 매우 어렵다. 하지만 미국 금융 부문에 대한 분석은 적어도 1990년 후반부터, 그리고 2000년 이후의 극적인 팽창과 더불어 가공성으로의 심각한 경도가 있었음을 보여 주고 있다.

4장에서 금융 부문 내의 이윤율에 대한 척도(〈그림 4.6〉과 〈그림 4.7〉)는 위기 이전 금융 부문에 지배적이었던 도취감의 명확한 이미지를 보여 주고 있다. 〈그림 4.7〉의 첫 번째 변수(──)는 [FDIC에 의해] 보증되는 은행들의 계정에 직접적으로 기초하고 있다. 2007년까지 이 부문의 ROE는 급격히 하락하기 이전 10년 동안의 표준적 값인 거의 15%에 가까운 12%임을 확인할 수 있다. 2006년 스위스 거대 은행인 UBS는 ROE를 23.6%로 발표했지만, 그 후 예외 없이 막대한 손실을 입었다.

이런 일이 어떻게 가능했을까? 회계를 변조하고 손실 또는 이익을 위장하기 위해 금융기관의 일부를 외부화 — 장부 외 또는 자주 역외 — 하는 과정이 있었다는 것이 하나의 주요한 측면이다. 장부의 가공적 성격을 나타내는 또 다른 유명한 요소가 시가 회계mark to market accounting다. 법인의 회계에서 증권은 판매되었을 때를 가정해 현재 주식 가치로 기록된다. 만약 CDO의 사례에서처럼 그런 시장이 없다면, 모형에 의한 가격 설정mark to model이라든지 다른 지표에 의해 대체될 수 있다[전통적인 회계 과정에서 증권은 필요하다면 잠재적인 가치 하락을 고려해(하지만 수익에 대한 기대는 제외하고) 그것이 구입된 가격에서 조심스럽게 측정된다]. 위기를 통해 잠재적 손실이 상당한 정도로 과소평가되어 있음이 드러났다. 법인 회계의 시가 평가로 인해, 지분 가격의 상승은 금융 법인이 가져가는 이익의 원천이 되었고, 따라서 증권시장 지표에 대한 과대평가가 이루어졌다. 시가 평가 회계 과정을 통해 시장은 이윤에 대한 과대평가를 조성하고 순 가치를 부풀리면서 기업을 침략해 들어갔다. 여기에 연루된 동역학은 버블의 폭발과 체계의 붕괴로까지 이어지는 자기 충족적 예언과 비슷하다. 평가 기관은 자신들의 서비스를 구매할 곳을 위해 제 역할을 충실히 수행할 능력이 없는 것으로 드러났다. 외관상에 나타나는 기업들의 우호적 실적은 그들의 낙관적 전망에 의해 강화된다.

여기에 우리는 1990년대 후반 합병의 물결이 일어나는 과정에서 기업들이 거대한 평가절하의 가능성을 동반하면서, 자신의 회계 가치보다 높은 가격대 — 영업권을 포함하는 — 에서 구매되었다는 점을 확인할 수 있다.

동전의 다른 측면은 바로 그런 가공적 이익으로 말미암아 상위 관리직들에 대한 임금 또는 배당, 즉 법인 자체 자금의 유출로서 금융 법인에

스위스 은행인 UBS●는 2007년 총 자산이 1조9천억 달러에 달하는 주요 글로
벌 투자은행이자 증권회사다. 또한 1조2천억 원의 자산을 관리하는 세계에서
가장 큰 자산 관리자 가운데 하나다.

2006년 말까지, UBS는 더할 나위 없이 건전한 상황을 구가했다. 바젤 협약
에 따라, 은행은 위험 가중 자산 대비 기본 자기자본(Trier 1 capital) 4%를 확보
해야만 했는데(〈상자 9.4〉), UBS는 약 12%를 유지하고 있었다. 2005년 ROE는
25%에 달했고, 2006년에도 23.9%였다. 주가는 호황이었다(〈그림 17.2〉).

이상하게도 2007년에 이와 같은 상황이 갑작스럽게 역전됐다. ROE는 -11.7%
였고, 2008년에는 -54.4%였다. 이는 UBS의 자기자본이 2년 만에 거의 3분의
2가 상실되었음을 의미했다! 주가는 가장 높았던 2008년 말과 비교해 78% 감
소했다. 총체적 파산을 막기 위해, 2008년 10월 스위스국립은행(Swiss National
Bank, SNB)은 [UBS가 보유하고 있던] '비유동성'[유동성이 떨어지는] 증권 600억 달
러(후에는 390억 달러)의 SNB 기금으로의 편입 — 이 기금 자체가 이를 위해 창설
되었다 — 을 승인했다. 그중 160억 달러는 명확히 미국에서 발행된 것이라 할
수 있지만, [이 외에도] 유럽과 미국의 자산을 포함하고 있는 '기타'라는 큰 범주가
존재한다.

UBS의 소득 계정을 통해 '잉여노동 보수'(〈상자 6.1〉)의 양과 윤곽을 확인할
수 있다. 〈표 9.1〉을 보면 2006년과 2008년 사이의 잉여노동 보수(봉급과 보너스
사이의 분할의 근사치)와 이윤(이윤에 대한 조세, 배당, 그리고 유보 이윤)을 알 수 있다.

| 표 9.1 | UBS: 소득

단위: 1조 달러

	2006년	2007년	2008년
봉급	9.5	10.7	10.7
보너스*	10.0	10.0	1.5
순이윤	12.0	-4.7	-19.1

주: * 재량적으로 변화시킬 수 있는 보수 지불.

모든 보너스와 봉급 가운데 미확인된 부분을 잉여노동 보수로 귀속시킬 수 있는데, 그 양은 2006년 이윤(조세 이전)보다 더 크다. 또한 이윤이 2007년 마이너스 수준으로 떨어졌지만 보너스는 그대로 지급되었다는 점에 주목할 수 있다. 2008년 막대한 손실이 발생하고 나서야, 겨우 감소했다(그럼에도 여전히 플러스 수준이었다).

● "UBS"는 1998년 스위스 은행 주식회사(Société de Banques Suisses)와 스위스 은행 조합(Union des Banques Suisses)의 합병으로 생긴 기업을 일컫는다.

의해 지불되는 소득 플로우가 강화된다는 점이다. 여기서 우리는 〈상자 6.1〉의 잉여노동 보수의 측정으로 돌아갈 수 있다. 금융 부문의 한 가지 특징은 초고임금의 집중화다. 전체 민간경제에서 금융 부문만을 고려하면 결과는 〈상자 6.1〉과는 매우 다르고, 훨씬 더 스펙터클하다. 〈상자 6.1〉의 방법을, 금융 부문에 적용시켜 보면, 금융기관의 유보 이윤 6,680억 달러와 비교해, 2003년에서 2007년에 이르는 5년 동안 2억6,060억 달러가 배당 및 총 잉여노동 보수로 지불되었다는 사실을 알 수 있다(〈상자 9.2〉는 UBS에 대한 추정치를 보여 주고 있다). 금융 법인의 이윤 모두가 가공적인 것은 아니지만 이런 계산은 국제기구에 의해 평가된 손실 또는 연준을 통해 금융기관에 공급된 총계치에 상응한다.

이와 같은 실천의 결과는 엄청난 양의 가치 증식과 관련되어 있다. 〈표 7.1〉은 167조 달러의 전 세계적인 금융자산 또는 74조 달러에 이르는 1천 대 은행의 총 자산을 말해 주고 있다. 여기서 10%만큼만 과대평가되어도, 이는 각각 17조 및 7조 달러의 가공적 이익을 의미한다. 그런 계산이 지나치게 과장되었다고 판단할지도 모르지만, 그 규모를 비교해

| 상자 9.3 | '외부화'

신자유주의 기간 동안 거대한 양의 자산이 특수 증권화 기업으로 이전되었는데, 이 과정에서 증권 발행자의 책임은 사라진 채 다양한 위험들이 — 특히 외국인에게 — 판매되었다. SIV와 콘듀잇의 경우를 보면, 모회사(흔히 "스폰서"라 불린다)와의 연계는 어떻게든 유지되지만, 그 조건은 불분명하다. [SIV와 콘듀잇의] 자산에 대해 파악할 수도 있지만, 스폰서의 보고서 내에서는 불가능하다. 스폰서와 특별법인 사이의 관계는 복잡하고 이들 사이에서 벌어지는 활동은 교묘하게 이루어진다. 국제회계기준(IFRS)은 심지어는 자산의 절반 이하를 보유하고 있다고 하더라도, OBSE와의 관계를 기업이 공개해야만 한다고 규정하고 있지만, 그런 정보는 기업 보고서의 주석에서 제공될 수 있다.[*] 그와 같은 장부 외 자산이전은 기업들이 승인된 비율 이상으로 레버리지를 확대할 수 있도록 했다.[**]

7장에서 소개된, 체계적인 증권화를 통한 대출 실행(즉, 발행) 과정이 급속하게 팽창했는데, 이는 대출–매각 모델(originate-and-distributed model)이라고 불린다.[***] 발행자는 상대적으로 위험하다고 판단되는 대출을 판매하면서 대출의 질에 대해서는 그리 큰 관심을 두지 않고도 양을 유지하는 경향이 있었다.

[*] International Monetary Fund, *Global Financial Stability Report: Market Developments and Issues* (Washington, D. C.: IMF, April 2008), 69, 주 12.

[**] R. Wayman, "Off-Balance-sheet Entities: The Good, the Band, and the Ugly" (Edmonton, Alberta: Investopedia, 2009), www.investopedia.com/articles/analyst/022002.asp.

[***] Governor F. S. Mishkin's speech at the U.S. Monetrary Policy Forum (New York, February 29, 2008).

보면 NYSE에서 발생한 손실과 비슷하다(22조 달러로 정점에 있었던 시가총액이 2009년 3월에는 8조5천억 달러로 떨어졌다).

명백히, 이윤의 과대평가와 지불된 고소득 사이에는 상호 연관이 존재한다. 첫 번째, 이익에 대한 과대평가는 배당으로 이어진다. 두 번째,

스톡옵션의 배당은 최고경영자CEO들과 상위 관리자가 이윤을 부풀리도록 하고 손실에 대한 인정을 뒤로 미루도록 유도한다. 잘못된 정보와 사기 행위로 인해 손실이 더욱 악화될 수 있는데, 이에 대해서는 엔론Enron의 사례를 드는 것이 적절하다. 이는 시가 회계와 잠재적 손실 및 부채 수준에 대해 위장하는 방식이 결합된 결과다. 버나드 매도프Bernard Madoff[1] 주위에서 벌어졌던 스캔들을 여기서 언급할 수도 있다. 그러나 금융 부문 전체를 고려하자면, 문제는 법적 의미에서의 사기가 아니라 거대한 양의 고소득 지불로 이어지는 이익과 이윤의 막대한 과대평가(사실상 기업의 자기자본의 구멍)로부터 기인하는 집단적 도취와 맹목이다.

규제 완화

위에서 열거한 실천들은 규제된 금융 경제 내에서는 불가능했을 것이다. 하지만 그와 같이 매우 위험한 과정이 발전되어 오는 동안, 전반적인 추세는 규제 완화였다. 그런 규제 완화는 동일한 원천과 목적을 갖는 것으로, 그로 인해 다양한 효과들이 발생했다.

신자유주의적 이념은 1970년대에 이미 상당히 발전하고 있었다. 1944년 브레턴우즈협정으로부터 1960년대 유로 시장의 형성, 그리고 1970년대 초 달러 위기와 1979년 격변coup까지 국제 화폐 및 금융 메커니즘의 역사는 결코 순탄하지 않았다. 1970년대에 다양한 혼란이 발생

1_[옮긴이] 전 나스닥 증권거래소 의장. 폰지 사기(새로운 투자자로부터 돈을 받아 그 돈으로 수익을 메꾸는 방법)로 2009년 150년 형을 선고받았다.

한 이후, 규제 완화를 향한 실질적인 움직임이 시작되었다. 미국에서는 1974년, 영국에서는 1979년, 그리고 일본에서는 1980년대에 자본 통제가 철폐되었다.[2] 1992년 마스트리흐트 조약으로 인해 유럽연합 내부와 여타 다른 나라로의 자유로운 자본 이동이 가능하게 되었다.[3] 1990년대 자본 운동은 1920년대에 향유할 수 있었던 수준까지 회복되었다.

1980년대 초에는 두 가지 중요한 입법 조치가 이루어졌는데, 1980년의 〈예금기관규제완화와 통화통제법〉과 1982년의 〈예금금융기관법〉 Garn-St. Germain Act이 그것이다. 이를 통해 신자유주의로 가는 입구가 만들어졌다. 두 법은 예금 기관, 특히 저축대부조합들 사이의 경쟁 확대를 목표로 했다. 전자의 특별한 목표 가운데 하나 — 규제 완화와는 상당히 별도로 — 는 인플레이션 억제를 위해 예금 기관에 대한 연준의 통제권을 확대하는 것이었다. 회원 은행과 비회원 은행의 구별은 사라졌고, 연준은 통제권을 확대해 전 예금 기관을 지원하게 되었다.

규제 완화의 첫 번째 물결은, 이번 위기 훨씬 이전인 1980년대와 1990년대에 발생한 은행 및 저축 금융기관thrift institution[4] 위기의 주요 요소가 되었다. 〈예금기관규제완화와 통화통제법〉은 예금계정(수표를 쓸 수 있는)의 이자율 상한을 철폐했고, 당좌 예금식 저축예금NOW account과 같은 새로운 유형의 계정을 승인했다. 신용조합과 저축대부조합이 당좌예금

2_E. Helleiner, *States and the Reemergence of Global Finance: From Bretton Woods to the 1990s* (Ithaca, N. Y.: Cornell University Press, 1994).

3_[유럽]연합 이외의 다른 나라들로의 이동성을 제약하기 위해서는 "만장일치가 필요하다"(73c조).

4_[옮긴이] 상호저축은행(Mutual Saving Bank), 저축대부조합(Savings and Loan Association), 신용조합(Credit Union) 등이 있다.

(FDIC는 4만 달러에서 10만 달러로 보증 단위를 증가시켰다)을 제공했다. 주택담보대출 또는 소비자 대출을 실행할 수 있는 기관의 역량이 강화되었다. 서브프라임 대출은 고리대금 규제의 틀이 깨지면서 더 쉽게 이루어질 수 있었는데, 이로 인해 대출자originator는 신용 위험도가 높은 차입자에게 더 높은 이자율을 부여할 수 있었다. 1982년 〈예금금융기관법〉은 저축대부조합에 대한 규제를 더욱 완화했다. 담보인정비율Loan to Value ratio, LTV을 올리고, 저축대부조합이 대출을 소비자 대출과 상업 대출commercial loan의 형태로 차별화할 수 있도록 했다.

이런 [새로운] 기준들은 1980년대 말과 1990년대 초 거대 금융 위기에서 수많은 금융기관들이 파산하는 데 일조를 했다. 저축 금융기관의 절반 이상이 1990년대 즈음 주택 시장 붕괴로 사라졌다. 은행 위기는 더욱 심각했다. 1985년과 1992년 사이에 1,373개의 은행이 사라졌다.

대략 10년 후인, 1999년 〈글래스-스티걸법〉Glass-Steagall Act이 폐기되었다. 앞서 1987년에 이미 〈글래스-스티걸법〉의 규제 틀을 완화하자는 논의가 연준 이사회에서 있었지만, 폴 볼커의 반대로 무산된 바 있었다. 1987년 앨런 그린스펀Alan Greenspan이 이사회 의장이 되었고, 1989년에서 1998년 사이에 은행 지주회사의 투자은행 소유에 대한 승인을 포함한 일련의 결정을 통해, 〈글래스-스티걸법〉의 폐기로 가는 길이 열리게 되었다. 시티코프Citicorp와 보험회사인 트레블러그룹Traveler Group의 합병으로 시티그룹Citigroup이 1998년 4월 탄생했고, 이로 인해 〈그램-리치-블라일리금융서비스현대화법〉Gram-Leach-Bliley Financial Service Modernization Act이 통과되었다. 이는 투자은행과 상업은행, 보험 서비스의 결합 운용을 허용하는 것이었다.

1936년 〈상품선물거래위원회법〉Commodity Futures Trading Commission Act에

의해 규제되던 파생상품과 관련해서도 비슷한 일들이 벌어졌다. 1970년대와 1980년대 초반에는, [파생상품 거래에 대한] 제한이 더욱 강화되었는데, [1936년 법을 개정한] 1974년 상품선물거래위원회법은 '상품'에 대한 정의를 금융 수단을 포함해 사실상의 모든 자산으로 확대했지만, 거래소 바깥에서의 선물거래는 금지하는 것으로 해석될 수 있었다. 1982년, 새드-존슨 사법 합의안Shad-Johnson Jurisdictional Accord은 개별 주식 선물single-stock futures[5]을 금지시켰다. 이런 제한은 1992년 〈선물거래행위법〉Futures Trading Practices Act과 2000년 〈상품선물현대화법〉Commodity Futures Modernization Act에 의해 부분적으로 철폐된다(새드-존슨 합의의 금지는 엔론과 리먼브라더스의 파산의 한 요소로 언급된다). 신용부도스와프CDS에 대한 규제 완화 역시, 규제 완화에 우호적인 이 같은 맥락에서 이루어졌다.

물론 국가적 규제에 대한 국제적 대체물은 존재하지 않았다. IMF나 세계은행도 그런 임무를 수행하지 못했다. BIS의 비호 아래서 만들어진 1988년과 2004년의 바젤 협약에 의해 정의되는 자기 규율적인 규칙은 전반적인 규제 완화의 환경 아래서 이루어지는 이 같은 추세를 되돌릴 수 없었다(상자 9.4).

세계화 환경에서의 정책: 브레턴우즈협정의 교훈

위에서 언급한 요소들 — 무제한적인 고소득 추구, 가공적 잉여에 기초한 실질소득 플로우, [신자유주의적으로] 편향된 관리주의적 경향, 그리고

5_[옮긴이] 구체적 미래의 어떤 날, 즉 인도일에 오늘 합의한 가격으로 일정한 주식을 거래하는 두 당사자들 사의 계약.

| 상자 9.4 | 바젤 협약

바젤 협약은 스위스의 바젤에서 1988년과 2004년에 걸쳐 이루어진 두 가지의 합의를 일컫는다(바젤 I, 바젤 II).● 협약을 통해 자기 규율적 형태로서 자산에 대한 은행 자기자본의 최소 비율이 정의된다. 바젤 II는 바젤 I의 결점을 수정하려 한 것이었다. G10(프랑스, 독일, 이탈리아, 일본, 룩셈부르크, 네덜란드, 스웨덴, 스위스, 영국, 미국)과 스페인이 참여했다. 참가국의 중앙은행들이 각 국가 내에서 규칙의 실행을 맡았다.

은행 자본을 기본 자기자본(Tier 1)과 보완 자본(Tier 2) 두 가지로 나누었다. 기본 자기자본은 주식과 준비금●●으로 구성된다. 보완 자본은 손실 대비금과 특정 범주의 부채●●●를 말한다. 기본 자기자본과 보완 자본을 모두 합해 총 가중 대출의 최소 8%를 넘어야만 한다(기본 자기자본은 최소 4%). 가중치는 위험도에 따라 정의된다.

바젤 I에서는 자산을 네 가지 범주로 분류하고 가중치를 0%, 20%, 50%, 100%로 부여했다. 예를 들어, 국내 통화로 표시된 국가 부채는 첫 번째 범주(0%)에 속하고 주택담보대출은 세 번째 범주(50%)에 속한다. 바젤 I의 이 같은 방법에 대해, 몇 가지 중요한 비판이 제기되었다. 바젤 I이 부과하고 있는 규칙은 주어진 자산 범주 내에 있는 위험들을 구별하지 않기 때문에(모든 주택담보대출을 결합적으로 고려한다), 은행은 증권화를 통해 가장 위험이 높은 자산을 보유했음에도 (높은 수익을 가진 CDO 후순위 트렌치와 같은), 가장 위험이 적은 대출을 판매할 수 있다. 차입자 범주를 나눌 때는, 단기 부채에 대해 20% 가중치를 두고, 장기 부채에 대해서는 100%를 부여한다. 따라서 은행의 단기 대출 경향이 두드러질 수 있다. 바젤 II는 신용 등급에 따라 가중치를 부여했다. 예를 들어, AAA 등급에 대해서는 0%, B- 아래에 있는 대출에 대해서는 150%를 부여했다. 신용 등급 회사가 이런 등급을 정의할 수도 있고, 은행이 내부적으로 (자체 모델에 따라) 정할 수도 있으며, 두 개가 조합될 수도 있다.

기본 비율에 따르면 위기 이전의 은행들은 건전한 것으로 판단될 수 있었다. FDIC 보증 은행들의 경우에는 총 (비가중) 자산 대비 자기자본의 비율이 1989년에서 2007년 사이에 8.4%에서 10.2%로 증가했다.●●●●

- B. Balin, "Basel I, Basel II, and Emerging Markets: A Notechnical Analysis" (Washinton D. C.: The John Hopkins University, School of Advanced International Studies, 2008)에 잘 요약되어 있다.
- [옮긴이] 보통주(common stock)와 노출 준비금(disclosed reserve) 또는 이익 잉여금 (retained earning), 우선주(preferred stock)를 포함한다.
- [옮긴이] 비노출성 준비금(undisclosed reserve: 감독 기관이 승인한 이윤을 만드는 준비금), 재평가 준비금(revaluation reserve: 자산의 재평가를 통한 준비금), 일반 손실 대비금(general provision), 후순위 채권(subordinated debt)이 포함된다.
- Federal Deposit Insurance Corporation, Quarterly Banking Profile (Washington, D. C.: FDIC, 2008)

규제 완화 — 이외에도, 신자유주의적 세계화에 고유한 추세가 거시 경제적 안정성에 강력한 불안정 효과를 주었다.

중앙은행의 화폐 정책 — 필요한 경우, 재정 정책을 통해 보완될 수 있는 — 은 거시 경제에 대한 통제에 결정적인 요소다. 그것은 신자유주의 기간뿐만 아니라 그 이전에도 그러했다. 화폐 정책의 기능은 거시 경제적 상황(상승기뿐만 아니라 하강기)에 따라, 신용 수준을 조정하는 것이다. 거시 경제(산출 및 물가)는 그런 정책이 부재할 때 어긋나게 될 수도 있다(〈상자 14.1〉에 몇몇 기본적 원칙이 있다).

그와 같은 메커니즘을 논의할 때, 제2차 세계대전 말에 체결된 브레턴우즈협정의 맥락으로 돌아가는 게 유용하다. 신자유주의적 세계화는 국제적 자본 운동에 대한 협정 — 거시 정책 실행의 기본적 필요조건이라고 여겨지던 — 을 통해 자리 잡은 한계를 철폐했다.

브레턴우즈협정은 대공황이 초래한 충격의 폐허 속에서, 안정적인 국제경제 토대의 수립이라는 명확한 목표를 갖고 만들어졌다. 전쟁이 끝난 후 주된 관심은 1930년대에 발생한 것과 유사한 국제무역 및 산출의 축소가 되풀이되는 것을 방지하는 것이었다. 국가들 사이의 긴밀한 국제적 협력 외에도, 브레턴우즈협정을 통해 강력한 통화들을 이용해 경상수지 불균형에 직면한 국가들에 대한 신용공여를 더 쉽게 할 수 있도록 하려고 했다. 하지만 자금조달 경로가 충분히 고려되지 않았으며, 각 나라는 거시 부양 정책을 실행할 수 있는 역량을 확보해야만 했다. 이는 여기서 다루는 문제와 상관이 있다. 세 가지 측면이 구별되어야만 한다.

1. 자본은 이자율 차이 또는 다른 인센티브(환율의 상승과 하락에 대한 기대를 포함한)에 반응해 한곳에서 다른 곳으로 이동하는 경향이 있고, 이런 운동으로 말미암아 독립적인 거시 정책이 불가능하다는 사실은 잘 알려져 있다. 이로 인해 자본 이동에 대한 엄격한 제한이 브레턴우즈 체계의, 또는 적어도 케인스의 마음속에는, 필연적 구성 요소였다. 케인스는 브레턴우즈협정을 논의한 1944년 5월 영국 상원에서, 국제적 자본의 자유로운 이동이 갖고 있는 고유한 위험을 언급한 바 있다. 케인스는 "값싼 화폐cheap money[6]를 확보하기 위해 국내 이자율을 통제할 수 있는 능력"을 자본 통제와 관련지었다. "단지 이행기의 지형일 뿐만 아니라 영구적 배치로서 모든 회원국이 모든 자본의 운동을 통제할 수 있는 명확한 권리가 계획적으로 합의되어야 한다. 이단이었던 것이 이제는 정통의 자리에 올랐다."[7]

중요한 수정이 이루어진 이후, 브레턴우즈협정은 통제 원칙 — 후에 미국에서는 이를 전적으로 받아들이지는 않았다 — 을 승인했다. 1970

6_[옮긴이] 낮은 이자율에서 활용할 수 있는 신용.

7_J. M. Keynes, *Bretton Woods and after, April 1944-March 1946: The Collected Writings of John Maynard Keynes*, vol. 26, 1946 (London: Macmillan, St. Martin's Press for the Royal Economic Society, 1980), 17.

년대와 1980년대의 자유화로의 전환이 나타나기 전까지, 현실적으로 이 협정에서 이야기하고 있는 통제를 승인하는 문제와 그에 동반하는 필수적 기관과 관련된 문제는, 항상적이거나 일시적이고, 법적이거나 재정적인 수단의 복잡한 구조 문제로 이어졌다.[8]

2. 국제적 자본 유출이 잠재적으로 초래할 수 있는 불안정성 이외에도, 자유무역으로 말미암아 거시 정책 실행의 어려움이 배가될 수 있다. 개방경제에서, 신용을 통한 국내 수요 부양이 이루어질 경우, 이런 수요의 일부가 수입 수요로 이어질 수 있기 때문에 여타 다른 국가들로 수요가 수출되는 결과를 낳는다. 이런 메커니즘을 정정하는 두 가지 방식이 있다. 하나는 자유무역 일부를 제한하는 것이며, 두 번째는 환율을 조정하는 것이다. 이런 이유로 케인스는 또한 자유무역에 대한 엄격한 제한에 우호적인 말을 했다. "나는 자유무역론에 대한 일방적인 방어는 국제무역의 균형이론에 대해 완전히 오해하고 있는, 순진한 지적 오류의 결과라고 말하고 싶다."[9]

3. 브레턴우즈 체계에서 환율은 고정되어 있었지만, 다양한 통화들은 자주 조정되었는데(대개의 경우 달러에 대한 평가절하 방식으로), 이는 자율적인 거시 정책 실행의 또 다른 전제 조건이었다.

현대 글로벌 경제를 지배하는 메커니즘이 케인스의 권고 및 브레턴우즈협정의 원래 목표와 상반된다는 것은 명백하다. 특히, 전 세계적 금

8_J. Nembhard, *Capital Control, Financial Regulation, and Industrial Policy in South Korea and Brazil* (Westport, CT: Praeger, 1996), chap. 2.

9_J. M. Keynes, *Writings of John Maynard Keynes*, vol. 20, 1933 (London: Macmillan, St. Martin's Press for the Royal Economic Society, 1982), 598-609.

융 메커니즘이 엄청난 규모로 성장했으며, 이를 통해 이자율과 환율의 극적인 전 지구적 변동을 일으키는 자본의 거대한 유출입이 만들어지고 있다. 이런 속성은 효과적 화폐 정책의 실행 가능성을 제한하는 중요한 결과들을 내놓고 있다.

좀 더 구조적인 분석 수준에서, 환율은 대외무역 불균형에 영향을 줄 수 있는 중요한 변수이거나 대공황 이후 ISI를 실시한 라틴아메리카와 개혁 이후의 현 중국의 사례에서처럼 적극적인 발전 정책의 도구로 활용될 수 있다. 중국이 달러에 고정된 낮은 수준의 위안화 환율을 유지하고 있기는 하지만, 주변부의 많은 나라들은 환율에 영향을 미칠 수 있는 능력을 상실했고, 때로는 달러화 같은 사례에서처럼 모든 형태의 통제 능력을 상실하기도 했다.

1990년대 동안 그리고 2000년 이후에 많은 주변부 국가들의 거시 경제는 위험천만한 자본의 운동에 강력한 영향을 받았다. 〈그림 8.6〉은 주변부 국가들에 대한 외국 은행들의 자산을 보여 주고 있다. 1980년대와 1990년대 동안에 이루어진 막대한 자본 유출입이 미친 충격은 잘 알려진 사실이지만, 이런 운동은 위기 이전 10년 동안 엄청나게 성장한 대출과 증권의 양에 비하면 작아 보인다.

금융적-글로벌 폭풍 안에 있는 [경제적] 펀더멘털

금융 세계화의 잠재적 파괴성을 묘사하는 것은 쉬운 일이다. 이번 절에서는 이자율과 환율, 그리고 증권시장 지표를 살펴본다. 2000년 이후 폭발적으로 일어난 자본 운동으로 인해, 근본적 경제 변수들의 진행이 붕괴되면서, 기본적 메커니즘이 극도의 혼란에 빠졌다는 점에 주목할 수

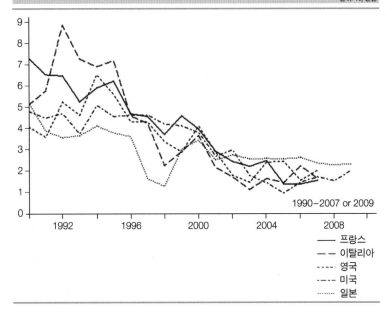

| 그림 9.1 | 장기정부채권 실질이자율: 다섯 개국

단위: %, 연간

1990-2007 or 2009

—— 프랑스
— — 이탈리아
----- 영국
---- 미국
········ 일본

있다. 케인스는 지옥으로!

1. 장기이자율. 금융 세계화의 첫 번째 효과는 장기이자율의 전 지구적인 수렴이다. 이는 국내적 상황에 따른 조정의 잠재력을 박탈한 것이었다(중앙은행은 단기이자율의 변경을 통해, 자국의 장기이자율에 그 효과를 미치려고 한다).

〈그림 9.1〉은 프랑스, 이탈리아, 영국, 미국, 일본 정부 채권의 장기이자율을 각 국가의 인플레이션율을 반영해 보여 주고 있다. 2000년 이후로 선명한 단절이 발견되며, 좀 더 조밀한 변동이 관찰된다(유로 지역에 있는 프랑스와 이탈리아 두 나라에서는 공동의 통화가 확실히 중요한 역할을 했다). 각기 다른 국가들의 거시 경제적 조건(성장, 인플레이션 등)에 적합한

장기이자율의 고유한 동역학을 찾기는 힘들어 보인다. 유사한 과정이 명목률로 관찰해 볼 때에도 나타난다. 이자율이 다른 국가들보다 계속적으로 낮았던, 이단아인 일본을 제외하고 말이다(중앙은행의 단기이자율은 〈그림 20.6〉에서 확인할 수 있다).

덧붙여서 위기 이전 10년 동안, 미국에서 장기 실질이자율의 새로운 하락 추세가 있었다는(〈그림 4.2〉) 것을 확인할 수 있다(〈상자 20.6〉).

2. 환율과 증권시장 지표. 2000년 이후에 나타난 거대한 금융적 유출입 및 위기로 인해, 새롭고 기묘한 전개 양상이 나타났다는 점에 주목할 수 있다. 첫 번째 측면은, 많은 나라들에서 증권시장 지표와 환율 사이의 밀접한 관계가 나타났다는 점이다. 여기에 다양한 국가들 내에서 두 변수들의 상승 기간과 하락 기간이 서로 일치하고 있다는 사실을 추가할 수 있다. 이는 국제적 자본 유출입이 거대한 규모 — 위에서 이야기한 이자율의 수렴 이외에도 — 로 이루어지고 있음을 다른 식으로 표현하고 있는 것으로, 이는 다가오는 전 세계적인 금융적 폭풍을 예시했던 것이다.

〈그림 9.2〉를 통해 유럽의 경우를 확인할 수 있다. 변수들은 유로와 엔 사이의 환율이며 유로넥스트 100 지수Euronext 100(유로넥스트는 파리, 암스테르담, 브뤼셀, 리스본 거래소로 구성된다)다. 2007년 1~9월까지의 9개월 동안을 고려한 것이다. 두 변수는 상승 기간뿐만 아니라 하락 기간에도 서로를 뒤쫓아 가고 있다. 그와 같은 관계가 항상 강력하게 나타나는 것은 아니지만, 몇몇 주요 국가들 사이에서는 매우 높은 상관관계가 나타나고 있다는 점을 명확히 확인할 수 있다(20장에서 2008년을 대상으로 유사한 관찰을 하고 있다).

엄청난 양의 자본이 경계를 넘나들고 있다는 것 — 유로넥스트에 관련된 좋은 전망이 지배적일 때, 유럽으로 자본이 유입되고, 이를 통해 유

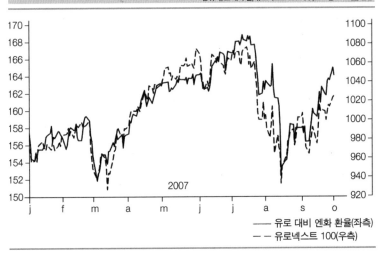

| 그림 9.2 | 환율과 증권시장지수

단위: 유로 대비 엔, 유로넥스트 100 지수(2007년 1~10월), 일간

```
170 ┐                                                      ┌ 1100
168 ┤                                                      ├ 1080
166 ┤                                                      ├ 1060
164 ┤                                                      ├ 1040
162 ┤                                                      ├ 1020
160 ┤                                                      ├ 1000
158 ┤                                                      ├ 980
156 ┤                                                      ├ 960
154 ┤                                                      ├ 940
152 ┤                  2007                                ├ 920
150 ┘                                                      └
    j   f   m   a   m   j   j   a   s   o
```

―― 유로 대비 엔화 환율(좌측)
― ― 유로넥스트 100(우측)

로의 상승 기조와 지수 상승이 견인되며, 전망이 좋지 않을 때는 반대의 상황이 펼쳐진다는 ― 이 매우 그럴 듯한 해석일 것이다.

브라질의 경우에도 유사하다. 동일한 기간에 보베스파Ibovespa 지수(브라질 거래소의 주요 지수)와 엔에 대한 헤알의 환율 사이에 높은 상관관계와 커다란 변동이 존재했다(기대했던 대로, 브라질로의 외국인 포트폴리오 투자에 대한 분석을 보면, 그 상관관계가 지배적인 2007년 예외적으로 큰 자본 유입과 급격한 변동이 있었음을 확인할 수 있다). 3월의 저점으로부터 7월 초의 고점까지 환율로부터 얻은 이익은 유럽에서 11%였고, 브라질에서는 27%였다. 주가에서 발생한 이익은 유럽이 14%이고 브라질은 37%였다. 그런 차이에도 불구하고 상관관계는 양쪽 국가들에서 매우 강력하다. 동일한 관계가 미국에서도 관찰된다(엔과 달러 사이의 환율 및 다우존스 산업 지수 사이에서).

202____제4부 금융화와 세계화

엔화가 다른 통화들과 비교해 볼 때, 의심의 여지 없이 중요한 역할을 하고 있다는 점을 확인할 수 있다. 이런 관찰은 일본이 세계 곳곳에 광범위한 투자를 하고 있다는 사실 외에도, 캐리트레이드가 이런 운동의 중심에 있다는 점을 보여 준다(8장). 다양한 국적(일본을 포함한)을 가진 사람들이 일본으로부터 낮은 이자율로 차입을 한다. 그들은 다른 나라들에 그것을 투자한다. 많은 나라들에서 그리고 일정한 기간 속에서 이런 행동은 환율과 증권시장 지표에 큰 충격을 준다.

그런 행동들을 통해 기본적 경제 메커니즘의 극단적 붕괴 양상이 설명될 수 있다. 돌아보면 2000년 이후 환율의 극적인 변동이 바로 그런 충격이었다. 하나의 사례가 그 기간 동안 발생한 오스트레일리아 달러의 변동이다. 2001년 말과 2008년 중반 사이에 미국 달러에 대한 오스트레일리아 달러의 환율은 두 배가 되었다. 2008년 7월과 10월 사이에 1.6배까지 떨어졌다. 분석가들은 이런 변화가 거대한 캐리트레이드의 유출입 결과라는 데 동의한다. 달러 환율 변동의 일부분은 이런 캐리트레이드 때문에 발생하는 것이다.[10]

나라들 사이의 인플레이션율과 무역수지의 차이는 환율의 움직임을 반영하는 것으로 가정된다. 증권시장 지표는 법인들의 성과를 반영한다고 이야기한다. 환율과 증권시장 지표가 국제적 자본 운동에 의해 규정되는 것은 아니더라도, 그것을 강하게 반영해 광범위하게 변동하는 세계에서 우리는 아마도 국내적 펀더멘털이 어떤 역할을 하는지 궁금할 것이다. 심지어 이런 유출입이 항상적이지 않더라도 국제적 자본 운동의 잠

10_Federal Reserve Bank of San Francisco Economic Letter, November 2006.

재적 불안정성은 확실히 매우 강력하다.

요약하자면, 이번 절의 분석은 국제적으로 자유로운 자본 운동의 결과로서 증권시장 지표 및 환율의 혼란과 장기이자율의 균등화를 지적하는 것이었다. 그것들은 거시 안정화 정책들을 실행하는 개별 국가들의 역량을 잠재적으로 붕괴시키는 역할을 한다. 14장과 20장에서 이런 메커니즘이 이번 위기에서 중요한 역할을 했음을 보인다.

| 제 5 부 |

신자유주의적 추이

미국의 거시적 궤도

제4부에서 제시한 위기의 글로벌-금융적 뿌리의 중요성은 과장이 아닐 것이다. 언제 어떤 메커니즘을 통해서라고 분명히 말하기는 어렵겠지만, 무대는 거대한 파열과 동시에 차려졌다. 〈도표 2.1〉에서 제안한 바대로 두 번째 규정 요소, 즉 미국 경제 궤도에 내재한 위협이 글로벌-금융적인 원인과 결합되어 영향을 미쳤다.

제5부에서는 제4부의 주장을 형식적인 면에서 되풀이한다. 연결선(화살표 A)이 한편으로는 신자유주의와 세계화, 금융화, 그리고 고소득 추구 사이에 나타났다면, 제5부에서는 미국 헤게모니 아래에서 나타난 신자유주의와 미국 경제의 거시 궤도 사이의 관계에 초점을 맞춘다(화살표 C). 즉 미국 헤게모니 아래에서 이루어진 신자유주의의 기본 특징으로 말미암아 나타난 미국 거시 경제 궤도의 문제를 살펴보는 것이다. 그와 같은 문제들은 우연적 곤란이 아닌 결과물이다. 국내 부채의 증가와 여타 다른 나라들로부터의 자금조달은 상호 연관되어 있다. 그것은 신자유주의적 세계화의 전반적 맥락에서 가계 소비의 증가와 축적의 하락이라는 추세의 또 다른 단면이다.

가장 흥미로운 문제는 이 두 가지 범주의 결정 요소 — 금융적이고 거시 경제적인 — 가 2000~09년 사이에 어떻게 수렴하게 되었느냐는 점이다. 일단 두 개의 결정 요소들을 분리해서 소개해야, 그것들 사이의 관계를 탐구할 수 있다(화살표 E). 이와 같은 수렴이 붕괴의 양상과 시기를 규정했다.

10

축적의 하락과 불균형의 증가

미국 경제의 지속 불가능한 거시 궤도는 다섯 개의 구성 요소를 가지고 있다. (1) 무역 또는 경상수지 적자의 증가,[1] (2) 그에 상응하는 다른 나라들로부터의 자금조달, (3) 가계로부터 발생한 수요의 증가, (4) 가계부채의 증가, (5) 국내 투자의 하락 추이(정부 수요 및 부채는 잠재적으로 가계로부터 발생한 수요 및 부채와 동일한 효과를 갖지만 그것을 2000년 이후의 주요 측면이라 보기는 어렵다). 미국이 전 세계에 대해 보유하고 있는 헤게모니가 (1)과 (2) ― 몇십 년 동안 발생한 대외적 불균형 ― 의 유지에 결정적 요소다.

미국 경제 궤도의 잠재적 효과들 사이에서, 단기적 가능성이 있는 충격과 장기적인 것을 구별해야만 한다. 장기적으로 이런 궤도는 상품생산

1_소득 수지가 미국의 경우 거의 0이기 때문에 무역수지와 경상수지는 거의 같은 의미다.

의 탈영토화를 의미하는데, 이는 미국의 기술적, 좀 더 일반적으로는, 과학적인 지도력과 관련된 중요한 부수 효과를 동반한다. 제5부에서는 미국 헤게모니하의 신자유주의와 미국 경제의 거시 궤도 사이의 관계에 초점을 맞춘다. 하지만 이번 부에서는 좀 더 단기적인 관점에서 위기로 이어질 수 있는 거시 불균형의 증가와 그 이외 다른 결정 요소들을 결합하는 데 집중할 것이다.

2000년 이후 궤도는 이미 지속 불가능하다고 판단될 수 있다. 가장 위협적인 전개는 국내 부채와 해외 자금조달에 대한 의존이다. 위기 이전 10년의 후반부에 나타난, 취약한 금융 구조는 가계 채무와 관련된 금융적 수단의 붕괴로 인해 방아쇠가 당겨진 격심한 파도에 의해 불안정화되었다. 달러 환율에 임박한 — 결과적으로 미국과 세계경제에 — 거대한 위협은 미국의 해외 의존적인 자금조달이 갖고 있는 잠재적 불안정성이다. 그것이 언제가 될지는 모른다.[2]

다른 나라들에 대한 종속성의 증가

미국 경제 거시 궤도의 지속성을 의심스럽게 만드는 첫 번째 전개 과정은 무역 또는 경상수지 적자의 증가이며, 그에 상응한 다른 나라들로부

2_이 부분의 분석은 이전의 연구에 의존하고 있다. G. Duménil & D. Lévy, "Le néolibéralisme sous hégémonie états-unienne," F. Chesnais ed., *La finance mondialisée: Racines sociales et politiques, configuration et conséquences* (Paris: La Découverte, 2004); G. Duménil & D. Lévy, The New Configuration of U.S. Imperialism in Perspective, www.jourdan.ens.fr/levy/dle2004l.doc; G. Duménil and D. Lévy, "Néolibéralisme: Dépassement ou renouvellement d'un ordre social," *Actuel Marx* 40 (2006), 86-101.

| 그림 10.1 | 무역적자: 미국 경제

단위: GDP 대비 %, 분기

1/1973–4/2009

주: 재화 및 서비스의 수입에서 수출(재화 및 서비스)을 빼준 것이다.

터의 자금조달에 대한 의존성의 증가다. 이게 우선적인 두 가지 불균형
이다.

〈그림 10.1〉을 보면, 미국의 무역적자는 1970년대 중반 균형 부근
에서 2005년 말 GDP 대비 6%로 정점에 이르렀다. 이 같은 적자의 형성
은, 1990년대의 수출 회복(달러 환율의 평가절하를 맥락으로 한)과 1991년
경기후퇴 기간 동안 발생한 수입 정체 효과로 말미암아 일시적으로 유예
되기는 했지만, 점진적으로 진행되었다. 그림을 보면 1992년 나타난 적
자의 극적인 증가를 확인할 수 있다. 미국의 경제 주체들이 다른 나라에
금융 투자(외국인 직접투자, 대출, 포트폴리오 투자, 예금)를 한 것과 동시적으
로 외국인들도 미국 자산에 대해 투자했다. 〈그림 10.2〉는 미국이 보유
한 외국 자산 스톡과 외국인이 보유한 미국 자산 사이의 분기(두 선 사이
의 거리는 미국의 순 해외 자산 포지션을 나타낸다)를 보여 주고 있다. 두 변수

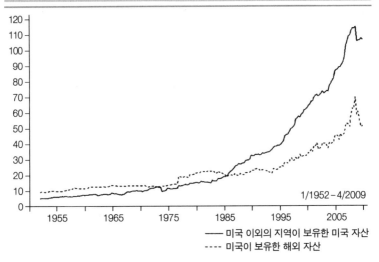

| 그림 10.2 | 미국이 보유하고 있는 해외 자산과 미국 이외의 지역이 보유하고 있는 미국 자산

단위: 미국 GDP 대비 %, 분기

1/1952-4/2009

——— 미국 이외의 지역이 보유한 미국 자산
- - - - 미국이 보유한 해외 자산

주: 여기서 '자산'은 모든 금융자산, 즉 다른 나라에 있는 예금, 무역 신용, 대출, 포트폴리오 투자, 해외직접투자 모두를 일컫는다.

의 동시적 성장은 그 기간 동안 지배적이었던 금융 세계화의 기본적인 추이가 초래한 결과를 명확히 보여 준다. 하지만 미국의 경우를 보면 이런 운동이, 미국인들이 해외에 보유한 자산보다 더 많은 미국 자산을 외국인들이 점차 더 보유하게 됨에 따라서, 미국 이외에 다른 나라들에 더 유리한 쪽으로 편향되어 나타나고 있다. 이와 같은 분기는 1980년대 중반에 시작되었고, 그 차이는 그 이후 몇십 년 동안 확대되었다. 그림의 마지막 부분인 2009년 4분기를 보면, 외국인들이 보유한 미국 자산은 15조4천억 달러에 이르렀고, 이는 미국의 개인 또는 기관이 보유한 해외 자산의 두 배다. 이는 각각 미국의 GDP 대비 107%와 52% 정도다.

대부분이 믿고 있는 것과는 반대로, 미국에 대한 다른 나라들의 투자 가운데 4분의 3은 민간 부문으로 흘러들어 갔다(2007년. 〈표 10.1〉). 나머

| 표 10.1 | 미국 이외의 지역에 대한 미국 채무 구성(2007년 말)

단위: 총 채무 대비 %

재무부(와 지방) 증권	15.5
기관 및 GSE 증권	9.8
민간경제	75.1
해외직접투자	15.1
기업 주식	17.5
기업 채권 및 미국 법인 기업에 대한 대출	18.6
기타(RP 증권, 예금 등)	23.8
총 미국 채무	100.0
총 미국 채무(1조 달러)	16.1

지 4분의 1 가운데 많은 양이 기관 및 GSE 증권(지위가 모호하다. 구제금융 이전에는 민간에 가까웠다)으로 가며, 지방채를 포함한 정부에는 오직 15% 약간 웃도는 부분만이 갈 뿐이었다. 위기로 인해 이런 비중이 상당히 바뀌기는 했지만, 전반적으로 다른 나라들의 투자 종착지는 미국 민간경제다.[3]

소비의 증가

세 번째 추이는 〈그림 10.3〉(──)이 보여 주는 가계 소비의 증가다. 이는 〈그림 3.3〉과 같이 일정하게 나타나고 있는 임금몫이 그에 상응하는 소비몫으로 이어진 결과라기보다는, GDP 대비 소비가 차지하고 있는 비중이 증가한 것으로 파악할 수 있다. 신자유주의 이전에는 GDP 대비

3_우리는 미국 경제의 자금조달에 여타 다른 지역의 국가들이 어떻게 기여하고 있는지를 다음의 보충 자료에서 논의했다. G. Duménil & D. Lévy, Additional Materials 1 and 2 (2010), www.jourdan.ens.fr/levy/dle2010b.htm.

| 그림 10.3 | 수요: 미국 가계

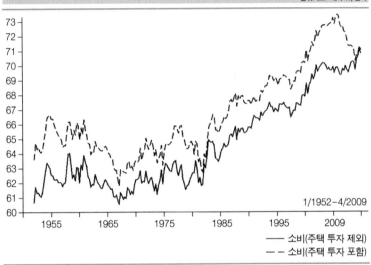

단위: GDP 대비 %, 분기

1/1952-4/2009

—— 소비(주택 투자 제외)
－ － 소비(주택 투자 포함)

이 변수의 비중은 62% 수준에서 일정하게 유지되었다(1952~80년 연평균). 그러다 2001년 이후로 안정적 상승 추이가 이어져 70% 수준까지 이르게 되었다. 20년 동안 8%p 상승했다는 것은 이전에 없던 형상으로, 거시적 변수의 진행에서 역사적 전환이 일어났음을 의미한다. 이런 소비 호황을, 극소수를 위해 편향된 사회질서에서 혜택을 보고 있는 자본가계급 및 임금 소득자 상위 분파 사이에서 이루어진 신자유주의적 타협의 경제적 기초 가운데 하나로 해석할 수 있다.

〈그림 10.3〉의 두 번째 변수(_ _)는 주택 투자를 포함한 광범위한 의미에서 미국 가계의 소비를 보여 준다.[4] 총수요의 관점에서 보았을 때,

---

4_NIPA(national income and product account)의 가계 소비 항목에서 '주택'은 서비스 구입으

고려되어야만 하는 게 바로 이 변수다. 좀 더 엄밀하게 보자면, 주택 투자가 지속적으로 큰 상승과 하락폭을 보이고 있기 때문에, 소비보다 큰 변동성을 가지고 있다고 말할 수 있지만, 그 추세에서는 동일하다고 할 수 있다. 그림을 통해 2006년 초 주택 투자의 점진적 하락(두 선 사이의 거리로 측정된)을 확인할 수 있다.

이 장과 다음 장에서는 "소비"라는 항목을 더는 구체화시키지 않고, 가계에 의한 재화 및 서비스의 구입 그리고 주택 투자라는 광범위한 의미에서 종종 사용하고 있다(따라서 그 개념은 이자 지불과 같은 다른 구성 요소를 포함하고 있는 가계 총지출이라는 개념과는 다르게 정의된다).

이런 추이의 또 다른 측면은 1980년대에서 이번 위기까지 계속된 가계 저축률의 하락이다. 〈그림 10.4〉는 두 개의 저축률(〈그림 10.3〉과 조응하는)을 보여 주고 있다. (1) 엄격한 의미에서 가처분소득에서 소비를 제외한 전통적 정의(——), (2) 가처분소득에서 총 소비를 제외한 정의(— —)(금융적 의미에서 저축이라는 정의로서). 신자유주의 이전, 가계는 위에서 정의한 첫 번째 척도에 의해 가처분소득의 9.3%를 저축했다(1965~80년 평균). 주택 투자를 소비에 포함시키면 변수는 1975년 8% 이상으로 신자유주의 이전까지 상승 추이를 가지고 있다. 그 이후 두 비율은 다소 안정적인 하락 추이를 갖는데, 각각 (2005년 3분기) 1.2%와 -3.7% 아래에 위치하게 되었다. 전체 경제, 즉 기업과 정부를 추가해 보면 GDP 대비 -3.0%(2004~07년 평균)라는 마이너스 값으로 내려앉는다.[5] 저축률의 추이와 변

로 다루어지고 있다. 이 서비스의 가격에는 고정자본의 감가상각이 포함되어 있다(현존 주택 가격). 따라서 엄격한 의미에서의 소비와 가계의 주택 투자는 총계화적 의미를 갖고 있으며, 이 항목은 '주택 서비스'에서 제외되어야 한다.

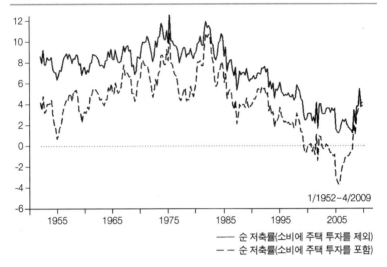

| 그림 10.4 | 저축률: 미국 가계

단위: GDP 대비 %, 분기

1/1952-4/2009

—— 순 저축률(소비에 주택 투자를 제외)
– – 순 저축률(소비에 주택 투자를 포함)

주: 가계의 저축률은 총 가처분소득에서 소비를 제외하거나 소비 및 주택 투자를 제외한 것과 같다.

동은 소비의 추이와 변동을 나타낸다. 특히, 저축률의 마지막 상승 움직임(– –)은 2006년 초 주택 투자의 붕괴를 반영하고 있다.

GDP에서 가계 소비의 비중이 증가한 것은 정부의 재화 및 서비스에 대한 구입에서 나타나고 있는 커다란 안정성과는 대조를 이룬다.[6] 그 추이는 거의 수평적이다. 이번 위기가 시작되자 상승 추이가 나타났다. 정

5_전체 경제의 저축은 국민소득에서 가계와 정부의 소비 및 투자를 제외한 것으로 정의된다. 그 것은 민간 기업들의 순 투자에서 다른 지역에서 끌어들인 순 차입을 뺀 것과 같다.

6_정부 고정자본의 감가상각 및 지불 임금을 포함하고 있는 '정부 소비지출'과, 정부 투자를 포함 하고 있는 '재화 및 서비스 구입'을 구분해야 한다.

부 수요가 가계 수요의 대체물로 작동하기 시작한 것이다.

가계 소비의 증가는 미국 거시 경제의 주요한 전개 과정이며, 일시적인 변동이 아니었다. 이번 장에서 논의된 다른 추세들과 마찬가지로, 이는 신자유주의의 구조적 특징이다.

가계와 정부의 채무

금융 부문의 부채가 금융 메커니즘과 연관되어 있는 반면, 정부와 가계의 부채는 결합적으로 고려해 보면, 수요 형성에 직접적으로 영향을 주었고, 그런 부채의 성장은 신자유주의적 거시 경제의 추세들과 연관되어 있다.

〈그림 10.5〉은 미국 정부와 가계가 시장 수단[7]을 통해 보유한 순 부채 총량(총 부채에서 자산을 제외한)을 보여 주고 있으며, 이 두 구성 요소를 GDP 대비 비중으로 표현했다. 가계와 정부를 모두 합한 변수(──)는 수요 구성에 대한 현재의 분석에 더 적절하다. 반면 두 개의 구성 요소(가계와 정부)를 분리하면, 이런 추이의 지속 가능성에 대해 잘 분석할 수 있다. 기업의 판로라는 관점에서 보면, 수요는 가계 또는 정부에서 나오지만, 두 개의 경제 주체 가운데 어느 한쪽의 부채가 급격히 상승함에 따라 나타나는 위험은 동일하지 않다. 〈그림 10.5〉를 통해 총 부채가 나타내고 있는 신자유주의적 추세의 역사적 변곡점을 잘 확인할 수 있다. 제2차 세

---

[7]_'신용 시장 수단'(credit market instrument)은 연금 또는 기타 자금 형태의 자산, 가계가 직접 보유하고 있는 기업 증권, 비금융 기업 증권 및 예금을 포함한다.

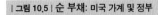

| 그림 10.5 | 순 부채: 미국 가계 및 정부

단위: GDP 대비 %, 분기

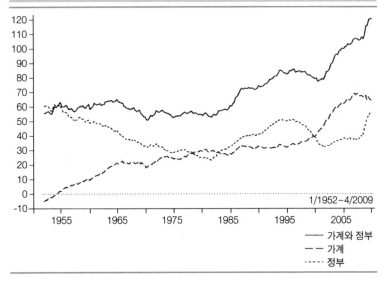

계대전 이후 1980년대까지 수평선 부근에서 변동하는 모양을 확인할 수 있다. GDP 대비 약 58% 수준(1952~80년 평균)이다. 그러다 상승 추이가 신자유주의 기간 동안 나타나 GDP 대비 121%(2009년 4분기)에 도달한다.

흥미롭게도, 우리는 제2차 세계대전 이후 정부 부채(＿ ＿)의 하락이 정확하게 가계 부채(.....)의 증가로 보완되고 있음을 확인할 수 있다. 정부 부채는 1980년대 초반 이자율 상승과 함께 새로운 증가 추세를 나타내기 시작했다. 이후 1990년대 후반 장기 호황 기간 동안의 예산 흑자로 조정되었다. 이 시기에 가계의 순 부채가 급격히 상승했고, 경제 주체의 순 부채를 극단으로 밀어붙였다. 최종적으로 위기에 대응하기 위해 정부 부채가 상승했다.

금융 위기와 관련해 가장 많이 논의되는 변수는 가계의 총 부채다.

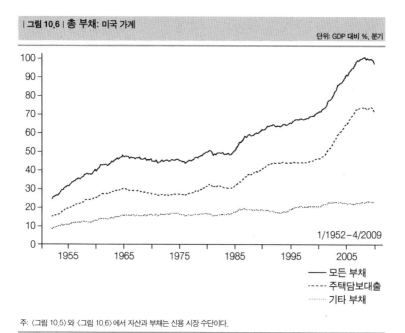

| 그림 10.6 | 총 부채: 미국 가계

단위: GDP 대비 %, 분기

1/1952-4/2009

— 모든 부채
---- 주택담보대출
····· 기타 부채

주: 〈그림 10.5〉와 〈그림 10.6〉에서 자산과 부채는 신용 시장 수단이다.

미국 가계의 총 부채 상승 추이는 〈그림 10.6〉에 명확하게 나타나 있는데, 잘 알려져 있듯 2000년 이후 급격히 가속화되었다(가계는 그들의 총 부채에 비해 더 적은 신용 시장 수단을 갖고 있으며, GDP에서 이런 신용 시장 수단이 차지하는 비중이 거의 일정하게 나타나므로, 두 그림에서 가계의 총 부채와 순부채가 나타내는 윤곽이 유사하다). 그림을 통해, 가계 부채의 증가에 영향을 준 주요 요소가 주택담보대출로 발생한 것임을 확인할 수 있다. 이와 같은 관찰은, 엄격한 의미에서의 소비의 성장보다 주택 투자 증가분이 훨씬 컸다는 점을 시사하지만, 앞서 지적했듯, 그와 같은 일이 발생한 것은 아니다.

이런 분기에 대한 해석은 미국 신용 메커니즘의 특성들과 관련되어 있다. 잘 알려진 바대로, 주택담보대출 부분은 소비지출, 전형적으로는 대학 등록금, 주택 개선, 보건 등에 지출되는 자금을 조달하는 데 활용된다. 이는 주택의 가치를 담보로 한 정액lump sum이나, 신용 회전을 이용하는 홈-에쿼티론HEL과 홈-에쿼티-라인-오브-크레딧HELOC[8]을 통해 이루어진다. 또 다른 절차로 캐쉬-아웃 리파이낸싱cash-out refinancing이 있는데, 이는 보유 자산의 가격 상승이 가능한 경우, 상환 이외에 다른 목적에도 이용될 수 있도록 더 큰 규모의 대출을 일으키는 절차를 의미한다. 모든 프라임론 중에서 캐쉬 아웃 양만 놓고 본다면, 2000년 260억 달러에서 2006년 3,180억 달러로 증가했다(2008년 4분기에는 170억 달러로 줄었다).[9]

소득 분위별 소득과 부채

미국 경제의 GDP에서 소비 몫의 상승과 저축률의 하락은 역설적인 것으로 판단될 수 있는 주요 현상이다. 왜냐하면 대체로 저축을 더 많이 한다고 가정되는 가계 범주인 고소득자에게 더 많은 분배가 이루어졌기 때문이다.

다양한 연구들을 통해 실제로 지출을 증가시킨 것은 인구 중 가장 부유한 분파들이라는 점을 확인할 수 있다.[10] GDP와 관련해, 고소득자들

8_[옮긴이] 이 둘은 모두 2차 모기지로 HEL은 주택 가격을 담보로 하여 1차 대출의 나머지에 대해서 정액을 대출해 주고, HELOC는 승인된 한도 내에서 언제든지 인출하고 갚을 수 있게 되어 있다.

9_Freddie Mac, Cash-Out Refinance Report (Tysons Corner, Va.: Freddie Mac, 2008).

의 지출은 두 가지 근거에서 총지출을 증가시킨다. 먼저 일정한 저축률을 가정하더라도, 신자유주의 기간 동안 진행된 고소득자들로의 총소득의 집중은 소비를 증가시킨다. 둘째, 그들의 저축률이 극적으로 하락했다(그 외 나머지 범주의 사람들 사이에서 저축은 거의 일정했다). 이런 소비 양상은 종종 증권시장 지표를 반영하는 자산 효과Wealth effect의 탓으로 돌려지기도 한다.

축적의 하락 추세

〈그림 10.7〉은 국내 고정자본 투자의 하락 추세를 보여 주고 있다. 여기서 고려된 변수는 비금융 기업 순 고정자본 스톡의 성장률로 정의되는 축적률(──)이다. 수평 라인은 신자유주의 시기 이전의 평균 축적률을 보여 주고 있다.

1990년대 후반의 일시적 회복에도 불구하고, 신자유주의 기간 동안 지배적이었던 축적률은 일관적으로 초기 수준보다 낮고 하락 추세를 보이고 있다. 25년 후 자본 스톡은 초기 평균율이 유지됐다면 존재했을 것보다 32% 더 낮은 수준이었다. 미국 경제의 성장률은 비금융 기업 부문의 자본 생산성 성장과 다른 경제 부문(금융 기업과 비법인 기업)에 고유한 동역학의 결과로 유지되었다. 그럼에도 불구하고 어떤 자본 생산성의 형태가 주어졌다고 하더라도 고정자본의 32% 상실은 비금융 기업의 생산

10_D. Maki & M. Palumbo, "Disentangling the Wealth Effect: Cohort Analysis of the Household Saving in the 1990s" (Working paper, Federal Reserve, 2001).

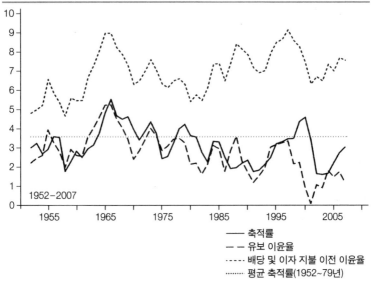

| 그림 10.7 | 축적률과 두 가지 이윤율: 미국 비금융 법인

단위: %, 연간

1952-2007

—— 축적률
－ － 유보 이윤율
····· 배당 및 이자 지불 이전 이윤율
······· 평균 축적률(1952~79년)

주: 축적률은 순 자본 스톡 대비 순 투자의 비율이며, 순 고정자본 스톡의 성장률이다.

능력 손실과 동일하다.

기업지배구조와 투자율

〈그림 10.7〉에 나타난 두 개의 이윤율에서, 이윤은 조세 지불 이후에 측정되었고, 분모는 기업의 자기자본net worth이다. 두 변수의 차이는 자본소득의 지불 여부다. (1) 이자 및 배당 지불 이전의 이윤율(·····), (2) 유보 이윤율(－ －)은 이자와 배당이 지불된 이후의 이윤율이다(〈그림 4.1〉, ·····).

〈그림 10.7〉은 축적률(——)과 유보 이윤율(－ －) 사이의 밀접한 관

계를 명확히 나타내고 있다. 반면 이자 및 배당 지불 전 이윤율은 훨씬 높고, 평평한 추세를 보여 준다. 이런 관계는 기본적으로 기업들이 자금을 자체적으로 조달해 투자하고 있음을 나타내고 있다. 이런 능력은 얼마나 이윤율을 유보할 수 있는가에 달려 있다. 즉 이자 및 배당을 얼마나 지불하지 않을 것인가에 대한 문제다. 이런 관계는 제2부에서 행한 소득분배 분석에서 유보 이윤율의 대한 강조를 다시 한 번 확인시킨다. 유보 이윤이 축적의 조건이다.

유보이익Retained earning과 투자 간의 밀접한 관계는 당혹스럽다. 전 부문을 고찰할 때 비금융 기업의 경우 신규 차입을 통해 투자를 하지 않는다는 사실을 확인할 수 있다. 이런 메커니즘은 대차대조표상 유형자산과 기업의 자기자본이 거의 같다는 의미와 일맥상통한다. 이런 비율은 심지어는 신자유주의 이전,[11] 1950년대 이후로 근사적으로 유지되어 왔다.[12] 비금융 기업이 차입을 하지만 이런 차입은 〈그림 4.4〉에서 나타난 것처럼 자신의 지분을 되사들이려는 다른 목적에 활용된다. 왜 비금융 기업

11_신자유주의 이전까지 실물적 축적을 위한 자금조달 가운데 상당 부분을 대출 통해 실행했던 프랑스와 같은 다른 나라들과는 다르다. G. Duménil & D. Lévy, *Capital Resurgent: Roots of the Neoliberal Revolution* (Cambridge, Mass.: Harvard University Press, 2004), chap. 14.

12_자금순환표에 기초한 경험적 척도들은 확인되지 않은 '기타 자산'(miscellaneous assets)과 '기타 채무'(miscellaneous liabilities) 때문에 처리하기가 어렵다. 1970년대 초 자료에서 중요한 단절점이 포착되는데, 그 이후로 기타 자산의 상승 추세가 나타났으며, 이는 유형자산의 50% 이상을 차지하게 된다. 이런 관찰로 인해 자료의 신뢰성에 의문을 제기할 수 있다. 계산 과정에서 이 계정을 보존할 수도 제외할 수도 있다. 유형자산 및 순 자산의 전체적 규모에 대해서는, 이런 두 변수들이 전 기간에 걸쳐 거의 동일하게 움직인다는 점을 통해 근사적으로 확인할 수 있다.

이 실물 투자를 하는 과정에서 (이윤율보다 낮은 이자율에서 이루어지는) 차입을 통해 발생할 수 있는 레버리지 효과를 이용하지 않는지 궁금할 것이다. 이런 발견은 레버리지 효과가 금융적 활동의 주요한 요소이고, 비금융 기업에 의해 동일한 목적으로 사용될 수 있다는 점에서 아주 놀라운 일이다. 4장에서 논의한 것처럼, 신자유주의는 한편으로는 새로운 기업지배구조를 부과하고, 다른 한편으로는 비금융 부문과 금융기관 사이의 새로운 위계 및 관계를 수립했다. 비금융 기업의 투자와 관련해, 이번 장에서 이루어진 관찰은 이와 같은 전반적인 틀 속에서 이해야만 한다. 2000년까지의 높은 수준의 실질이자율은 하나의 설명 요소가 될 수도 있다(〈그림 4.2〉).

경기변동으로 발생하는 상승과 하락(설비 가동률의 변동)으로, 기업들이 그에 따라 투자를 조정하기 위해 일시적으로 차입을 하거나 대출을 갚게 되어서, 축적률과 유보 이윤 사이의 작은 편차가 발생할 수 있다. 1990년대 후반기에 나타난 정점은 1990년대 후반의 장기 호황 동안 이런 메커니즘 ― 일시적인 차입의 증가 ― 을 통해 도달된 예외적인 수준을 나타내고 있다(여타 다른 지역에서 미국으로의 직접투자의 거대한 유입을 통해 동일한 투자 촉진 효과가 있었다고 보충할 수 있다).

헤게모니 권력의 거시적 궤도

우리는 앞서 행한 일련을 관찰을 통해 신자유주의적 거시 경제 전반을 해석할 수 있지만, 여기에 현대자본주의에서 미국이 갖는 지배력을 참조해 보충해야만 한다. 신자유주의와 미국 헤게모니의 특징들은 연관되어 있다. 그런 신자유주의적 양상은 미국의 특권적 지위 없이는 유지되지

〈그림 10.8〉에서 확인할 수 있는 것처럼, 미국(──), 유로 지역(─ ─), 그리고 영국(……)은 모두 대외 자금조달로부터 혜택을 보았다. 하지만 유로존의 경우를 보면, 그 비중이 1995년 이래로 유로 지역 GDP 대비 약 4% 수준의, 다소 안정적이고 낮은 수준에 머물러 있음을 알 수 있다. 이는 대외 자금조달 기여분이 1995년 17%에서 2007년 56%로 증가한(이미 〈그림 10.2〉에서 이 두 변수들 사이의 차이를 분명히 확인한 바가 있다) 미국과는 매우 대조적이다. 변수들의 추세와 그와 같은 현상이 발생한 차원 모두에서 그러하다.

| 그림 10.8 | 미국, 유로 지역, 영국이 보유한 대외 순 자산

단위: 연간, GDP 대비 비중, %

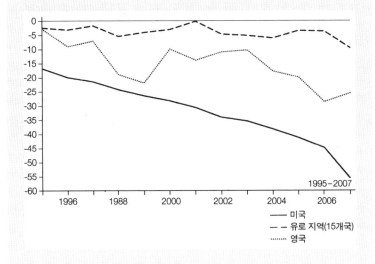

────── 미국
─ ─ ─ 유로 지역(15개국)
……… 영국

못했을 것이다. 그런 추세는 영국을 제외한 유럽에서 보편화되지 못했다 (〈상자 10.1〉). 영국의 상황은 미국과 유럽 지역(글로벌 금융에서 런던의 시티의 두드러진 중요성과 더불어) 중간에 있다.

이런 차이를 만드는 주요 요소는 대외적 제약의 부재에 있다. 경상수지 적자가 점차 증가했음에도 불구하고 미국이 그런 궤도를 지속할 수 있는 것은 미국의 기업, GSE, 정부에 대한 외국인들의 지속적인 투자 및 이를 통해 달러가 지속적으로 유입되지 않았더라면 불가능했을 것이다. 물론 글로벌 통화에서 독보적인 지위를 점하고 있는 달러에 대한 국제사회의 인식도 여기서 결정적인 요소다. 미국 경제의 궤도와 미국이 갖는 국제적 지배력 사이의 인과관계의 방향은 확실히 상호적이다. 미국의 경상수지 적자로 말미암아 외국인들은 미국에 대한 금융 투자의 기회를 획득했고, 다른 국가들로부터 자금조달은 달러를 붕괴시키지 않으면서도, 이런 적자가 지속적으로 증가하는 것을 가능하도록 했다.

11

불균형의 역학

이전 장에서는 1980년대 이후 미국 경제의 다섯 가지 주요 추세들을 살펴보았다. 그것은 (1) 무역 또는 경상수지, (2) 해외 자금조달, (3) 소비, (4) 가계와 정부 부채, (5) 축적과 관련되어 있다. 결합적으로 고려해 보면, 미국 경제의 궤도는 이런 [다섯 가지 측면들에서 나타난] 추세들로 정의된다.

이런 추세들이 동시에 나타났던 것은 우연이 아니다. 이번 장에서는 그것들을 상호 의존적인 변수들의 체계가 갖는 속성, 다시 말해 이들이 동일하게 기반을 두고 있는 메커니즘들의 표현으로 분석할 수 있는 틀을 도입한다.

다양한 국가들을 그 나라가 적자 및 흑자를 운용하는 성향에 따라, 분류할 수 있다. 이런 별개의 상황들이, 생산능력의 정상적 가동을 확보하고 알맞은 성장률을 유지하는 국가 역량의 조건이 된다. 이런 추세들은 미국에서 신자유주의 기간 동안 발생한 두 가지 주요한 점진적 이동

의 성격을 정의한다. 바로 여기서 거시적 안정장치로서 신용의 유효성이
미국에서 감소하는 것을 발견할 수 있다.

분석 틀

미국 경제의 궤도에 대한 분석과 관련된 기본적인 메커니즘을 네 개의
경제 주체가 상호작용하는 틀 속에서 연구할 수 있다(모델은 이 책의 "부록
A"에 제시되어 있다). 가계와 정부는 결합적으로 고려되고, 전자는 주택에,
그리고 후자는 인프라, 건물, 군수품 등에 투자하지만, 이들의 수요는 광
범위한 의미에서 소비로 다루어진다. 따라서 "투자"라는 항목은 기업의
생산능력을 강화하려는 목적으로 고정자본 구성 요소를 구입하는 기업
을 가리킬 때만 기업에 대해서 쓰인다(투자는 순 감가상각이다). 네 개의 경
제 주체는 다음과 같다.

　1. 비금융 기업. 이들은 투자재, 소비재 그리고 서비스를 생산한다. 그
들은 자신으로부터[비금융 부문 내에서] 투자재를 사들이거나 이런 재화를
수입한다. 그들은 소비 또는 수출로부터 지불을 받고, "소비자"라고 불리
는 가계와 정부에 소득(임금, 자본소득, 조세)을 지급한다. 이런 흐름은 생
산 수준(가동률 값)에 의존한다. 기업은 자기자본을 조달해 투자한다. 즉
투자를 목적으로 차입하지 않는다.

　2. 금융 부문. 소비자에게 대출을 하고 여타 다른 나라들로부터 대출
을 받기도 한다. 이에 상응하는 소득 플로우(이자와 같은)는 제외되어 있
다. 국내 신용의 유출은 중앙은행 통화 당국에 의해 통제된다.

　3. 소비자: 가계 및 정부. 소비자는 비금융 기업으로부터 소득(임금, 자
본소득, 조세)을 지급받는다. 소비자의 구매력은 그들이 받는 소득과 금융

부문으로부터 빌릴 수 있는 대출에 근거한다. 하지만 그들은 구매력의 일부를 금융 부문에 예금(더 일반적으로는, 금융 투자를 하는)할 수 있다. 따라서 수요는 다음과 같이 구성된다.

$$\text{소비} = \text{소득} + \underbrace{\text{신규 대출} - \text{예금}}_{\text{순 차입} = -\text{저축}}$$

금융 운용의 측면에서는, 오직 순 신규 대출 플로우(신규 대출−예금)만이 고려되며, "차입" 또는 "저축"으로 표시한다.(차입과 저축은 서로 다른 부호를 가진 채로 동일한 것으로 취급된다).[1] 정부는 조세를 거두고, 차입을 할 수도 있으며, 소비를 한다. 소비자는 국내 기업이 생산하거나 여타 다른 나라들로부터 수입된 소비재를 구입한다.

4. 여타 다른 나라들. 다른 나라들은 재화 또는 서비스(대상 국가의 수입품)를 기업이나 소비자에게 판매하며, 기업들로부터 재화와 서비스(대상 국가의 수출품)를 구입한다. 이런 두 유출의 상대적 가치에 의존해, 여타 다른 나라들은 금융 부문으로부터 차입을 하거나, 금융 부문에 대해 대부할 수 있다. 다른 나라들은 그들이 구입한 것보다 더 많이 판매할 때마다, 대상 국가의 경제에 자금을 자동적으로 공급한다. 이는 단순한 가정

1_우리는 전통적인 캠브리지 모형(Cambridgian models)들과 마찬가지로 다음과 같이 가정할 수 있다. (1) 기업은 가계에 임금과 이윤의 형태로 총소득을 분배한다. (2) 임금의 일부는 금융 기관에 저축되거나 예금된다(금융 투자). (3) 이런 기관들은 투자를 위해 자금을 조달하는 기업과 잠재적으로 가계에 대출한다고 가정한다. 가계에 대한 대출의 경우 신규 차입은 가계들이 소비하는 데 사용되는 구매력으로 추가되는 가계소득 구성 요소이며 금융기관에 투자되는 것은 아니다.

이 아니라 경상계정과 금융계정(자본계정은 0이라고 추상했다) 사이의 기본적인 회계적 항등식이다.

총소득에서 소비자에게 지불되는 몫, 수입된 수요가 차지하는 몫(즉, 국내 생산자로부터 구입하지 않은), 그리고 생산능력의 일부로 측정된 수출은 주어져 있다(이 책 "부록 A" 모델의 구조 파라미터). 네 번째 외생적 파라미터는 화폐 정책을 실행하는 중앙은행에 의해 통제되는 금융 부문이 공급하는 순 신규 대출(또는 차입) 플로우다. 이런 파라미터 값들을 바탕으로, 다른 변수들을 규정할 수 있다.

대외무역, 환율, 그리고 적자

물론 이 틀에는 환율이 무역수지에 미치는 잠재적 영향을 설명할 수 있는 메커니즘이 포함되어 있지 않다. 미국의 수입 및 수출에 대한 경험적 분석을 보면, 달러의 환율이 수출에는 작은 영향을 미치지만, 수입에는 영향을 미치지 않는다는 점을 알 수 있다. 특히 1988년에서 1997년 사이의 10년 동안, 달러의 가치 절하(〈그림 23.1〉)는 미국의 수출 역량을 증대시키는 효과를 주었지만, 수입 또한 꾸준히 증가하고 있었다. 이런 움직임은 미국의 대외무역적자 윤곽(〈그림 10.1〉) 속에 반영되어 있는데, 대외무역적자가 일시적으로 줄어들기는 했지만, 그와 같은 추세가 이를 상쇄하지는 못했다.

위안화는, 특정한 기간 동안 제한적인 평가절상(2005년 7월부터 2008년 7월까지 21%)이 있었음에도 불구하고, 낮은 가치에서 달러에 고정되어 있었다. 이런 상황은 확실히 미국의 무역적자 상승 추세에 영향을 주었다. 하지만 2007년처럼 미국의 총 상품 무역적자 가운데 69%가 중국 이

| 표 11.1 | 미국의 재화 무역수지(2007년)

단위: 총 무역 대비 %

총, 모든 나라	100
유럽	16
캐나다	9
라틴아메리카	13
중국	31
일본	10
중동	4
미국*	8
기타*	9

주: * 기타 아시아 태평양 및 서반구.

외의 다른 나라들로부터 나왔다는 점을 명심해야 한다. 이는 〈표 11.1〉에 나와 있다. 여기에서 총 상품 무역적자는 세계의 다양한 지역에 흩어져 있다. 특히 일본과 유럽에 대한 적자를 확인할 수 있는데, 이 두 지역과 관련해서 발생한 미국의 적자는 체계적으로 편향된 환율의 저하 추세 때문이라 말할 수 있다.

우리는 추세 주변에서 일어나고 있는 변동이 아니라, 좀 더 장기적인 경향들을 강조하고 있기 때문에, 환율이 미국 수출에 미친 일시적인 영향은 여기서 제외했다. 〈그림 10.1〉을 보면, 확고한 적자 상승 추세가 수립되었고, 글로벌화된 경제의 맥락에서 발생하는 소비의 증가가 나타나고 있다는 점을 잘 확인할 수 있다.

최근의 연구를 통해 환율이 대외무역적자에 미치지 영향은 크지 않지만 국제 금융 유출입에는 커다란 영향을 준다는 또 다른 사실을 관찰할 수 있다. 이를 캐리트레이드로부터 발생하는 현상을 통해 명확히 확인할 수 있는데, 8장에서처럼 환율은 펀딩 통화와 타깃 통화 사이의 금융적 유출입에 의존하고 있다. 이런 관찰을 통해 다음과 같은 결론을 추가할 수 있다. 비록 이전에는 그랬다고 할지라도, 현대자본주의에서 환율

2005년 3월 강연*에서, 벤 버냉키는 미국 무역적자의 주원인이 글로벌 과잉 저축이라고 설명했다.

지난 10년간 다양한 힘들이 결합되어 글로벌 저축 공급을 상당히 증가 — 글로벌 저축 과잉 — 시켰는데, 이것이 오늘날 세계적으로 만연해 있는 상대적으로 낮은 수준의 장기 실질이자율과 미국의 경상계정 적자의 증가 모두를 설명하는 데 도움이 된다고 생각합니다.

버냉키는 뒤이어 이런 현상의 원인을 주변부 국가들의 발전 정책에서 찾을 수 있다고 말했다. 이들의 전략은 수입의 증가를 동반하지 않는 수출에 기초하고 있었다(잠재적으로 이와 대칭적인 발전 전략은 수입 증가를 동반한 수출이다). 왜 이런 나라들은 정책을 이 같은 방식으로 변경했고, 특히 준비금을 축적하려 했을까?

저는 발전도상국의 경상계정 포지션 변화의 주요한 근거가 그 나라들이 지난 10년 동안 경험했던 일련의 금융 위기에 있다고 봅니다.

그런 경향이 왜 미국에 가장 큰 영향을 주고 있는가라는 추가 질문이 있었다. 대답은 외국인('저축'국의)에 대해 가지고 있는 미국의 특별한 매력이라는 것이었다.

따라서 증가한 글로벌 저축과 미국에 투자하려는 외국인들의 거대한 관심 덕분에 미국의 경상수지 적자는 1996년과 2000년 사이에 급격히 증가했습니다.

낮은 이자율과의 관련성도 명확하다(〈상자 14.2〉).

미국의 관점으로 좁게 보면, 낮은 장기이자율은 수수께끼지만 글로벌 관점에서는 아마도 그 정도는 아닐 겁니다.

먼저 버냉키는 저발전국에 의한 그런 전략이 (〈상자 23.1〉의 ISI와는 확연히 반대되는) 신자유주의적 세계화라는 목표와 이를 추진하기 위한 방법에 따라 수행되고 있다는 점을 드러내지는 못했다. 신자유주의 세계화는 이른바 이익과 [그에 뒤따르는] 명백한 위험을 동반하는, 자본의 자유로운 이동 및 자유무역을 함의하고 있다. 이는 통화 준비금에 대한 엄격한 관리를 요구한다. 미국의 적자를 신자유주의적 세계화 탓으로 돌리는 것은 분명 어느 정도 현명한 판단이지만, 버냉키의 연설은 이를 신자유주의 그 자체가 아니라 저발전국의 책임으로 돌리고 있다.

글로벌 무역적자의 중심에서 우리는 미국과 중국을 발견할 수 있다. 1990년대 위기에 대한 언급은 중국이 직면하고 있는 조건과는 어울리지 않는 것 같다. 중국 당국은 통화 준비금의 부족보다는 달러 위기에 따라 나타날 수도 있는 이 준비금의 잠재적 평가절하를 우려했다. 중국의 발전 전략은 그날 강연에서 이야기한 신중한 행동이라고 볼 수는 없다. 그렇다면 중국이 미국으로부터 막대한 자본재를 수입해 미국의 무역수지를 건전하게 하도록 자국 경제를 부양해야 하는가? 20% 성장을 향해서?

• Remarks by Governor Ben S. Bernanke at the Sandrige Lecture, Virginia Association of Economics, Richmond, Virginia, March 10, 2005, www.federalreserve.gov/boa rddocs/speeches/2005/200503102.

이 대외무역의 안정화 장치로 작동하는 것은 아니다.

2005년 벤 버냉키Ben S. Bernanke는 미국 무역적자의 원인에 대해 언급한 바가 있다. 그는 그 책임을 미국의 국내적 요소가 아니라 1990년대 위기에 의해 동요된 주변부 국가들에 돌렸다(〈상자 11.1〉).

대외 불균형과 쌍둥이 부채

미국 경제 궤도의 세 가지 ― 무역수지, 해외 자금조달, 소비 ― 추세는 서로 밀접히 관련되어 있다. 앞서 이미 언급했듯이, 무역적자와 여타 다른 나라들로부터의 자금조달 증가 사이의 관계는 회계적 항등식이다. 하지만 이 장의 틀은 또한, 소비의 증가와 연결된 국내 채무와 해외 채무 사이의 관계 ― 두 번째 관계는 아주 명확하지는 않다 ― 를 설명한다.

폐쇄경제에서만 **국내 저축**은 **국내 투자**와 일치한다. 국내 경제가 여타 다른 나라들로부터 자금을 조달하고 있을 때는, 이런 해외 자금조달 ― 때때로 외국인 저축으로 표시된다 ― 이 국내 저축에 추가되어야만 한다(이런 구성 요소 모두는 양의 값이거나 음이기도 하다). 국내 저축 총합(기업과 소비자)에 외국인 저축을 더한 것이 국내 투자와 일치한다.

투자 = (기업 저축) + (소비자 저축) + (외국인 저축)

하지만 고정자본에 대한 투자가 기본적으로 자기자본에서 조달 ― 즉 기업 저축과 같다 ― 된다는 것이 미국 경제의 특징이다. 위에서 묘사한 관계는, 결과적으로 소비자 저축이 외국인 저축(반대의 부호를 갖는)과 일치한다는 것이다. 즉 소비자의 차입은 여타 다른 나라들로부터의 자금조달과 일치한다.

(소비자 저축) = -(외국인 저축) 또는 (소비자 차입) = (해외 자금조달)

이런 등식이 기본적 회계 관계의 결합된 결과이며, 기업의 투자는 자기자본으로부터 조달된다는 점을 이해하는 것이 중요하다.

│그림 11.1│ 순 부채

단위: 미국 GDP 대비 %, 분기

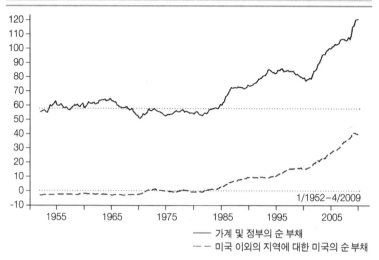

1/1952-4/2009

―― 가계 및 정부의 순 부채
― ― 미국 이외의 지역에 대한 미국의 순 부채

주: 미국 가계 및 정부를 결합적으로 고려했고, 미국 이외 지역에 대한 미국 경제의 부채를 검토했다. 이런 부채는 신용 시장 수
　단으로부터 기인한다.

　　이와 같은 국내적이고 국제적인 '쌍둥이 부채'는 미국 경제의 거시 궤
도에서 나타나는 중요한 특징이다. 가계와 여타 다른 나라들의 주식 지
분(대출 또는 채무증권이 아닌)이 존재하기 때문에 이런 표현[쌍둥이 부채]은
완전히 적절한 것은 아니지만, 그런 표현으로부터 기본적 아이디어를 얻
을 수 있다(대출과 채무증권은 사실상 해외 자금조달의 주요 구성 요소다. 〈표
10.1〉을 보라).

　　〈그림 11.1〉은 이런 관계를 보여 주고 있다(여기서 부채는 신용 시장 수
단으로 한정한다). 첫 번째 변수(――)는 〈그림 10.5〉처럼 결합적으로 고
려된 정부와 가계의 순 부채다. 두 번째 변수(― ―)는 여타 다른 나라에
대한 순 부채다. 우리는 신자유주의 이전의 평평한 구간과 신자유주의

기간 동안 나타난 평행적 상승 추세를 확인할 수 있다.

쌍둥이 부채는 1980년대에 유명했던 '쌍둥이 적자'의 친척이다. 그 시기 나타난 해외 자금조달의 상승은 정부 적자 탓으로 여겨졌다. 〈그림 10.5〉를 통해 이런 모순적인 언급에 대한 해석이 가능하다. 1980년 중반에서 1990년대 중반 사이에, GDP 대비 비중으로 나타난 총 국내 부채는 사실상 정부 부채 때문이었고, 또한 그에 상응해 해외 자금조달이 늘어났다. 그러나 정부 부채는 1990년대 장기 호황 기간 동안 감소했으며 호황 이후 안정화되었다. 반면 가계 부채는 해외 자금조달과 동일한 관계를 형성하며 상승하기 시작했다.

따라서 이런 탐구의 결론은 미국 경제 궤도의 전형적인 추세가 오직 세 가지로 환원될 수 있다는 것이다. 첫 번째 구성 요소는 총소득 중에서 소비가 차지하는 몫의 상승 추세다. 두 번째는 '적자와 부채'다. 이는 대외무역적자와 쌍둥이 부채를 함께 지칭한다. 세 번째는 축적의 하락이다.

가동률 vs. 적자 및 부채

현재의 틀에서, 소비자 대출의 증가는 수요에 긍정적 영향을 주며, 결과적으로 생산능력의 활용에도 동일한 영향을 준다. 하지만 이런 흐름들은 수입을 증가시키고, 그에 따라 적자와 부채(직접적으로는 국내 부채와 관련해, 간접적으로는 해외 자금조달과 관련된 무역적자의 결과로서)를 증가시키는 경향이 있으며, 이에 따라 거시 경제정책을 실행하기가 어려워진다. 이와 대칭적으로, 적자와 부채를 옥죄기 위해 대출을 제한하면, 가동률에 부정적 영향을 준다. 우연적인 경우를 제외한다면, 정상 가동률과 해외 자금조달 스톡을 안정화하는 무역수지의 균형을 동시에 달성하기는 불가능하다.

결과적으로 중앙은행은 화폐 정책의 상반 관계trade-off에 직면한다. 정상 가동률(과 일반적 물가 수준의 안정성)은 대외무역 균형 및 부채 안정화와 마찬가지로 중앙은행의 주요 목표인데, 대출과 관련된 결정은 이런 두 변수들에 정반대의 영향을 줄 수 있다. 단일한 수단을 통해 이런 상반된 변수의 움직임을 관리해야 하는 어려움이 있다(환율은 대외무역 불균형을 조정하는 데 도움이 되지 않는다). 화폐 정책은 경제의 수요를 촉진하거나 진정시킬 수 있다. 가동률과 인플레이션에 더 많은 또는 더 적은 효과를 주면서 말이다. 수요 촉진책은 무역적자를 증가시키고 그에 상응해 부채를 증가시킨다.

무역적자 성향

국제무역과 관련해, 국가들 사이의 중요한 차이가 있을 것이다. 이것이 대외무역 균형과 가동률 사이의 다소 민감한 상반 관계를 이루는 것이다.

정상 가동률과 관련된 가정 아래에서, 국가들을 그들이 직면한 상황에 따라 분류할 수 있다. 그런 상황 아래서, 무역적자 또는 흑자 가운데 어느 것이 우세한지가 경제의 중요한 구조적 차이이며, 이를 "적자를 발생시키는 성향"이라고 부를 수도 있다(이 책의 "부록 A"는 이런 개념에 대한 기술적technical 정의를 부여한다). 생산능력의 정상적 활용과 관련된 이런 적자 또는 흑자는 구조적 파라미터 값에 달려 있다. 관련된 국가들을 두 가지 유형으로 분류할 수 있다. (1) 무역 흑자를 발생시키는 성향을 갖는 나라들, (2) 적자를 발생시키는 성향을 갖는 나라들.

흑자를 발생시키는 성향을 갖는 나라들은 생산능력의 정상적 활용에 이상이 없다. 이런 상황에 도달하면, 성장을 제한하는 것은 기업의 유보 이윤이다. 그런 나라는 무역 흑자가 지배적이기 때문에 다른 나라들에 자금을 제공한다. 독일이 이번 위기 이전까지 이런 형상을 상징하는 나라로 판단되기도 한다. 두 번째 사례는, 생산능력이 정상 수준에서 활용될 때 적자를 발생시키는 성향이 있는 나라이다. 이런 나라에는, 위에서 언급한 상반 관계의 고유한 제약이 지배적이다. 세 가지 사례를 구별할 수 있다.

1. 국내 및 대외 부채 안정화 목표를 달성하기 위해 무역균형에 제약되지 않는 경제. 생산능력의 정상적 활용은 국내 및 대외 차입과 결합된 무역적자와 동시적으로 나타날 수 있다. 이것이 신자유주의 기간 동안의 미국의 사례다(이미 언급했듯, 이런 대외적 제약의 부재는 외국인들이 이 나라의 대외 적자에 기꺼이 자금을 조달하겠다는 용의를 표현한다. 이는 대외 거래 및 준비 통화로 활용되는 국제통화로서 달러의 지위가 주어진 가운데, 이 통화의 급격한 평가절하를 피하는 조건에서다).

2. 무역균형과 해외 자금조달에 대한 제한이 주어져 있는 경제, 즉 대외적 제약이 존재하는 경제. 이 경우, 상반 관계의 결과를 직접적으로 느낄 수 있다. 생산능력의 가동은 낮은 수준에서 이루어져야만 할 것이며, 이는 성장에 이롭지 못한 결과를 초래한다. 프랑스 또는 기타 유럽 경제들이 이런 사례에 어느 정도 해당한다. 이는 수요의 지속적 부족이 지배적인 상황을 표현한다. 기업의 투자는 감속하지만, 정상적인 능력의 활용도 이루어질 수 없다.

3. 국내 부채에 대한 제약이 존재하는 경제. 위의 사례와 마찬가지로, 정상 가동률은 도달될 수 없다. 가계 부채와 관련해, 미국과 같은 상황을 초래할 수 있는 위기가 발생할 수 있다. 이런 상황에서는 현재 이루어지

고 있는 바와 같이 정부만이 차입 주체가 되어 지출할 수 있다.

결론적으로, 우리는 신자유주의적 추세에서 나타나는 미국 경제 궤도의 구체적 특징들은, 미국이 수출보다 높은 수입 성향을 가진 국가임에도 불구하고, 생산능력의 정상적 활용을 유지하기 위한 정책을 실시했기 때문이라고 주장할 수 있다. 이는 세계 다른 지역이 이와 같은 상황을 용인하는 가운데 가능했다.

분배적 전환과 자유무역으로의 전환

이전 절의 분석은, 분배 및 자유무역에 대한 파라미터의 값이 주어져 있기 때문에, 정태적인 분석이었다. 이런 관점은 적자와 부채를 설명하기는 하지만 그것의 상승 추세는 설명하지 못한다.

이번 절에서는 신자유주의 기간 동안 나타난 메커니즘의 전환을 다룬다(좀 더 구체적으로는, 세 가지 구조적 파라미터의 변동인데, 먼저 총소득 가운데 소비자에게 분배된 몫, 수입 수요 및 생산능력의 일부로 측정된 수출이다). 여기에는 신자유주의적 기업지배구조의 진보(상위 분파에 대한 고임금 및 배당, 이자율 등을 규정하는)와 신자유주의적 정책의 추이, 다른 한편으로는 세계화, 즉 대외무역에 내한 개방의 진전(수출 또는 수입 성향을 규정하는)과 같은 상황들이 모두 고려된다.

두 가지의 점진적 전환이 고려되어야만 한다.

1. **분배적 전환.** 제2부의 그림들은 광범위한 의미에서, 고임금 지불에 관대한 성향, 배당, 순이자에 대한 기업에 더 커진 부담을 잘 나타내고 있다. 이는 여기서 "분배적 전환"의 구성 요소들을 나타낸다(자본소득으로 기업이 상실한 이윤 플로우는 〈그림 10.7〉에 나와 있다). 이런 전환은 가계의

| 표 11.2 | 개인소득에 대한 분해: 미국 경제

단위: GDP 대비 %

	1970년대 평균	1980~2008년 평균	변동
개인소득	80.6	83.9	3.3
피용자 보수	58.5	57.1	-1.4
자영업자 소득	7.5	7.0	-0.4
개인 지대소득	1.5	1.5	-0.0
개인 자산소득	9.6	14.0	4.4
개인 이자소득	7.4	10.7	3.2
개인 배당소득	2.2	3.4	1.2
이전소득-사회보장비	3.5	4.2	0.7

관점에서 고찰될 수도 있는데, 여기에서는 자본소득의 증가와 상위 계층 고임금의 증가로 표현된다. 분배적 전환을 통해 고임금과 자본소득을 받는 가계들의 구매력이 강화되었고, 전반적으로 고려된 총 가계 구매력을 상승시켰다.

〈표 11.2〉는 두 기간을 비교한다. (1) 신자유주의 이전 마지막 10년인 1970년대, (2) 신자유주의 기간(1980~2008년). 표의 수치를 통해, 개인소득이 GDP 대비 3.3%p 증가했음을 알 수 있다. 이런 전환은 자본소득과 상위 임금의 증가(+4.4%)에도 불구하고, 감소된 임금몫(-1.4%)의 결합적 효과다(추가적으로 사업자 소득은 0.4%p 감소했다).

이런 운동은 〈표 11.3〉에서와 같이 다른 소득 범주에 대한 개인 가처분소득의 증가를 반영하는데, GDP 대비 2.7%p 증가했다. 이런 증가분에 더해 정부(연방, 주, 지방) 수입이 1.5% 상승했다. 따라서 총 변동분은 GDP 대비 4.2%에 달했다. 동시에 비금융 기업의 유보 이윤은 신자유주의 이전 시기에 투자에 이용될 수 있었던 유보 이윤 2.7%에 비해 GDP 대비 1.6% 감소했다. 이 같은 감소분이 투자에 미친 영향은 대단했다.

2. 자유무역으로의 전환. 8장에서 우리는 신자유주의의 수립이 자유무역의 일반화, 대외무역 성장, 즉 수출 및 해외로부터의 수입 증가 경향

| 표 11.3 | 소득 비중: 미국 가계, 정부, 비금융 법인 |||

단위: GDP 대비 %

	1970년대 평균	1980~2008년 평균	변동
개인 가처분소득	70.9	73.6	2.7
정부 경상 수입	27.9	29.3	1.5
비금융 법인 미분배 이윤(비조정)	2.7	1.1	-1.6

과 어떻게 얽혀 있는지 살펴보았다. 여기에는 적자 성향의 증가가 아니라 대외무역의 상승 추세가 연관되어 있다.

전환과 추세

이런 두 가지 신자유주의적 전환을 통해 미국 경제의 거시 궤도를 구성하는 다섯 가지 추세를 직접적으로 살펴볼 수 있다(이 책 "부록 A"의 모델에서 두 가지 전환은 두 가지 구조적 파라미터 λ와 α의 상승으로 나타나며, 변수들의 균형 값에 대한 충격은 규정될 수 있다). 분배적 전환은 축적률의 점진적 하락을 규정한다(〈그림 10.7〉). 자유무역으로의 전환은 국내 및 해외 생산자와 수출 능력 사이에서 소비자의 수요 분할에 영향을 미친다. 자유무역으로의 이와 같은 전환은, 총수요에서 차지하는 수출의 증가로 상쇄되지 않는, 국내 기업의 물건에 대한 구매력 몫의 저하로 나타나며, 이는 매번 미국 경제의 현존 생산능력의 정상적 활용을 유지하는 데 필수적인 대출 공급(과 그 비중의 증가)으로 이어진다. 이런 추세는 수출의 증가가 뒤따르지 않는 수입몫과 무역적자의 동시적 증가를 의미한다.(〈그림 10.1〉). [따라서] 이런 적자의 증가는 여타 다른 나라들로부터의 조달되는 자금의 증가를 수반했다(〈그림 10.2〉). 가동률 유지를 목표로 하는 정책은 가계 부채의 상승을 필요로 했다(〈그림 10.6〉). 동시에 소비가 증가하고(〈그림 10.3〉), 저축률이 하락(〈그림 10.4〉)했다. 이런 전환은 GDP에서 소비 비중의 증가로 나타났다.

우리는 여기서 두 개의 신자유주의적 전환이 어떻게 생산능력의 활용 및 적자 및 부채 사이의 모순을 증가시키는지 관찰할 수 있다. 정상적인 생산능력의 활용이 있기 위해서는 비례적으로 더 큰 소비자 부채의 증가가 필요했다.

거시 안정화 장치로서 신용 유효성 감소

자유무역으로 인해 거시 정책의 한계가 나타난다. 개방경제에서 신용을 통한 산출의 촉진은 경제의 수출 또는 수입 성향에 의해 손상된다(새로운 대출은 재화를 수출하는 나라들의 거시 경제를 촉진한다). 자유무역으로의 전환으로 인해 거시 정책을 실행하는 것이 더욱 곤란해진다. 따라서 국내 거시 경제 촉진에 대한 신용 효율성의 감소를 언급할 수 있다.

다른 나라들로부터의 자금조달은 국내 부채의 또 다른 측면이기 때문에, 국내 거시 경제 촉진에 있어 신용 효율성의 감소는 쌍둥이 부채의 동시적 증가를 의미하기도 한다. 국내 산업의 생산 가동률을 유지하고 성장률을 촉진하기 위한 결정은 자유무역으로의 전환으로 인해 점진적으로 요구되었고, 국내 및 대외 부채를 끊임없이 증가시키는, 공격적인 신용 정책을 필요로 했다.

결정 요소 두 가닥 사이의 수렴

전반적인 금융-글로벌 구조의 취약성 및 미국 경제 궤도의 지속 불가능한 성격이 〈도표 2.1〉처럼 위기로 이어진 결정 요소의 두 가닥이다. 한 편으로, 미국은 경상수지 균형을 유지할 필요가 없기에 금융화와 세계화를 적극적으로 추진할 수 있었고, 이를 통해 일부 상위 계급들은 지속적으로 고소득을 추구할 수 있었다. 이와 동시에 극단적인 금융 메커니즘의 팽창은 가계 부채의 증가(또 다른 측면으로 정부 부채의 증가)를 가능하게 했는데, 이는 미국 경제가 지속되기 위한 기본 조건으로, 이 같은 가계 부채의 증가가 없었다면 미국 경제 궤도는 유지되기 어려웠을 것이다.

해외로부터 조달되는 자금의 증가와 국내 부채의 증가 모두 전반적인 구조의 안정성에서 보자면 위험한 전개였다. 이런 측면과 관련해, 가장 자주 언급되었던 것은 미국의 적자가 달러 환율에 잠재적으로 미칠 수 있는 위협적인 결과였다. 외국인들은 대외적 채무가 지속적으로 증가하고 있는 나라에 계속 대부를 할 것인가? 해외로부터 미국으로 조달되는 자금의 대부분이 민간 부문에 흘러들어 감에도 불구하고, 많은 논평가들은 정부 부채 문제를 지적한다. 중국이 미국 재무부 증권을 계속 구입할 것인가? 하지만 위기의 방아쇠는 달러의 붕괴가 아니다. 미국 헤게모니하의 신자유주의는 주택담보대출 시장의 위기라는 거대한 파고에 의해 불안정화되었다. 그것은 미국 경제 궤도의 기본적 구성 요소였던 가계 부채가 악화되었다는 신호였다. 이는 결정 요소의 두 가닥 간의 관계(〈도표 2.1〉의 화살표 E)가 결정적이라는 의미다. 가계 부채 부문의 취약성은 각각의 결정 요소들에 서로 다른 영향을 줄 수 있다.

1. 가계 부채의 증가는 신자유주의에 고유한 금융화 및 세계화 추세의 구성 요소로서 접근될 수 있다. 그것은 과감한 금융 혁신에 의해 가능했고, 여타 다른 나라들의 자금조달 역량을 통해 극단으로 밀어붙여진 고소득 추구에 의해 추진되었다. 이는 전반적으로 취약한 금융 구조를

불안정화하기에 충분했다.

2. 이런 가계 부채의 증가는 미국 경제 궤도 및 [세계화 및 금융화라는] 두 개의 신자유주의적 전환의 직접적인 산물이다. 해가 갈수록 더욱 많은 신용이 이 궤도의 지속을 위해 요구되었고, 이는 지속 불가능한 수준에 이르기까지 계속되었다. 거대한 금융적 붕괴가 일어나기에 충분했다.

가계 부채는 현실적으로 두 가닥의 결정 요소 사이의 교차, 즉 수렴점을 정의한다. 이런 수렴 그 자체로 위기가 설명되지는 않는다. 그것은 어떻게 위기가 현실화되었는지에 대한 정확한 양태를 정의한다.

| 제 6 부 |

주택 시장 호황에서
금융 위기로

2000년 이후 미국의 거시 경제

이번 위기는 미국의 헤게모니 아래에서 진행된 신자유주의의 위기다. 따라서 위기의 본래적인 원인을 이런 사회적이고 국제적인 질서의 내적 동역학, 특히 고소득의 추구(제3부)에서 찾아야만 한다. 제4부와 제5부에서는 이런 동일한 기원으로부터 유래한 두 가닥의 결정 요소에 집중했다. (1) 신자유주의적 세계화·금융화, (2) 미국 경제의 지속 불가능한 거시적 궤도. 〈도표 2.1〉에서 주장했다시피 요소들의 양쪽 범주들은 위기에 대한 규정으로 수렴한다. 이미 그 자체로 위험한 전개를 보이고 있던 주택담보대출의 붕괴라는 급격한 파고가 주택담보대출 시장보다 훨씬 광범위한 금융-글로벌 구조를 불안정하게 만들었다.

제6부에서는 2000년 이후 막대한 수준의 국내 부채를 만들어 낸 결정 요소에 대해 논할 것이다. 신용 팽창에는 언제나 두 가지 측면이 존재한다. 두 가지 형태의 의문이 제기될 수 있다. (1) 누가 무슨 목적으로 차입했는가? (2) 누가 대부했고, 어떤 수단을 통해 그리 했는가? 신용의 파고가 매우 구체적인 부문인 주택 시장에서 비롯됐고, 결과적으로 주택담보대출에 근거했다는 것은 잘 알려져 있다. 또한 통상적인 이윤 추구를 목적으로 하는 대출자들이 존재했다. 이런 만남이 이루어지기 위해서는 두 가지 조건이 필요하다. (1) 차입자에 대한 문턱을 낮추는 것. (2) 대부자가 입게 되는 위험과 관련된 보증(적어도 추정된 보증). 이런 두 가지 조건 사이의 간극은 서브프라임 주택담보대출 및 증권화의 확대, 채무불이행에 대비한 보험으로 전환 등을 통해 좁혀졌다. 이런 메커니즘의 또 다른, 진정으로 알 수 없는, 측면은 금융 당국이 대부의 증가를 멈추려고 하지 않았고, 그런 대출의 증가를 용의willingness 또는 능력의 문

제로 취급했다는 점이다.

12장에서는 어떻게 주택 시장 호황이 정보 기술 호황의 붕괴 이후 거시 경제의 회복을 가능하게 했는지 보여 주고, 13장에서는 주택담보대출 물결에 대한 정보를 제공한다. 14장에서는 화폐 정책의 유효성을 손상시킨 환경에 대해서 이야기한다.

12

두 번째 유예

주택 시장 호황과 붕괴

미국 경제 궤도의 중심 측면 가운데 하나는 비금융 기업 투자율의 하락 및 그에 따른 성장률의 하락이다. 하지만 이런 전개는 1990년대 중반 정보 기술에 대한 투자 호황 — 2001년 경기후퇴로 인해 절반으로 갑작스럽게 추락 — 으로 인해 감추어져 있었다. 경기후퇴로부터의 이 같은 회복은 가계 부채, 특히 서브프라임 대출의 폭발적 성장을 통해 촉진된 주택 시장 호황 덕분에 가능했다. 주택 시장 위기의 첫 번째 징후는 2005년 말 정점에 도달한 이후, 투자 하락이 시작되었던 2006년 초에 이미 관찰되었다. 금융 위기는 그로부터 두 해가 지나가기 전 — 대출 팽창을 완화시키기 위한 연준의 시도가 실패한 후 — 에 닥쳤다.

1990년대와 2000년 이후 미국 경제

주택 시장 호황을 분석하기에 앞서, 미국의 거시 경제를 좀 더 세밀히 들

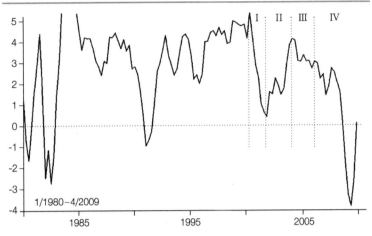

주: 전년 동기 대비 GDP 성장률이다. 세로 방향의 점선(Ⅰ)은 2000년 2분기, (Ⅱ)는 2001년 4분기, (Ⅲ)은 2004년 1분기, (Ⅳ)는 2006년 2분기를 기준으로 삼고 있다.

여다볼 필요가 있다. 〈그림 12.1〉을 통해 미국 GDP 성장률을 확인할 수 있다. 그림을 통해 1980년대 초 — 신자유주의가 시작할 즈음인 — 와 1991년 경기후퇴를 쉽게 확인할 수 있다. 1990년대 후반의 장기 호황과 2001년 경기후퇴, 그에 뒤이은 느슨한 회복, 2008년 대수축으로의 진입 시기가 이번 분석과 맞물려 있다.

그림에서 나타나듯 2001년 미국의 GDP 성장률은, 네거티브 성장으로 진입하지는 않았지만,[1] 상당히 심각한 수준이었다. 성장률의 하락은 6분기 동안의 긴 침체(국면Ⅰ)로 이어졌고, 이후 이로부터 회복을 하는 데

1_경기후퇴는 일반적으로 GDP가 2분기 동안 연속적인 하락을 보이는 것으로 정의된다.

에는 9분기(국면 II)가 걸렸다. 1992년에서 2000년까지의 9년 동안은 점진적 성장의 시기였고, 1990년대 후반은 장기 호황의 기간이었다. 회복은 짧은 평평한 구간에서 나타나고 있으나 실제로는 하강하는 쪽으로 기울어져 있다(국면 III). 2006년 초 주택 시장의 하강은 새로운 국면(국면 IV)으로 진입했음을 보여 주고 있다. 경제는 새로운 경기후퇴로 인식될 수 있는 쪽으로 기울어졌고, 실제로 수축의 첫 번째 단계가 나타나고 있다.

1980년 이후의 기업 투자를 보면, 미국 비금융 기업 고정자본 축적률(〈그림 10.7〉의 첫 번째 변수(──)]의 하락 추세는 1990년 후반 호황 기간에 나타난 의미 있는 상승분에 의해 중단되었다. 이 호황 기간 동안 투자 ─ 2001년 경기후퇴를 통해 붕괴하면서 끝난 5년 동안의 장기 호황 ─ 는 거대한 진폭을 나타내는 고전적 경기순환의 형태를 띠고 있으며, 하락 추세를 일시적으로 경감시켰다. 하지만 이런 순환으로 인해 미국 경제의 거시적 궤도를 특징짓는 좀 더 복잡한 메커니즘의 상호작용이 감추어졌다.

첫 번째 유예: 정보 기술 호황

〈그림 12.2〉를 통해 경기변동이 기반하고 있는 투자의 동역학에 대해 좀 더 면밀히 검토할 수 있다.

정보 기술 투자의 상승 추세(·····)는 1991년 경기후퇴의 영향을 받지 않았고, 1990년대 더욱 커졌으며, 2000년에 정점에 이르렀다. 장기 호황에 진정으로 극적인 성격을 부여한 것은 바로 이 같은 투자 때문이다. 이런 상승분으로 인해 수년 동안 거시 경제가 지속될 수 있었으며, 2000년 4분기에 최종적으로 정점을 찍은 이후 그 막을 내리게 되었다.

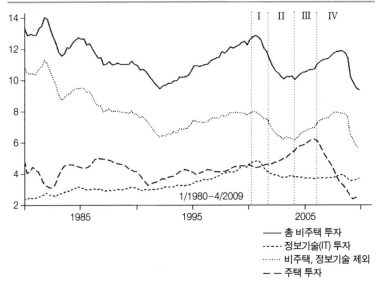

| 그림 12.2 | 투자율: 미국 경제

단위: GDP 대비 %, 분기

I II III IV

1/1980–4/2009

1985   1995   2005

―― 총 비주택 투자
‥‥‥ 정보기술(IT) 투자
‥‥‥ 비주택, 정보기술 제외
― ― 주택 투자

주: 여기에서 총 투자는 비주택(――) 및 주택(― ―) 투자로 나누어질 수 있으며, 나머지 변수(- - - -과 ‥‥‥)는 이런 총 투자에 투자되는 비주택 투자 부분이다.
〈그림 10.7〉의 변수와 비교할 때, 여기의 비주택 투자(―) 변수는 세 가지 차이가 있다. (1) 〈그림 10.7〉의 투자는 여기서 사용하고 있는 총(gross)적 측면이 아니라, 감가상각을 제외한 순 투자다. (2) GDP가 아니라 고정자본 스톡과의 비율이다. (3) 분석 단위는 민간경제가 아니라 비금융 법인이다.

장비 및 건축에 대한 투자(‥‥‥)와 비주택 투자분은 다소 별개이고 하락 추이를 갖는다. 그것은 정보 기술 투자보다는 덜 스펙터클한 방식으로 장기 호황을 달성했다.

정보 기술 호황과 평행한 금융적 거품이 존재했다. 〈그림 4.5〉를 통해 증권시장 지표와 이윤 사이의 눈에 띄는 분기를 확인할 수 있다.[2]

─────────

2_ 이 그림의 측정 기준에 따르면 NYSE 지수는 2000년 3분기에 정점에 달했고, 2003년 1분기까

1997년 3분기와 2003년 1분기 사이의 일시적인 분기를 그림에서 명확히 확인할 수 있다. 1997년 3분기 이윤의 정점과 증권시장의 정점 사이에는 정확하게 3년의 차이가 난다. 이윤이 24% 하락하고 있었던 시기에 주가는 30% 상승했다!

2001년 경기후퇴와 주택 투자

최종 수요의 다양한 구성 요소 — 주택 및 비주택 투자(〈그림 12.2〉), 가계 소비[〈그림 10.3〉의 첫 번째 변수(──)], 그리고 정부의 재화 및 서비스 구매 — 는 2001년 경기후퇴 과정에서 발생한 성장률의 변동과 관련해 서로 다른 역할을 수행했다.

〈그림 12.1〉에 소개된 네 국면을 구별할 필요가 있다.

1. 국면 I 초반에 나타난 비주택 투자의 하락, 특히 정보 기술 투자의 붕괴가 경기후퇴의 주요 요소였다. 주택 투자 또는 정부 구매가 하강 국면에서 아무런 역할도 하지 못했다. 반면 가계 소비는 증가하고 있었다.

2. 국면 II 기간에 나타난 회복의 엔진은 비주택 투자가 아니었다. 첫 번째 구성 요소인 정보 기술 투자는 여전히 하락하고 있었고, 나머지 비주택 투자 역시 회복되지 못했다. GDP에서 가계 소비가 차지하고 있는 몫은 정체되었지만, 매우 높은 수준이긴 했다. 주택 시장 호황과 정부의 재화와 서비스에 대한 지출이 회복의 주요 요소였다. 산출 축소에 영향

지 하락했으며 그 이후 회복되었다. 이윤은 1997년 3분기에 가장 높은 수준에 도달했고, 2001년 3분기까지 하락했으며, 그 이후 회복되었다.

을 받지 않은 주택 투자는 국면 II 초반에 극적으로 상승했고, GDP 대비 1.7%p 상승했다. 정부 지출의 기여도는 그리 크지 않았다. 그것은 국면 II 동안 0.4%p 상승했다(우리는 추가적으로 군비 지출이 이런 상승의 60%를 차지했음을 관찰할 수 있다).

현실적으로는 가계의 최종 수요가 이를 대체하게 되었다. 1997년 초부터 국면 I의 말에 이르기까지, 엄격한 의미에서 가계 소비는, GDP에 대한 비중이 정체하기 이전까지 급속하게 증가했다. 이런 소비 증가의 원인은 바로 주택 투자의 급상승이었다.

3. 회복 이후 새로운 성장률이 나타나고, 비주택 투자가 성장하기 시작했던 국면 III으로 접어들면서, 주택 투자는 매우 높은 수준에서 정점을 찍었던 반면, 다른 변수들은 이와는 다른 흐름을 보이고 있었다. 2005년경, 안정적인 고원이 나타났는데, 이는 다소 일시적이고 상대적으로 낮은 수준에서였다.

4. 주택 투자는, 2006년 채무불이행과 연체가 늘어나고 그에 따라 발생한 2007년 금융 위기와 2008년 산출의 축소가 일어나기 직전인, 국면 IV 초기에 불안정화되었다.

〈그림 12.2〉에 잘 드러난 것처럼, 주택 투자는 국면 I에서 국면 II 전반에 걸친 수요의 결정적인 구성 요소였다. 그것이 정보 기술 호황의 붕괴 이후, '두 번째 유예'를 가능하게 한 요인이었다. 경기후퇴 기간 동안 주택 투자는 줄어들지 않았으며, 경제가 경기후퇴로부터 빠져나오는 과정에서, 이와 관련된 수요 구성분이 점진적으로 증가하고 있었다. 그것이 2000년대 초반 경기후퇴로부터 회복할 수 있었던 주동력이었지만, 주택 시장 호황이 정점에 도달함에 따라, 성장률은 새롭지만 취약한 평평한 구간으로 이어졌다.

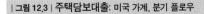

| 그림 12.3 | 주택담보대출: 미국 가계, 분기 플로우

단위: 10억 달러

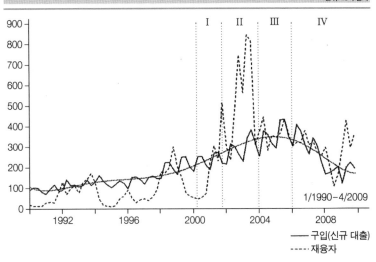

주: 점선은 추세선이다.

주택담보대출의 물결

2001년 경기후퇴로부터 회복할 수 있었던 엔진이 주택 투자였다면, 그 물결을 주도한 것은 넘쳐 나는 주택담보대출이었을 것이다. 그것의 잔존 가치는 국면 I과 국면 II에만 해도 GDP 대비 15%p 이상 증가했다. 이런 가계 부채의 증가는 낮은 신용 등급 대출의 폭발적 성장으로 인해 가능했고, 이는 잘 알려진 대로 위험스러운 전개 과정이었다.

〈그림 12.3〉은 주택담보대출의 분기별 상황을 보여 주고 있다. 재융자를 제외한 신규 대출은 "구입"으로 표시된다. 우리는 주택담보대출 발행 중 구입(──)의 점진적 성장을 관찰할 수 있으며, 이는 2005년 정점을 찍었다(계절 조정된 시계열은 아니지만 추세선을 확인할 수 있다). 2004년

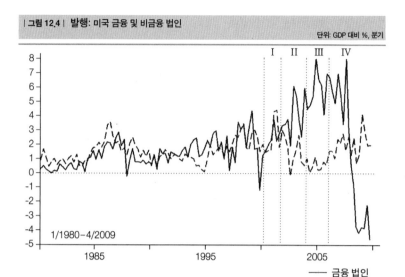

| 그림 12.4 | 발행: 미국 금융 및 비금융 법인

단위: GDP 대비 %, 분기

1/1980-4/2009

—— 금융 법인
– – 비금융 법인

이전 재융자는 변동성이 더 컸고, 2003년에 정점에 도달했다(국면 II의 이자율 하락 기간 동안). 이런 거대한 흐름은 대출 스톡의 성장으로 현실화되었다. 기발행 주택담보대출 스톡(〈그림 10.6〉)은 2001년 경기후퇴 이전인 국면 I 초반 GDP 대비 47%에서 국면 II 말 61%까지 성장했다. 2007년 초에는 73%로 절정에 달했다.

금융 부문의 대출을 지탱하기 위해 막대한 양의 주택담보대출유동화증권MBS이 발생되었다(표준적인 채권 또한 자금조달의 원천이었지만 MBS보다는 중요하지 않다. 〈표 13.2〉를 확인하라). 〈그림 12.4〉는 금융(——) 및 비금융(– –) 기업의 회사채 발행 양상을 보여 주고 있다. 금융 부문 채권 발행의 물결은 국면 III 동안 GDP 대비 8.0%로 정점에 도달했다. 비금융 기업의 채권 발행과는 매우 대조적이다. 비금융 기업의 채권 발행은

2001년 최초의 극대치에 도달했다, 국면 III에 들어서면서 매우 낮은 수준으로 하락했고, 최종적으로는 그보다 높은 수준으로 회귀했다(이 같은 변수─ ─]의 운동은 신용 시장 수단에 의한 차입 및 〈그림 4.4〉의 2004년 이후 비금융 부문 일부의 자사주 매입 양상과 공명한다).

부실 대출들?

서브프라임 위기라는 통념은 소득이 낮은 층위와 관련한 가계 부채의 상승을 지칭하기는 하지만, 대부분의 대출은 고소득 계층에 의한 것이었다. 부채는 가장 빈곤한 가계 부문에 국한되어 있는 것은 아니었다.

〈그림 12.5〉를 통해 5분위 소득에 따른 주택담보대출의 가계 비중을 확인할 수 있다. 두 해를 고려했는데, 각각 1984년과 2007년이다. 두 시기 모두에서 대출이 있는 가계의 비중은 소득수준과 서로 연관되어 있다. 1분위의 13% 및 17%와 상위 분위의 72% 및 75%를 보면 명확하게 드러난다. 2000년 이후를 포함하는 신자유주의의 기간 동안 실질적으로 이런 양상이 수정되지는 않았다는 것이 두 번째 관찰이다. 주택담보대출 수로 볼 때, 가장 빈곤한 가계의 부채는 증가하지 않았다. 가장 큰 증가는 중간 계층에서 두드러진다. 두 변수들 사이의 거리가 가장 큰 3분위와 4분위에서는 각각 10%씩 증가했다.

이런 관찰은 분위별 소득 대비 채무 상환 비율로 나타날 수 있는 부담(원금과 이자)을 고려했을 때 확증된다. 전체적으로 높은 소득 층위가 세후 소득 가운데 많은 비중을 채무 상환을 위해 지불한다(1990년대와 2000년 이후 평균 약 10%[3]). 부채에 대한 부담의 증가는 20~40, 40~60, 60~80세 분위에서 분명히 나타나는데, 이들 분위에서 지불 부담은 1990년대

단위: %

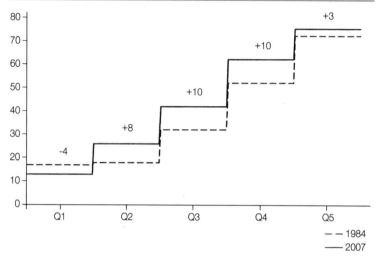

주: 가로축은 가장 낮은 소득 분위로부터 높은 소득 분위까지의 분위별 가계소득을 보여 주고 있다(5분위).

초반 이후 꾸준히 증가했다.

　이 같은 부채 증가의 주요 특징은, 주택담보대출 차입자들의 상당수가, 이미 채무 상환의 어려움에 직면해 있는 가구들(아마도 20~40, 40~60 분위와 같은 중간계급의 하위 부분)로 전통적인 대출 자격 요건에 부합하지 않았다는 점이다. 이런 대출을, 오늘날 전 세계적으로 유명해진 "서브프라임 대출"이라 부른다.[4]

3_Consumer expenditure survey (Washington, D. C.: U.S. Department of Labor, Bureau of Labor Statistics, 2008), www.bls.gov/cex/.

4_신용 및 주택 시장은 극도로 차별적(discriminated)이고, 이런 차별은 서브프라임 대출의 증가

| 표 12.1 | 주택담보대출 실행과 ABS 발행: 미국 경제(2001~06년)

단위: 10억 달러

	실행					ABS 발행	
	총	서브프라임	알트-A	서브프라임+알트-A		서브프라임+알트-A	
	$ (a)	$ (b)	$ (c)	$ (d)=(b)+(c)	퍼센트/총 (e)=(d)/(a)	$ (f)	퍼센트/실행 (g)=(f)/(d)
2001년	2,113	190	60	250	12	99	39
2002년	2,773	231	68	299	11	176	59
2003년	3,765	335	85	420	11	269	64
2004년	2,600	540	200	740	28	521	70
2005년	2,755	625	380	1,005	36	797	79
2006년	2,520	600	400	1,000	40	814	81

서브프라임 대출이란 무엇인가? 주택담보대출은 일반적으로 연방주택청FHA, 페니메이, 프레디맥(13장)이 보증한 것으로서 [이런 기관들이 요구하는 자격 요건을 갖춘] 컨포밍conforming 또는 기관 보증 주택담보대출과 관련해 정의된다. [반면] 서브프라임 차입자는 다음과 같은 구체적 사례들로 묘사된다. (1) 지난 1년 또는 2년 동안 한두 달 정도의 연체 이력이 있는 자, (2) 지난 2년 동안[법원의 부채 확인] 판결, 압류, 담보물 회수, 또는 대손상각의 경험이 있는 자(〈그림 16.1〉의 설명을 참조), (3) 저신용 등급low credit scores(FICO[5]) (4) 소득 대비 이자 및 상환의 비중이 50% 이상 되는 자 등. '서브프라임'은 현실적으로 점보론jumbo loan, 알트-에이Alt-A, 서브프라임과 같은 문제가 많은 대출 가운데서도 가장 낮은 [신용] 범주에 속한다. '점보'는 위험도가 높은 시장인 값비싼 주택에 상응하는 큰 대출이다. '알트-에이'는 에이-페이퍼A-paper('프라임'론)보다 위험하지만 서

에 한몫을 했다. G. Dymski, *Discrimination in the Credit and Housing Markets: Findings and Challenges* (Riverside, Calif.: University of California, 2009).

5_FICO를 만들어 낸 페어 아이작(Fair Isaac Corporation)의 약자다.

브프라임보다는 위험하지 않다. 이런 대출의 대부분은 변동금리주택담보대출ARM이며, 이자율 상승 시기에 위험에 직면한다.

위험 대출은 2000년 중반, 2004년 초에 급증했다. 〈표 12.1〉(실행)을 보면, 서브프라임과 알트-에이 대출은 2001년 총 발행의 약 12%, 2003년에는 11%였다가, 2006년에 40%로 증가했다. 늦었지만 극적인 증가였다(〈표 12.1〉의 오른쪽 부분은 13장에서 활용되었다).

발행자들은 차입자들이 ARM보다 위험할 수 있는 대출을 받도록 다양한 과정을 통해 부추겼다. 그 가운데 하나가 '이자만 갚는' 주택담보대출이다. 말 그대로 차입자들은 대개 5년 또는 10년 동안 이자만 갚아 나가는 것이다. 더욱 대담한 것은 '네거티브 주택담보대출'negative amortization 또는 '이연 이자'deferred interest라고 할 수 있는데, 이자보다 낮은 금액을 [매달] 납부하는 대신, 그 차액이 부채에 추가되는 방식이다.

주택 가격의 상승

차입이 상대적으로 쉬웠던 이유는 주택 가격의 상승 때문이었다. S&P/케이스-쉴러Case-Schiller 주택 가격지수를 〈그림 12.6〉에서 볼 수 있다. GDP 디플레이터로 조정한 것이다. 주요 도시 세 개와 미국 전체 평균을 나타내고 있다. 1996년 1분기와 2006년 4분기 지수는 GDP 디플레이터 상승률 이상인 연평균 6.7% 상승했다.

주택 가격의 상승으로 인해 대출이 증가했는데, 이는 세 가지 이유에서다. 먼저 더 비싼 주택은 더 많은 차입을 필요로 한다. 둘째, 가격이 더 높은 신규 주택이 담보로 주어짐에 따라, 재융자를 통해 새로운 차입이 가능하다. 셋째, 대부자는 주택 가치가 상승하면, 채무불이행에 따른 손

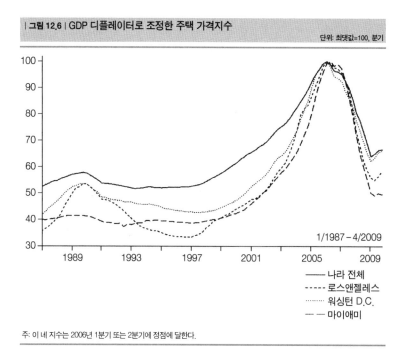

단위: 최댓값=100, 분기

1/1987 – 4/2009

나라 전체
─── 로스앤젤레스
········ 워싱턴 D.C.
── 마이애미

주: 이 네 지수는 2006년 1분기 또는 2분기에 정점에 달한다.

실이 적을 것이라고 기대한다. 적어도 대부자와 차입자는 가격의 하락을 기대하고 있지 않았다.

2005~06년 주택 시장의 하강

〈그림 12.7〉을 보면 주택 인가 수는 2005년 9월 226만3천 채에 달했던 것이 2007년 7월 138만1천 채로 갑자스럽게 하락했고, 2009년에는 50만 채 약간 아래에 도달했다.

　기존 주택 판매도 유사한 움직임 겪었다(〈표 12.2〉). 2005년 707만5천 채로 절정에 달했다가, 2007년에는 565만2천 채로 하락했고, 2008년

| 그림 12.7 | 민간이 보유한 신규 인가 주택: 미국

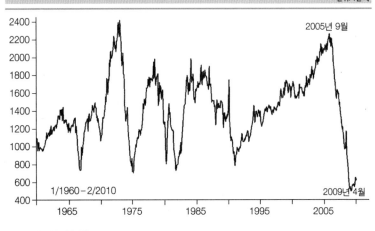

단위: 1천 채

주: 월간 데이터를 연간화함.

에는 500만 채 이하로 줄어들었다. 신규 주택 부문에서는 더 강력한 흐름이 나타났다. 동시에 미판매 주택 수는 2005년 말과 2008년 7월 사이에 약 2,800만 채를 넘는 수준에서 4,600만 채로 늘었다(판매 기간이 4.5달 정도에서 10.9달로 늘어났다).[6]

　이는 미국 주택 시장의 첫 번째 붕괴는 아니지만 가장 큰 규모였다. 1960년 이후 초기의 가장 극적인 사건은 1973년 위기(〈그림 12.7〉)다. 2005년 이후 주택 시장 위기의 구체적 측면은 그것이 1991년 이후 나타난 장기적이고 점진적인 성장 기간의 결과로 일어났다는 점이다. 1973

6_National Association of Realtors, Existing-Home Sales and Prices Overview, 2009, www.realtor.org/research/ehsdata.

| 표 12.2 | 주택 판매: 미국 가계

	단독 주택 판매(1천 채)		2005년 이후 변동분	
	기존 주택	신규 주택	기존 주택	신규 주택
2004년	6,723	1,200	—	—
2005년	7,075	1,285	0.0	0.0
2006년	6,478	1,051	-8.4	-18.2
2007년	5,652	776	-20.1	-39.6
2008년	4,912	482	-30.6	-62.5
2009년	5,150	372	-27.2	-71.1
2010년*	5,197	387	-26.5	-69.9

주: * 2010년 5월 예상치

년 위기와는 달리 그것은 안정화된 GDP 디플레이터에도 불구하고 발생했다.

주택 가격의 붕괴는 전반적인 주택 시장 하강 국면의 일부다. 주택 가격은 2006년 초 정점에 도달한 이후, 급격히 하락했다(〈그림 12.6〉).

13

주택담보대출 시장을 부양하기

2000년 이후의 주택담보대출 물결 및 그와 연관된 서브프라임 대출이 주택 호황의 원천이 되었다. 하지만 대출의 증가는 채무불이행에 대비한 보험 및 증권화라는 두 가지 결정적 금융 장치의 도움이 없었더라면 불가능했을 것이다. 양쪽 범주의 메커니즘은 동시에 막대하게 확장되었고, 근 10년 동안 주요한 변화를 겪었다. 지니메이와 GSE(페니메이와 프레디맥)의 전통적 MBS 발행은 새로운 세대의 민간 발행자에 의해 보충되었다. 신용 채무불이행에 대한 보험 사업은 새롭게 소용돌이치는 신용부도스와프cDs 파생상품시장의 활동에 박차를 가했다.

이런 발전 과정이 주택담보대출 물결의 팽창에 결정적이었다. 그리고 그것들이 9장에서 "취약하고 통제 불가능한 구조"라고 말한 것의 기본적인 구성 요소다. 물론 그와 같은 도구들은 미국 경제 궤도의 지속에 필수적인 것이기 때문에 그냥 발전한 것은 아니다! 발행, 증권화, 보험은 모두 수지맞는 장사였다.

미국의 정부 보증 증권화: 역사적 관점

증권화의 현대적 과정은 긴 역사의 최근 에피소드일 뿐이다. 그 기원을 추적해 보면 대공황과 뉴딜, 그리고 전쟁을 만날 수 있다. 이런 증권화 과정은 정부가 엄격하게 통제하고 있던 부분이었지만, 민간 자체 발행자의 팽창으로 이어졌고, 이것이 이번 위기의 중요한 요소라 할 수 있다.

1934년, 의회는 주택 시장의 전반적인 조건을 회복하고 미래의 잠재적 붕괴를 막기 위해 〈국가주택법〉National Housing Act을 통과시켰다. 그 법을 통해 연방주택청FHA이 창설되었는데, 대부자에게 손실에 대비한 보호를 제공하는 역할을 했다. 미연방주택저당협회(페니메이)가 1938년 루스벨트 대통령의 요구로 설립되었다. 페니메이는 은행의 주택담보대출을 구매하는 정부 기관으로, 이를 통해 은행에 돈이 공급되었으며, 은행의 잠재적 활동을 배가시킬 수 있었다. 페니메이는 원래 연방정부의 보증으로 투자자들에게 무담보채권plain bond을 발행해 자금을 조달했다. 페니메이는 오직 FHA가 보증하는 대출만을 구매했다.

1960년대에 페니메이에 대한 연방 예산 지출을 삭감하고, 은행의 주택담보대출에 대한 연방정부의 지원을 축소하려는 목적에서 개혁이 시작되었다. 1968년 페니메이의 자본이 투자가들에게 개방되었으며, 주식회사의 형태를 갖는 GSE가 되었다. 이와 동시에 새로운 기관인 정부전국주택담보대출협회(지니메이)가 창설되어 퇴역 군인 주택 프로그램과 관련한 페니메이의 정부 위탁 활동을 대신하게 되었다.

1970년대에는 두 가지 중요한 변화가 일어나는데, 먼저 지니메이가 MBS를 발행하는 새로운 절차를 발전시켰다. 두 번째로, 연방주택담보대출공사(프레디맥)가 창설되었다. 이 기관의 지위는 페니메이와 유사했는데, 페니메이와 마찬가지로 (지니메이가 다루는 것과는 다른 종류의) 주택담보대출을 증권화하는 것이 그 목적이었다.

이런 기관들 및 그 활동의 법적 지위와 관련해 몇 가지 모호한 점이 있다. 지니메이는 정부의 보증과 더불어 철저한 통제를 받는 연방 기관으로 알려져 있었다. [그러나] 2008년 9월까지만 해도, 페니메이와 프레디맥은 정부의 특별 규제를 받기는 하지만, 증권시장에 상장된 민간 기업이었다. 그들은 모두 GSE로 분류되었다. 이런 상황은 2008년 다시 변화되었다.[1]

2008년 9월 이래로 나타난 위기 상황을 제외하면, 가장 큰 기관들인 페이메이와 프레디맥은 표준적 증권(또는 무담보채권, 즉 증권화되지 않는)을 발행함과 동시에, MBS를 발행하는 주택담보대출 풀의 원천이 되고 있다. 연방주택대부은행FHLB 또는 연방농업주택저당공사Federal Agricultural Mortgage Corporation와 같은 소수의 다른 GSE들 또한, 그리 중요하지는 않지만, 주택담보대출 발행자의 재융자를 위한 활동을 하고 있다.

〈그림 13.1〉에서 1950년대 이후 이런 기관들(그 밖의 다른 훨씬 작은 소수의 기관들)의 전반적 활동이 증가하는 양상을 확인할 수 있다. 첫 번째 변수(──)는 GDP 대비 기발행된 표준적 증권 총 스톡의 비율을 나타낸다. 우리는 이런 기관들에 대한 개혁 요구가 심해지고 있던 1993년부터 2003년까지 이런 총량의 성장이 가속화되고 있음을 확인할 수 있다. 두 번째 변수(─ ─)는 지니메이와 GSE가 발행한 기발행 MBS를 보여 주고 있다. 1983년 이 양은 표준적 증권들보다 더 큰 규모로 막대하게 성장했

1_[옮긴이] 이 기관들은 금융 위기 기간 발생한 손실에 대한 책임을 물어 연방주택금융국(FHFA)을 후견인(conservatorship)으로 한 미국 재무부의 감독을 받게 되었다.

| 그림 13.1 | 기발행 증권: GSE가 발행한 MBS 이외의 증권, 지니메이와 GSE가 발행한 MBS, 민간
발행자가 발행한 ABS

단위: GDP 대비 %, 분기

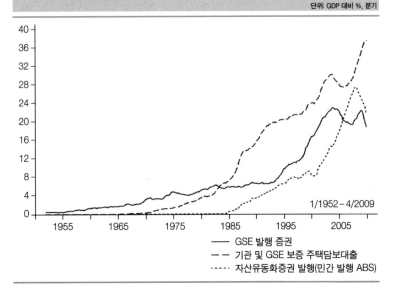

1/1952－4/2009

— GSE 발행 증권
－ － 기관 및 GSE 보증 주택담보대출
······ 자산유동화증권 발행(민간 발행 ABS)

다. 2003년 GDP 대비 30% 정도로 절정에 달했다. 이런 기관들의 총 부채(표준 증권과 MBS)는 2003년 GDP 대비 53%에 달했다(예를 들어 〈그림 7.1〉에서 나타나는 것처럼 뮤추얼펀드와 연금기금의 금융자산이 132%였고, 미국 은행과 보험의 총 자산이 136%였던 것과 비교해 보자).

새로운 입법(특히, 1977년 〈지역재투자법〉Community Reinvestment Act, CRA 을 통해 프레디맥과 페니메이가 주택담보대출 발행자들을 지원하는 조건을 변화시켰는데, 이는 더 많은 사람들이 차입을 할 수 있도록 하기 위해서였다. 특히 그 목적은 흑인 사회에 있는 저소득층과 중간 소득층에 대한 차별을 종식시키기 위한 것이었다. 1992년 〈연방주택기업금융 안전성과 건전성에 관한 법〉Federal Housing Enterprises Financial Safety and Soundness

Act과 같은 새로운 입법은 페니메이와 프레디맥이 대부의 일정 부분을 그와 같은 목적의 대출에 할애하도록 요구했다. 이런 프로그램들이 2000년대까지 발전했고 아마도 위기 와중에 발생한 손실 일부에도 영향을 미쳤을 것이다. 2008년 7월 페니메이와 프레디맥은 연방주택금융국FHFA의 관리 아래로 들어갔는데, 그들의 역할(〈그림 13.1〉의 ─ ─)은 늘어나고 있으며, 이는 앞으로도 그럴 것이다.

민간 자산유동화증권ABS 발행자

1980년대 중반부터 시작된 증권화는 페니메이, 프레디맥, 지니메이와는 별개의 일부 금융 기업들에 의해 미국에서 발전되었다. 이렇게 발행된 ABS를 "민간 발행 ABS"와 "비정부 보증 ABS"라고 부르기도 한다.

민간 ABS 발행자에 의한 증권화의 폭발은 〈그림 13.1〉의 세 번째 변수(·····)인 민간 발행 ABS 증권 총량을 통해 확인할 수 있다. 2000년 이후 그 양은 2007년 말까지(즉, 위기의 초기까지) 더욱 빠른 속도로 성장했다. 이 시기에 GDP 대비 37%에 이르렀고, 지니메이와 GSE의 MBS 발행량의 87% 수준에 달했다(총 MBS와 두 기관의 무담보 증권의 53%).

주택담보대출의 증권화는 민간 자체 발행자에 의한 ABS 발행의 주요 요소다. 이를 〈표 13.1〉에서 확인할 수 있다(〈표 13.1〉은 〈그림 13.1〉의 기발행 총량 대신에 연간 플로우를 보여 주고 있다). 2006년 미국 민간 발행 ABS 1조6,900억 달러 가운데 주택담보대출과 홈-에쿼티론HEL은 1조 3,200억 달러에 달했다(서브프라임론 1,600억 달러 포함). 모든 구성 요소(공공 MBS, 서브프라임, HEL과 상업용 MBS)는 2000년 이래로 점진적으로 증가했다. 우리는 특히 HEL의 큰 성장과 높은 가치를 확인할 수 있다.

| 표 13.1 | 민간 자체 증권화: 미국 연간 발행

단위: 10억 달러

	2000년	2001년	2001년	2003년	2004년	2005년	2006년	2007년
주택담보대출과 HEL		315	438	627	860	1,243	1,321	908
공공 MBS	66	143	214	297	329	540	566	436
서브프라임 주택담보대출		61	78	104	171	175	161	205
HEL		37	95	139	261	354	380	32
상업용 MBS	49	74	52	86	99	174	214	236
기타		234	241	262	258	346	366	357
신용카드		70	73	67	51	67	75	93
자동차 대출(우대)		48	56	52	41	56	52	38
기타 ABS		117	111	142	166	224	240	226
총합	390	549	679	888	1,118	1,589	1,687	1,266

주: HEL은 홈-에쿼티론.
　"공공 MBS"는 증권거래위원회(SEC)에 등록된 MBS.

2006년에는 3,800억 달러에 도달했는데, 이는 2001년의 열 배였다.

해가 지남에 따라 서브프라임과 알트-에이의 대다수가 증권화되었다. 이는 〈표 12.1〉에서 확인할 수 있는데, 오른쪽 두 열(ABS 발행)은 서브프라임과 알트-에이 두 가지 범주의 대출에 대한 증권화 총량을 보여주고 있다. 2001년 이미 서브프라임과 알트-에이 대출이 39%가 증권화되었다. 그러나 2001년에는 그 비율이 81%에 달한다!

ABS 발행은 이익의 주요 원천이다. 미국 FDIC가 보증하는 은행을 고려하면, 순 증권화 소득은 2006년 비이자소득의 약 12%였다.[2] 또한 그것은 채무불이행으로부터 대부자를 보호하는 매우 효율적인 메커니즘이기도 했다.

위기 이전에 ABS는 기발행 총 채권의 주요 구성 요소였다. 〈표 13.2〉

2_Federal Deposit Insurance Corporation, Quarterly Banking Profile (Washington, D. C.: FDIC, 2008).

| 표 13.2 | 기발행 총 채권: 미국 경제(2007년 말)

단위: 1조 달러

부문	무담보채권	ABS	총합
비금융 부문			
정부	재무부 증권/지방 증권 7.29		7.29
비금융 법인	회사채 3.56		3.56
금융 부문			
지니메이, GSE	부채 증권 2.91	기관 및 GSE 보증 주택담보대출 4.46	7.37
기타	회사채 2.39	ABS 발행 3.89	6.28
총합	16.14	8.35	24.50

를 보면, 2007년 말 미국 경제의 총 기발행 채권의 종합적 상황을 알 수 있다. 네 개의 부문에서 무담보채권과 ABS를 분리하고 있다. 총 24조5천억 달러 가운데 ABS는 8조3,500억 달러로 3분의 1에 해당한다.

부채담보부증권CDO의 폭발적 성장

ABS와 마찬가지로, 특정 범주의 기관들이 발행하는 CDO 역시 (그 기술적 측면은 매우 복잡하긴 하지만) 금융 위기에서 중요한 역할을 했던 것으로 알려져 있다(〈상자 13.1〉).

왜 그런 복잡한 장치가 필요했는가? 다양하고 기본적인 규제적 이유 때문에, ABS 발행자들이 발행한 증권들은 대체로 은행, 보험 및 뮤추얼 펀드 및 연금기금에 팔렸다. [그런데] 이들은 신용 등급이 특히 낮은 증권들, 특히 상당량의 서브프라임 대출이 포함된 증권들에 대한 투자를 꺼렸다. 바로 여기에 CDO가 등장하게 된 배경이 있다. 위기 이전, 서브프라임 대출이 축적되고 있을 당시, CDO는 부실자산의 풀을 좀 더 상위

이 상자는 〈상자 7.1〉에 이루어진 증권화에 대한 첫 번째 정의를 보완하는 것이다. ABS는 (1) 증권(채권)을 발행하는 특별법인('기구')의 특성, (2) 담보로 사용되는 자산의 성질에 따라 다양하다. 상업용이건 주거용이건 간에, MBS는 중요한 범주다.

발행된 채권은 "트렌치"(tranches)['조각'(slice)의 프랑스어로 불리는 다양한 하위 범주에 따라 위계적으로 분류될 수 있다. 현금 흐름(대출 및 증권들에 대한 이자 및 원금 지급)은, 상위[선순위(senior)] 트렌치에 먼저 지불되고, 점차 낮은 등급 '후순위'(junior)로 내려간다. 이자율은 후순위보다 선순위가 낮다.

다양한 곳에서 이런 도구들과 관련된 데이터를 얻을 수 있는데, 그 가운데서 이 같은 용어를 균질적으로 파악하기는 대단히 어렵다고 할 수 있다. 새로운 범주화가 이루어지면, 이전에 쓰이는 일반적 용어는 '다른' 범주를 일컫는 데 사용되기도 한다. 따라서 ABS는 모든 유형의 자산유동화증권을 가리킬 수도 또는 어떤 특정한 하위 집합을 가리킬 수도 있다. 이 책에서도, 의미가 명확할 때에는, 이와 동일한 관례를 따랐다.

그런 증권들 가운데 중요한 범주가 CDO다. 발행된 채권은 트렌치로 나누어진다. 담보 자산은 대출이나 증권, 잠재적으로 ABS일 수 있다.* 대출과 관련해서 발행되는 채권을 대출담보부증권(CLO)이라고 부른다.

---

* 채권담보부증권(collateralized bond obligation)은 정크본드를 그 자산으로 하며, CDO는 ABS를, CDO 스퀘어는 CDO를 자산으로 한다.

등급의 투자로 전환하는 역할을 했다. 이는 선순위 트렌치senior trench[3]를 보유한 투자자들은 채무불이행 위험을 현실적으로 누리지 않기 때문이었다. 따라서 다량의 낮은 등급의 비우량 대출 또는 정크본드가 의사-

| 표 13.3 | 민간 자체 증권화: 글로벌 발행

단위: 10억 달러

	2000년	2001년	2002년	2003년	2004년	2005년	2006년	2007년	2008년
ABS: 글로벌	488	687	825	1,108	1,358	1,938	2,200	1,845	1,192
ABS: 미국	390	549	679	888	1,118	1,589	1,687	1,273	188
ABS: 미국 이외	98	138	146	220	240	349	512	571	1,004
CDO: 글로벌	79	80	88	83	128	241	445	421	156
총합	566	767	913	1,190	1,486	2,179	2,645	2,266	1,348

주: 'ABS'는 CDO 이외의 MBS를 말한다.

AAA 투자 상품으로 탈바꿈했다. 동시에 위험은 후순위 트렌치junior tranche [mezzaine tranche, equity tranche]에 집중되었고, 전형적으로 헤지펀드와 같은 높은 수익을 노리는 투자들이 이를 구입했다. 이런 마술로 인해 미심쩍은 거대한 대출 덩어리가 세계로 팔려 나갔다.

2000년 이후 자산유동화증권ABS의 폭발적 발행

미국이 중요한 역할을 한 것은 사실이지만, 민간 자체 증권화의 성장은 글로벌한 현상이었다. 〈표 13.3〉에서 2000년과 2008년 사이 미국과 전 세계에서 연간 발행된 CDO와 ABS의 양을 확인할 수 있다.

먼저 글로벌 ABS 발행이 급격히 증가했음을 확인할 수 있다. 2006년 위기 이전 ABS(CDO, MBS 및 기타 ABS)의 총 발행이 2조6,500억 달러에 이르렀는데, 2000년에는 5,600억 달러에 불과했다. 6년 동안 거의 다섯 배가 늘어난 것이다. 마지막 연도들을 보면, 미국에서 ABS 발행 성장

3_[옮긴이] CDO의 등급이다. 선순위 트렌치가 가장 높은 등급이며, 그 아래 mezzainine tranche 가 있고, 가장 낮은 등급으로 equity tranche가 있다.

| 그림 13.2 | 미국 민간 발행(비정부 기관) MBS 및 총 글로벌 CDO

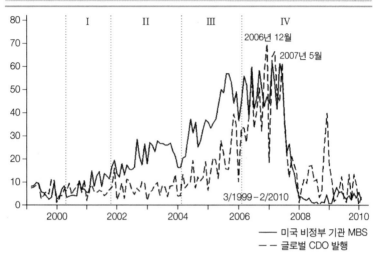

단위: 10억 달러, 월간

주: 〈표 12.3〉과 같은 연간 데이터를 사용하는 대신에 월간 데이터를 사용했다.

률이 2006년에 하락하기 시작함을 확인할 수 있다(2004년과 2005년 사이에 이루어진 42% 성장에 비교해 볼 때, 6%에 불과했다). 반면 훨씬 더 낮은 수준이기는 하지만 다른 지역의 발행은 급속하게 늘어난다. 〈그림 13.2〉(──)는 미국 비정부 기관 MBS의 발행 양상(월간 발행)을 보여 주고 있는데, 2000년 이후 이런 메커니즘의 폭발적 성장을 보여 주고 있으며, 그런 추세는 8장에서 언급한 것과 공명한다.

전 세계적인 CDO의 발행 윤곽을 살펴보면, 매우 구체적이고 인상적이다. 〈그림 13.2〉(─ ─)를 통해 2005년 초부터 위기까지 뒤늦었지만 막대한 증가를 확인할 수 있다. 미국 및 전 세계 발행 모두와 관련해, 〈그림 13.2〉는 주택 투자가 쇠퇴하고 서브프라임 주택담보대출이 축적되던 바로 위기 이전 시기에도 증권화 경향을 지속시키는 데 CDO가 기여했음을 보여 주고 있다.

신용부도스와프CDS

증권화 및 위험 대출의 증가와 나란히, 신용 채무불이행[부도]에 대비한 보험이 민간 기업을 통해 중요한 활동으로 성장했다. 신용 부도 보험의 주요 수단은 CDS다. CDS 시장이 파생상품시장의 가장 큰 구성 요소는 아니었지만, 그 양과 성장세는 엄청났다. 2004년 말 보험에 가입된 총 채무(CDS의 명목 가치notional value)는 6,400억 달러였고, 2007년에는 58조 달러(거의 1천 배)에 도달했는데, 이는 그 시기에 나타난 또 다른 금융 메커니즘의 폭발적 성장을 보여 주고 있다[4](〈그림 7.4〉를 통해 장외거래 CDS의 기발행 총 시장 시장가치를 확인할 수 있다).

채무에 대한 보험은 위기 이전에는 "모노라인 보증"monoline insurer — 그들의 주요 활동은 CDS, 보험회사(AIG와 같은), 은행, 헤지펀드와 관련되어 있다 — 으로 알려진 특화된 기관(AMBAC American Municipal Bond Assurance Corporation[채권보증회사]과 MBIA Municipal Bond Investor Assurance[지방채투자자보증])에 의해 수행되었다. CDS는 원래 보증자와 채무(대출 또는 증권) 보유자 사이의 계약이다. 하지만 그것들은 장외거래 파생상품시장의 중요한 도구가 되고, 여기에서 CDS가 거래되고 팔리고 구입되며, 재판매된다. CDS는 유명한 투기적 수단이다. 그것들은 종종 보유하지도 않은 채무에

4_Bank of International Settlements, Semiannual OTC Derivative Markets Statistics (Basel, Switzerland: BIS, 2008).

대해 계약된다. 보증된 저당 가치가 감소할 것(낮은 가격에서 구입할 수 있고, 채무불이행이 발생할 경우 초기에 계약된 좀 더 좋은 가격에서 보호받을 수 있다)을 예상하는 경제 주체가 이런 과정을 주도한다. 이는 기발행 CDS 총 명목 가치가, 보증된 기초 채무보다 더 크게 되는 결과로 이어진다.

이런 점에서 2007년 미국 비금융 부문, 즉 가계·정부·비금융 기업의 기발행 총 채무와 2007년 CDS 명목 가치인 58조 달러를 비교해 보는 것은 흥미롭다. 비금융 부문 기발행 총 채무는 2007년 31조7천억 달러였다. 이런 두 가지 형상은 명확히 자유(금융) 시장의 동역학이 이끌고 있는 과잉을 묘사하고 있다.

14

폭풍우 시기에 방향타를 놓치다

금융 당국은 주택 시장 호황, 주택담보대출의 물결, 금융 메커니즘의 폭발적 성장을 수동적으로 관찰하고만 있지 않았다. 하지만 규제 완화 성향이 지배적인 가운데서, 화폐 정책이 가계 부채의 증가와 금융 부문의 과열을 억제하는 마지막 시도에 필요한 유일한 수단이었다. 이런 정책은 2001년 경기후퇴로부터 회복되자마자 연방기금금리를 점진적으로 인상시켰다는 점에서 잘 드러난다. 그런 시도는 실패했다.

장기 금리에 영향을 줄 수 있는 화폐 정책적 해결책의 부재로 말미암아 그 기간에 일어난 문제를 풀 수가 없었다는 점을 잘 이해해야 할 것이다. 연준이 신속하게 주택담보대출을 중단시켰다면, 위기는 그 진폭은 줄어들었겠지만 더 일찍 찾아왔을 것이다. 고상한 출구는 없었다. 그러나 연준은 금융 폭풍우의 시기에 통제력을 잃었다. 다소 불행한 전개였고, 앨런 그린스펀 의장이 비난받은 이유이기도 했다.

화폐 정책의 실패

세 가지 범주의 문제들이 결합적으로 화폐 정책의 유효성을 손상시켰다. 여기에는 그 기간 동안 나타났던 거시 동역학의 주요 측면들이 관련되어 있는데, 바로 11장에서 소개했듯이, 거시 안정화 장치로서 신용의 유효성이 감소했다는 점이다. 이 기간 동안 가계 부채의 증가 없이는 미국 거시 경제가 지속되기 힘들었다. 11장에서는 이런 현상을 주로 미국 경제 궤도의 특징들(분배적인 전환과 자유무역으로의 전환)과 관련지어 서술했다. 정부 부채가 가계 부채의 대안이 될 수도 있었겠지만, 이는 의제로 떠오르지 못했다.

두 번째 문제는, 전반적인 규제 완화의 맥락과 민간 자체 발행자의 증가다. 만약 증권화가 제2차 세계대전 이후 몇십 년간처럼 GSE 또는 정부 기관에 독점되어 있었다면, 이런 메커니즘을 통제하기가 훨씬 더 쉽고, 그렇게 할 수 있는 용의가 존재한다고 규정했을지도 모른다. 이 같은 문제의 결과는 세 번째 곤란, 즉 세계화와 금융 혁신이 지배적인 상황에서 연준이 장기이자율에 영향을 미칠 수 있는 역량이 손상되었다는 점에 의해 배가된다. 우연의 일치는 아니겠지만, 연준은 꼭 필요한 시기에 장기이자율에 영향을 줄 수 있는 능력을 상당 부분 상실했고, 좀 더 엄격한 화폐 정책으로의 전환은 실패하게 되었다.

다음 절에서는 이런 메커니즘의 더욱 자세한 부분들에 대해서 다룰 것이다.

2000년 이후의 화폐 정책

연준의 정책을 분석하기 위해 12장에서와 같은 GDP 성장률의 상승과 화폐 정책은 중앙은행이 다양한 목표를 달성하기 위해 경제 주체들에 대한 대출 조건을 수정해 경제의 수요(소비와 투자) 및 생산에 영향을 주는 일련의 메커니즘을 일컫는다('화폐 정책'(monetary policy)은 '신용 정책'(credit policy)의 잘못된 호칭이다. 화폐 정책은 거시 경제의 안정화(과열과 경기후퇴를 막고 실업과 맞서 싸우는)와 인플레이션 통제를 목표로 하고 있다. 신자유주의에서 우선적인 목표는 물가 안정이다.•

기본적인 수단은 중앙은행이 금융기관에 대출을 해줄 때 이자율을 변화시키는 것이다. 미국의 경우, 연준이 '목표율'(target rate)을 조정하고 거래는 연방기금금리를 바탕으로 이루어진다. 이처럼 이자율을 조작함으로써 생산과 수요의 원천이 되는 은행의 경제 주체들에 대한 대출 능력을 변화시킨다.

단기와 장기이자율의 차이가 중요하다. 미국의 경우, 은행이 차입자들에게 부과하는 단기이자율에 대한 연준의 영향은 직접적이며,•• 이는 경제 주체(대체로 유동성을 원하고 있는 기업)의 의사 결정에도 영향을 미친다. 하지만 화폐 정책의 결정적 수단은, 특히 주택담보대출에 부과되어 화폐 정책이 최종 수요에 영향을 주는 주요 통로인, 장기이자율에 간접적으로 영향을 미칠 수 있는 능력이다(엄격한 의미에서의 소비와 주택 투자 모두에 미치는 영향).

화폐 정책의 유효성을 확보하는 두 가지 기본적 조건이 있다. 첫 번째, 경제 내에 대출 수요가 존재해야만 한다. 일반적인 조건 아래서 이와 같은 필요조건은 달성된다. 만약 차입에 대한 열의가 일시적으로 너무 약하거나 낮다면, 정부가 재정 정책을 통해 '최종 차입자'로 개입해야만 한다. 다소 '건강한' 신용 체계가 두 번째 요구 조건이다. 화폐 정책을 실행할 때, 중앙은행은 수요의 원천이 되는 경제 주체들에게 대출을 해주는 금융기관, 특히 은행에 자금을 공급하기 때문에 신용 체계는 '전달 벨트'로서 작동한다. 결과적으로, 1930년대 초반의 경우나 이번 위기와 같이, 은행 위기로 인해 화폐 정책이 효과적으로 작동하지 못할 수 있다. 전달 벨트가 끊어지거나 약할 때, 신용은 '신용경색' 속으로 빨려 들어간다.

하락에 기초한 시기 구분으로 돌아가 보는 게 도움이 된다. 〈그림 14.1〉과 같은 연방기금금리의 변동은 다음과 같은 네 국면과 다소 밀접한 관련되어 있다.

1. 과감한 저금리 정책(국면 1). 명목 단기 및 장기이자율을 지난 20년 동안보다 낮게 유지했음에도, 연준이 성장률 하락을 막기에는 역부족이었다. 연준의 과감한 저금리 정책은 잘 알려져 있고, 〈그림 14.1〉에서 명확히 나타나고 있다. 1990년대 말 아주 작은 상승이 갑작스럽게 나타났다.

2. 저금리의 유지(국면 2). 연방기금금리는 낮게 유지되었다. 2003년 7월과 2004년 7월 사이에 한 해 정도의 평평한 부분이 존재한다. 명목 1% 수준이었다. 인플레이션을 조정해 보면[실질이자율을 기준으로 해서 보면], 거의 3년 동안 마이너스 이자율을 유지했다. 따라서 예외적으로 강력한 부양이 실시되었다. 이 첫 번째 두 국면 동안 단기이자율(……, 〈그림 4.2〉)이 동시에 하락했고, ARM(……, 〈그림 14.1〉)도 하락했다.

3. 이자율의 상승(국면 3). 이 기간 동안, 성장률은 안정화되었고 연방기금금리는 1%에서 5.25%까지 점진적으로 상승했다. 각각 0.25%씩 7단계에 걸쳐서, 2004년 6월부터 2006년 6월까지 금리를 인상한 것이다. 문제는 고정금리 주택담보대출 이자율이 매우 제한적으로 상승했으며, 주택담보대출이 동시에 증가했다는 점이다.

4. 금리의 일시적 유지와 그 이후 급격한 하락(국면 4). 2006년 1분기

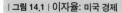

| 그림 14.1 | 이자율: 미국 경제

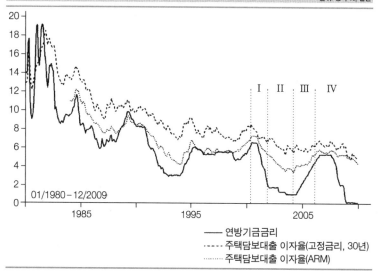

초, 위기 도래의 첫 번째 징후가 나타났다. 연준은 고금리 정책을 유지했다. 마침내 8월 초 금융 위기 폭발의 신호가 된 은행 간 신용 시장 붕괴의 여파로 말미암아, 2007년 3분기와 4분기에 연방기금금리가 인하되었다 (2007년 3분기 동안 5.25%에서 4.75%로 인하되었고, 다음 분기에는 4.25%로 금리를 내렸다). 그 후 연방기금금리는 거의 제로로 하락했다.

장기이자율에 미치는 영향력의 감소

2000년 이후, 연준이 장기이자율에 미칠 수 있는 영향력이 감소함에 따라, 일반적 활동 수준[거시적 활동 수준]에 화폐 정책이 미치는 잠재적 효과는 손상되었다. 국면 I과 국면 II 기간 동안 산출 축소를 억제하려고 시도하는 와중에 화폐 정책에 밀어닥친 재난적 상황이 두드러지게 나타났다. 하지만 회복이 이루어진 국면 III에서 부채 증가를 억제하려는 시도를 할 때는 그보다 훨씬 더 심각했다.

이는 고정금리 주택담보대출과 관련된 〈그림 14.1〉에 명확하게 나타나고 있다. 국면 I 이전, 이자율은 동시에 움직였다. 국면 1과 국면 2 사이에서 연방기금금리는 극적으로 감소했지만, 고정금리 주택담보대출 이자율(.....)에 미친 영향은 매우 작았다. 우리는 국면 I 초반, 이 이자율의 그리 크지 않은 감소가 현실적으로 연방기금금리가 인하되기 이전에 발생했다는 사실도 확인할 수 있다. 연방기금금리는 고정금리 주택담보대출과 관련해서는 국면 III과 국면 IV에 큰 영향을 주지 않았다는 것을 알 수 있다.

ARM과 관련한 상황은 이와는 실질적으로 다르다. 연방기금금리의 변화는 이런 대출의 이자율 설정에 영향을 준다. ARM 이자율(.......)은 연방기금금리와 훨씬 더 나란히 움직였다. 하지만 ARM 비용의 증가는 주택담보대출의 전반적인 상승 추세를 멈추기에는 충분하지 않았다. 2003년 1월부터 2005년 3월까지 총 주택담보대출 발행에서 ARM이 차지하고 있는 비중은 20%에서 46%로 증가했지만 2007년 9월 그것은 9%로 하락했다.[1] 연준이 이자율을 인상시키고 있던 기간 동안 정점에 도달했다. 고정금리 주택담보대출로의 이동으로 인해 연준 정책의 잠재적 효과가 약화될 수밖에 없었다.

광범위한 층위에서 연준은 장기이자율에 대한 통제력을 상실했고, 신

1_Freddie Mac, Primary Mortgage Market Survey (Tysons Corner, Va.: Freddie Mac, 2008).

앞에서 우리는 위기 이전 10년 동안 일어난 미국과 여타 국가들의 수수께끼 같은 이자율을 흐름에 대해 지적한 바 있다. 〈그림 4.2〉를 통해 "1979년 격변"이라고 부르는 1970년대 말 장기이자율의 갑작스런 상승과 2000년 이후 나타난 하락 추세를 확인할 수 있다. 〈그림 9.1〉을 보면, 여러 국가들의 장기이자율이 수렴하고 있다. 이번 장에서는 화폐 정책이 직면하는 어려움 — 장기이자율을 통제할 수 있는 연준의 역량 상실 — 에 대해 강조했다. 우리는 이런 다양한 메커니즘 — 앨런 그린스펀이 불평한 — 이 이와 같은 현상에 연루되어 있다고 가정할 수 있다.

그린스펀은 2000년 이후의 실질이자율 하락이 전 세계적인 과잉 저축 탓이라고 설명했는데, 그것은 기본적으로 벤 버냉키가 2005년에 주장한 바와 동일하다(〈상자 11.1〉). 중국을 명확히 언급하지는 않았지만, 염두에 두고 있었을 것이다. 그런데 이상하게도 일본에 대한 언급은 없다. 일본은 캐리트레이드와 밀접하게 연관되어 있으며, 엔화는 낮은 이자율 상황에서 펀딩 통화로 활용되고 있다. 이런 상황을 만들어 낸 것은 '과잉 저축'이 아니라 일본 경제의 침체 상황과 금융 메커니즘의 세계화 과정이 폭발했기 때문이라고 볼 수 있다. 이런 금융-글로벌 메커니즘(자본 운동)이 실제로 〈그림 9.1〉과 같은 이자율 수렴의 원인인지를 규정하기 위해서는 더 많은 연구가 필요할 것이다. 만약 그렇다면 이런 메커니즘은 세계 전역에 퍼져 있는 경향들과 미국으로 그런 경향들이 '수입된' 결과로서 실질 장기이자율의 새로운 하락 경향(저축 행위 또는 은행 활동의 결과)을 설명할 수도 있었을 것이다.

미국의 경우 〈그림 4.2〉에서 보이는 것처럼 단기이자율이 장기이자율 주변에서 때때로는 상당 기간 편차를 보이기도 하면서, 변동하고 있다. 중앙은행은 단기이자율에만 직접적인 영향을 주고, 장기이자율에는 간접적으로만 영향을 미칠 수 있기 때문에, 화폐 정책의 유효성을 관련해 이런 관계를 살펴보는 것이 중요하다. 새로운 글로벌 환경이 극단으로 치닫게 되자 장기 및 단기이자율의 흐름들 사이에 역관계가 나타났다. 중앙은행은 외부로부터 주어진 장기이자율의 운동에 단기이자율을 순응시켜야만 했다.

용 플로우를 통제하지 못했다(〈상자 14.2〉). 〈그림 10.6〉을 보면 가계 채무가 연준의 노력과는 무관하게 점진적으로 증가했음을 확인할 수 있다.

글로벌 금융 호황이라는 원인

제2차 세계대전 이후, 주택담보대출 대부를 관리했던 전통적 틀에서, 신규 대출을 해주는 신용 공급자의 능력은 기관의 증권화 및 연방기금금리에 극도로 의존적이었다. 신자유주의와 더불어 민간 자체 증권화 — 동일한 규제적 틀에 종속되지 않고 CDO 등으로 가능하게 된 새로운 실천(비우량 대출 또는 정크본드를 AAA 채권으로 둔갑시켜 판매하는 능력)에 도움을 받는 — 를 통해 신용 공급자가 필요한 만큼 자금을 보충할 수 있게 되었다. 대부자는 점진적으로 긴축적 화폐 정책의 결과로 있을 수도 있는 유동성 부족에 따른 제약으로부터 벗어나게 되었다. 게다가 [SIV와 같은] 회사로 집중된 증권들은 연준의 정책과는 상관없이, 여타 다른 나라들의 장기이자율 수준에서 팔려 나갔다. 이런 메커니즘에 한계란 보이지 않는 듯했다.

새로 발행된 증권을 판매하는 데 따른 곤란이 연준에 대한 금융 부문의 새로운 자율성에 한계를 지우는 듯했지만, 미국의 대외 적자가 주어진 가운데서 여타 다른 나라들로의 거대한 달러 유입이 일어났고, 그들은 금융 투자처를 찾게 되었다. 이런 자금을 광범위하게 활용할 수 있게 됨에 따라, 연준이 장기이자율과 신용 플로우에 미칠 수 있는 영향력이 추가적으로 손상되었다.

외국인들이 구입한 ABS의 비중이 어느 정도인지 정확히 규정하기는 어렵다. 〈그림 14.2〉를 통해, 미국에서 새롭게 발행된 모든 채권(ABS 또

| 그림 14.2 | 미국 이외의 지역에서 구입한 미국 채권 발행 비중

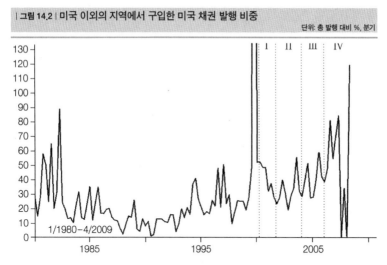

단위: 총 발행 대비 %, 분기

주: 1999년 4분기에는 이런 비중이 597%에 달했다. 이는 2008년 이후로는 발행이 아주 적게만 이루어졌거나 네거티브 발행이 발생했기 때문에 사라졌다.

는 전통적 채권) 가운데 상당 부분(〈그림 12.4〉처럼)을 여타 다른 나라들이 구입하고 있다는 것을 확인할 수 있다. 1990년대 초반 이래로 명확한 상승 추세가 나타났고, 2002년 이후 가속화되었으며, 위기 이전인 2007년 2분기에는 84%에 도달한다. 하지만 이는 모든 채권에 해당한다. 여타 다른 나라들이 구입하는 미국 증권화 상품의 대략적인 비중은 이의 절반에 해당한다.

금융 세계화가 화폐 정책의 유효성에 미친 결과는 크다(9장의 분석과 연속선상에서). ABS 발행을 통한 자금조달은 여타 다른 나라의 거대한 수요로 말미암아 매우 쉬웠다. 1998년경을 기점으로, 주요 자본주의국가의 이자율은 수렴되었다(〈그림 9.1〉). 금융 메커니즘의 세계화를 증명하는 듯했다. 정확한 메커니즘이 무엇이든지 이런 관찰은 자국의 중앙은행에 대한 금융기관들의 의존성이 감소했다는 걸 보여 주고 있다.

앨런 그린스펀의 인식과 진단

앨런 그린스펀은 장기이자율의 새로운 자율적인 움직임에 대해 잘 알고
있었다. 특히 그는, 2001년 경기후퇴로부터 회복된 이후, 자신이 신용 호
황을 억제하기로 결정했을 때, 연방기금금리의 변화에 장기이자율이 반
응을 보이지 않는다는 사실에 대해 우려했다. 2005년 7월, 즉 국면 III의
중반 무렵 연방기금금리는 이미 장기이자율에 어떤 실질적인 영향도 주
지 못한 채 한 해 동안 증가했다. 그린스펀은 이런 수수께끼 같은 전개를
하원 금융 서비스 위원회에 나와 증언한 적이 있다. "연방기금금리가 인
상되었음에도 불구하고, 같은 기간에 장기 금리가 하락하는 것은 놀라운
일이다. 우리의 경험상 전에는 없었던 일이다."[2]

그린스펀은 일련의 사건이 가지고 있는 세부적인 사항 몇 가지를 진
술했다. 연방기금금리가 상승할 때, 시장은 원래 통상적으로 어떻게 반
응하는지 그리고, 두 가지 사례에서, 이 정책이 겉으로는 기대했던 결과
를 나은 듯 보였지만, 어떻게 최종적으로 실패했는지에 관한 것이었다.
그는 세계화의 영향을 의식하고 있었지만, 이자율의 글로벌 하락 추세에
대한 정돈된 입장을 가지고 있지 못하다고 고백했다. 먼저 그의 해석은
시장의 우호적인 장기적 기대, 즉 자기-찬양적이고 설득력 없는 논법에

2_A. Greenspan, Federal Reserve Board's Semiannual Monetary Policy Report to the
Congress (Washington, D.C.: Federal Reserve Board, July 20, 2005), www.federal
reserve.gov/boarddocs/hh/2005/february/testimony.htm.

기대고 있다. 둘째, 그는 순수하게 신고전파-신자유주의적인 기질의 논법인 구체적인 가격, 즉 장기이자율의 신축성에 의해 보증되는 세계 저축과 시장의 투자 사이의 균형에 대해 언급했다. 이른바 외국인 저축이 전 세계적인 신용의 큰 공급처이며, 그린스펀 자신의 노력에도 불구하고 장기이자율이 침체되어 있다는 것이다. 이런 논법은 〈상자 11.1〉의 벤 버냉키가 이야기하는 글로벌 저축 과잉과 직접적으로 연결되어 있다.

연준이 가지고 있는 또 다른 도구는 재규제이지만 이제까지의 추세는 규제 완화였다(9장). 그린스펀의 자유 시장 경제학에 대한 맹목적 헌신에도 불구하고 연준에 의한 이런 순수한 이자율 정책의 최종적 결과는 연착륙이 아니라 서브프라임 위기의 폭발이었다.[3] 위기가 발생하자 그린스펀은 자신이 사실상 틀렸음을 인정했다. "내가 조직들, 특히 은행들의 이기심을 통해, 주주와 기업의 순가치를 가장 잘 보호할 수 있을 것이라고 가정했던 것이 실수였다."[4]

케인스의 분석에 대한 늦었지만 놀라운 옹호였다.

3_존 테일러의 주장과는 반대로 위기에 대한 책임을 앨런 그린스펀의 이자율 관리 탓으로 돌리기는 어렵다. John Taylor, *Getting Off Track: How Government Actions and Interventions Caused, Prolonged, and Worsened the Financial Crisis* (Stanford, Calif.:Hoover Press, 2009). 그린스펀은 단기적으로 미국 거시 경제를 유지하기로 선택했다. 만약 연방기금금리를 그 이전에 상당히 올렸다면, 미국 경제는 경기후퇴로부터 회복하지 못했거나 회복했더라도 그 수준은 매우 미약했을 것이다. 확실한 출구는 없었다. 한 가지 선택지는 팽창적 화폐 정책이었다. 이는 주택담보대출 시장과 증권화에 대한 어느 정도의 규제를 수반한다. 그린스펀의 책임이 직접적으로 연루되어 있는 곳은 바로 여기다. 그런 금융적 활동들이 시장의 자기 규제에 관한 그린스펀의 시각과는 반대되는 것이기 때문이다. 하지만 어려운 길이었다.

4_Reply to Congressman Henry Waxman of the House Oversight and Government Reform Committee on October 23, 2008.

| 제 7 부 |

금융 위기

중심부에서 일어난 폭풍,
글로벌 자본주의를 흔들다

제6부에서는 어떻게 주택 투자가 미국 경제를 2001년 경기후퇴로부터 빠져나오게 했는지를 살펴보았다. 그리고 어떻게 주택담보대출이 채무불이행에 대비한 보험과 증권화를 통해 지탱되었는지, 또한 연준이 규제를 완화하는 과정에서 어떻게 장기이자율을 통제하고 대출의 팽창을 완화할 수 있는 역량을 상실했는지 보여 주었다.

이번 제7부에서는 한 발짝 더 나아가 어떻게 주택담보대출 물결의 추락이 취약한 금융-글로벌 구조를 불안정하게 만들었는지 살펴본다. 하지만 주요 대상은 위기 그 자체, 즉 금융 부문의 결과적인 붕괴 및 미국 경제와 글로벌 경제활동의 뒤이은 축소에 대한 것이다.

15

점차적인 과정

위기가 폭발한 것은 공식적으로 2007년 8월 발생한 은행 간 시장의 붕괴로 기록되어 있다. 이 날짜가 위기의 전반적인 동역학에서 갖는 중요성은 명백하지만, 그것은 시작도 아니고 원래 "서브프라임 위기"라고 지칭되었던 것의 끝도 아니었다. 2007년 8월 시카고연방준비은행 소식지("Chicago Fed")는 다음과 같이 전하고 있다. "우리는 서브프라임 주택담보대출 문제가 주택담보대출 시장 전반과 전체 경제로 전파되지는 않을 것이라고 믿고 있다."[1] 하지만 그렇지 않았다.

이 장에서는, 이런 초기 사건들을 뿐만 아니라, 훨씬 더 긴 시간을 포괄한다. 주택 호황의 마지막 단계에서부터, 뒤이은 하강 국면 — 2005년

1_Chicago Fed Letter, August 2007. S. Agarwal & C. T. Ho, "Comparing the Prime and Subprime Mortgage Markets," www.chicagofed.org.

말에서 2006년 초 ─ , 그리고 2009년 말까지. 2008년 마지막 달은 매우 중요한 시기였다. 그때 금융 위기의 글로벌한 성격이 명확해졌고, 대부분의 나라에서 산출의 축소가 일어났다.

이 장은 일종의 서문 형식으로, 전반적인 사건의 연쇄를 요약한다. 여기서 '금융 부문'은 '민간' 부문을 의미하며, 연준 및 재무부와 같이 중앙 기관으로 간주될 수 있는 부문은 제외한다. 하지만 이런 두 기관(연준 및 재무부) 외에도, 그 기간 동안 정부의 통제를 받았던 연방정부 기관과 페니메이, 그리고 프레디맥과 같은 GSE가 추가되어야만 한다(여기에서 사용하고 있는 '연방정부 기관'federal agencies은, 이하의 장들에서 페니메이, 프레디맥, 지니메이를 지칭한다).

광범위한 기간을 확인하기

여기서는 미국의 성장률이 2001년 경기후퇴 이후 유지했던 짧고 평평한 구간에 뒤이은 (12장의 시기 구분에 따르면) 국면 IV의 초입에서 출발해 그 이후의 시기를 연대기적 순서로 짚어 본다. 위기는 점차적인 과정을 통해 발전했으며, 국면 IV는 네 개의 개괄적인 국면들로 구분될 수 있다.

A. 주택 시장의 전환점: 채무불이행과 MBS 관련 시장의 위기(2006년 1월~2007년 8월). 건축 허가, 주택 판매, 주택 가격의 하락이 2005년과 2006년 사이에 시작되었고, 이는 국면 A의 특징이었다. 채무불이행 사태가 동시다발적으로 나타났다. 이런 상황에서 은행들은 자산을 감가 상각시킬 수밖에 없었으며, MBS 가운데 가장 위험한 부분의 평가절하가 시작되었다. 첫 번째 충격이 주택담보대출 시장에서 활동하고 있는 다수의 기관들에서 감지되었다.

B. 미국 금융 부문의 위기(2007년 8월~2008년 9월). 국면 B으로의 진입은, 연준의 개입을 강제했던, 은행 간 시장의 유동성 위기와 동시에 일어났다. 은행 간 시장의 붕괴는 MBS 관련 시장의 잠재적 혼란의 결과였다. 2007년 8월에서 2008년 9월까지, 미국 금융기관은 심각한 유동성 문제에 직면해 있었고, 점진적으로 더 큰 손실을 입는 등 점증하는 파산 위기로 인해 어려움을 겪고 있었다. 다른 나라들 역시 영향을 받았지만, 위기는 기본적으로 미국의 현상이었다.

국면 A와 국면 B 동안 나타난 지속적이고 격심한 변화를 일으킨 주택 시장 위기와 서브프라임 대출의 효과를 추적할 수 있다. 거의 2년 동안 그런 상황이 만연되어 있었다.

C. 공황panicking: 글로벌 위기와 산출의 축소(2008년 9월~2009년 2월). 2008년 9월부터 파산이 증가하면서, 미국에서 금융 위기는 훨씬 더 심각한 상태로 전개되었고 전 세계로 퍼져 나가게 되었다. 국면 C로 진입하면서, 산출 축소가 갑작스럽고 폭력적으로 시작되었다. 주요 국가들에서 성장률의 대수축이 일어난 것이다. 미국의 정부 적자 증가의 첫 단계와 그에 상응하는 미국 재무부 증권의 증가가 관찰되는 것도 이 시기다.

D. 정체 상태(2009년 2월부터). 2009년 2월이 시작되자, 거시 경제는 대규모 정부 적자 지출이 이루어지는 가운데, 낮은 수준에서 안정화되기 시작했고, 약간의 개선이 관찰되었다.

연준이 금융 부문에 쏟아부은 지원 양은 매우 높은 수준에서 지속되었다. 2009년 후반, 이런 형태의 정부 지원은 국면 B 말의 전형적인 수준으로 되돌아왔지만, 연준은 정부 기관 MBS를 대량으로 구매하고 있었고, 경제에 대한 지원은 지속되고 있었다. 연준은 새로운 방식을 통해 경제를 지원할 수밖에 없었다.

세부적인 부분들을 살펴보기

좀 더 세밀한 분석을 통해, 국면 A와 국면 B를 각기 구별되는 하위 시기들로 세분화할 수 있다.

A1. 채무불이행. 주택담보대출 채무불이행의 물결이 2006년 초에 명확하게 나타났다(동시에 주택 시장도 하강 국면이었다). 2006년 말까지, 금융기관에 도래한 금융 혼란의 결과는 명확하게 드러나지 않았다.

A2. MBS 시장에서 높아지는 긴장감. 2006년 12월, MBS에 대한 평가절하의 첫 번째 징후가 나타났으며, 가장 위험한 증권들에 영향을 끼쳤다. 하지만 이런 상황은 오직 서브프라임 대출에 전문화된 기관에 의해서만 감지되었다. 다수의 대출자들은 이미 파산 보호를 신청해 놓고 있었다. 이는 그 이후 이어질 일련의 파산과 구제금융 사태를 예상케 하는 첫 번째 징후였다.

국면 B로 진입하면서, 위기는 일반적 성격을 획득했고, 미국 금융 부문에 상당한 기능 장애를 유발하고 있었다. 2007년 8월 9일부터, 국면 B에서 D까지의 위기의 역사는 〈그림 15.1〉처럼 연준에 의한 개입의 확대 속에 잘 반영되어 있다. 그림에서는 연준이 민간 금융기관에 제공한 대출과 보유 증권(재무부 및 연방 기관 증권)을 구별하고 있으며, 이는 연준의 대차대조표 상에서 "신용"이라 일컬어진다.

연준이 제공하는 지원은 막대하게 증가했다. 〈그림 15.1〉의 첫 번째 변수(──)는 총 신용이다. (국면 C인) 2008년 11월과 12월, 그리고 2009년 2월에 도달된 높은 수준과 국면 A 동안의 평균값을 비교해 보면, 이런 지원은 2.9배나 증가했다(국면 D의 평균값과 비교해 보면, 2.5배다). 어떤 실질적인 완화도 2009년 말까지 나타나지 않았다.

국면 B를 세 기간으로 나누어 보자.

| 그림 15.1 | 연준의 총 신용

단위: 10억 달러, 주간

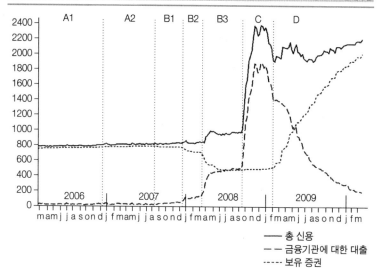

━━ 총 신용
－ － 금융기관에 대한 대출
‥‥‥ 보유 증권

주: 신용은 대출과 증권의 총합이다. 기간별 금융기관에 대한 대출의 평균값은 다음과 같다.
 A1: 2006년 3~12월 270억 달러
 A2: 2006년 12월~07년 8월 300억 달러
 B1: 2007년 8~12월 450억 달러
 B2: 2007년 12월~08년 3월 1,090억 달러
 B3: 2008년 3~9월 4,330억 달러
 C: 2008년 9월~09년 1월 1조5,400억 달러
 D: 2010년 3월 17일 1,810억 달러

B1. 신뢰 상실과 유동성 위기로 진입. 이미 진행 중이던 CDO와 ABS 시장의 위기에 더해, 이 시기에 ABCP 시장의 어려움들이 나타나고 있었다. 은행 간 시장의 붕괴는 연방기금금리의 하락으로 이어졌다. 이는 일련의 추가적인 금리 인하의 시작이었다. 그 기간 내내 연준은 유동성 위기를 완화하기 위해 점진적으로 대출을 늘렸고, 이는 그 기간의 중심적 특징이 되었다. 우연적인 것은 아니지만, 증권시장이 2007년 10월 극대치를 기점으로 하락하기 시작한 것도 이 기간이었다.

B2. 연준의 지원 확대와 일시적인 완화, 그리고 첫 번째 신용경색의 징후. 위기가 일반화되고 심화되면서, 연준은 2007년 12월 지원을 갑자기 늘리고 다양화했다. 이로 인해 [일시적] 완화가 발생했다. 2008년 초 몇 달 동안 유동성 위기로 볼 수 있는 상황이 충분히 해결되었다는 것이 일반적인 의견이었다. 회복을 위한 시간이 무르익었다고 추정되었다. 그러나 새로운 악화의 징후들이 축적되고 있었다. 비금융 부문에 대한 새로운 대출이 2007년 3분기에 정점에 도달한 이후, 가계에 대한 주택담보대출의 감소와 맞물려, 급격하게 축소되었다. 이런 새로운 전개는 주택담보대출 시장의 붕괴를 넘어 신용 공급의 위기, 즉 신용경색이 시작되었음을 알렸다.

B3. 구제금융, 파산, 신용경색의 발전. 완화 기간은 짧았다. 위기의 진정한 본질이 점차 드러났다. 그것은 연준이 쉽게 치유할 수 있는 단순한 유동성 위기가 아니라, 막대한 손실로 인해 발생한 금융기관의 현실적이고 심각한 위기이기도 했다. 베어스턴스가 파산을 신청했는데, 이 사건은 국면 B2와 B3 사이의 이행을 상징한다. 2008년 5월이 되자 연준을 통한 이차적 신용 공급이 필수적인 것으로 나타났다. 그 기간 초반부터 더 큰 수준의 신용 공급이 꾸준히 이루어졌다. 그 기간이 끝날 무렵인 2008년 여름 동안에는 페니메이와 프레디맥의 어려운 상황이 대중들에게 알려졌다. 상업은행들은 기업과 가계에 대한 신용 공급을 더욱 축소했고, 이는 위기의 진전을 향해 한 발짝 더 나가는 중요한 걸음이었으며, 비주택 실물경제가 위기의 전반적인 동역학 속으로 들어가면서 그 본질이 새롭게 전환되었음을 의미했다. 2008년 2분기에 정점을 찍었던 비주택 투자는 하락하기 시작했다.

C. 금융 부문의 파열과 대수축의 첫 번째 단계. 2008년 9월과 10월은

연쇄적인 파산이 발생하는 공황의 시기였다. 금융 체계 전반에 걸쳐 파열이 나타나고 있었다. 산출과 무역은 전 지구적 수준에서 수축되기 시작했다. 글로벌 경제는 통제 불능 상태에 빠진 것으로 보였다. 이 새로운 국면 동안, 연준은 금융 부문의 총체적 붕괴를 피하고, 산출의 축소를 늦출 수 있는 일체의 선제적 개입을 했지만, 그 효과는 미약했다.

〈그림 15.1〉을 통해 2008년 9월 연준이 공급한 막대한 양의 신용(＿ ＿)을 확인할 수 있다. B 국면 말, 1조 달러에서 2008년 12월 동안에는 거의 2조4천억 달러로 껑충 뛰어올랐다. 연방기금금리가 제로에 가까웠음에도 불구하고, 비금융 경제로의 신규 대출은 극적으로 줄어들었고, 은행은 연준에 준비금을 비축하기 시작했다.

2008년 9월 이후 거시 경제가 급격히 붕괴했다. 수요를 직접적으로 촉진하는(재화와 서비스의 구매) 정책이 강조되었다. 한 가지 수단은 가계에 대한 대출 공급을 촉진하는 것이지만, 효과가 미약했다. 정책 결정자가 사용할 수 있었던 주요 정책 수단은 정부 적자였다.

D. 허약한 바닥으로 공고화. 국면 D 내내, 경제에 대한 지원의 총량(＿＿)은 지속적으로 유지된 반면, 이런 지원의 구성에 있어 주요한 변화가 발행했다. 〈그림 15.1〉을 통해 총 신용 내에서 금융기관 대출(＿ ＿)과 증권 보유의 분기(.....)가 발행하는 것을 확인할 수 있다(이런 증권은 재무부 또는 연방정부 기관이 발행한 것이다. 직접적으로 발행되거나 이런 기관들의 풀에서 증권화된 상품이다). 대출이 축소되고 있던 기간 동안, 연준이 보유한 정부 기관 증권은 극적으로 증가했다.

2009년 2월 이후, 특히 국제무역, 소매 판매, 제조업 부문의 가동률에서 거시 경제가 안정화되고 있음이 뚜렷이 드러났다. 아무것도 이런 안정화 또는 약간의 개선이 공고화될 것인지 입증할 수는 없다. 2009년에는 정부 적자가 GDP 대비 12%에 도달했다. 연방기금금리는 극단적으로 낮은 수준에 머물러 있다. 직접적으로 발행된 것이든 기관의 풀 내에서 증권화된 상품이든, 정부 기관 증권을 구매하는 새로운 방향으로 연준의 지원이 전개되었다. 정부 적자의 규모와 연준이 공급하는 신용량이 주어진 가운데, 그런 상황은 회복 상황이라기보다는 극적으로 낮은 수준에서 [위기가] 유예되어 있음을 나타내고 있다. 그리고 증가하는 정부 채무는 달러의 안정성에 심각한 위협이 되고 있다.

16

격심한 파고

위기는 주택 부문에서 시작되어, 주택 담보 시장으로부터 주택담보대출 유동화증권MBS과 증권화라는 결정적 매개 고리를 통해 금융시장 전반으로 퍼져 나갔다. 2001년 이후 금융 메커니즘의 과도한 팽창으로부터 생겨난, 가장 과감한 형태를 띤 CDO와 같은 다양한 도구들의 가치가 절하되었다. 2007년 8월에는 이런 과정의 잠재적 추세를 드러내는 중요한 전진이 이루어졌다. 상당한 양의 ABS 포트폴리오를 보유하고 있는 SIV와 같은 다른 금융적 도구들도 손해를 보았고, 쓸모없게 되었다. 초기에는 금융 메커니즘의 전반적인 붕괴라기보다는 작은 규모의 유동성 위기였지만, 그 외의 나머지 금융기관들도 증권화된 상품을 보유하고 있거나, 그런 상품의 운용에 직접적으로 연루되어 있었고, 이로 인해 주택담보대출 회사, 예금 기관, 투자은행, 보험회사, 헤지펀드 등 모든 금융 부문이 영향을 받았다. 연준은 점진적으로 금융기관에 대한 대출의 규모를 늘려나갔다. 이것이 이 장의 주제이며, 채무불이행의 물결로부터 미국 은행

간 시장의 붕괴까지의 위기를 추적한다.

채무불이행

위기는 채무불이행, 즉 차입자의 연체로부터 시작되었다. 연체는 〈그림 16.1〉에 정의된 대부자에 의한 압류foreclosure와 대손상각charge-off으로 이어졌다. 주택 대출에 대한 연체(──)는 국면 IV의 시작점인, 국면 A로 진입하고 있던 2010년 1월부터 증가하기 시작했음을 확인할 수 있다. 단순히 연대기적 순서에 따라 살펴보면, 연체가 증가한 이유는 2001년 경기후퇴의 영향 때문이 아니라, 경기후퇴 이후 회복을 가능하게 한 주택 투자의 결과라는 점을 나타내고 있다.[1] 대손상각률(⋯⋯)은 연체율(──)에는 크게 미치지 못했다. 1991년과 2001년의 경기후퇴 기간 동안, 대손상각률은 거의 영향 받지 않았었다. 국면 IV의 마지막 부분에서 대손상각률과 연체율이 나란히 증가하고 있음을 알 수 있다. 이런 증가분이 이전보다 훨씬 크게 발생하리라곤 예상치 못했고, 이런 예상의 실패로 인해 모든 MBS가 과대평가되기에 이르렀다.

주택 호황의 규모는, 주택담보대출의 팽창에서와 마찬가지로, 예외적이었다(〈그림 12.2〉). 결과적으로, 예외적인 채무불이행과 대손상각이 나타났다는 것은 그리 놀라운 일이 아니다.

1_우리는 주택담보대출에 대한 연체율이 2001년 경기후퇴 기간 동안 제한된 범위에서나마 증가했음과, 국면 I의 마지막 단계에서 정점을 찍었다는 점을 확인할 수 있다. 2004년에는 새로운 하락 추세가 나타나서 낮은 구간에 도달했다. 2006년 초에는 약 1.6%에 도달했는데, 2001년에는 2.4%이고 1991년 3.4%였다.

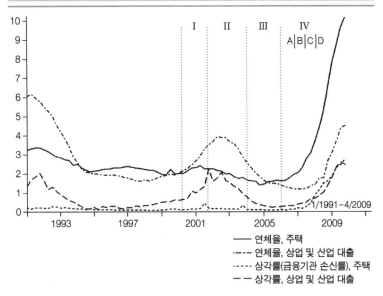

| 그림 16.1 | 주택 대출 상업 및 산업 대출에 대한 연체율과 대손상각: 미국 상업은행

단위: 기발행 대출에 대한 비중, 분기

- —— 연체율, 주택
- ·—·—· 연체율, 상업 및 산업 대출
- ········· 상각률(금융기관 손신률), 주택
- — — 상각률, 상업 및 산업 대출

주: 분기를 연간을 기준으로 계산한 변수다.

연준을 인용하면, "연체 대출과 리스는 과거 30년 또는 그 이상의 만기를 갖는 것이다." "대손상각은 장부에서 제외되고 대손충당금이 부과되는 대출과 리스(순 대출 리커버리)의 가치다." 압류는 대부자가 의지하는 절차, 즉 "채무불이행에 빠진 대출에 대한 담보를 되찾기 위해 채권자가 실시하는 합법적 절차"를 말한다.

국면 IV를 네 가지 하위 국면(A, B, C, D)으로 나누었다(15장).

〈그림 16.1〉을 통해 상업 및 산업 대출[연체(·—·—·)와 대손상각(— —)]의 상황을 확인할 수 있다. 이런 두 변수는 순환적 구성 요소로서, 경기변동을 따라 움직이고 있고, 경기후퇴가 발생한 동안 정점을 찍었으며, 주택 투자의 연체와는 매우 대조적임을 확인할 수 있다. 우리는 또한 국면 IV 후반부에서 발생하고 있는 이런 범주의 대출과 관련된 대손상각의 증가가 대체로 경기가 수축될 때 발생했다는 점에 주목할 수 있는데, 이는 주택 투자와 관련된 효과가 여기에 누적된 것임을 알 수 있다.

연체와 대손상각의 증가가 초래한 결과는 심각하다. 2008년 4월, 월간 신규 압류 신청 수(때때로 집 한 채에 대해 서너 번 이루어질 수 있다)는 2005년 월평균 약 7만 건 수준에서 점진적으로 성장하던 것이, 25만 건 이상에서 유지되었다. 2008년에는 1억 2,600만 채에 대해 300만 건이 이루어졌다.[2]

압류 비율이 대출 유형 — 고정금리 또는 ARM, 프라임 또는 서브프라임 대출 — 에 달려 있다는 점을 쉽게 예상할 수 있다. 예를 들어, 2008년 3분기에 압류 개시에 들어간 비중(기발행 범주의 총 대출에 대해)은 (1) 우량 고정금리 대출의 경우 0.34%, (2) 우량 ARM의 경우 1.77%, (3) 서브프라임 고정금리의 2.23%, (4) 서브프라임 ARM에 대해서는 6.47%가 이루어졌다. 2008년 4분기 서브프라임 ARM의 48%가 적어도 한 번 이상 만기가 지난 것이었다.[3]

총 주택담보대출의 80%에 근거한 자료에 따르면, 750만 건의 주택담보대출, 즉 주택담보대출을 갖고 있는 부동산의 18%가 2008년 9월 말 네거티브-에쿼티-포지션negative equity position(주택 가격이 가격 하락의 효과로 대출금보다 아래에 있는)에 있는 것으로 나타난다. 추가적인 210만 건의 주택담보대출도 그런 상태에 가까웠다.[4] 2009년 말 시점에서 보면, 주택

2_RealtyTrac U.S., 2009, www.realtytrac.com.

3_Mortgage Bankers Association, "Delinquencies Continue to Climb, Foreclosures Flat in Latest MBA National Delinquency Survey" (Washington, D.C.: Mortgage Bankers Association, 2009), www.mortgagebankers.org

4_First American CoreLogic "The Negative Equity Report," February 2010, www.facorelogic.com/newsroom/marketstudies/negative-equity-report/download.jsp. L. Ellis, "The Housing Meltdown: Why Did It Happen in the United States?" (working paper, Bank for International Settlements, 2008, no. 259).

가격의 계속된 하락으로 인해 상황은 더 악화되었다(〈그림 12.6〉).

몇 가지 전개 과정을 통해, 국면 IV 시기에 일어난 주택담보대출 채무불이행의 엄청난 증가를 설명할 수 있다. 이는 기본적으로 대출에 대한 요구 조건이 완화되면서, 이런 대출이 크게 증가했기 때문이다(13장). 주택 가격이 안정적이거나 증가하는 기간에는 대출 상환이 어려운 차입자들의 경우, 주택을 팔아 채무를 상환할 수 있다. 하지만 위기가 닥치면 주택 가격이 채무 상환을 할 수 없는 수준에 이르기 때문에 이 같은 방식으로 채무를 해결하기 곤란하다(네거티브-에쿼티-포지션). 다른 요소는 연방기금금리의 연속적인 상승과 하락이다. 2001년 경기후퇴에서 회복된 이후, 연준은 점진적으로 금리를 인상했다(〈그림 14.1〉). 14장에서 살펴본 것처럼 고정금리 주택담보대출은 그리 많이 오르지 않았고, ARM은 더 올랐다. 2004년 5월과 2006년 7월 사이 전자는 1.3%p 올랐고, 후자는 2.4%p 올랐다(ARM에 대한 금리는 2001년 수축 기간 동안 하락했고, 이로 인해 이와 관련된 대출이 크게 증가했다).

도탄에 빠진 주택담보대출유동화증권MBS 관련 시장

주택담보대출의 증가와 관련 있는 두 가지 도구인 민간 자체 발행 MBS와 CDO의 성장은 2000년 이후 주택 시장 호황과 나란히 나타난 금융 메커니즘의 극적인 확장을 잘 나타내고 있다(〈그림 13.2〉). 이런 추세는 주택 시장 하강 국면이 시작된 약 1년 이후, 국면 A2로 진입하면서 반전되었다. 주택 시장과 MBS 및 CDO 시장의 붕괴 사이의 전달 벨트는 채무불이행의 물결이었다.

CDO의 양이 많았음에도 불구하고, 대다수는 장외거래에서 거래되었으며, 결과적으로 가격을 관찰할 수 있는 시장은 존재하지 않았다. 가격은 채권을 보증하는 CDO가 거래되는 시장에서 파생되었다. 마킷[5]이라는 회사가 2006년 상반기 자료를 기초로 ABX.HE[주택담보대출 파생상품 가격지수로 알려진 지표를 생산했다. 이 지수는 반년 동안 발행된 다양한 트렌치의 가치를 측정하는 데 사용된다.

〈그림 16.2〉를 통해 마킷 지표 가운데 두 가지를 확인할 수 있다. 첫 번째 수직선으로 표시된 2006년 말부터 이루어진 BBB 트렌치(___)에 대한 평가절하의 첫 단계를 그림에서 명확히 확인할 수 있다. 이런 전개 과정(채무불이행이 금융적 도구에 미친 첫 번째 영향)은 국면 A2로의 진입을 특징짓는다. 이런 하강 단계는 평평한 구간으로 이어진다. 2007년 4월 신용 등급 기관은, 특히 CDO와 같은 서브프라임 주택담보대출을 담보로 하고 있는, 다수의 ABS에 대한 등급을 낮춘다. 2007년 6월과 7월은 국면 A2의 마지막 단계인데, 또 다른 평가절하가 발생했음을 관찰할 수 있다. 애초의 BBB 트렌치 가격 대비 50%까지 하락한다[이 지점까지 AAA 트렌치(_ _)에서는 아무 일도 일어나지 않는다].

5_마킷(Markit)은 수많은 전 세계적 금융기관들로부터 CDS 자료를 모아 1천 개의 글로벌 금융 기업(상업은행, 투자은행, 헤지펀드, 자산 관리자, 보험회사, 회계 기업, 규제 기관, 신용평가 회사, 자금관리자)에게 판매하는 지표를 만든다. 이런 지표는 시장이 존재하지 않는 CDO의 가격을 추정하는 데 쓰인다. "마킷은 투자자들이 CDS 계약을 통해 서브프라임 주택 담보부 증권에 대한 입장을 취할 수 있는 유동적이고, 거래 가능한 수단인 ABX.HE를 소유하고 관리한다. 그런 지표는 서브프라임 RMBS(Residential Mortgage-Backed Security)의 성과에 대한 벤치마크가 된다. 그것의 유동성과 표준화를 통해 투자자들은 등급 자산들 가운데서 발생하고 있는 시장의 흐름을 정확하게 파악하고 그에 따른 숏 또는 롱 포지션을 취할 수 있다." "Markit CDS pricing" (London: Markit, 2009), www.markit.com/en/products/data/cds-pricing/cds-pricing.page.

| 그림 16.2 | BBB 및 AAA 트렌치 지표

단위: 발행될 때의 본래 가치에 대한 %, 주간

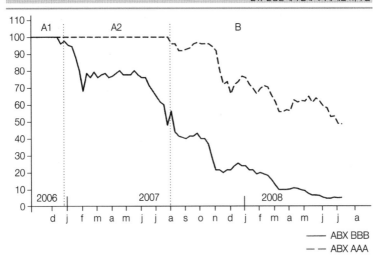

주: 그림의 계열들은 두 가지 공통적 특징(발행 시기(semester)와 트렌치 등급)을 공유하는 증권 번들(bundle)의 평균값으로 만들어졌다. 예를 들어, 2006년 전반기 동안 발행(마킷에서 만들어진 첫 번째 지표들의 기준)을 고려해보면, 추정치는 본래 AAA, AA, BBB 등급을 지닌 트렌치와 그 시기 발행된 기타(시니어 트렌치부터 주니어 트렌치)로 정의된다.

2006년 말 시작된 BBB 트렌치의 평가절하는 MBS 관련 시장의 위기가 도래하고 있음을 나타내는 첫 번째 징후다. 실제 폭발은 약 8개월 후에 일어난다(그 자체로 금융 위기로 인식되었던 [2007년 8월 위기]). 일련의 다양한 사건들이 2007년 8월에 국면 B로 접어들었다는 신호를 보냈다.

1. BBB 트렌치에 대한 평가절하와 더불어 진행된 신용평가 회사들에 의한 하향 등급 부여와 AAA 트렌치(_ _)의 첫 번째 평가절하.

2. 우연은 아니지만, 2007년 7월에 CDO와 민간 자체 MBS 발행의 극적인 축소가 일어났다(〈그림 13.2〉). 2007년 5월에는 미국 민간 자체 MBS 발행이 601억 달러로 정점을 찍고, 7월에는 이미 370억 달러로 줄어들며, 12월에는 70억 달러로 하락한다. 이와 비슷하게 전 세계 CDO

총 발행액이 2006년 12월 690억 달러로 정점을 찍고(2007년 2월, 3월, 6월에 각각 600억 달러 이상의 또 다른 정점이 있다), 7월에는 350억 달러, 12월에는 140억 달러로 떨어졌다는 점을 동일한 그림을 통해 확인할 수 있다. AAA 트렌치의 평가절하를 통해, 가까운 미래에 또 다른 잠재적 평가절하를 예상할 수 있었으며, 이는 또한 구조화된 신용 상품 전반에 대한 가치 평가와 관련해 불확실성을 증가시키는 원인이 되었다.

전반적인 가치 저하가 진행됨에 따라서, 상당수의 주택담보대출 대출자들 ― 대체로 취약한 상황에 처해 있는 주택담보대출 회사 또는 작은 전문화된 기관 ― 이 압박을 받고 있었다. 은행가들은 이들에 대한 자금조달을 중단했고, 2차 주택담보대출 시장에서 자금을 보충하는 것 역시 불가능해졌다. 이리하여 이들은 특히 주택담보대출 시장의 서브프라임 부문에서 발생한 유동성 위기의 첫 번째 희생자가 되었다.

나머지 금융 부문으로 위기가 급속히 전파되어, 헤지펀드와 미국 및 외국 기관들이 보유한 투자 펀드를 강타했다. 예를 들어, 2007년 8월 9일 BNP 파리바Paribas는 미국 서브프라임 대부 시장의 영향으로 그들이 보유하고 있는 펀드 가운데 세 가지 펀드의 기초 자산을 적절하게 평가할 수가 없게 되었다고 발표했다.

자산유동화기업어음ABCP, 콘듀잇, 구조화투자회사SIV의 위기

증권화와 직접적으로 연관된 또 다른 도구가 ABCP다. CDO와 마찬가지로 2005년 이후 뒤늦게 폭발적으로 성장했고, 콘듀잇과 SIV에 파괴적 효과를 미치면서 붕괴했다. 기발행 양은 2007년 8월 정점에 도달했다(〈그림 7.2〉). ABCP는 2007년 8월 위기에 직접적인 영향을 받았고, 그 후

2년 동안 지속적으로 하락했다(2009년 8월 최저점).

7장에서 설명했듯, SIV와 상업어음 콘듀잇은 MBS와 같은 위험한 장기 증권을 보유하는 대신에 ABCP 같은 단기 증권을 발행했다. 신용 등급 회사들이 SIV와 상업어음 콘듀잇의 자산을 평가절하함에 따라, 그들은 단기 조달을 확대하거나 갱신(만기 연장)을 하기가 불가능해졌다(새로운 발행이 막힌 반면, 어음을 상환해야 했다).

이런 전개를 통해 유동성 위기가 나타났다. 다수의 기관들이 축적된 손실로 말미암아 지급 불능의 상태에 빠졌다(예를 들어, 2007년 10월에는 셰인 캐피탈 매니지먼트Sheyne Capital Management의 지원을 받는 셰인 금융Sheyne Finance SIV가 채무불이행 상에 처하게 되었고, 이에 따라 〈그림 16.2〉의 지수에 해당하는 가격인, 원래 증권 가치의 44%에 불과한 가격에 판매되었다).

SIV와 상업어음 콘듀잇은 사실상 은행이나 다른 금융기관들의 지원을 받는 OBSE다. 세 가지 서로 다른 결과가 존재했다. 상당수의 은행들(시티그룹, HSBC, 라보은행Rabobank, 소시에테제네랄Société Générale)은 하향 등급으로의 조정 또는 채무불이행을 회피하기 위해 SIV를 구제하기에 이르렀으며, 다시 장부 속에 포함시켰다. 다른 곳(스탠더드차터드Standard Chartered 은행)의 경우에는 아예 SIV를 폐쇄하기도 했다. 빅토리아 시리즈 캐피탈 파드너 LLCVictoria Ceres Capital Partners LLC는 2008년 파산 신청을 했다. 어떤 경우에는 SIV와 그 스폰서가 동시에 파산하기도 했다(영국 정부는 2008년 2월 영국의 노던락Nothern Rock — 그 자회사인 그라니티Granite SIV — 을 국유화했다).

상호적 신뢰 부족

MBS 관련 시장의 위기는 은행 간 시장의 혼란에 기원을 두고 있다. 사실상 그것은 이 시장에 관한 나쁜 뉴스들이 축적되고, 그것이 은행의 상황에 미친 효과의 결과다.

15장에서 소개된 사건의 시간적 순서와 은행 간 시장의 전개 상황은 매우 일치한다. 〈그림 16.3〉을 통해 '런던 은행 간 금리'LIBOR — 은행들이 이 이자율에서 서로 차입할 수 있음을 말해 준다(더 정확하게는 3개월짜리 달러 LIBOR) — 와 연방기금금리를 확인할 수 있다. 우리는 2007년 8월에 발생한 LIBOR의 상대적 상승을 통해, 은행 간 시장에서 초기에 나타난 긴장 상태를 확인할 수 있다. 스프레드(두 금리 간의 차이)는 그런 긴장의 항상성을 나타내는 국면 B1(그리고 국면 B2 초반) 동안 내내 매우 컸다. 스프레드가 국면 B2에서 대부분 줄어들면서 — 스프레드가 완화되는 유일한 기간 — , 연준이 위기를 치유하는 듯했다. 2008년 3월, 상황은 다시 스프레드의 새로운 증가와 함께 악화되었다. 하지만 국면 C와 비교해 보면 아무것도 아니었다(그와 나란히 연준의 전반적 지원이 급상승했다). 각각의 경우에서 스프레드의 증가는 신규 파산 및 파산의 위협(베어스턴스, 리먼브라더스, AIG와 같은)과 관련되어 있다.

2007년 8월에는 모든 은행이 바닥을 헤매고 있었던 것은 아니다. 은행 간 시장에서 관찰된 긴장은 금융 행위자들 사이에서 서로에 대한 신뢰가 상실되었음을 표현한 것으로, 위기 초기 단계의 결정적 측면이었다. 오히려 현실적 손실의 발생과는 상관없이 (단순하게 이전 수준의 자금조달 스톡을 유지하기 위한 것을 포함함) 차입이 어렵게 되었다. 연준은 표준적절차를 활용해 국면 A2~B1과 B2~B3로의 이행 과정에서 두 가지 경계경보에 대처할 수 있었다. 하지만 세 번째 위기는 은행 간 시장의 최종적

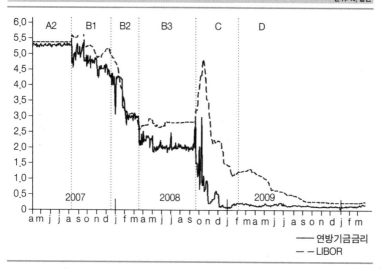

| 그림 16.3 | 연방기금금리와 3개월 미국 달러 LIBOR

단위: %, 일간

붕괴로 이어졌다. 국면 C에서 연준은 민간은행을 전적으로 대신해 대출했다. 은행들은 필요할 때 은행 간 시장에서 차입하는 대신에 연준의 도움으로 연준 내에 큰 준비금을 축적했다(더 자세한 사항은 18장, 〈그림 18.2〉에서 논의한다).

"신용경색"이라는 구절은 일반적으로 재화 및 서비스에 대한 지출 자금을 조달하는 대출 계약에 관한 것으로 한정되어 있다. 위의 전개 과정은 금융 부문 자체 내에서 발생한 신용 공급과 관련된 신용경색으로 묘사될 수 있다.

17

뒤흔들린 금융 구조

금융 위기는 2007년 8월과 2008년 9월(국면 B) 사이에 확대되었고 심각해졌다. 본질이 상당히 변화했다. 위기의 '유동성적 측면' 이외에도 금융 기관들이 거대한 손실을 입는 새로운 전개 과정이 나타났다. 기업 순가치[자기자본]의 평가절하는 주가 하락 속에 반영되었는데, 이는 때때로 파산으로 나타나기도 했다. 이 기간의 또 다른 특징은 중앙 기관들의 엄청난 개입이다.

피해 규모가 사건들의 진행 과정 속에서 갑작스럽게 드러났다. 이는 맹목, 위험에 대한 과소평가, 자산에 대한 과대평가, 손실에 대한 고의적인 위장과 같은 일들이 수많은 사례들에서 이루어지던 시기 이후에 도래했다. 이 시기에 엄청나게 큰 자기자본수익률ROE이 요구되었고, 이에 따른 거대한 소득분이 그것을 요구한 이들에게 분배되었다.

미국 신용 연계 채무의 글로벌 손실

금융기관이 초래한 손실의 규모를 평가하기는 어렵다. 미국 내는 물론이고, 미국이 다른 나라들에 지고 있는 다양한 종류의 글로벌한 채무를 고려해야만 한다. 질문의 핵심은 손실이 금융기관을 불안정화하고 그들을 파산으로 이끌기에 충분했느냐는 점이다. 답은 명백히 그렇다는 것이다. 이는 위기의 심화 과정에서 충분히 드러났다. 금융기관은 몇 해 동안 축적해 온 이윤에 해당하는 것을 잃었거나, 잃게 되어 있었다. 이는 그들의 자기자본을 극적으로 침해하는 과정이었다.

IMF는 2008년 10월 "미국 신용 연계 채무의 최근 글로벌 손실"near-term global losses on U.S. credit-related debt이라는 제목의 보고서를 통해 추정치를 제공했다. 각각의 단어가 중요하다. "최근"near-term이라는 말은 과거 및 앞으로 있을 손실을 고려하는 것이다. 다시 말해, IMF는 보고서가 준비되는 기간을 중심으로 금융기관 손실을 추정했지만, 이런 손실이 아직은 필연적으로 실현된 것이 아니라는 의미다. "신용 연계 채무"credit-related debt는 대출 및 증권 모두를 의미한다. "미국 채무"u.s. debt와 "글로벌 손실"global losses이라는 표현은 오직 미국에서 비롯된 채무만을 고려하는 것이지만, 손실은 다른 국가 내에서 발생할 수도 있다는 점이다. 손실은 "시가 회계"marked to market, 즉 경상 시장가격을 기초로 규정된다. 이런 추정치를 통해, 우리는 주택 투자 위기가 전 세계 투자자들에게 미친 오염효과contamination effect를 확인할 수 있다.

〈표 17.1〉은 IMF의 계산에서 뽑아낸 것이다. 그것은 대출과 증권을 분리하고 있다. 도구들은 세 가지 범주로 분류된다. (1) 가계 주택담보대출과 직접적으로 연계된 신용(대출, MBS 등), (2) 금융 및 비금융 기업에 대한 신용, (3) 기타(상업용 MBS, 소비자 신용, CLO 등)(기업 부문은 비금융 기

| 표 17.1 | 미국 신용 관련 자산의 손실

단위: 10억 달러

	대출	증권	총합(2008년 10월)	총합(2008년 4월)
총합	425	980	1,405	945
주택 부채	170	580	750	565
법인 부채	120	210	330	90
기타	135	190	325	290

주: IMF 추정

업, 전통적 금융 기업, 콘듀잇, SIV, 기타 OBSE를 포함한다).

총 손실은 1조4,050억 달러에 달한다. 이는 대출의 약 3분의 1과 증권 3분의 2다. 총 손실 가운데 절반 이상이 주택 채무에 직접적으로 귀속된다. 하지만 이 같은 주택 채무 손실의 간접적인 효과로 발생한 손실의 가치 역시, 그 크기를 정확히 측정하기는 어렵지만, 확실히 크다. 직접적인 손실 및 그와 관련된 시장들(예를 들어 ABCP 시장의 위기의 결과로)의 붕괴 때문에 자금을 조달할 수 없었던 기업들은 채무 상환 능력을 상실했다. 보고서에서는 이런 기업들이 금융 또는 비금융 기업의 어떤 부문인지 나타나지 않고 있지만, 손실의 대부분은 금융기관이 파산한 결과로 추측할 수 있다.

물론 이런 계산은 대략적인 추정치이지만, 황폐한 흔적을 보여 주고 있다. 이를 NIPAnational income and product account에 정의된 미국 금융 부문의 이윤과 비교하기도 한다. 그런 손실은 지난 5년 간 금융 부문이 벌어들인 총 세후 이윤율의 규모보다 더 크다. 금융 부문의 2003년과 2007년 사이의 총 이윤은 1조3,670억 달러(그중 유보 이윤은 6,880억 달러)였다.

보고서에 있는 2008년 4월 및 2008년 10월의 추정치를 비교해 보는 것 역시 흥미롭다. 6개월 동안 거의 50%가 증가했음을 보여 주고 있다. 이 대부분은 기업의 채무에서 비롯된 것이다. 법인 채무로 인한 손실은

900억 달러(4월)에서 3,300 달러(10월)로 늘어났다.

사용된 정의가 다르기는 하지만 영란은행은 이와 거의 비슷한 추정치를 제공하고 있다. 2008년 보고서에서 제출된 계산은 전 세계적으로 세 개의 지역에서 발생한 놀랄 만한 손실을 강조하고 있다(20장에서 이 계산을 좀 더 세밀하게 검토한다. 이는 글로벌 위기에 영향을 끼쳤다). 증권(대출이 아니라)만 고려되었고, 손실은 그것을 구매한 투자자의 국적(발행된 국가와는 상관없이)에 따라 분류되었다. 따라서 증권만을 검토해 보면, 추정된 손실은 미국에서만 1조5,800억 달러이고, 나머지 세 지역에서 미국 달러로 2조8천억 달러였다. 보고서에는 잠재적 위기의 가능성을 드러내는 다음과 같은 언급이 달려 있다. "세 개의 통화에 걸친 총 시가 회계 손실은 약 2조8천억 미국 달러로 상승했다. 은행은 이런 시장가치 손실의 일부에 대해서만 책임이 있기는 하지만, 위기 이전의 은행 기본 자기자본 Tier 1 capital[1]인 3조4천억 미국 달러의 85%에 상응한다."[2]

실질소득 vs. 가공 잉여

확실히 주택담보대출 부분에서 발생한 새로운 채무불이행이 손실을 가져왔다고 할 수 있지만, 시가 회계(또는 모형에 의한 가격 설정)를 통한 자산 가치의 조정 — 평가절하의 확률이 위기 초부터 끊임없이 올라간 — 도

1_ 〈상자 9.4〉를 보라.

2_ Bank of Egland, Financial Stability Report (London: Bank of England, October 2008), 17, no. 24.

상당한 영향을 미쳤다. 원래의 가치 평가도 의심스럽긴 하지만, 최근에 신용평가 기관에 의해 하향 조정된 CDO가 이와 관련된 명확한 사례라 할 수 있다(〈상자 7.2〉에서 자산 가치를 과대평가하는 시가 회계 절차의 위험을 강조하고 있다).

위의 관찰에 따르면, 위기 이전 몇 해 동안 축적된 엄청난 잉여들이, 9장에서 주장한 것처럼, 상당한 범위에서 가공적이라 말할 수 있다. 반대로, 상위 임금 피라미드에 대한 고임금 및 주주에게 지불된 엄청난 배당 양은 상당히 현실적이었다. 회계가 현실에 맞게 조정되자, 법인의 자기자본이 갑작스럽게 붕괴하면서 이와 같은 가공적 잉여의 엄청난 유출이 극적으로 드러나게 되었다.

〈상자 6.1〉에서 설명한, 전체 민간경제의 이윤에 대한 잉여노동 보수의 방법론을 금융 부문에 적용해 보면, 훨씬 더 스펙터클한 결과를 볼 수 있다. 2006년 전체 경제의 20%를 차지하는 금융 부문의 노동 잉여 보수는 금융 부문의 관리에 대한 고임금의 집중이 일어난 결과로, 표준적 노동 보수의 117%에 이르게 되었다. 이는 배당으로 지불된 이윤과 유보 이윤의 2.5배다(총 이윤의 1.3배). 비금융 경제에 대해서도 위와 같은 계산을 할 수가 있다. 2003~07년의 5년 동안으로 비교를 확대해 보면, 금융 부문과 관련해 여전히 9장에서 제시된 추정치를 얻을 수 있다.[3] 2조 6,060억 달러를 총 잉여노동 보수와 배당으로 계산할 수 있는데, 이를 IMF가 추정한 손실 1조4,050억 달러 또는 영란은행이 측정한 1조5,570억 달러와 비교할 수도 있다.[4]

3_가공적 이익과 실질소득 절을 보라(이 책의 186쪽).

파산으로 가기

금융기관들의 파산과 구제금융의 물결은 국면 C로 진입하는 2008년 9월과 10월 사이의 위기로 빚어진 상황들의 심각성을 드러내고 있다. 좀더 기술적으로 보면, 우리는 여기서 은행들 사이의 불신을 나타내는 LIBOR와 연방기금금리 사이의 스프레드가 갑작스럽게 증가하는 것에 대해 언급할 수도 있다(〈그림 16.3〉).

다수의 금융기관들 — 주택담보대출 발행, 증권화 또는 모노라인 보증과 같은 보험 또는 헤지펀드와 직접적으로 연관된 활동을 하는 — 이 이미 위기 초반 국면에 파산했다. FDIC가 보증하는 예금 기관들만을 고려해 보면, 도산 또는 자금 지원의 수가 점진적으로 증가한다. 2007년 12개월 동안 3개였던 것이, 2008년 초반 6개월 동안에는 4개, 2008년 후반 6개월 동안에는 26개, 2009년 초반 6개월 동안에는 53개, 2009년 후반 6개월 동안 95개로 늘어난다. 미국과 세계에서 가장 크고 가장 명성 있는 금융기관 가운데 몇몇이 도산하거나 구제금융받았다는 점이 국면 C로 이행하는 동안 나타난 주요한 특징이다. 그 목록을 나열해 보면 인상적이다. AIG, 리먼브라더스, 모건스탠리, 패니메이와 프레디맥, 메릴린치, 시티그룹 등(〈상자 17.1〉).

4_이런 문제들에 대해서는 S. Bergstresser & T. Philippon, *CEO Incentives and Earnings Management* (Boston, Mass.: Harvard Business School, 2004)를 참고할 수 있다.

2008년 6월과 10월 사이에 미국 거대 금융기관들이 어려움을 겪거나 파산했다.

- 2008년 6월 리먼브라더스와 모건스탠리는 거대한 손실을 입었다고 발표했다.
- 2008년 7월 인디맥(IndyMac) 은행이 FDIC로 양도되었고, 헨리 폴슨(Henry Paulson)은 페니메이와 프레디맥에 대한 미국 정부의 지원을 발표했다.
- 2008년 9월
  - 리먼브라더스가 파산 신청을 했다.
  - 뱅크오브아메리카가 메릴린치를 사들였다.
  - 골드먼삭스와 모건스탠리는 미국 정부가 보증하는 지주 회사 — 이런 기관들에 제공되는 보증의 혜택을 누리기 위해 — 가 되기로 했다.
  - 노무라홀딩스가 리먼브라더스의 아시아 유럽 활동을 인수했다.
  - 버크셔 헤더웨이가 골드먼삭스에 투자했다.
  - 워싱턴뮤추얼은행이 문을 닫았고, 자산은 JP모건체이스로 양도되었다.
- 2008년 10월
  - 워렌 버핏의 웰스파고(Wells Fargo)가 와코비아(Wachovia)를 인수했다.
  - 미쓰비시 UFJ 금융 그룹과 모건스탠리가 제휴했다.

월스트리트로부터 나타난 손실

증권시장 지표가 금융 위기, 특히 국면 B에서 국면 C로의 이행에 신속히 반응했으리라 쉽게 예상할 수 있다. 이런 혼란은 모든 부문, 특히 금융 법인의 NYSE 지표의 하락에서 명백히 드러난다.

〈그림 17.1〉을 통해 금융 및 비금융 부문의 시가총액을 확인할 수 있다(총액 및 지수의 윤곽은 현실적으로 같지만, 총액은 지표의 하락으로 인한 잠재적 손실의 추정치와 붕괴를 고려하고 있다). 비금융 부문의 시가총액은 금융

| 그림 17.1 | NYSE: 시가총액과 극대치 사이의 차이

단위: %, 일간

주: 두 변수는 가각 2007년 6월 4일과 7월 13일에 극대치에 도달했다. 비금융 부문의 시가총액은 종합지수가 기반하고 있는 모든 부문의 시가총액에서 금융 부문 시가총액을 뺀 것을 의미한다.

부문보다 약 세 배가량 크다. 그림의 변수들은 일간 시가총액 가치와 이런 시가총액이 정점에 이르렀을 때 ― 각각 2007년 6월 4일(___)과 7월 13일(.....) ― 사이의 퍼센트 포인트의 거리를 보여 주고 있다. 예를 들어, 금융 부문의 -10%는 이 부문 시가총액이 2007년 6월 4일에 비해 10%p 낮아졌다는 의미다.

그림을 통해 금융 부문의 더 거대한 파산을 동반하는 다소 꾸준한 하락 국면을 그 상승과 하락분에도 불구하고 확인할 수 있다. 국면 C 초반에 급격한 가속화가 존재한다. 가장 극대치를 기록한 날과 극소치를 기록한 날 사이에 비금융 부문 시가총액은 56%가 사라졌고(9조3천억 달러), 금융 부문의 경우에는 78%가 사라졌다(4조4천억 달러의 손실). 이런 계산

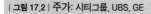

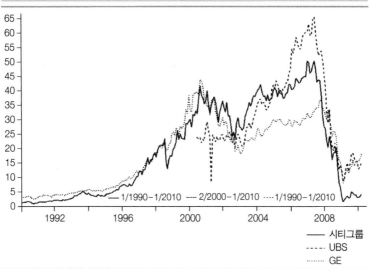

| 그림 17.2 | 주가: 시티그룹, UBS, GE

단위: 달러, 일간

65
60
55
50
45
40
35
30
25
20
15
10
5
0

—— 1/1990–1/2010 ---- 2/2000–1/2010 ·····1/1990–1/2010

1992   1996   2000   2004   2008

—— 시티그룹
---- UBS
······ GE

은 영란은행 또는 IMF에 의해 추정된 손실을 왜소하도록 보이게 한다. 또한 이런 계산을 통해 가장 최악의 위기는 지나갔다고 투자들이 느낄 수 있는 기간 말에 나타나는 부분적 회복도 확인할 수 있다.

〈그림 17.2〉를 통해 시티그룹, UBS, GE의 주가도 확인할 수 있다. 이런 대기업들의 주가가 극적으로 평가절하되는 양상(엄청난 팽창 기간 이후)이 그림에 나타나고 있다.

18

금융 부문의 구원자, 국가

자유 시장경제와 이른바 시장 규율에 대한 뿌리 깊은 신념에도 불구하고, 위기가 닥치자 중앙 기관들의 개입이 시작되었다. 이처럼 신자유주의적 신조의 기본적 교의와는 동떨어진 급격한 반전이 일어난 것은 놀라운 일이 아니다. 신자유주의는 원칙 또는 이데올로기가 아니라 상위 계급의 권력과 소득을 목표로 한 사회적 질서였기 때문이다. 이데올로기는 정치적 도구다. 이런 각도에서 고찰해 보면, 목표는 바뀌지 않았다. 신자유주의에서 국가(이 글에서는 중앙은행을 포함한 광범위한 의미로 사용된다)는 언제나 상위 계급에 유리하게 작동했다. 위기를 다루는 데에서도 예외는 없었다. 오직 상황이 그리고 이에 따라 결과적으로 도구가 다를 뿐이다. 심각하고 지속적인 구조적 위기가 새로운 사회질서로 우리를 안내할지, 어떤 형태의 계급적 위계와 타협을 만들어 낼지는 또 다른 문제다.

　이번 장에서는, 금융 부문에 대해 취해진 수단들을 살펴본다. 금융 부문 고유의 복잡성 때문에, 이 부문에 대한 신용 공급, 취약한 법인들에 대한 자본 참여, 규제 등 다양한 도구들이 나타났다(재정 정책은 19장에서 논의할 것이다). 게다가 위기의 주요 국면들에 걸맞은 수단들의 연대기적 측면이 존재한다. 연준이 유동성 압박을 완화하기 위해 첫걸음을 내딛었었던 2007년 8월 외에도, 이번 장에서는 2008년 마지막 분기에 나타난 전환점을 강조할 것인데, 이는 국면 C로의 진입을 나타낸다.

장치들의 광범위한 다양성

(1) 유동성 문제의 해결과 파산 회피, (2) 가계(수요를 촉진하기 위해) 또는 기업(활동을 촉진하기 위해)에 대한 직접적인 신규 대출 지원이라는 문제를 해결하기 위해 고안된 메커니즘들을 적어도 일곱 개의 범주로, 각각 혹은 결합적으로, 구별할 수 있다. 두 번째 문제[(2)]를 해결하기 위한 개입은 이번 장과 다음 장에서 검토할 메커니즘 사이의 경계에 놓여 있다. 전반적으로 연준과 재무부, 그리고 연방정부 기관들은 금융기관이 떠맡을 수 없는 과업들을 점진적으로 수행해야만 했다.

첫 번째 문제와 관련된 범주들로부터 시작해 보자.

1. 부실 채무에 대한 노골적인 구매가 직접적인 선택지였다.

2. 금융기관에 대한 신규 대출을 목표로 한 일련의 수단들이 존재했다. 그런 대출들은 연준 또는 연방정부 기관(가능하면 재무부의 간접적인 지원과 더불어)에 의해 보증되었다.

3. 재무부가 금융기관에서 새롭게 발행하는 주식(이와 같은 자금조달을 [부채를 통한 자금조달debt financing과 구별해] "지분[주식 발행]을 통한 자금조달"equity-financing이라 부른다)을 구매하는 것이 또 다른 수단이었다. 특히 이와 같은 절차는 때때로 법인 자본에 대한 자본 참여분이 클 때, "국유

화"라고 불렀다. 재무부는 이에 필요한 자금을 조달하기 위해 차입을 늘려야만 했다.

4. 우리는 인수 형태를 띠는 구제책, 즉 법인의 법적 지위의 전환 및 신규 규제 등과 같이 금융 부문 구조에 영향을 미치는 수단들을 추가할 수 있다.

두 번째 범주로 들어가자.

5. 금융 법인들이 가계 또는 비금융 기업에 신규 대출을 할 때 이용할 수 있는 특정 유형의 차입 제도들이 개방되었다. 이는 취약해진 기관들을 강화하는 것뿐만 아니라 경제에 대한 대출을 촉진함으로써 신용경색에 대응하기 위한 관심에서 비롯된 것이었다. 동일한 맥락에서, 우리는 ABS를 지탱하는 신규 대출과 관련된 보증을 제공했다는 점도 언급할 수 있다.

6. 또한 수요를 촉진하기 위해 가계 지출을 직접적으로 지원하기도 했다. 이 같은 지원은 보조금이나 세금 감면을 통해 이루어질 수 있다.

7. 국면 D에서는, 연방정부 기관이 증권화 과정을 보증하며, 연준이 상당량의 MBS를 구매하는 것처럼, 중앙 기관이 민간을 대신해 개입했다.

2007년 8월 이전(국면 A): 자각의 부족

2007년 8월 이전에 이루어진 연준의 작은 움직임들 각각은 어느 정도의 우려를 나타냈지만, 2006년 초 이래로 진행 중이던 과정의 중요성에 대한 실질적 자각이 대체로 부족했음을 말해 주고 있다.

2007년 8월 9일 이전 혹은 직후부터 몇 가지 제한적인 행동들이 주택담보대출, 특히 서브프라임의 발행과 관련해 이루어졌다.[1] 국면 A2가 시작되고 몇 개월이 지난 2007년 4월에는 구조화된 금융의 전면적인 실패가 명확히 드러나고 있었고, 연방 금융 규제 기관들(연방정부 감사관, 연방 은행, 저축 및 신용조합 규제 기관들)은 금융기관들이 지급 불능에 빠진 시장 차입자들과 협조하도록 권고했다. 5월에는 소비자들이 무엇이 "비전통 주택담보대출"인지 알게 되었으며, 서브프라임 주택담보대출 대출자들에 대한 감독을 개선하는 시험적 프로젝트에 착수했다. 6월에는 "최종 성명서"가 만들어졌다. 은행 간 시장의 위기가 폭발한 며칠 뒤인 8월 14일 정부 기관들은 그런 대출에 대한 (설명과 잠재적 위험에 대한 도표를 담은) "해설"을 발행했다.

2007년 8월~2008년 9월(국면 B): 유동성을 중심으로

금융 위기가 발생한 첫해 동안(국면 B 동안), 금융 부문에 대한 지원의 대부분은 연준으로부터 나온 것이었다. 연준은 이자율을 내렸고, 유동성 위기를 완화하기 위한 대출 절차를 확대했다. 이런 두 가지 형태의 개입은 〈그림 16.3〉과 〈그림 18.1〉에 나와 있다.

〈그림 16.3〉을 통해, 연방기금금리와 LIBOR를 확인할 수 있다. 국면 B1 초에는 목표 연방기금금리의 하향 조정이 신속하게 이루어졌지만, 그 폭은 그리 크지 않았다(2007년 9월 18일 5.25%에서 4.75%로 낮추었다). 이런 결정은 두 이자율 사이의 스프레드를 통해 명확히 확인할 수 있

1_Board of Governors of the Federal Reserve System (Washington D.C.: Federal Reserve, April 17, 2007), www.federalreserve.gov/newsevents/press/bcreg/20070417.htm.

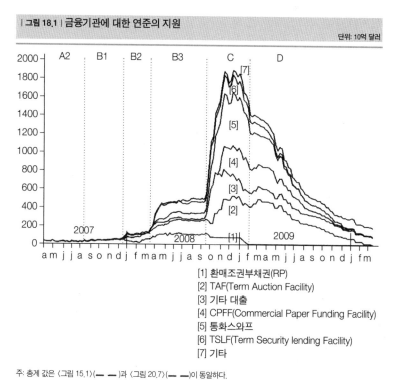

| 그림 18.1 | 금융기관에 대한 연준의 지원

단위: 10억 달러

[1] 환매조권부채권(RP)
[2] TAF(Term Auction Facility)
[3] 기타 대출
[4] CPFF(Commercial Paper Funding Facility)
[5] 통화스와프
[6] TSLF(Term Security lending Facility)
[7] 기타

주: 총계 값은 〈그림 15.1〉(━ ━)과 〈그림 20.7〉(━ ━)이 동일하다.

었던 은행 간 시장의 긴장에 응답한 것이었지만, 이런 움직임은 유동성 위기의 규모에 부응하지는 못했다. 위기가 더욱 심각하게 진행됨에 따라 연방기금금리는 반복적으로 인하되었다. 국면 B1 말에는 4.25%로 그리 크지 않았지만, 2008년 말에는 훨씬 극적인 속도로 3%까지 하락했다. 이런 이자율의 하락을 통해 안정화 효과가 발생했으며, 이사율 스프레드 는 다시 제로로 돌아왔다. 스프레드가 새롭게 증가한 것은 2008년 3월이 었다. 바로 이 시기에 위기는 더욱 심화되었다(베어스턴스가 파산했다). 국 면 B3의 6개월 동안(2008년 3~9월까지) 목표 연방기금금리는 2.25%에서 일정하게 유지되었지만, 그 후 2%로 감소했고, LIBOR는 2.8% 주위에서 변동했다. 9월에는 큰 폭의 스프레드가 나타나면서, 낮은 수준의 연방 기금 이자율에도 불구하고 초기 긴장은 아직 해소되지 않았음을 보여 주었다. 이제 국면 C로 접어들고 있었다.

〈그림 18.1〉을 통해 일곱 개의 요소로 구성된 금융 부문에 대한 연준의 총 대출을 확인할 수 있다. 국면 B 초반 주요 전개는 다음과 같다.

1. **전통적 수단**(국면 B1). 2007년 8월, 연준은 화폐 정책의 표준적 메커니즘인 환매조건부채권매매RP, repurchase agreement[2]를 사용했다. 대출이 190억 달러에서 460억 달러로 증가했는데, 결국 270억 달러가 추가로 대출된 셈이 되었다. 대출 기간 및 담보로 승인되는 증권들과 관련된 조건들로 인해 연준의 이런 환매조건부채권매매 운용은 제약을 받을 수밖에 없었다. 이런 이유로 최초의 막대한 지원은 특히 뉴딜 기간에 만들어진 연방주택대부은행FHLB과 같은 연방정부 기관에 의해 이루어졌다. 은행에 대한 FHLB의 대출(보증된 증권)은 2007년 6월 말 6,400억 달러에서 2007년 3분기 말 8,240억 달러로 증가했는데, 이는 앞서 언급한 연준의 270억 달러가 왜소해 보일 정도인, 1,840억 달러를 추가적으로 대출한 것이었다.

2. **새로운 수단**(국면 B2). 연준의 행동에 대한 이 같은 제한은 점진적으로 거두어졌다. 2007년 12월에는 새로운 구성 요소가 추가되어, 연준의 새로운 지원이 증가할 수 있게 되었다. 즉 광범위한 담보를 확보할 수 있

2_[옮긴이] 일정 기간 이후 정해진 가격으로 같은 채권을 다시 구매하는 조건으로 채권을 거래하는 방식이다. 중앙은행은 환매조건부채권매매를 매매하거나 매입함으로써 시중 유동성을 조절한다.

는 TAF가 도입되었다. 환매조건부채권매매 스톡은 2008년 2월 감소했으나 기발행 총 대출은 국면 B2 동안 560억 달러에서 1,290억 달러로 두 배가 증가했다. 국면 B1과 B2의 각 평균을 고려해 보면, 연준을 통한 총 대출 가치는 2.4배 증가했다. 이는 연방기금금리와 LIBOR 사이의 스프레드가 현실적으로는 제로에 가깝게 조정될 수 있는 밑거름이 되었다.

3. 자각(국면 B3). 2008년 3월, 베어스턴스의 부도와 함께 상황이 갑작스럽게 악화되었다. 3월 중순, 앨런 그린스펀과 라일 그램리Lyle Gramley[3]는 현재 진행 중인 금융 위기가 제2차 세계대전 이후 가장 강력한 것으로 간주될 수 있다고 발표했다. 마틴 펠드스타인Martin Feldstein[4]은 미국이 경기후퇴 속에 있다고 선언했다. 정확히 이와 동시에 연준은 베어스턴스의 MBS 투자 및 다른 미심쩍은 투자 부분을 해결하기 위해 290억 달러의 비소구금융nonrecourse loan[5]을 발행했다. 그사이 베어스턴스는 [JP모건체이스에] 인수되었다. JP모건체이스가 주당 2달러(최종적으로 10달러)에 주문을 넣었는데, 1년 전에 베어스턴스의 주식은 주당 169달러를 기록하고 있었다. 벤 버냉키는 베어스턴스의 채무불이행이 "심각한 결과"를 초래했으며, 거대한 위기로 이어졌다고 증언했다.

2008년 3월과 4월에 총 대출은 새로운 평평한 구간 — 사실상 4천억 달러에서 5천억 달러로 약간 상승 추이를 갖는 구간(〈그림 18.1〉) — 으로 갑자기 증가했다. 전통적인 공개 시장 조작(환매조건부채권매매를 활용한)

3_ 캔사스 의회 전 의장이자 경제자문위원회의 회원이다.

4_ 경제자문위원회의 회원이자 로널드 레이건 대통령의 수석 경제 자문이었다.

5_ 채무불이행이 발생하는 경우, 대부자는 담보 가치 이상을 보호받지 못한다.

제도(facility)라는 개념은 금융 부문에 대한 연준의 대출 통로(channel)를 말한다. 연준의 대부 역량이 확대된 것이 위기가 발생한 첫 번째 해의 전형적인 특징인데, 이 기간은 2008년 1분기 말의 단절에서부터 금융 부문이 추락한 9월까지를 포괄한다.

● 2008년 9월 이전(국면 B1, B2, B3)

전통적인 공개 시장 조작과 재할인 외에도, 연준은 금융 부문에 대한 지원을 강화하기 위해 세 가지 새로운 수단을 도입했다.

1. 2007년 12월 TAF(Term Auction Facility). 연준은 단기 경매 신용(term-auction credit)을 발행하면서 예금 기관으로부터 광범위한 담보물을 확보했는데, 이는 대체로 재할인을 위한 준비금으로 보유된다. 경매는 더 자주 이루어졌고, 더 긴 기간 동안 이루어졌다(격주 및 28일 동안).

2. 2008년 3월 TSLF(Term Securities Lending Facility). TSLF와 TAF의 주요 차이는 연준이 현금 대신에 재무부 증권을 공급한다는 점이다. 이런 수단은 2008년 9월에 강화되었다.

3. 2008년 3월 PDCF(Primary Dealer Credit Facility). PDCF는 TSLF와 유사하지만, 공개 시장 조작을 가격이 살아 있는 투자 등급 회사채, 지방채, MBS, 및 ABS로 확대했다. PDCF의 구체적 측면은 연준이 직접적으로 국채 전문 딜러(Primary Dealer)●에게 자금을 조달한다는 점이다. 유효 담보물(eligible collaterals)의 범위는 2008년 9월 확대되었다.

● 2008년 9월 이후(국면 C)

4. 2008년 9월 AMLF(ABCP MMMF Liquidity Facility). 2008년 10월 CPFF (Commercial Paper Funding Facility), MMIFF(Money Market Investor Funding Facility). 이런 새로운 제도(facility)는 단기 채무 시장의 유동성을 개선하는 것이 목표였다. 초기의 제도와 비교해 상업어음, 콘듀잇, SIV, 머니-마켓-뮤추얼-펀드(MMMF)●● 시장의 유동성 악화를 개선하기 위한 것이었다.

5. 2008년 11월 TALF(Term Asset-Backed Securities Loan Facility). TALF는 재무부의 보호를 받는 유효 ABS(eligible ABS)를 기초로 연준이 승인한 대출이다.

● 2009년 2월 당시 연준과 예금 기관들 사이에서 공개 시장 조작의 중개자로 활동하는 16개 거대 은행과 브로커 딜러.
●● 화폐시장에 투자하는 뮤추얼펀드. [미국 재무부 증권 및 상업어음과 같은 단기 채무증권에 투자하는 개방형 뮤추얼펀드를 말한다._옮긴이]

과 TAF가 극적으로 증가했고, 다음과 같은 새로운 두 가지 수단이 도입되었다. (1) TSLF와 (2) PDCF다. TSLF는 〈그림 18.1〉에 명확하게 나타나 있다. 우리는 이런 요소가 국면 B3 동안 비교적 중요했음을 확인할 수 있다. PDCF는 그림의 "기타 대출"을 의미한다. 그것의 규모는 그리 크지 않았다.

2008년 7월 말 의회는 50만에 달하는 주택 소유자를 위한 주택담보대출의 부족 자금을 조달하기 위해, 연방주택청FHA 보증 자금 3천억 달러 제공과 관련된 〈주택 및 경제회복법〉Housing and Economic Recovery Act을 통과시켰다. 이런 기회를 활용할 수 있는 가계가 그리 많지 않아 이런 수단은 실패하고 말았다.

연준이 제공한 지원의 내용과 수준은 국면 B3 내내, 즉 2008년 9월 초까지 놀랍게도 안정적인 채로 남아 있었다. 이자율도 마찬가지였는데, 마치 새로운 안정화 기간이 달성된 듯 보였다.

전반적으로 2008년 9월 초(국면 B3 말)의 상황은 금융 부문에 대한 거대한 양의 대출과 낮은 연방기금금리로 표현될 수 있다. 연준 자산의 구성은 완전히 대체되었다. 연방기금금리와 LIBOR 사이의 스프레드는 국면 B1보다 컸는데, 이는 금융 위기에서 고유하게 나타나는 첫 번째 단계이자, 은행들 사이의 신뢰가 회복되지 않았다는 증거였다.

2008년 후반(국면 C): 필사적인 강화와 점진적인 대체

2008년 9월, 세계는 3월에는 피할 수 있었던 금융 위기가 심화되고 있음을 발견했다. 경제활동이 현저히 수축될 것이고, 위기가 글로벌한 형태로 확장되었다는 사실도 명확해졌다. 법인 자본에 대한 참여와 추가적인 대출 제공을 통해, 금융기관을 강화하려는 전면적이고 다소 무질서한 노력이 시작됐다는 점이, 국면 C로 진입하는 과정에서 나타난 특징이다. 하지만 위기가 점점 심화되면서 중앙 기관이 점진적으로 파산한 금융 법인을 대신해 경제에 대출을 공급하고, 이런 대출을 보증하게 되었다.

다양한 수단이 광범위하게 활용되었다.

1. 연준의 더 많은 대출. 국면 C로의 진입과 더불어, 금융 부문에 대한 연준의 대출이 극적으로 증가했다(〈그림 18.1〉). 이는 특히 새로운 장치의 도입(MMIFF, CPFF, TALF)과 적격 담보 범위를 더욱 확대했다는 점을 의미한다. 그림을 통해 "기타 대출"과 TAF의 확대를 명확히 확인할 수 있다. 2008년 11월, 뉴욕연방준비은행은 TALF를 통해 유효 ABS에 의해 보증되는 1년 만기의 대출을 2천억 달러까지 해줄 수 있게 되었다. 재무부는 FRB에 대해 200억 달러의 신용 보증을 했다. TALF는 민간 법인을 중앙 기관이 대체하는 흥미로운 실례를 제공했다. 연준은 마치 민간 법인처럼 표준적 ABS를 담보로 취득했고, 재무부는 CDS를 판매하는 민간 보험사처럼 부수적인 보험을 제공했다.

2. 재무부의 지원. 2008년 9월, 재무부가 추가 금융 지원 프로그램

Supplementary Financing Program, SFP[6]을 도입한 것은 극적인 혁신이었는데, 이를 통해 연준은 기존에 수행해 왔던 과제들을 계속해서 이어나갈 수 있었다.

3. 취약해진 법인들에 대한 강화: 페니메이와 프레디맥에 대한 구제금융. 연준이 특정 법인에 대한 구제금융을 처음 실시했던 시기는, JP모건체이스가 베어스턴스를 인수하려고 했던 2008년 3월로, 국면 C 이전이었다. 하지만 페니메이와 프레디맥이라는 두 거대 금융(13장)을 구제한 것은 실로 엄청난 사건이었다. 2007년 말, 그들의 장부 내 총 채무는 1조6,100억 달러에 이르렀으며, 3조5천억 달러에 이르는 MBS를 자신들의 모기지 풀 내에 보유하고 있었다. 2008년 7월 중순에 이들 기관의 생존과 관련된 첫 번째 경고음이 발생했는데, 당시는 조지 부시George W. Bush 행정부의 재무부 장관이었던 헨리 폴슨이, 만약 필요하다면, 이들 기관의 손실이 드러나 증권시장에서 이들 기관의 지분이 평가절하되더라도 이 두 기관을 정부가 끝까지 지원하겠다고 약속한 시점이기도 했다. 7월 말, 〈주택 및 경제회복법〉(〈상자 18.2〉)은 이 기관들을 연방주택금융국FHFA 산하로 복속시켰다. 이는 사실상의 인수 과정이었다.

9월 중순, 연준은 CDS로 말미암아 막대한 손실을 입은 AIG에 대한 구제금융을 실시했다. AIG가 상업은행으로부터는 더는 필요 자금을 조달할 수 없게 되자, 연준은 850억 달러의 대출을 실시했고, 그 상대방인

6_[옮긴이] 재무부의 '추가 금융 지원 프로그램'은 연준이 수행한 막대한 규모의 금융 활동을 지원하기 위해 도입되었다. 재무부가 발행한 국채로 흡수된 유동성은 연준의 재무부 항목에 기록된다.

두 가지 법이 금융 상황을 복원시키기 위해 통과되었다. 대출 보증, GSE 지원, 부실 채무 구매가 주요 영역이다.

1. 2008년 7월 〈주택 및 경제회복법〉. 주택담보대출과 관련된 재융자에 대한 보증 확대가 목표였으며, FHFA가, 다른 기능도 있기는 하지만, 주로 프레 디맥과 페니메이를 유지하기 위해 만들어졌다.

2. 2008년 9~10월 〈긴급경제안정화법〉("폴슨 법안"). 이 법은 원래 비유동성 부채의 구매를 목표로 했지만 현실적으로 기업의 주식을 구매하기 위해 사용되었다(지분을 통한 자본 조달). 또한 FDIC가 보증하는 예금 상한을 25 만 달러로 조정했다.

미국 정부는 AIG 지분의 거의 80%를 취득했다. 2008년 12월, 뉴욕연방 준비은행을 통한 추가 대출이 이루어져, 결국 2009년 초반에는 1,730억 달러에 달하는 지원이 이루어졌다.

4. 부실 대출에 대한 지원. 또 다른 형태의 개입은 문제가 있는 대출을 보증하고, 비유동성 대출을 구매하는 것이었다. 이는 그 성격상 중앙은행 이, 문제가 생길 경우 그 손실(결정이 이루어지는 당시에는 알려지지 않았다) 에 대해 책임을 지는 것이었다. 부실 채무에 대한 이와 같은 구매는 1933 년 대공황 시기의 개입 경험으로부터 직접적으로 영향을 받았다. 이른 바, 2008년 9월 폴슨 플랜Paulson Plan은 애초 그 규모를 7천억 달러 정도로 정했다. 수정된 버전인 〈긴급경제안정화법〉Emergency Economic Stabilization Act 이 최종적으로 2008년 10월에 채택되었다. 이 법을 통해, 재무부는, 부 실자산 구제 프로그램Troubled Asset Relief Program을 통해 2,500억 달러를 활 용할 수 있는 권한을 갖게 되었다. 하지만 폴슨 플랜은 자본 조달, 즉 법

인 자본에 직접 참여하는 방식으로 조정되었다.

2009년 1월 연준은 페니메이, 프레디맥, 지니메이의 채무뿐만 아니라 소비자 관련 채무를 구매하기 위한 MBS 구매 프로그램(2008년 12월 결정)을 운용하기 시작했다. 2010년 초 연준 계정에 있는 MBS 총량은 1조 달러 이상이었다.

5. MMMF에 대한 보증. 2008년 9월 말, 재무부는 통상적인 조건하에 있는 MMMF의 주식 가격을 보증한다고 결정했다. 이 같은 조치는 머니마켓 펀드에 대한 잠정 보증 프로그램Temporary Guarantee Program for Money Market Funds이라고 알려져 있으며, 이후 몇 개월 동안 확대되었다.

6. 자본 조달. 법인 자본에 대한 재무부의 참여. 폴슨 플랜은 사실상 법인 주식에 대한 구입으로 재조정되었다.[7] 자본 구매 프로그램Capital Purchase Program 아래에서, 2008년 10월 말 최초로 아홉 개의 주요 은행 또는 다른 금융기관에 자금을 지원했다. 2008년 말에는 시티그룹에 대한 가장 큰 규모의 구제금융(250억 달러)이 이루어졌으며, 12월 말에는 구체적 프로그램, 즉 목표 투자 프로그램Targeted Investment Program을 통해 200억 달러가 추가적으로 이루어졌다. 자본 구매 프로그램은 500개 이상의 은행들에 대해 2천억 달러 이상으로 행해졌다.

7. 은행 예금에 대한 보증. 파산한 주요 투자은행 이외에도, 상당수의 주요 예금 기관(은행과 저축대부조합)들이 부도 상태에 들어갔다. 가장 큰 규모의 파산은 2008년 9월 워싱턴뮤추얼은행의 파산이었다. FDIC에 의

7_부실 자산 구제 프로그램(Trouble Assets Relief Program) (Washington D.C.: U.S. Department of the Treasury, 2009), www.financialstability.gov.

한 유동화가 실행되었다. 또 다른 예로는, 거대 저축대부조합인 인디맥 IndyMac이 있다. 이 같은 부도로 인해 은행 및 저축대부조합에 대한 뱅크 런이 발생했다. 뱅크런을 막기 위해, 〈긴급경제안정화법〉은 FDIC의 예금 보증 한도를 25만 달러까지 높였다.

　　8. 구조조정과 규제. 위와 같은 수단을 통한 지원 이외에 구조조정과 규제의 방향으로 작은 발걸음이 옮겨졌다. 2008년 〈주택 및 경제회복법〉을 통해 FHFA가 14개의 GSE(페니메이와 프레디맥을 포함하는)와 12개의 FHLB를 감독하도록 했다. 광범위한 규제가 논의되었는데, 이는 규제 수단이 갖는 글로벌한 내용 때문에 더디 걸리는 과정이 될 것이다.

2009년 2월 이후(국면 D): 금융기관에 대한 대출 감소 및 연방정부 기관 증권의 보유 증가

2009년 2월, 새로운 국면(국면 D)으로 진입했다. 첫 번째 특징은 금융기관에 대한 대출이 감소했다는 점이며, 이는 〈그림 18.1〉에서 명확히 확인할 수 있다. 그림을 통해 금융기관에 대한 모든 종류의 대출들이 감소했다는 사실을 확인할 수 있다. 그 기간의 또 다른 특징은 극단적으로 낮은 수준까지 LIBOR가 하락했다는 점인데, 이에 따라 연방기금금리와의 스프레드가 줄어들었다.

　　다음 절에서 보게 될 것처럼 이런 새로운 추세는 연방정부 기관에 유리한 방향으로 경제에 대한 연준의 지원이 재조정되었음을 보여 주고 있다.

| 그림 18.2 | 연준의 자산과 채무

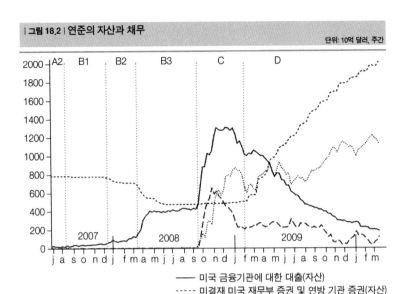

단위: 10억 달러, 주간

—— 미국 금융기관에 대한 대출(자산)
····· 미결재 미국 재무부 증권 및 연방 기관 증권(자산)
········ 연방준비은행 준비 잔고(채무)
— — 미국 재무부 계정(채무)

폭풍우 속의 연준

앞선 절들에서 이루어진 분석은, 금융 부문에 대한 연준의 막대한 대출과 서로 다른 위기의 단계에서 활용된 다양한 도구들에 초점을 맞추고 있었다. 연준의 활동을 살펴볼 수 있는 또 다른 방식은 연준의 대차대조표를 구성하는 각 요소들에서 나타나는 추세를 검토하는 것이다.

〈그림 18.2〉를 통해 연준의 대차대조표를 구성하고 있는 주요 계정들을 확인할 수 있다. 미국 금융 부문에 대한 총 대출(——)과, 연준이 보유하고 있는 재무부 및 연방정부 기관 증권(·····)(〈그림 15.1〉에서 통화스와프를 제외한 총 신용의 두 가지 구성 요소)이 두 가지 기본적인 변수들이다. 먼저 이 두 변수들이 국면 B 동안 정반대로 움직였다는 점을 확인할 수

있다. 미국 금융기관에 대한 총 대출은 상승하는 반면, 특히 국면 B3 초에 증권 보유는 감소했다. 금융기관들은 앞의 절들에서 설명한 다양한 수단들을 활용해 연준으로부터 차입했고, 그에 상응해 경제로 주입된 자금은 연준이 금융 부문에 증권, 특히 재무부 증권(연방정부 기관 증권 이외의)을 대칭적으로 판매함으로써 보상되었다. 대출을 통해 금융기관의 준비 잔고가 축적될 수 있지만, 동일한 기관에 증권을 판매함으로써, 그 정확한 메커니즘이 무엇이든 간에, 이런 준비금을 다시 연준으로 회수할 수 있다. 국면 B3 동안 은행 준비금(.......)은 대개 그런 것처럼 낮은 수준에서 안정적으로 남아 있었다.

그런 상황은 위기가 극적으로 심화된 2008년 9월, 국면 C로 접어들면서 완전히 변화되었다. 다음과 같은 조치가 취해졌다.

1. 연준은, 국면 B3 동안 평균 4,330억 달러였던 대출을, 2008년 11월과 12월, 2009년 1월 사이에 1억7,790억 달러로 갑작스럽게 확대했다.

2. 금융기관들은 유사한 양의 초과 준비금을 축적하기 시작했다. 〈그림 18.2〉의 세 번째 변수(.......)가 증가하는 것에서 이런 부분을 확인할 수 있다.

3. 재무부는 연준과의 결합 프로그램을 통해, 국면 B3 기간 동안 연준이 제공한 유동성을 재흡수하려고 했다. 이는 2008년 9월의 추가 금융 지원 프로그램을 통해 수행되었다. 재무부는 증권을 발행했고, 금융기관이 이를 구매했다. 그 과정은 연준 장부의 재무부 계정에 기입되었다. 〈그림 18.2〉의 (＿＿)가 바로 그런 재무부 계정을 나타내고 있다. 이 같은 움직임을 통해 금융기관의 준비금 잔고가 증가하는 것을 막지는 못했다(동시에 연준은 연방 기관 및 재무부 증권의 보유를 일정하게 유지했다).

이런 새로운 전개 과정의 결과로 연준의 총 재무제표는 매우 증가했다.

금융기관의 초과 준비금 보유는 화폐 정책의 실행 역량을 손상시킬 수 있다는 우려로 이어졌다(화폐 정책 수단은 이자율에 대한 적절한 모니터링을 통해 준비금을 통제하는 것이다). 매우 낮은 이자율로 말미암아, 화폐 정책이 과연 효과적일 수 있는지에 대한 의구심이 팽배했다. 2008년 10월 연준은 [금융기관들의] 지급준비금에 대해 이자를 지불하기 시작했다. 그것은 통제를 강화하기 위한 하나의 움직임이었다.[8]

국면 D로의 진입과 더불어 새로운 추세가 수립되었다. 〈그림 18.2〉에 나타나고 있듯이 (1) 미국 금융기관들에 대한 대출이 감소했다(——).

8_뉴욕연방준비은행의 다음과 같은 언급을 살펴보는 것이 도움이 된다. "왜 역잔고(reverse balance)와 초과 잔고(excess balance)에 대한 이자 지불이 현재 상황에서 특히 중요한가? 현재 우리는 FOMC가 설정한 연방기금금리 운용 목표를 달성하는 데 어려움을 겪고 있다. 연준이 가지고 있는 다양한 유동성 장치의 팽창이 초과 잔고의 원인이 되고 있기 때문이다. 그리고 이 같은 초과 잔고의 확대는 기준 연방기금금리에 대한 현저한 하락 압력을 발생시킨다. 비록 추가적인 연준의 유동성 장치 활용(예컨대, TAF를 통해 지급되는 양을 늘리겠다는 최근 발표에서처럼)이 더 높은 수준의 초과 잔고로 이어진다 할지라도, 연준은 초과 잔고에 대한 이자 지급을 통해 연방기금금리의 운용 목표를 효과적으로 달성할 수 있을 것이다. 연준의 다양한 유동성 장치들이 높은 수준의 초과 준비금으로 이어질 때, 연준이 화폐 정책을 수행하기 위해 활용할 수 있는 다른 수단으로 무엇이 있는가? 초기에 연준은 재무부 증권과 같이 자신의 대차대조표상에서 보유하고 있었던 자산을 감소시키는 것을 통해, 새로운 유동성 장치의 활용으로 인해 초과 잔고가 늘어나는 것을 방지할 수 있었다. 하지만 현재 재무부의 증권의 잔존 보유량은 TSLF 및 기타 다른 프로그램을 지원하는 데 활용되고 있다. 좀 더 최근에는, SFP가 실시됨에 따라, 유동성 장치의 활용이 확대되었고, 이에 따라 초과 잔고가 증가하는 상황을 제한하는 데 도움이 되었다. SFP 아래서, 미국 재무부는 시장에 재무부 채권을 발행했고, 그로부터 발생한 수입을 연준의 계정에 예금했다. 하지만 초과 잔고에 대한 이자 지급을 통해 우리는 추가적인 다른 수단을 활용하지 않고 초과 잔고 수준에 대한 원칙 내에서 연방기금금리의 운용 목표를 달성할 수 있다. 그리고 초과 잔고에 대해 보상을 주는 것 이외에도 연준은 준비금에 대한 이자 지급 권한을 통해, 화폐 정책 실행을 위한 준비금 수준을 관리하는 다른 수단을 모색하고 있다." FAQs about interest on reserve and the implementation of monetary policy (New York: Federal Reserve Bank of New York, 2009), www.newyorkfed.org/markets/ior_faq.html.

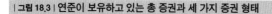

| 그림 18.3 | 연준이 보유하고 있는 총 증권과 세 가지 증권 형태

단위: 10억 달러, 주간

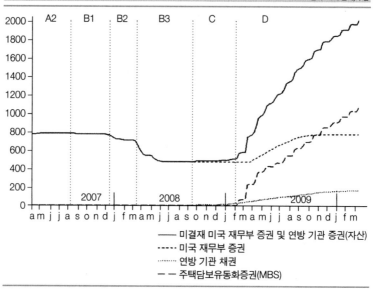

(2) 이와 대칭적으로 미국 재무부와 정부 기관의 증권이 증가했다(-----).
(3) 준비 잔고가 약간 상승하는 추이를 보이고 있다(........). (4) 미국 재무
부 계정이 안정화되고 있다(＿ ＿). 두 가지 주요한 전개 과정이 강조되어
야만 한다.

　1. 은행 간 시장에서 발생한 혼란과 전반적으로 불확실성이 큰 환경
속에서 금융기관은 연준에 매우 큰 준비금을 예치하고 싶어 했다. 이와
같은 행위는 준비금에 대한 이자 상환으로 인해 촉진되었다.

　2. 국면 D에서 연준의 경제 지원 방식에 전환이 나타났다. 〈그림
18.3〉은 총 증권 보유(〈그림 18.2〉의 -----, 〈그림 18.3〉의 ＿＿)가 세 가지
구성 요소로 분해되고 있음을 보여 주고 있다. (1) 재무부 증권, (2) 연방

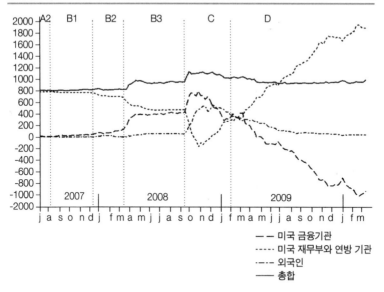

| 그림 18.4 | 연준의 순 자산: 미국 금융기관, 미국 재무부, 연방 기관, 외국인

단위: 10억 달러, 주간

주: 그림에서 "미국 금융기관"은 연준이 보증한 총 대출에서 금융기관 준비 잔고를 제외한 것이다.(〈그림 18.2〉에서 이런 변수들을 확인할 수 있다.)

"미국 재무부와 연방 기관"은 미국 재무부와 연방 기관 증권에서 연준에 있는 재무부 계정을 제외한 것이다(이 또한 〈그림 18.2〉에서 확인할 수 있다). "외국인"은 통화스와프에서 연준에 있는 외국인 공식 계정(foreign official accounts)을 제외한 것이다. 총합 변수는 이 세 부분을 모두 합한 것이다.

기관 증권, (3) 정부 기관들이 자신들의 주택담보대출 풀에서 발행한 MBS. 먼저 연준이 재무부 증권 보유 수준을 위기 이전 수준으로 되돌리고 있다는 점을 관찰할 수 있다. 둘째, 국면 C 말기에는 주로 재무부 증권을 배타적이라고 말할 수 있을 정도로 보유하고 있었던 반면, 국면 D로의 진입하면서 정부 기관 증권, 특히 MBS에 대한 보유를 확대하고 있음을 관찰할 수 있다. 이것이 금융 부문으로의 대출이 이루어지던 자리를 메꾸고 있다. 이런 후자의 전개 상황은, 2008년 초 이래로 민간 발행자에 의한 증권화는 실질적으로 이루어지지 않았던 반면, 정부 기관에 의한 증권화가 급속히 진행되었다는 점과 연결되어야만 한다.

따라서 중요한 새로운 추세가 등장했다는 점이 명백했다. 한편으로 증권화는 정부 기관(현재 미국 정부가 소유한)에 의해 이루어졌고, 연준은 이를 지원했다. 연준은 금융기관 및 가계, 세계 다른 지역을 대신해 발행된 채권의 '최종 구매자' 역할을 했다.

〈그림 18.4〉를 통해 연준에 의해 이루어진 국내·국제 경제에 대한 전반적인 지원을 확인할 수 있다. 변수들은 연준에 대한 외국인을 포함한 세 주체의 순 채무(채무에서 자산을 제외한)와 그 총량을 나타내고 있다. 여기에서 연준이 국면 B3, C, D 동안 총 지원량(——)을 증가시켰으며, 동시에 국면 D에는 위기 이전 수준으로 가는 명백한 경향이 있음을 확인할 수 있다. 통화스와프와 같은 외국인에 대한 순 대출(-━-)은 국면 C 동안 대거 이루어졌으며, 국면 D에는 점진적으로 재흡수되고 있다. 하지만 앞서 말한 바와 같이, 미국 금융기관에 대한 순 대출(━ ━)과 미국 재무부 및 정부 기관 증권의 보유(.....) 사이에 대체가 발생하고 있다는 점이 주요한 전개 과정이라 할 수 있다. 기간 말에는 금융기관의 준비금이 연준에 의해 금융기관에 공급된 대출보다 극적으로 많아졌다. 하지만 MBS 구매를 통해 경제에 대한 지원은 증가하는 추이를 보이고 있다. 2010년 3월에 마지막 관찰한 바에 따르면 줄어들 기미가 보이지는 않는다.

위기로부터 벗어났는가?

금융기관들에 대한 연준의 대출이 하락 추세에 있다는 관찰을 금융 위기가 종료되었다는 결론을 지지하는 것으로 해석할 수도 있다. 좀 더 세밀한 분석을 해보면, 이런 해석에 의문을 제기할 수밖에 없다.

먼저 연준에 준비금을 쌓아 놓는 금융기관의 성향은 은행 간 시장이 여전히 붕괴 상태에 있다는 것을 증명하고 있으며, 이는 은행 간 시장에서 나타나고 있는 신뢰성 결여의 징후라 할 수 있다. 두 번째로, 연준의 경제 지원이 축소되었다기보다는 그 방식이 바뀌고 있다는 점이 있다. 따라서 미국 금융 체계가 수행하는 기능 가운데 핵심적이고 전통적인 부분은 이른바 시장, 즉 민간 기관에 의해 여전히 확보되지 못하고 있다. (1) 주택담보대출(가계 대출의 주요소)은 정부 기관에 의한 증권화를 통해 자금이 조달되고 있으며, 민간 발행자는 마이너스 양상을 보이고 있다 (발행 대신에 회수). (2) 가계 및 세계 다른 지역들에 의한 증권 구매가 감소했고, 연준이 이를 대신해 구매해야만 했다. 이런 연준의 행위 규모는 총량 수준에서도 거대할 뿐만 아니라 증가 추세를 보이고 있었다.

이와 같은 전개 과정을 해석하고 앞으로 그것이 가질 수 있는 함의에 대해서 평가하는 두 가지 방식이 있다. 상황이 아직 안정되지는 못했지만, 장차 이전의 메커니즘으로 복귀 — 가능한 새로운 규제적 틀 내에서 — 할 것을 기대할 수 있다, 혹은 연준이 늘어난 역할을 수행하는 새로운 형세가 지배적일 것이다. 이런 과정은 앞으로 닥칠 사건들의 심각성에 크게 의존할 것이다.

19

대수축

2009년 말에 이르러, 2008년 후반 시작된 GDP 하락의 전체적인 규모를 명확히 진단할 수 있게 되었다. 그것은 거대한 대수축일 것이었다. 이런 예외적인 상황에 대해 다음과 같이 표현할 수 있다. 주택 호황 이후 경기 후퇴가 예상되기는 했지만, 금융 위기로 인해 그 상황은 갑작스럽고 거대하게 발생했다. 수축의 규모는 가계와 비금융 기업에 대한 신용 붕괴, 즉 신용경색의 정도에 달려 있으며, 산출의 축소는 금융으로 타오르던 불꽃에 기름을 끼얹은 셈이 되었다.

　금융 부문에 대한 지원(신용과 자본 자금조달)은 실물경제를 간접적으로 강화하는 경향이 있다. 그와 같은 정책이 부재했다면 사태는 더욱 악화되었을 테지만, 중앙 기관의 개입을 통해 신용경색과 하락 추세가 멈춘 것은 아니었다. 국면 C에 진입한 이래로, 산출의 하락으로 인해 중앙 기관이 직접적으로 민간 금융 부문을 대체하는 정책이 이루어졌다. 이 같은 정책의 목표는 수요 촉신(재화와 서비스 구입)과 주택담보대출 시장

에 대한 지원이었다. 이런 위기 상황 아래서 정부는 최종적인 차입자이
자 소비자(투자를 포함하는)로서 동시에 행동해야만 했다.

2005~07년: 신용 호황의 연장

여기서 위기에 앞서 나타난 신용 메커니즘 호황으로 되돌아가 보는 것도
유용하다. 미국 경제는 정보 기술 호황의 붕괴로 나타난 2001년 경기후
퇴 이후, 주택 부문의 팽창을 통해 회복되었다(12장). 이는 주택담보대출
물결과 증권화를 통해 이루어졌다(13장). 주택 호황이 영원히 지속될 수
는 없었다. 2005년과 2006년 사이에 막바지에 도달했다. 2006년 초부터
국면 B 말(거의 3년 동안) 사이에 가계 수요는 다소 유지되었고, GDP 성
장은 주택 시장의 하락세에도 불구하고 지속되었다.

　수요가 이처럼 지속적으로 유지될 수 있었던 배경에는 경제에 대한
금융 부문의 대출 능력이 존재했다. 〈그림 19.1〉를 통해, GDP 대비 비
금융 기업과 가계에 대한 신규 대출을 확인할 수 있다. 1991년 주위에서
나타난 엄청난 하락 및, 과열과 경기후퇴 시기에 나타나는 상당한 변동
이 존재하기는 하지만, 그 이후 줄곧 상승 추세를 그렸음을 볼 수 있다.

　2006년과 2007년에는 가계에 대한 대출(특히 주택담보대출)이 주택
시장 위기에도 불구하고 높은 수준으로 유지되었다. 2007년 4분기에는
가계에 대한 신규 대출의 GDP 대비 비중이, 1990년 후반 장기 호황 기
간보다 여전히 크다(1995~2001년의 평균 4.9% 대비 5.6%). 비금융 기업에
대한 대출은 2007년 동안 증가 일로에 있었다. 역시 장기 호황 기간보다
크고, 1952년 이래로 가장 높은 값을 기록했다(1970년 후반의 예외적 고점
을 제외하고). 2007년에는 가계에 대한 대출이 약간 감소하는데, 이는 기

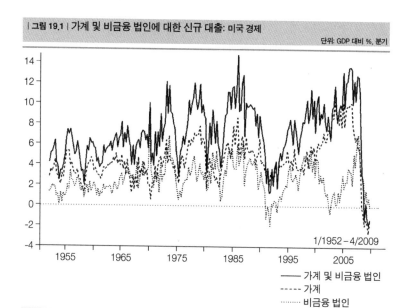

| 그림 19.1 | 가계 및 비금융 법인에 대한 신규 대출: 미국 경제

단위: GDP 대비 %, 분기

1/1952 – 4/2009

—— 가계 및 비금융 법인
----- 가계
·········· 비금융 법인

업 대출의 증가로 상쇄된다. 가계와 비금융 기업을 동시에 고려해 보면, 2005~07년 사이의 평균 신규 대출은 11.9%로 유례없이 높은 수준이다. 하지만 상황은 그 이후로 이어지는 기간 동안 극적으로 변화한다.

신용경색

이번 금융 위기의 폭발과 심화로 인해 경기후퇴 동안 나타나는 일상적 하락보다 큰 대출의 감소가 발생했다는 점은 그리 놀라운 일이 아니다. 우리는 여기서 1980년대 말과 1990년대 초에 나타난 대출 감소에 대해 되짚어 볼 수 있다. 그것은 신용 공급의 위기, 즉 신용경색으로 인한 저축 대부조합과 은행 위기의 결과였다. 신용 위기는 말하자면 현대 위기의 중심적 구성 요소다. 그 효과는 이전보다 훨씬 더 크다. 2007년의 높은 수준에서, 그해 말에 도달한 유례없는 마이너스 수준으로의 하락으로 말미암아, GDP의 14%p가 상실되었다.

〈그림 19.1〉에서 이런 새로운 전개 과정의 첫 단계를 확인할 수 있다. 2008년 1분기부터 대출은 매우 강력하게 축소되기 시작했다. 2008년 9월 국면 C로 진입하면서 화폐 정책은 효과적이지 못했으며, 그해 4분기 이후 신규 대출이 마이너스 수준에 도달하면서 신용경색이 심화되었다.

연준의 대차대조표 구성 요소의 변화(18장)와 신용경색 사이에는 명백한 연관이 있다. 2008년 내내 연준은 은행에 대한 대출을 막대하게 늘렸지만(〈그림 15.1〉), 이를 통해 경제의 신용 붕괴를 막기에는 역부족이었다. 2008년 9월 이후 대출의 축소를 막을 수 있는 것은 아무것도 없었다. 은행은 연준에 준비금을 축적했고, 따라서 그것은 대출로 이어지지 않았다. 거시 경제의 단순한 후퇴일 수 있었던 것이 대위기로 전환된 것이다. 그 이후 유일한 효과적 도구는 정부 지출이었다.

이 같은 새로운 전개 과정의 특징은 화폐 정책의 유효성이 침식되는 장기적인 과정이 그 절정에 도달했다는 점이다. 14장에서 우리는 어떻게 연방기금금리의 움직임이 점점 주택담보대출(고정 및 변동 금리) 금리에 적절히 반영되지 않고, 주택담보대출에 영향을 주지 못했는지에 대해 살펴보았다. 이는 특히 주택 호황의 마지막 단계(주택담보대출이 최대치에 도달했던 2006년 2분기까지) 동안 그러했다.

피드백 효과

앞선 절에서, 거시 경제에 대한 금융 메커니즘의 효과를 강조했지만, 그

산출 축소가 금융 활동에 미친 피드백 효과를 보여 주는 사례가 차입매수(LBO)
다. 2007년 당시 LBO는 1990년대에 비해 극적으로 성장했다(〈그림 7.3〉). 특히
2007년 약식 대출(covenant-lite loan)*의 급격한 증가에서 기인하는 LBO와 비
우량 주택담보대출(non prime mortgage market)의 애매한 절차들 사이에는 강
력한 유사성이 존재한다.

주요 LBO 비율(예를 들어, 원금 상환과 감가상각, 조세, 이자 지불 이전의 부채/이익
비율, EBITDA)은 경기순환 국면에 극도로 의존적이다. 파산 또는 채무불이행 상
태에 있는 기발행 레버리지론은 경기후퇴 시기에 급격히 증가한다(2002년 10%).

이런 관찰들 — 과장된 양, 느슨한 신용 요구 조건, 거시 경제의 상승과 하락
에 대한 노출 — 은 미국 경제가 진입하고 있는 산출의 축소가 LBO 부도라는
파고를 몰고 올 것임을 예상하게 한다. 그 양이 더 적었던 2001년보다 더 큰 피
해를 입히면서 말이다.**

* 별다른 요건 없이 승인된다.
** H. Meerkatt & H. Liechenstein, *Get Ready for the Private-Equity Shakeout*
(Barcelona and Madrid, Spain: The Boston Consulting Group, IESE, University of
Navarra, December 2008)과 같은 비관적 보고서를 참조.

보다 더한 금융 메커니즘에 대한 산출 축소의 피드백 효과가 존재한다.

수요의 감소는 기업의 채무 지불 능력에 영향을 주며, 이는 일할 시
간이 줄어들거나 실업 상태에 빠진 가계들에게도 마찬가지다. 금융기관
에 의한 신용 공급의 감소와 더불어, 잠재적 채무불이행의 가능성이 나
타난다. 〈그림 16.1〉을 통해 주택담보대출과 직접적으로 관련이 없는
상업 및 산업 대출 채무불이행과 같은 종류의 채무불이행의 증가가 경제
활동의 축소에 주는 영향을 명확히 확인할 수 있다. 이와 같은 잠재적인

나선형적 동역학이 나타난 대표적 사례로 대공황을 들 수 있다. 은행 부문은 1930년과 1933년 사이에 파산했으며, 거시 경제는 주저앉았다(21장).

차입매수LBO는 이 같은 피드백 효과가 나타날 수 있는 다양한 형태를 잘 보여 준다(〈상자 19.1〉). 이는 금융 메커니즘의 붕괴가 어떻게 실물경제의 잠재적인 손상으로 이어지면서, 경기후퇴를 발생시키는지에 대해 잘 말해 주고 있다.

경기후퇴로의 진입

대수축의 첫 번째 단계는 2008년에 관찰되었다. 〈그림 19.2〉를 통해 미국 제조업 부문의 가동률을 확인할 수 있다. 2001년의 경기후퇴로부터 회복된 이후, 가동률은 2007년 3분기에 절정에 도달한 이후, 2008년 2분기부터 매우 빠른 속도로 하락했다(일반적으로 그런 것처럼 내구재에서 그런 하락이 아주 두드러지게 나타났다). GDP 성장률의 축소는 2008년 2분기에 시작되었다(〈그림 12.1〉).

경기후퇴 속에서 나타나는 산출의 감소는 생산 축소와 관련된 기업의 결정과 수요를 삭감시키는 가계의 결정이라는 두 개의 효과가 결합된 누적적 하강 운동이다. 그런 행동은 기업과 가계가 직면(수요 감소, 일할 시간의 감소와 실업)해야만 하는 상황들을 표현하고 있으며, 앞으로 다가올 전개 과정에 큰 영향을 받게 된다.

그런 사건들의 연쇄는 다른 경기후퇴에서도 관찰되지만, 2008년 경제활동이 수축된 기간에는, 증권 가격의 하락 추세가 진행 중이었다. 때때로 이를 특히 연금 또는 뮤추얼펀드와 같은 증권 포트폴리오의 평가절하가 가계의 구매 수요에 부정적 영향을 끼치는 "네거티브 부의 효과"라

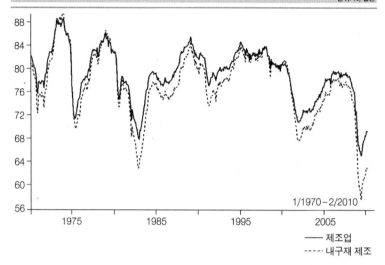

| 그림 19.2 | 설비 가동률: 미국 제조업

```
88
84
80
76
72
68
64
60
56
    1975        1985        1995        2005
                                    1/1970-2/2010
```

—— 제조업
----- 내구재 제조

주: 2008년 산출 축소로의 진입 이외에도 그림을 통해 신자유주의 기간 동안 제조업 부문과 관련된 미국 거시 경제의 특징 몇 개를 확인할 수 있다. 1985년에서 2000년 사이 설비 가동률은 81% 주변에서 변동했는데, 이는 1970년대 초반의 훨씬 덜 안정적 이었던 기간의 평균과 비슷하다. 위기 이전의 두 가지 중요한 특징도 확인할 수 있는데, 먼저 2001년 경기후퇴 기간은 길었다(매우 느리게 회복되었다). 두 번째 회복은 상대적으로 낮은 수준(2006~07년 평균, 79%)에서 부분적으로만 이루어졌다.

고 부르기도 한다(〈그림 17.1〉과 같은 시장 시가총액의 감소는 그런 기금들 내에 있는 가계 자산에 대한 대대적인 평가절하의 원인이 되었다. 시가총액 감소분은 2007년 3분기 18조5천억 달러에서 2009년에는 13조2천억 달러였다).

산출 수축과 관련해, 이전과는 확실히 다른 성격을 명확히 보여 주는 것은 가계 수요를 구성하는 일부 요소들의 비정상적인 축소라고 할 수 있다. 〈그림 19.3〉에서 미국 총 소매 판매를 확인할 수 있는데, 이는 2001년 경기후퇴 상황에서 나타나지 않았으며, 제2차 세계대전 이후에도 유사한 움직임은 나타나지 않았다. 훨씬 심각한 것은 자동차 판매의 감소다(2007년 10월 극대점에서 2009년 3월까지 29%).

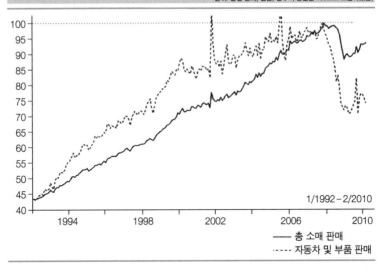

| 그림 19.3 | 총 소매 판매 및 자동차 판매: 미국 경제

단위: 불변 달러, 월간, 변수의 정점을 100으로 표준화했음.

1/1992-2/2010

―― 총 소매 판매
······ 자동차 및 부품 판매

수요 정책: 가계와 비금융 기업

2008년 마지막 달까지 경제에 대한 지원은 유동성 위기에 직면한 금융 부문에 대한 연준의 대출이 압도적이었다. 이런 방식의 정책은 경제를 지탱하는 데 큰 효과가 없었으며, 은행은 국면 C 동안 연준에 준비금을 축적하기 시작했다. 신용경색과 더불어 수요에 대한 직접적 지원이 주요 관심사가 되었다.

가계에 대한 보조금 교부, 조세 삭감, 대출 보증 등을 통해 이와 같은 지원이 이루어졌다. 이 같은 장치들은 이미 18장에서 검토한 바 있다. 조세와 관련해, 부시 행정부가 취한 주요 조치는 경기 하강 국면 초에 이루어진 2008년 2월의 〈경제촉진법〉 Economic Stimulus Act이었다. 2008년에는 이를 통해 1,520억 달러의 촉진 패키지가 도입되었는데, 이는 대체로 조세 환급의 형태를 취하고 있었다. 이로 인해 수축이 지연되기는 했지만, 추세를 변경시키지는 못했다. 2008년 10월 중반, FDIC는 많은 지주회사와 은행 및 저축 은행의 신규 발행 비보증 부채에 대한 보증을 제공하는 일시적 유동성 보증 프로그램Temporary Liquidity Guarantee Program을 개시했다. FDIC는 2008년 11월 추가적 채무 재조정 방안Loss Sharing Proposal to Promote Affordable Modifications을 계획했지만 폐기했다. 채무가 있는 가계에 이자율을 삭감하고, 만기를 연장하는 등 알맞은 조건들을 만들어 내려는 아이디어였다. 특히, 이자와 원금 지불을 월간 소득의 일정 비율로 제한하는 것이 검토되었다. 2008년 11월 말 연준은 학자금 대출, 신용카드 대출뿐만 아니라 영세 기업 대출에 대한 ABS 발행을 지원하는 TALF를 만들었다.

이런 도구들에 폴슨 플랜의 자동차 산업 자금조달 프로그램Automotive Industry Financing Program과 같은 비금융 기업에 대한 직접적인 지원이 추가되었다. 2008년 11월과 2009년 1월, 제너럴모터스GM와 크라이슬러를 돕기 위해 248억 달러의 추가적인 자금이 이 프로그램을 바탕으로 지원되었다.

하지만 이런 도구들이 제한적 효과만을 냈다는 게 결론이다.

수요 정책: 정부

신용 정책의 실패가 명백해 보이는 이 같은 극적인 상황 아래서, 수요 촉진은 정부 지출을 통해서만 이루어질 수 있는데, 이는 케인스주의 경제학의 또 다른 교훈이다.

〈그림 19.4〉는 정부 예산 균형(연방, 주, 지방정부)을 나타내고 있다.

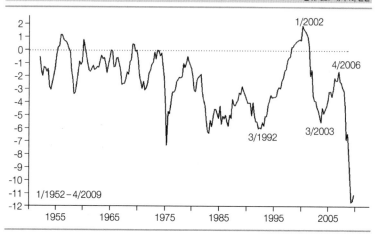

| 그림 19.4 | 총수입 및 지출 수지: 미국 연방정부, 주정부, 지방정부

단위: GDP 대비 %, 연간

위기를 치유하는 과정이 정부 지출에 미친 영향을 그다지 크지 않았다. 2007년 4분기까지 정부 적자는 다소 적당한 수준을 유지하고 있었는데, GDP 대비 3%보다 크지 않았다. 2009년 2분기 이후에는 GDP의 12% 수준에 도달했는데, 이는 조세수입이 감소하고 지출이 증가한 결과였다.

2008년 2분기까지 위기가 연방정부 부채에 미친 영향은 크지 않았다. 하지만 2008년 3분기와 4분기 동안 순 부채는 GDP의 40%에서 48%로 증가했다(〈그림 10.5〉, ...). 이는 진행 중인 적자 정책에 추가된 2008년 9월의 폴슨 플랜, 즉 추가 금융 지원 프로그램의 결과였다. 오바마 행정부가 들어서자 정책이 변화했다. 2009년 2월 새 의회가 〈미국경제회복 및 재투자법〉American Recovery and Reinvestment Act을 통과시켰다. 이를 통해 조세 삭감과 복지, 인프라스트럭쳐 프로그램을 결합했다. 순 부채는 GDP의 56%로 증가했다. 공적 부문이 보유한 재무부의 총 부채[1]는 국면

C로 진입한 이후부터 2009년 초 사이에 2조 달러 이상으로 증가했다(미국 부채의 증가와 관련된 논의는 23장에서 이루어진다).

중대한 질문이 제기되어야만 한다. 누가 정부에 빌려 줄 것인가? 재무부 증권, 적어도 연방 증권(지방과 반대되는)은 채무불이행 위험은 적지만, 이에 동반되는 달러 평가절하의 위험이 존재한다. 정부에 의해 새롭게 발행된 증권은 다른 나라들에 의해 구입된다(〈그림 8.4〉). 달러 환율에 대한 위협이 존재하는 가운데 이 같은 흐름이 계속 유지될 수 있을지는 의심스럽다. 데우스 엑스 마키나deus ex machina는 연준에 의한 직간접적인 적자 자금조달, 즉 신자유주의와의 급진적 단절이다. 많은 다른 나라들 또한 이런 장치에 의지할 것이다.

1_공적 부문 보유 부채는 개인, 기업, 주 또는 지방정부, 외국 정부 및 기타 미국 이외의 기업 및 기관들이 보유한 총 연방 부채에서 정부 소유의 연방 자금조달 은행(federal financing bank) 증권 양을 제외한 것이다. 공적 부문이 보유하고 있는 증권은 재무부 단기 증권, 어음, 채권, 재무부 인플레이션 방지 증권(TIPS), 미국 저축 채권(U.S. saving bond)과 주 및 지방정부 증권을 포함한다(하지만 그것으로 제한되지는 않는다).

20

안정화되지 못한 세계 자본주의

2008년 9월에는 미국의 위기가 심화되었을 뿐만 아니라, 글로벌 자본주의가 위기로 진입했다는 것이 특징이었다. 금융 위기는 통화들에 엄청난 충격을 주면서 글로벌한 차원에서 진행되었다. 금융 위기의 범위가 점차 확대되자, 일정한 정도의 중앙은행 간 협력을 바탕으로 전 세계 금융 기업들에 대한 지원을 강화하기 위한 일련의 정책들이 시행되었다. 그럼에도 불구하고, 성장률은 추락했고, 정부 적자를 주요 수단으로 하는 이차적 정책들이 실행되게 되었다.

위기가 주요 자본주의국가들과 주변부 국가로 확대된 것은 세 가지 전개 과정이 결합된 결과다. (1) 미국 주택담보대출 시장으로부터 나온 격심한 금융적 파고, (2) 다른 나라들의 취약한 금융기관, (3) 세계화의 진전.

| 표 20.1 | 증권 손실

단위: 10억 달러

	미국	유로 지역	영국	세 지역
2008년 4월	739	443	97	1,278
2008년 10월	1,577	1,010	189	2,776

주: 영란은행 추정

전 세계적 손실

17장에서는, IMF와 영란은행이 추정한 미국 신용과 관련된 부채(대출과 증권)에 대한 전 세계적 손실과, 주요 세 지역(미국, 유로 지역, 영국)에서 발생한 증권 손실의 크기를 주로 다루었다.

〈표 20.1〉을 보면 2008년 4월과 10월 사이에 세 지역의 증권 손실은 두 배가 되었다. 2008년의 경우, 영란은행이 추정한 거의 2조8천억 달러의 손실 가운데 유로 지역의 손실은 1조 달러 정도 되었다(미국의 1조6천억 달러와 비교해 볼 때). 2008년 9월까지 파산 위험은 미국에 국한되어 있었지만, 9월 이후에는 급속히 확대되어 최종적으로 전 지구적으로 확대되었다(〈상자 20.1〉). 그것은 정확히 미국 금융 위기의 결과로 9월 말부터 시작되었다.

글로벌 금융 혼란

위기의 전 지구적 확장은 주가의 동시적 하락에서 나타났다. 〈그림 20.1〉을 통해 다섯 개 시장(NYSE 지수, 유로넥스트 100, 닛케이 225, 브라질의 이보베스파, 한국의 코스피)의 지표를 확인할 수 있으며, 지수들은 정점에 도달한 날을 기점으로 100으로 조정되어 있다.

- 2008년 9월
- 벨기에, 네덜란드, 룩셈부르크 정부는 포티스(Fortis)에 자금을 지원했다.
- 하이포 부동산(Hypo Real Estate, HRE)은 독일 정부의 대출로 구제받았다.
- 미국의 금융안전보험사(FSA)와 제휴하고 있는 덱시아(Dexia)는 프랑스 및 벨기에 정부의 지원을 통해 구제받았다.
- 영국 정부는 브래드포드 앤 빙글리(Bradford & Bingley) 주택 담보 은행을 국유화한다고 발표했다.
- 아이슬란드 정부는 글리트리르(Glitnir)의 자본 75%를 획득해 국유화했다.
- 이탈리아의 유니크레딧(Unicredit)이 파산했다.

- 2008년 10월
- 네덜란드 정부는 포티스의 일부인 포티스 네덜란드를 국유화했고, 이를 통해 지원할 수 있었다.
- BNP 파리바(BNP Paribas)가 벨기에 및 룩셈부르크 정부의 지원을 받아 포티스의 사업 가운데 일부를 구매했다.
- 네덜란드 정부가 ING에 자금을 공급했다.
- HRE는 초기의 구제금융이 실패했다고 발표했다. 독일 정부는 HRE에 대한 새로운 구제금융을 실시했다.
- 아이슬란드 정부는 그 나라에서 두 번째 큰 은행인 란즈방키(Landsbanki)를 국유화했고, 아이슬란드에서 제일 큰 은행인 쾨이푸딩(Kaupthing)에 대한 대출을 실시했고 후에 국유화했다.
- 아이슬란드의 수도인 레이캬비크(Reykjavik)의 증권거래소가 일시적으로 폐쇄되었다.
- 고든브라운(Gordon Brown)은 여러 개의 영국 은행들에 대한 부분적 국유화를 결정했고, 스코틀랜드왕립은행(Royal Bank of Scotland, RBS) 및 스코틀랜드핼리팩스은행(Halifax-Bank of Scotland, HBOS)을 구제하기 위한 계획을 마련했다.
- RBS는 결국 국유화되었다.
- 아일랜드는 예금 보증을 다섯 개 외국계 은행으로 확대했다.
- 일본의 야마토 생명보험이 파산했다.
- 미쓰비시 UFJ가 모건스탠리 자본으로 편입되었다.

| 그림 20.1 | 다섯 개의 주가지수

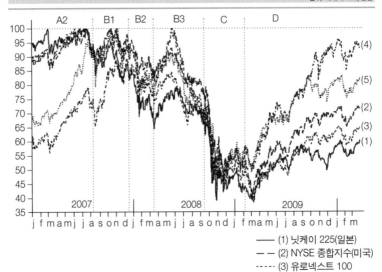

주: 이런 지수들은 극대치에 도달한 지점을 기준(100)으로 하여 표준화되었다. (1) 닛케이, 2007년 7월 9일 (2) NYSE 종합지수, 2007년 10월 31일 (3) 유로넥스트 100, 2007년 7월 16일 (4) 이보베스파, 2008년 5월 20일 (5) 코스피, 2007년 10월 31일

미국, 일본, 유럽 등 주요 세 지역에서 하락 과정은 위기의 시작부터 2008년 초에 이르기까지 모두 유사하게 나타났다. 물론 NYSE는 덜 하락했고, 유로넥스트는 더, 그리고 닛케이는 훨씬 더 하락했지만 말이다. 2008년 3월부터 7월까지 제한된 회복이 이루어졌다. 그림에서처럼 모든 나라에서 주가가 동시에 추락했는데, 두 달(2008년 8월 27일 10월 27 사이) 사이에 32~47% 하락했다. 훨씬 엄청난 움직임이 중국에서 관찰된다. 상하이 거래소 지수는 채 일 년도 안 되는 기간 동안 세 배까지 치솟은 이후, 2007년 10월에 한 번, 그리고 2008년 1월에 약간 낮은 수준에서 두 번이나 최고점을 찍었다. 2008년 말에는 이런 초기 성장을 다 상쇄

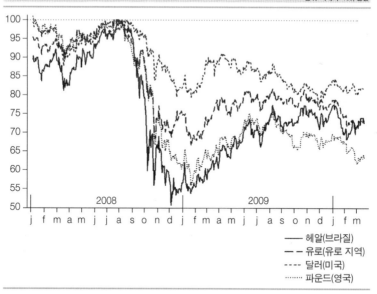

| 그림 20.2 | 환율: 각 통화 단위 대비 엔

단위: 극대치=100, 일간

—— 헤알(브라질)
— — 유로(유로 지역)
---- 달러(미국)
········ 파운드(영국)

할 정도로 하락했다.

증권 가격의 하락 규모와 동시성은, 2008년 9월 이전에는 다양한 경제들이 위기 과정에서 서로 다른 정도로 영향을 받고 있다는 점에서, 더욱 인상적이다. 이는 증권 가격에 대한, 엄밀히 말하자면, 민족적 규정 요소에 대한 글로벌 금융 메커니즘 우위, 즉 금융 세계화 확대의 표현이라고 할 수 있다. 그림의 마지막 부분을 보면 NYSE는 최고치에 비해 30% 아래에 머물고 있음을 확인할 수 있다. 브라질과 한국의 경우, 지표의 회복 정도가 훨씬 엄청나다.

위의 것과 깊이 연관되어 있고, 위기의 세계를 드러내는 또 다른 흥미로운 전개 과정은, 환율의 급자스러운 붕괴다. 〈그림 20.2〉를 통해 네

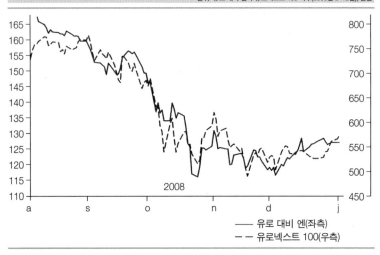

| 그림 20.3 | 환율과 증권시장지수

단위: 유로 대비 엔과 유로넥스트 100 지수(2008년 8~12월), 일간

165
160
155
150
145
140
135
130
125
120
115
110

800
750
700
650
600
550
500
450

2008

a   s   o   n   d   j

—— 유로 대비 엔(좌측)
– – 유로넥스트 100(우측)

통화, 브라질 헤알, 유로, 미국 달러, 파운드의 엔화에 대한 환율을 확인
할 수 있다. 엔화에 대한 환율이 국면 C로 진입하자 급격히 하락하는 것
을 볼 수 있다. 엔화에 대한 환율의 극대치와 극소치(2009년 1월 21일)를
비교해 보면, 헤알과 같은 경우에는 49%, 파운드 44%, 유로 33%, 미국
달러화의 경우 21% 정도 하락했다는 걸 알 수 있다. 결과적으로 다양한
통화들 사이의 환율 또한 큰 영향 받고 있다. 예를 들어, 달러는 유로와
대비해서는 20%, 파운드에 대해서는 31% 상승했다.

일본의 장단기 명목이자율은 다른 나라들보다 낮은 수준이다. 일본
엔은 캐리트레이드의 대표적 펀딩 통화라 할 수 있다(8장). 엔화 대출을
통해 자금을 조달하는 캐리트레이드의 발전으로 인해, 엔화 대비 타깃
통화의 환율과 각 나라들의 증권시장 사이에서 긴밀한 상관관계가 나타
나게 되었다. 금융 위기, 유동성의 부족, 신규 대출과 관련된 어려움이 증

가한 결과, 투자자들은 캐리트레이드를 줄였다. 자금조달국인 일본으로 복귀하려는 자금들 때문에 엔화에 대한 높은 수요가 형성되고, 다른 목표 통화에 대한 급격한 공급 증가가 발생하면서, 목표 통화 국가의 증권에 대한 대량 매각이 이루어지고 환율이 상당히 요동치게 되었다. 〈그림 20.3〉에서 확인할 수 있는 바와 같이, 엔화의 공급과 다른 통화들에 대한 수요가 연루되었던 2007년에 관찰된 것(〈그림 9.2〉)과 동일한 [환율과 증권시장지수 사이의] 관계가 국면 C에서 재등장했다. 9장에서처럼, 이와 유사한 관계가 미국 및 브라질에서도 관찰된다.

전염, 취약성, 그리고 금융 세계화

글로벌 위기에 대한 하나의 해석은, 혼란의 책임을 신자유주의 세계화를 주도한 미국에 돌리는 것이다. 무역과 자본시장의 개방에서 중요한 역할을 했다는 점에서, 미국이 혼란을 전 지구적으로 전파했다는 사실은 분명하다. 최초의 충격이 미국으로부터 왔다는 것도 진실이다. 주택담보대출 물결이 미국에서 시작되었고, 미국에서 막대한 비율로 증권화와 구조화된 금융이 이루어졌다. 세계 다른 지역으로의 부실자산의 판매가 중요한 요소다. 미국 이외의 다른 나라 금융 기업들이 미국 증권을 구매했고, 이들은 이에 뒤따른 엄청난 손실의 희생자가 되었다. 새로운 파산 또는 구제금융의 각 사례가 이런 전염 효과를 증명하고 있다.

　이 같은 현상이 어느 정도로까지 확대되었는지를 정확히 가늠할 수 있는 직접적인 척도는 존재하지 않지만, 세계 다른 지역들이 구매한 금융 증권의 양을 추정함으로써 관련된 활동을 추론할 수 있다. 우리는 미국 금융 부문에서 발행된 채권의 50% 정도가 세계 다른 지역으로 팔려 나갔다고 추정할 수 있다(14장을 보라). 2008년에, 세계 다른 지역은 미국 금융 부문이 발행한 기업 채권 가운데 약 3조 달러 정도를 보유했다.[1] 전 지구적인 전염의 가능성은 매우 컸다.

또한 9장의 대담한 금융적 발전이 미국에서만 배타적으로 나타난 것이 아니기 때문에 미국의 책임과 관련한 판단을 어느 정도 완화하는 것도 중요하다. 특히 우리는 영국과 영국의 시티를 생각해 볼 수 있다. 다른 유럽 정부들도 신자유주의적 활동에 주력했고, 상위 계급 또한 이런 새로운 추세로부터 이익을 얻었다.

대수축과 그에 대한 대응

금융 위기가 상당한 시차를 가지고 실물경제에 영향을 미친 반면, 주요 자본주의국가의 산출 축소는 미국의 하락 추세와 거의 동시에(심지어는 미국 경제의 추락에 대한 예상 속에서) 발생했다. 주요 중심부 국가들과 몇몇 주변부 국가들에서 국제무역과 성장률이 나란히 붕괴했다. 전 세계적으로 수많은 국가들이 한꺼번에 예외 없이 경기후퇴로 진입했다. 하지만 금융 위기가 취하고 있는 글로벌한 성격이 결정적 요소다. 국면 C로 진입하면서 나타난 특징은 전 세계적인 규모의 대수축이었다.

〈그림 20.4〉에 나타난 철강 생산량 추이를 통해, 흥미로운 점을 확인할 수 있다. 총 글로벌 철강 생산(——)은 2008년 5월까지 성장했으나, 2008년 말에는 30% 정도 줄어들었다. 그 정도는 달랐지만 붕괴는 동시

1_자금순환계정.

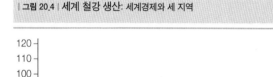

| 그림 20.4 | 세계 철강 생산: 세계경제와 세 지역

단위: 1백만 톤, 월간

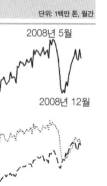

에 발생했다. 미국은 54%, 중국 15%, 그 밖의 나머지 지역은 37%(또한 미국의 낮은 생산 수준과 2000년 이후 중국의 엄청난 성장, 그리고 급속한 회복을 그림에서 명확히 확인할 수 있다) 정도 감소했다.

국제무역의 수축은 2008년 9월에서 2009년 1월 사이에 발생했다. 〈그림 20.5〉를 통해 네 나라와 유로 지역의 상품 수출을 확인할 수 있다. 일본과 유로 지역은 2008년 초에 정점에 이르렀고, 한국과 미국, 중국은 몇 개월 후에 그 수준에 도달했다. 따라서 미국에서 수출의 감소는 실질적으로 산출의 축소와 동시에 발생했다. 극대점과 극소점을 보면, 다섯개 지역의 하락폭은 32%와 거의 42% 사이의 범위에 걸쳐 있다.

| 그림 20.5 | 재화 수출: 네 개의 국가와 유럽

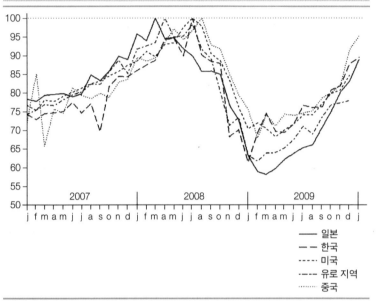

단위: 극대치=100, 월간

일본 (―)
한국 (― ―)
미국 (·····)
유로 지역 (―·―)
중국 (········)

유럽과 일본의 정책

위기에 대처하기 위해 연준이 의존한 첫 번째 도구는 연방기금금리다
(〈그림 16.3〉). 다른 중앙은행도 마찬가지다. 〈그림 20.6〉을 통해 유럽중
앙은행ECB, 영란은행, 일본은행의 이자율을 연방기금금리와 비교해 확인
할 수 있다. 일견 평균 수준에서 차이가 있음을 확인할 수 있다. 9장에서
언급한 장기이자율의 수렴과는 확연한 차이를 보인다.

　　위기의 첫 번째 국면에서, 우리는 연방기금금리의 하락에도 불구하
고 유럽의 두 이자율은 위기 이전의 수준을 유지하고 있다는 점을 확인
할 수 있다. 2008년 9월 국면 C로 진입하면서 위기가 세계화되는 과정은

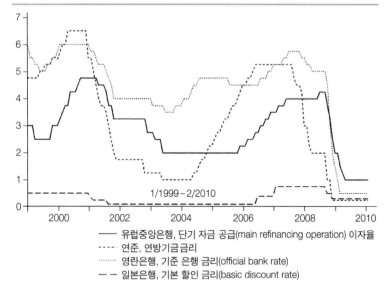

| 그림 20.6 | 이자율: 네 개 중앙은행

단위: %, 월간

1/1999 - 2/2010

——— 유럽중앙은행, 단기 자금 공급(main refinancing operation) 이자율
------- 연준, 연방기금금리
·········· 영란은행, 기준 은행 금리(official bank rate)
— — 일본은행, 기본 할인 금리(basic discount rate)

주: 경기순환 국면에 따른 화폐 정책의 억제적인 성격 또는 부양적인 성격을 나타내는 변동 이외에도 평균 수준에서의 중요한
차이가 관찰된다. 1999년과 2008년 사이에 일본 중앙은행은 이자율을 바닥권에 유지시켰다. 이는 이 나라의 특유한 거시
경제적 조건 때문이었다. 영란은행의 경우, 상당히 높다. 흔히 주장되는 것과 달리 유럽중앙은행의 이자율은 연방기금금
리보다 높지 않다. 유럽중앙은행의 이자율은 연방기금금리에 비해 변동성이 적으며, 약 5에서 18개월 시차를 가지고 있다.

유럽 이자율의 양상에서 잘 나타난다. 영란은행과 유럽중앙은행은 이자
율을 인하했는데, 연준이 이자율을 내리기 시작한 지 각각 3개월과 13개
월 후다. 따라서 〈그림 20.6〉을 통해 세계 다른 지역으로 위기가 확산됨
에 따라 이들이 어떤 식으로 대응했는지를 확인할 수 있다.

　　미국 및 세계 다른 지역의 위기와 관련된 서로 다른 시간적 순서를
중앙은행에 의해 공급된 신용양의 차이를 통해 확인할 수 있다. 〈그림
20.7〉을 통해 미국 및 유로 지역에서 이루어진 금융 부문에 대한 전체적
인 지원을 확인할 수 있다. 미국 경제 내의 금융 부문에 대한 대출이 국면

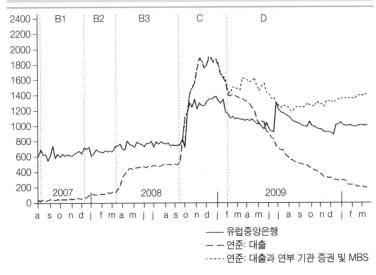

| 그림 20.7 | 금융기관에 대한 총 신용

단위: 10억 달러, 주간

주: 유럽중앙은행과 연준. 연준의 경우(▬ ▬)에는 〈그림 15.1〉(▬ ▬)과 〈그림 18.1〉의 총합과 같다. 위기 이전 연준으로부터 나간 대출 수준은 유럽중앙은행과 비교할 때 현저하게 낮다. 미국에서 표준적인 공개시장조작은 유럽에서 "미세 조정"(fine tuning)이라고 부르는 것과 본질적으로 같다. 미국 금융 체계의 구체적 특징은 미국 금융기관에 대한 대부를 지원하는 GSE에 부여된 역할이다.

B 동안 내내 점진적으로 증가하는 반면, 유럽중앙은행은 오직 국면 C에 진입하는 순간에만 확대하고 있다(그림 설명에서 알 수 있듯이, 유럽중앙은행을 통한 자금조달은 미국보다 구조적으로 크다는 것을 그림을 통해 확인할 수 있다).

유럽중앙은행의 활동에서 주요 부분은 연준과의 협력을 통해 세계에 달러를 공급하는 것이었다. TAF(18장)가 만들어진 것은 자신의 영토에서 중재자 역할을 하는 캐나다은행, 영란은행, 유럽중앙은행, 스위스 국립은행과의 일련의 조정된 활동의 일환이었다. 연준은 통화스와프 방식으로 달러를 제공했고, 2007년 11월 중반 유럽중앙은행은 달러를 활용한 정책을 시도하겠다고 발표했다.

2008년 2월 중지되기 이전까지인, 2007년 11월부터 2008년 1월 사이에 유럽중앙은행을 통한 달러 주입액은 총 200억 달러에 달했다. 이전에 실시되고 있었던 협력적 운용 양식을 완전히 중지시킨 이후, 유럽중앙은행은 연준을 대신해 유럽 시장에 대한 새로운 개입을 시작했다. 2008년 8월까지 TAF를 통한 500억 달러의 추가적인 주입이 있었다. 하지만 그때까지 이런 운용은 다소 제한적이었고 〈그림 20.7〉에 명확히 나타나 있지 않다. 통화스와프는 2008년 9월 〈그림 18.1〉에서처럼 폭발적으로 늘어났다. 스와프량은 2008년 11월 10일까지 점진적으로 증가했다. 상황은 긴박했고, 다음과 같은 발표가 이루어졌다.

> 따라서 연준과 영란은행, 유럽중앙은행, 스위스국립은행 사이의 상호적 통화 협정의 규모(스와프 라인)는 미국 달러에 대한 수요가 어느 정도가 될 것인지에 맞춰 확대될 것이다. 일본 은행도 유사한 방식의 도입을 고려하고 있다.[2]

전 세계 금융기관에 대한 이런 지원 말고도 취약한 기업들에게 정부가 직접적으로 구제금융을 지원했다는 점을 추가해야만 한다. 동일한 시기에 이런 새로운 형태의 개입이 가진 중요성이 증가했다(〈상자 20.1〉).

2_Federal Reserve, *News and Events* (Washington, D.C.: Federal Reserve, October 13, 2008). 강조는 저자의 것.

| 제 8 부 |

대공황의 그림자

힘든 이행들

현재 위기의 선례가 있다면, 그것은 의문의 여지 없이 대공황이다. 두 위기는 각각 첫 번째와 두 번째 금융 헤게모니가 끝날 때 발생했다. 이 두 가지는 모두 '금융 헤게모니의 위기'다.

〈도표 2.1〉의 전체적인 형태는 대공황 분석에도 쉽게 적용될 수 있다. '신자유주의와 미국 헤게모니'를 '제1차 금융 헤게모니'로 대체하면 된다. 금융 확장과 혁신 그리고 고소득 추구와 관련된 것인 한, 도표의 윗부분이 여전히 유용할 것이다. 두 위기는 수십 년 동안 벌어진 금융 메커니즘의 급속한 팽창이 있은 직후에 도래했다. 그리고 두 경우 모두 [그런 팽창은] 마지막 10년의 가속화 기간 동안 절정을 이루었다. 1929년 10월에서 1933년 사이에 관찰되는 매우 수동적 태도와는 대조적으로 현재의 위기가 시작된 직후부터 통화 당국들이 조치를 취하기로 단호한 결단을 내렸음에도 불구하고, 금융 부문의 붕괴와 [경제]활동의 수축은 두 역사적 국면에서 모두 상당 기간 동안 지속되었다. 대공황의 경우에도 금융 메커니즘들은 도표의 아랫부분에서와 같이 자신들의 효과를 비금융적 결정 요인들과 결합시켰다(21장). 하지만 아래에서 설명할 것처럼, 두 종류의 비금융적 발전에는 정확한 내용들에서 차이가 있다.

전간기와 현재의 위기를 비교하는 것은 위기에 대한 처방과 그에 따른 결과를 밝히는 것이기도 하다. 이것이 22장의 중심 주제인데, 이 장은 뉴딜에 할애되었다. 2000년 이후 미국과 세계경제는 실질적으로 '새로운 뉴딜'을 필요로 하고 있었던 것이다.

21

80년 후

역사적 상황의 분명한 차이에도 불구하고, 20세기 전반과 현대자본주의 사이의 공통적인 양상들이 두드러진다. 80년 후, 이윤과 고소득에 대한 집요한 추구로 인해 자본주의는 또다시 지속 불가능한 경로로 이어지게 되었고, 그 과정에서 규제와 통제는 특권 소수층의 행위에 무제한적 자유를 부여하기 위해 희생되었다. 유사한 동역학이 유사한 결과로 이어진 것이었다.

대공황이라는 다각적 현상에 대한 해석에서 일반적인 합의는 없다 (〈상자 21.1〉). 여러 가지 설명들이 있는데, 과잉 또는 과소 경쟁, 소득분배에서의 편향 때문에 발생하는 구조적인 수요 부족, 정책 수행에서의 오류, 주가 하락의 결과 등이 그것이다. 이 같은 진단의 다양성은 자본주의 역사에 대한 해석과 관련된 근본적인 차이점을 나타내는 것이다.

| 상자 21.1 | 대공황에 대한 해석

1930년대 해석들은 대공황의 원인을 아더 번즈●의 분석에서처럼 경쟁의 부족으로 해석하거나 거꾸로 '치열한' 경쟁 탓으로 돌렸다. 그러나 가장 대중적인 해석은 임금 소득자의 구매력 부족 때문에 발생하는 수요 부족설이었다. 당시 브루킹스연구소에서 이런 주장을 옹호했다. 해럴드 몰턴에 따르면,

> 우리의 생산력을 끌어내는 데 지속적으로 실패하는 근본적 이유는 대중들의 구매력
> 부족에 있는 것으로 보인다.●●

가격 신축성을 저해하는 경쟁의 부족으로 인해, 이런 구매력 부족 사태가 나타난다. 수익성에 유리한 편향된 소득분배, 높은 이윤율, 그리고 이어지는 임금 소득자들의 구매력 부족은 좌파 학계에서(프랑스 조절 학파에서처럼) 여전히 광범위하게 견지되고 있는 대공황에 대한 해석으로 정의된다.●●● 그 해석은 현재의 위기와 관련해서 다시 제기되고 있다. 그리고 구매력 부족은 부가가치의 분배가 이윤에 유리한 쪽으로 변형된 탓으로 돌려지고 있는데, 이는 경험적으로나 이론적으로 지지될 수 없는 관점이다.

밀턴 프리드먼과 애너 슈워츠가 대공황에 대한 해석에서 은행 위기의 중요성을 강조한 것은 분명 타당한 것이다.●●●● 그러나 은행 측의 신용 수축이 화폐 정책 수행에서의 오류 때문이라는 주장은 설득력이 없다. 수축의 심각한 성격과 그 이전의 금융화 물결을 고려한다면, 화폐 정책의 전체적인 틀이 성숙하지 못했다. 말할 필요도 없이 훨씬 더 적극적인 국가 개입이 대공황을 멈추기 충분할 정도로 요구되었다.

또 다른 해석은, 1920년대 증권 가격의 가파른 상승과 1929년 말 그것의 폭락을 강조한다. 피터 테민의 "지출 가설"(spending hypothesis) (프리드먼과 슈워츠의 통화주의적 해석에 반대하는 것으로서)은 건설 수요의 자동적인 축소와 증권시장 폭락 이후 가계의 소비 축소를 지적한다.●●●●● 마지막으로 대공황을 전 지구적인 거버넌스의 부족 탓으로 돌리는 찰스 킨들버거의 해석을 상기해 볼 수 있다. 세계경제를 안정화시킬 수 있는 국제적인 제도가 부재한 상황에서 이런 기능이

헤게모니 세력에게 부여된다. 미국과 영국(각각 달러와 파운드)이 이런 헤게모니를 나눠 가진 1930년대의 이중적인 형태는 위험한 것으로 판단된다.●●●●●●

● A. R. Burns, *The Decline of Competition: A Study of the Evolution of the American Industry* (New York: McGraw-Hill, 1936).

●● H. G. Moulton, *Income and Economic Progress* (Washington D. C.: Brookings Institution, 1935), 87. 물턴은 이런 행정부의 관점을 1935년 언급했다. "국가재건청(NRA)의 임금-상승 프로그램은 산업 전반의 화폐임금 상승이 대중의 구매력 상승으로 이어지고, 이는 자동적으로 실업을 흡수할 수 있는 거대한 양의 생산을 불러일으킨다는 이론에 기초하고 있었다"(같은 책, 103). S. H. Slichter, *Towards Stability: The Problem of Economic Balance* (New York: Henry Holt, 1934), G. Duménil & D. Lévy, "Pre-Keynesian Theme at Brookings," L. Pasinetti & B. Schefold eds., *The Impact of Keynes on Economics in the 20th Century* (Aldershot, England: Edward Elgar, 1999), 182-201도 참조.

●●● M. Aglietta, *A Theory of Capitalist Regulation* (London: New Left Books, 1979) [『자본주의 조절이론』, 성낙선 옮김, 한길사, 1994].

●●●● M. Friedman & A. Schwartz, *A Monetary History of the United States, 1867-1960* (Princeton, N.J.: Princeton University Press, 1963).

●●●●● P. Temin, "Notes on the Causes of the Great Depression," K. Brunner ed., *The Great Depression Revisited* (Boston: Kluwer-Nijhoff, 1981), 108-124.

●●●●●● C. P. Kindleberger, *The World in Depression, 1929-1939* (Berkeley: University of California Press, 1973)[『대공황의 세계』, 박명섭 옮김, 매일경제신문사, 1998].

수익성 추세

대공황에서처럼, 신자유주의의 위기도 수익성 저하 경향에서가 아니라 이윤율 회복 기간에 발생했다. 『자본』 제3권에서 마르크스는 이윤율이 하락하는 국면을 겪는 자본주의의 경향을 분석했다.[1] 그는 그런 국면들

1_K. Marx, *Capital*, Vol. 3 (1894, New York: Vintage Books, 1981), Part 3: The Law of the Tendential Fall of the Rate of Profit.

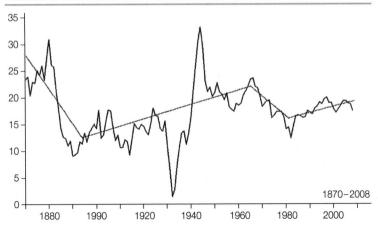

| 그림 21.1 | 이윤율의 장기적 윤곽: 미국 비주택 민간경제

단위: %, 연간

주: 이윤은 순 국내 생산에서 총 노동 보수(total labor compensation)를 제외한 광범위한 정의에서 추정되었다(자영업자들에
대한 조정이 포함됨). 이는 순 감가상각이 포함된 고정자본 스톡으로 나누어졌다. 점선은 추세선이다.

이 축적의 둔화, 불안정성의 증가 및 금융적 혼란으로 이어질 것이라고
주장했다. 마르크스가 그 말을 직접 사용하지는 않았지만 이런 형세를
"구조적 위기"로 부를 수 있다. 이런 이론적 틀은 현대자본주의의 역사에
대한 분석과도 밀접히 연관된다.

〈그림 21.1〉을 통해 남북전쟁 이후 미국 민간경제의 이윤율 양상을
역사적으로 확인할 수 있다. 여기에서 "이윤"은 노동 보수에 대한 초과
소득분을 나타내는데, 제2차 세계대전 이후 광범위한 잉여의 상당 부분
이 정부로 들어갔다.[2] (이윤율의 커다란 변동, 즉 경기변동의 기복 효과 때문에

2_ G. Duménil & D. Lévy, *Capital Resurgent: Roots of the Neoliberal Revolution* (Cambridge,
Mass.: Harvard University Press, 2004), Chap. 15.

| 상자 21.2 | 기술과 수익성 경향

〈그림 21.1〉에 나타나 있는 두 번의 이윤율 하락 경향을 통해, 마르크스가 분석한 기술 및 조직과 관련된 명확한 패러다임을 확인할 수 있다. 마르크스는 이윤율 하락 경향을 기술 변화의 역사적 특징 탓으로 돌린다. 그 주요 특징은 기계화를 통해 노동생산성이 향상된다는 점이다.[•]

전간기는 새롭고 더욱 효율적인 대기업 부문(금융 부문에 의해서 뒷받침되고, 효율적으로 관리된)이 나타나고, 점차 전통적인 부문을 앞지름으로써, 그런 두 패러다임 사이의 점진적인 이행이 발생하는 시기로 해석될 수 있다.[••] 소유권(기업 지분의 보유를 통한)과 통제라는 두 가지 측면에서 새로운 형태의 생산관계가 나타났으며, 이를 통해 산출 증가를 위해 고정자본에 지나치게 많이 투자할 필요 없이도 노동생산성을 증가시킬 수 있는 계기가 마련되었다.[•••] 넓은 의미에서 기술 변화에 우호적인 형세는, 신기술이 좀 더 효율적으로 도입될 수 있었던 경제 부문들로 일반화되었을 때 종결되었다.

1970년대 위기 이후에 나타난 상승 경향은, 초국적 기업들의 전 세계적 확장에 적합한 기술적·조직적 특징들과 결합되어 있는, 새로운 정보·통신 기술의 생산 및 조직적 효율성의 증가 덕분임을 알 수 있다. 이런 경향들이 세 번째 패러다임으로의 이행이라고 해석될 수 있을지 여부는 여전히 규명해야 할 문제로 남아 있다. 하지만 20세기 후반의 특징적인 측면은 자유무역의 충격, 즉 생산비용이 낮은 국가로부터 수입되는 자본 및 소비재의 저가화다. 구매력이 정체되어 있는 상황에서 그런 비용 감소의 이익은 전체적으로 기업들에게 돌아갔고, 최상위 임금 계층 아래에 있는 임금 소득자들에게는 그 이익이 전혀 돌아가지 않았다.

[•] K. Marx, *Capital*, vol. 3 (1894; New York: Vintage Books, 1981), 제3부
[••] G. Duménil & D. Lévy, "Technology and Distribution: Historical Trajectories à la Marx," *Journal of Economic Behavior and Organization* 52 (2003), 201-223.
[•••] 조립 라인을 설치하기 위한 비용은 컸지만, 생산성 역시 대대적으로 상승했다.

그림에서 네 부분의 점선이 나타내는 것과 같이, 이런 운동에 내재된 경향을 식별하는 것이 중요하다.)

이윤율의 급격한 저하는 19세기 후반에 발생했고, 이는 1890년대 공황 및 19세기 말과 20세기 초에 걸쳐 발생한 세 가지 혁명(즉, 기업, 금융, 관리 혁명)을 불러왔다. 이윤율 회복의 첫 번째 징후들은 20세기 초부터 급속히 등장하기 시작했고, 새로운 상승 경향이 나타났다. 두 개의 혼란기(대공황과 제2차 세계대전)를 지나서 이 상승 경향은 1960년대에 절정을 이루었다. 첫 번째 하락 경향이 나타난 이후 약 80년이 흐르자 또다시 새로운 하락 경향이 나타났고, 이는 1970년대 구조적 위기로 이어졌다. 그것은 남북전쟁 이후 이윤율 하락과 수익성 저하로 발생한 두 번째 거대 위기였다. 마지막으로 신자유주의 몇십 년 동안 완만한 상승 운동을 관찰할 수 있다(그런 역사적 경향 분석에서 기술·조직적 그리고 좀 더 일반적으로는 사회정치적인 결정 요소들의 복잡성이 고려되어야만 한다, 〈상자 21.2〉).

대공황은 역사적 기준에서 볼 때 상대적으로 수익성이 낮은 기간이지만 동시에 회복의 초기 단계, 즉 두 하강 경향 사이의 중간 기간에서 발생했다. 대공황은 "구조적 위기"라고 이름 붙일 수 있지만, 1890년대와 1970년대 위기와는 달리 이윤율 하락의 결과가 아니었다.

〈그림 21.1〉은 4장의 분석을 되풀이한다. 4장에서 이루어진 이윤율에 대한 세밀한 탐구를 통해, 대공황과 마찬가지로 신자유주의의 위기 역시 수익성 위기로 해석될 수 없다는 점을 확인할 수 있다.

현대성과 세계화의 역설들

대공황의 중심적인 양상은 그것이 기업과 관리 혁명의 산물인 거대한 기술-조직적 경향의 변형 국면에 발생했다는 것이다.

현대자본주의의 새로운 제도적 틀이 20세기 초에 만들어질 당시, 모든 경제 부문들이 같은 속도로 발전한 것은 아니었다. 19세기 말 경쟁의 위기와 그에 뒤이어 1900년을 전후로 나타난 거대한 합병의 물결이 발생한 직후, 관리 혁명으로 변형된 새로운 법인 기업 부문이 금융 헤게모니 아래에서 급속하게 발전했다. 이 부문은 새로운 금융기관들의 지원과 임금을 받는 관리직 및 직원 개인들로의 관리의 위임에서 비롯된 발전으로부터 이익을 얻었다. 이를 통해 이윤율의 상승 경향이 만들어질 수 있었다. 상당한 경쟁적 압력이 있었지만 전통적인 개인적 소유권과 관리 형태도 남아 있었다. 특히 트러스트와 카르텔의 지배를 제한하려고 한 1890년 〈셔먼법〉(이런 목적을 가진 최초의 연방 입법)으로 대표되는 〈반독점법〉은, 이런 전통적 부문이 버틸 수 있게 해주었으며,[3] 이는 전통적 부문에 상당한 정도의 보호를 제공했다. 그러나 개별 독립 기업들 사이의 협정을 금지함에 따라, 새로운 기업 입법을 통해 20세기 전환기에 인수 합병 물결이 일어나는 길을 열어 주기도 했다.[4]

따라서 20세기 처음 몇십 년 동안은 같은 산업 내에서 전통적인 부분과 발전된 부분이 공존하는 것이 중요한 특징이었다.[5] 자동차 산업은 이

3_법에서는 다음과 같이 말하고 있다. "독점화하거나 독점화하려는 시도 또는 서너 개의 주에서 상업 또는 거래의 일부를 독점화하기 위해 다른 사람 또는 사람들, 아니면 외국과 공모하거나 연합하려는 모든 사람들은 중대한 범죄를 저질렀다고 간주할 것이다"(Sherman Act, 15 U.S.C § 2). (Washington, D.C.: U.S. Department of Justice), www.usdoj.gov/atr/foia/division manual/ch2.htm#a1.

4_G. Duménil & M. Glick & D. Lévy, "The History of Competition Policy as Economic History," *Antitrust Bulletin 42*, no. 2 (1997), 373-416.

런 경향의 전형이었다. 포드와 제너럴모터스 같은 거대한 자동차 제조사들의 흥기와 나란히 구식 생산방식을 사용하는 소규모 제조 작업장들이 1920년대에도 여전히 활발하게 활동하고 있었다.[6] 문헌들 속에서는 잘 다루어지지 않고 있지만, 이런 기술과 조직의 이질적 특징이 대공황의 심각한 성격에 대한 주요한 설명 요인이다.

[경제]활동의 수축은 수요 축소의 첫 단계가 생산 감축을 일으키고 다시 수요를 감소시키는 누적적인 하강 운동이다. 1929년 침체가 시작되었을 때, 후진적 부문이 모두 몰락하기 시작했고, 그 부문의 붕괴가 누적적인 산출 감소에 더해졌다.

신자유주의의 위기에도 비금융적 원인들이 있다. 상기된 것과 비슷한 메커니즘들, 예를 들면 새로운 형태의 세계화에 더 혹은 덜 적응된 상이한 산업 부문들 사이의 이질적 양상이 산출 축소가 깊어지고 있는 현재의 위기에 영향을 주고 있을 수도 있다. 그러나 신자유주의의 주요한 비금융적 요인은, 점증하는 전 세계적 이질성을 반영하는, 미국 경제의 불균형 궤도였다. 대공황이 국내 생산 경제의 이질적 성격에서 비롯된 위협들과 금융적 요인들의 결합을 통해 발생했다면, 신자유주의 위기는 신자유주의 금융-세계화 경향과 지속 불가능한 미국 경제 궤도의 교차

5_G. Duménil & D. Lévy, "Stylized Facts about Technical Progress since the Civil War: A Vintage Model," Structural Change and Economic Dynamics 5, no. 1 (1994), 1-23.

6_T. F. Bresnahan & M. Raff, "Intra-industry Heterogeneity and the Great Depression: The American Motor Vehicles Industry, 1929-1935," *Journal of Economic History,* 51, no. 2 (1991), 317-331. 1929년 이전의 은행들의 급성장을 통해 미국 경제의 이질성과 관련된 또 다른 측면을 엿볼 수 있다. 거대 은행 이외에도 소규모 은행들이 번성했다. 또한 1920년대 나타난 은행 산업의 집중 경향을 통해 대기업의 새로운 구조를 마련하는 기초적 경향이 증명된다.

에 기초하고 있다.

대담한 화폐·금융 혁신들

지난 수십 년간 지속되었던 신자유주의와 19세기 말에서 1920년대까지
의 시기를 비교해 보면, 신자유주의적 금융 추세들이 중요한 역사적 전
거를 가진다는 것을 알 수 있다.

　금융 화폐 메커니즘의 극적인 팽창이 일어났던 이 시기는 상상 이상
으로 과감한 변혁이 발생했던 시기다.[7] 미국의 국가 은행 체계[8] 아래에
서, 은행들은 경제의 중요 행위자가 되었다. 대공황 시기에 그와 같은 금
융 메커니즘의 확장이 종결되었다는 점은 명백히 우연이 아니다.

　〈그림 21.2〉은 이런 경향들을 직접적이고 스펙터클하게 보여 주고
있다. 그림을 통해 미국 은행들이 보유한 총 금융자산(——)의 성장을 확
인할 수 있다. 여기에서 은행의 금융자산은 1870년에 GDP 대비 26%에
서 1910년에 55%로 증가함을 알 수 있다.[9] 이와 대칭적으로 화폐량이 증
가했는데(대차대조표상의 부채 항목에서 보이는 그런 팽창), 그 주요 구성 요
소는 은행 계정이었다. 〈그림 21.2〉에서 두 번째 변수(……)는 화폐 스
톡, M2이다. 남북전쟁이 시작되면서 화폐량은 1870년과 1910년 사이에

7_G. Duménil & D. Lévy, *La dynamique du capital: Un siècle d'économie américaine*
　(Paris: Presses Universitaires de France, 1996), chap. 22.

8_G. Duménil & D. Lévy, *Capital Resurgent*, 〈그림 20.3〉, 〈상자 18.1〉.

9_Federal Reserve, *All Bank Statistics, United States, 1896-1955* (Washington, D.C.: Board
　of the Federal Reserve, 1959), fraser.stlouisfed.org/publications/allbkstat/.

| 그림 21.2 | 은행 및 금융회사의 자산 및 M2: 미국 경제

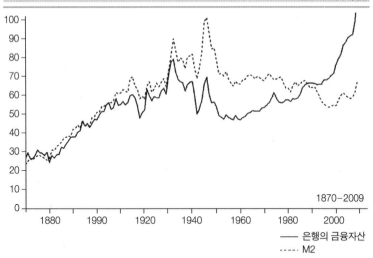

단위: GDP 대비 %, 연간

1870-2009

—— 은행의 금융자산
----- M2

주: 은행의 자산과 화폐 스톡은 제1차 세계대전까지 서로 연결되어 있었다. 신자유주의 기간 동안 일어난 은행 자산의 최종적
    증가는 은행 활동의 다각화와 위기에 대한 대처와 관련되어 있다.

23%에서 61%로 가파른 양적 증가 경향을 보였다(두 가지 변수가 나란히
움직이는 이유를 이해하는 것은 쉬운데, 그것은 화폐 발행의 원천이 신용, 즉 주로
은행의 활동이기 때문이다). 당시 은행 활동은 현대자본주의보다는 다양하
지 못했다. 은행의 주요 기능은 예금과 대손충당금의 관리였다.

　신자유주의 시대에도, 은행의 금융자산에서 유사한 증가 양상이 관
찰된다. 1980년과 2008년 사이에 은행의 금융자산 비율은, 1952년부터
1980년까지의 28년 기간과는 매우 대조적으로, GDP 대비 57%에서
98%까지 증가했다. 1952년과 1980년 사이에 그 비율은 48%에서 57%
까지 증가했다. M2에 포함되지 않은 정기예금으로의 이전 때문에 제2차
세계대전 이후 M2에서 상승 경향이 보이지 않는다.

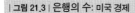

| 그림 21.3 | 은행의 수: 미국 경제

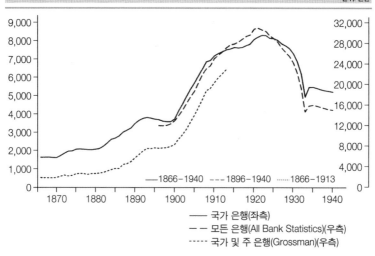

——1866-1940 ---1896-1940 ······1866-1913

—— 국가 은행(좌측)
– – 모든 은행(All Bank Statistics)(우측)
······ 국가 및 주 은행(Grossman)(우측)

주: 국가 은행 체계(national banking system)는 1860년대에 만들어졌다[1863년 〈국가통화법〉(National Currency Act)과 1864
년 〈국가은행법〉(National Banking Act)]. 이 안에서 "국가 은행"이라고 불리는 많은 은행들(——, 좌측)이 연방정부가 보
증하는 국가 은행 지폐를 발행할 수 있는 권리를 부여받았다. 이런 은행지폐는 1913년 연준의 창설될 때까지 "국가 통화"로
성장했다. 그림에 있는 다른 두 추정치(—— —과 ·····)에서 나타나듯, 모든 은행의 수 역시 비슷한 윤곽을 지니고 있다.

하지만 이 두 시기에 나타난 금융 메커니즘의 팽창 흐름은 내용상 매
우 큰 차이가 있다. 19세기 후반과 20세기 초는 현대적인 은행 및 화폐
메커니즘의 구조가 만들어지고 있던 시기다. 신자유주의 시대에 은행 금
융자산의 새로운 상승 경향이 나타났지만, 금융화의 주요 양상은 연금기
금과 투자신탁 기금 및 담보 대출의 재금융화에 기여한 정부 보증 회사,
민간 ABS 발행자의 증가였다(〈그림 7.1〉).

〈그림 21.3〉에서 보이는 것처럼, 화폐·금융 메커니즘의 팽창을 나
타내는 또 다른 모습은 1920년에 절정을 이룬 거대한(그러면서도 단명한)
은행 수의 증가다.

수많은 변수들로 인해, 1920년대는 2000년 이후와 마찬가지로 금융

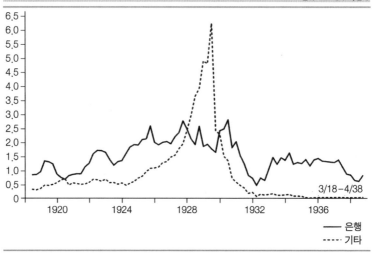

| 그림 21.4 | 전간기interwar period 딜러와 브로커에 대한 대출: 미국 경제

단위: GDP 대비 %, 분기

3/18 – 4/38

—— 은행
······ 기타

적 경향에서 극적인 가속화가 일어난 10년이다. 주식을 구매하는 데 필요한 재원을 공급하는 대출 물결이 중요한 양상이었다(당시에 증권시장은 금융 구조의 중심에 있었는데, 주식을 담보로 기업이 아닌 주주들에게 직접 대출을 해주었다). 마지막 주가 상승은 투자자에게 신용 대출이 폭발적으로 증가하면서 이루어졌는데, 이와 같은 신용 대출의 증가는 자신의 고객들에게 직접 대부를 해주는 증권 중개인들과 판매인들에 대한 대출을 통해 이루어졌다.[10] 〈그림 21.4〉는 1920년대에 탄력이 붙어서 1929년 10월에 절정으로 치솟은 두 가지 요소, 즉 증권 중개인과 판매자들에 대한 대

10_Federal Reserve, Banking and Monetary Statistics, 1914-1991 (Washington, D.C.: Board of the Federal Reserve, 1943), table 139: Broker's loans by group of lenders, fraser.stlouisfed.org/publications/bms/.

출의 극적 상승을 보여 준다. 이를 통해, 대공황 시기에 나타난 붕괴 상황을 확인할 수 있다.

2000년 후반부에 나타난 엄청난 규모의 자금조달이 민간 ABS 발행자 및 CDO와 같은 장치를 통해서 가능했던 것처럼, 이런 대출 가운데 중요한 부분(.....)이 비은행 대부자들에 의해 이루어졌다는 점을 강조할 필요가 있다. 따라서 각 시기마다 팽창의 마지막 국면은 전통적인 제도들, 다시 말해 통상적인 통로를 통해 추동된 것이 아니라, 대담하면서 혁신적인 절차들을 통해서 이뤄진 것이다. 여기에서 '혁신'은 위험하고도 의심스러운 형태의 발전을 지칭한다.

이렇게 역사적으로 일치하는 측면들이 존재한다는 것은 매우 흥미롭다. 그러나 금융화가 명백히 중요한 요인임에도 불구하고, 금융 메커니즘의 팽창을 그 이후에 발생한 결과들에 대한 유일하거나 근본적인 원인이라고 해석할 수 있는 것은 아니다.[11] 금융 메커니즘에 대해서만 분석한다고 할지라도, 그와 같은 금융 메커니즘의 전개 과정이 발생시킬 수 있는 불안정 효과에 대응할 수 있는 정책들 및 규제적 틀의 실행을 고의적으로 회피하는 흐름 또한 연루되어 있다는 점을 확인할 수 있다.

11_이매뉴얼 월러스틴과 조반니 아리기의 장기파동 연구를 보면 금융화는 국면 A[호황기]의 최고점 이후, 투자가 금융 부문으로 재조정되는 국면 B[불황기]로의 진입과 연관되어 있다. G. Arrighi, *The Long Twentieth Century: Money, Power and the Origins of Our Times* (London: Verso, 1994); I. Wallerstein, "Globalization or the Age of Transition? A Long-Term View of the Trajectory of the World-System," *International Sociology* 15, no. 2 (2000), 250-268.

불완전한 규제와 통제 장치

대공황(1933년 뉴딜까지)은 **자유방임**의 결과였는가? 거시 불안정성에 상응하는 중앙 기관들 차원의 효율적인 거시 정책과 규제가 나란히 발전했더라면 1920년대 거시 불안정성의 원인들이 아마도 억제되고 최소한 상당히 축소될 수 있었을 것이라는 점이 광범위하게 견지되고 있는 관점이다. 확실히 기존의 장치들(연준에 중요한 권한과 수단을 부여하는 것이 거부된 상황에서)을 통해서는 이런 경향에 맞설 수 없었다. 증가된 거시 불안정성을 억제할 수 있는 중앙 통제의 확립이 지체되는 것이 자본주의 동역학의 일반적 특징에서 관찰되는 모습이다(〈상자 21.3〉).

대공황은, 한편으로는 20세기 초에 기술·조직·금융적 혁신을 추동할 수 있었던 일부 자본가계급의 거대한 능력과, 다른 한편으로는 금융 부문과 거시 경제의 안정화에 필요한 제도와 메커니즘의 창설에 대한 엄청난 저항이 결합된 결과로 해석할 수 있다. 1920년대에는 현대적인 신용과 화폐 구조를 형성하는 데 내재한 잠재적 불안정성을 상쇄할 수 있는 중앙 제도를 창설하는 것에 대한 강력한 반대가 있었고, 금융 메커니즘의 진전을 완화하려는 그 어떤 시도도 없었다.

사회적 과정에 대한 분석에서는 '거부' 또는 '의지'와 같은, 의도적 노력의 표현으로서, 개인적 동기들을 언급하지 않는 것이 중요하다. 그러나 상위 계급, 계급 분파 혹은 좁은 이익집단이 사회적 변형에 대한 분명한 의식을 지니고 있다는 점을 강조하는 것도 필수적이다. 상위 계급 분파의 구성원들이 추구하는, 자기 집단의 이해에 대한 강한 인식 ─ 때로는 오도되기도 하고 잠재적으로 또 다른 선택지가 존재하기도 하지만 ─ 이 존재한다. 자본주의적 이해interest에 대한 전형적으로 우파적인 관점(신자유주의에서처럼)이 존재하는데, 이와 같은 관점은 지속적인 논쟁과

| 상자 21.3 | 불안정성 증가 경향

불안정성의 증가 경향 테제는 네 가지 명제로 요약될 수 있다.[•] (1) 자본주의에서 관리와 금융 메커니즘의 진전은 거시 경제의 잠재적 불안정성을 점차 확대할 것이다. (2) 규제 구조와 거시 정책의 효율성을 바탕으로 이와 같은 경향을 점진적으로 개선하는 것이 필요하다. (3) 그런 장치들의 도입에는 언제나 저항이 따른다. (4) 이런 장치들은 결국 사회적 저항 이상의 혼란한 상황들의 전개로 인해 조정에 대한 필수적 요구가 발생하면서, 실행된다.

관리와 금융 메커니즘이라는 두 요인이 위에서 언급한 것들과 관계가 있다. 기업은 수요의 변화에 따라 산출을 조정할 수 있는 능력을 보유해야만 자신들의 목적인 이윤율을 극대화할 수 있다. 그러나 수요 증감의 징후는 개별 기업을 거쳐 경제 전반으로 빠르게 전달되기 때문에, 경기과열과 경기후퇴로 이어지는 누적적 운동을 일으키면서, 거시 경제적 불안정성을 유발한다.

불안정성의 증가 경향이 나타난 것은 대공황이라는 에피소드에만 국한되지 않으며, 19세기에 나타난 복잡화된 경제의 출현으로까지 거슬러 올라갈 수 있다. 하지만 대공황은 독보적 사건으로서, 뉴딜의 규제적 틀과 제2차 세계대전 이후의 케인스주의 혁명 및 그에 상응하는 거시 정책의 실행 조건을 창출했다. 현대자본주의 내에서도 국내적으로 또한 그보다 훨씬 더 절실하게 글로벌한 범위에서 이와 유사한 진행 과정이 의제로 상정되어 있었는데, 그 주요 내용은 규제 및 거시 정책과 관련되어 있다.

• G. Duménil & D. Lévy, *La dynamique du capital: Un siècle d'économie américaine* (Paris: Presses Universitaires de France, 1996), 제12장.

정책 결정 과정의 밑바탕에 항상 깔려 있다. 그와 같은 관점들에는, 과도한 정부 개입에 대한 강한 혐오감(당장의 이익을 보호하는 데 필요한 경우를 제외하고), 자유 시장(즉, 무제한적 고수익 추구)에 대한 옹호, 시장 '규율'만으로도 체계의 안정성이 보장된다는 주장, 시장(특히, 노동시장)의 '신축성'에 대한 강조, 노동자 조직의 부정적 효과에 대한 일방적 언급, 인플레이션에 대한 공포 등이 있다. 정치적으로 우파 성향인 주도적 지식인들이 이 원칙들에 과학적 진술의 외양을 제공하며, 각종 회의와 두뇌 집단들은 그런 진술들을 끊임없이 정교화하고 갱신하는 데 일조한다. 로비스트들은 필요할 때면 언제나 정부 관료들을 설득하기 위한 작업을 수행한다.

금융 규제의 발전과 중앙 집중화된 거시 정책 및 금융정책을 둘러싼 사회적 갈등들stakes이 있었다는 것을 역사적 과정의 분석을 통해 확인할 수 있다. 미국에서는 중앙은행에 대한 지속적이고 강력한 반대가 존재했는데, 이는 빈발하던 경제 위기의 폭력적 결과를 감내할 수밖에 없도록 했다. 그 이후 중앙은행이 설립되었지만, 중앙은행은 적정 신용 발행 수준을 교역량에 결부시키는 진성어음주의real bills doctrine와 같은 후퇴한 원칙들을 기반으로 활동하게 되었다. 현대자본주의에서도 이번 위기가 발생하기 이전에 규제에 대한 강력한 반대가 행정부의 최상위층에 존재했다(연준의 중심적 역할에는 이견의 여지가 없었지만). 지금도 소수의 극단적 우파 이론가들은 정책 결정 결과에 대한 재정적 책임감 부재를 이유로 연준이나 GSE에 여전히 반대하고 있다.

19세기부터 금융Finance은 무제한적인 수익성과 고수익 추구라는 명목으로 거시 경제에 대한 통제 및 규제 틀이 수립되는 것을 방해해 왔다. 그 이유는 신용에 의해 자본을 '창조'하는 능력과 같은 핵심적인 자본주의 메커니즘들이 이런 규제 및 통제로 인해 방해받을 수 있기 때문이었다. 이에 대한 규제와 통제가 가능했던 것은 결국 제2차 세계대전 이후 극적인 불황의 대가를 치르고 나서이며, 그 이후 자본가계급과 금융기관들의 이익이 봉쇄될 수 있었다. 그것은 신자유주의의 위기가 무엇에 대한 것인지를 말해 주는 리허설이었다.

1920년대와 대공황 기간 동안 미국에는 중앙은행이 있었다. 1907년 위기 이후의 기나긴 과정을 거치고 난 이후, 1913년에 연준이 설립되어 있었다. 그러나 금융 구조에 대한 통제는 연준의 의제가 아니었고 산출 축소 기간 동안 연준의 조치는 매우 불충분한 채로 남아 있었다. 국내외 적으로 신자유주의에서 표명하고 있는 계급 전략에 유리한 새로운 틀을 만들어 내려는 것과 그런 구조의 안정성을 보장할 수 있는 제도 및 규제를 수립하는 것에 대한 저항 사이의 갈등을 대공황과 대조해 본다면, 그것이 거대한 위기로 이끌어질 수밖에 없는 상위 계급이 갖고 있는 야심의 고유한 표현임을 확인할 수 있을 것이다. 이런 점에서 역사는 고집스럽게 자신을 반복한다. 규제 완화를 향한 멈춰지지 않은 행진에서 명확히 보이듯이 대공황의 교훈은 잊혀졌다(9장). 금융 당국들은 금융 기업들이 파산하기 시작하자 그런 기억을 되살릴 수 있었다.

가혹한 수축 동역학

산출 수축이 대공황의 첫 단계에서 시작되었을 때, 연준은 이자율을 낮추었다. 이런 조치가 은행들의 상황이 악화되는 것을 막지는 못했다. 경제에 대출 수요가 있었다. 그러나 가격 디플레이션 상황에서 채무불이행의 위험이 증가하고 있었으며,[12] 특히 전통적인 소규모 사업 부문에서 심

12_I. Fisher, "The Debt-Deflation Theory of Great Depression," *Econometrica* 1 (1933), 337-357.

각했다. 게다가 낮은 이자율과 지속적인 불확실성 상황에서 대출을 통해 더는 이익을 볼 수가 없었다. 은행들은 대출을 중지했고, 이것은 신용경색의 한 예였다. 그 과정은 1932년 절정에 달하는 은행 위기와 급격한 산출 축소로 귀결되었다. 전체적으로 보면, 중앙 금융기관들은 이자율을 낮추는 등 수동적이지 않았지만 전달 벨트가 파괴되었다.

대공황과 비교해 볼 때, 2007년 말 금융기관의 조치는 훨씬 더 야심차고 즉각적임이 드러난다. 경제가 아직 침체에 있지 않았던(그리고 위기가 심화되기 직전이었던) 2007년 말부터 연준은 최종 대부자 역할을 하며 적극적이고 혁신적인 신용 정책을 통해 금융 제도들을 떠받치기 위한 단계에 들어갔다. 그와 같은 정책들은 점증하는 은행 위기, 좀 더 일반적으로 말하면 금융 붕괴를 피하기 위한 조치로, 이자율 축소와 표준적인 공개 시장 조작을 훨씬 뛰어넘는 것들이었다. 많은 것들이 시행되었으나 연준의 개입이 금융 붕괴를 멈추지는 못했다. 연준은 돌이킬 수 없는 신용경색의 전개와 대수축으로 진입하는 것을 막지 못했다.

이런 관찰은 다시 대공황 해석에 의문을 제기하게 만든다. 좀 더 세련되고 과감한 장치들이 존재했다면 대공황을 저지할 수 있었을까? 거대한 금융 위기 앞에서 금융 당국의 진정한 힘은 무엇인지에 대해 의문을 제기할 수도 있을 것이다. 그러나 결론은 같다. 2007년 8월과 2009년 초반기 사이처럼, 1929년 10월과 1933년 3월 사이에 연준의 조치는 금융 위기를 저지할 수 없었다. 공통점과 차이점을 넘어서 역사는 반복된다.

22

뉴딜의 정책과 정치

많은 점에서 2009년 미국의 경제 상황은 1930년대 초와 유사하다. 산출량의 하락을 고려한다면, 1929년과 2008년 사이는 거의 80주년이라 할 만큼 유사하다고 할 수밖에 없다. 위기를 야기한 금융 부문에 대한 처방에만 집중해 보아도, 1930~33년과 2007년은 여러 면에서 유사하다.

1933년은 뉴딜이 개시된 시점이었다(전통적으로 두 개의 뉴딜을 구분하는데, 첫 번째는 1933년에서 1935년 사이이고 두 번째는 1935년에서 제2차 세계대전까지다).[1] 2009년, 미국과 주요 자본주의국가들은 어디쯤 서있는 것

1_뉴딜과 관련한 광범위한 문헌들이 존재한다. 이런 문제를 구체적으로 다루고 있는 연구들 중에서 다음과 같은 것들을 주목할 수 있다. W. E. Leuchtenburg, *Franklin D. Roosevelt and the New Deal, 1932-1940* (New York: Harper and Row, 1963); R. Levine, *Class Struggle and the New Deal: Industrial Labor, Capital and the State* (Lawrence: University Press of Kansas, 1988); S. Fraser & G. Gerstle, *The Rise and Fall of the New Deal Order, 1930-1980* (Princeton, N.J.: Princeton University Press, 1989).

인가? '새로운 뉴딜'에 들어선 것인가?

긴급 상황과 토대

대공황은 구조적 위기였다. 1930년대와 1940년대 정부들의 목표는 산출량의 수축을 회복시키는 것뿐만 아니라 새롭고, 지속 가능한 사회질서의 토대를 구축하는 것이었다. 이 두 가지 목표는 모두 단기간에 달성될 수 없었다. 15년 이상이 필요했고, 혹자는 전시경제에 의해 만들어진 자극이 없었다면 얼마나 많은 시간이 필요했을지 모른다고 이야기할 수도 있다. 긴급 상황[축소된 산출량의 회복]과 토대[지속 가능한 사회질서의 구축]라는 두 가지 임무 사이의 관계는 선험적으로 생각될 수 있는 것보다 훨씬 더 밀접한 관련이 있었다. 정치가들의 인식과는 별개로 뉴딜 시기에 취해진 정책들 대부분이 이 두 가지 목적을 결합적으로 고려하고 있었다.

현재의 위기에 대한 처방도 뉴딜과 같이 이런 이중의 성격을 공유하고 있다. 새로운 사회질서를 만들려고 하는 두 번째 목적은 시간이 지나면서 점차 분명해질 것이지만, 그런 차원의 과제에 대한 뚜렷한 인식은 아직 없는 것으로 보인다. 역사적 경험이 도움이 될 수는 있으나, 정치가들이 의지할 만한 사전에 예정된 계획 같은 것은 없다. 대공황의 경우, 1890년대의 위기가 모두의 기억 속에 있었다. 신자유주의의 위기와 관련해서도 그와 같은 것이 사실이다. 금융 제도와 거시 경제를 지원하기 위한 결정은 확실히 뉴딜에 의해서 고취된 것이다. 그러나 상황은 매우 다르며 현재의 위기는 대공황의 모든 측면이 완전히 이해된 것이 아니었음을 보여 준다.

이전의 경험이 가진 의미와 커다란 불확실성 이외에도, 정책과 개혁 행위는 사회집단들 사이에서 지속적으로 발생하는 정치적 투쟁에 의해 영향을 받는다. 1930년대에는 생산과 수요를 자극할 수단이나 새로운 경제와 사회의 모습들에 대한 그 어떤 합의도 없었으며, 이해관계가 얽힌 격렬한 투쟁이 벌어지고 있었다.

그런 상황에서, 관료들은 분파적인 이해를 넘어 [경제를] 관리할 수 있는 실질적인 능력을 드러내야만 하지만, 그들은 또한 정치적 기획에 의해 이끌리게 된다. 루스벨트 대통령의 조치를 들여다보면, '온건 자본주의'tempered capitalism의 전망을 명확히 확인할 수 있다. 금융 부문과 대기업의 과도함을 완화하고, 정부 개입을 확대하며 민중 계급에게 새로운 역할과 권리를 부여하는 것이 주요 원칙이었다. 이런 변형은 첫 번째 금융 헤게모니의 점유자(이자 수혜자)와 직접적으로 대결하는 것을 의미했다.

제2차 세계대전이 끝날 때까지 새로운 권력 형세의 명확한 모습들이 드러나지는 않았다. 이는 특히 민간 기업(소위, 시장), 중앙 기관들 및 노동조합 각각의 상대적 역할과 관련되어 있었다. 어느 면에서 보면, 뉴딜의 중요한 요소들은 전쟁 이후에나 공고화되었고, 이를 통해 "뉴딜 연합"이라는 표현이, 마치 뉴딜러의 행동이 제2차 세계대전 이후에도 지속되었던 것처럼, 전후 시기의 특징을 설명할 때 쓰이는 이유를 확인할 수 있다. 뉴딜의 기본 특징들 가운데 많은 것들(특히 금융 부문, 정부의 행위, 노동과 관련해)이 유지되었다. 그러나 상당한 조정이 이루어졌고, 대기업에 대한 많은 양보가 있었다. 전반적으로 새로운 사회질서가 확립되었는데, 이는 1930년대와 1940년대에 나타난 사회적 동요의 복합적인 결과이자, 전쟁이 끝나 갈 무렵에 수립된 타협의 결과였다.

보호주의

1930년 6월의 〈스무트-홀리 관세법〉Smoot-Hawley Tariff Act은 (뉴딜에 앞서) 위기가 터진 이후 실행된 최초의 주요 대응이었다. 이 법은 수입 상품에 대해 고율의 관세를 부과했다. 이런 분석은 이번 위기를 살펴보는 데도 도움이 될 것이다.

자유무역과 보호주의를 둘러싼 논쟁은 다양한 범주의 기업corporations들 사이의 모순적인 이해관계와 수많은 정치인들의 이해관계를 반영한다. 그것은 또한 국제분업에 참여하고 있는 국가들 사이에서 나타나는 긴장을 나타낸다. 이와 같은 상반된 이해관계들을, 그런 보호주의 입법에 대한 미국 및 그 외의 다른 나라들에서 이루어진 반대 사례를 통해 확인할 수 있다. 상당수의 국가들, 특히 캐나다와 유럽 국가들이 보복했다. 1천 명 이상의 경제학자들이 그 법에 반대하는 청원에 서명을 해 허버트 후버Herbert Hoover 대통령에게 보냈고, 기업가들(헨리 포드Henry Ford와 J. P. 모건체이스 대표인 토머스 라몬트Thomas lamont)은 법안을 철회시키기 위해 노력했다. 〈스무트-홀리 관세법〉의 효과는 캐나다, 영국 및 라틴아메리카 국가들에 대한 관세를 점진적으로 낮추는 1934년의 〈상호 관세법〉Reciprocal Tariff Act에 의해서 다소 완화되었다.

〈스무트-홀리 관세법〉은 급격한 대외무역 감소를 유발해서 대공황을 더욱 악화시켰다고 비난받는다. 임시적인 관찰을 통해서 보면, 당시 미국의 대외무역이 매우 제한되었음을 알 수 있다. 평균 수출입(총계의 절반인)은 1929년 GDP의 4.6%에 달했다. GDP는 1933년에 최저를 기록했는데, 1929년에 비해 37% 하락한 것이었다. 수출입은 1929년과, 자체 최저치를 기록한 1932년 사이에 각각 37%에서 47%까지 훨씬 더 떨어졌다. 대외무역이 미국 경제에 미친 영향은 상대적으로 제한적이었지만,

대외무역 의존도가 높은 수많은 주변부 국가들에 미친 충격은 매우 컸다.

엄밀하게 말하자면, 보호주의는 제2차 세계대전 이후 그 자체로는 살아남지 못했으나, 자유무역과 거리가 멀었다는 것도 전후 초기 몇십 년 동안의 한 가지 특징이다. 케인스는 자유무역을 재정 정책의 장애물로 보았고(9장), 관세를 전후의 새로운 틀 가운데 일부로 생각했다. 이 시기에 자유무역과 관련된 장애물들을 어떤 식으로 처리할지가 논쟁이 되었다. 미국은 국제무역과 관련한 브레턴우즈협정에 대한 비준을 거부했고 국제무역기구ITO의 창설도 막았다. 미국 정부는 1947년에 자유무역의 복원을 향한 첫걸음이었던, GATT로 이어지는 절차를 제시했다. 하지만 관세와 비관세 장벽들은 전후 첫 몇십 년의 주요한 특징으로 여전히 유지되었다.

대공황 기간 동안에 이루어진 대외무역에 대한 통제는 기존의 국제 분업을 불안정하게 만들었다. 그와 같은 상황에서 라틴아메리카 국가들은 수입대체 모델, 즉 자국의 산업을 보호하는 발전 전략을 택했다. 산업화에 호의적인 정부 조치, 특히 국제 경쟁으로부터 자국 산업을 보호하는 조치가 핵심이었다(〈상자 23.1〉). 이런 구조는 제2차 세계대전 이후 이 국가들의 발전에서 결정적인 역할을 했다.

경쟁 완화

대공황은 과열된 금융 부문 때문에 발생했을 뿐만 아니라, 좀 더 일반적으로는 과도한 경쟁의 희생양인 상당수 소기업들의 파산을 유발했다고 여겨지는 대기업 때문에 비롯됐다고 여겨지기도 한다.[2] 그런 시각(1890년대 대불황의 기억이 모든 이들에게 남아 있었는데, 새로운 정부의 입장과 관련해 이 같은 기억은 1930년대 후반까지 지속된 정부의 반反대기업 성향과 연결되었다)은 첫 번째 뉴딜의 한 축인 국가재건청NRA을 설립하게 한 1933년 6월 〈국가산업재건법〉National Industrial Recovery Act, NIRA이 통과되도록 했다.

NRA는 당국의 후원 아래에서 기업들 사이의 협정을 통해 가혹한 경쟁 압력을 완화하려 했다. 두 번째 측면은 노동관계 조정이었다(최저임금과 최대 노동시간으로). 기업은 열두 개의 산업 집단으로 분할되었고 법적으로by codes 조직되었다. 디플레이션을 방지하기 위한 최적 가격 수준을 설정하고, 임금, 가격 및 산출 관리를 조정함으로써 치열한 경쟁을 막으려는 것이 목적이었다(혹자는 여담으로 케인스가 NRA 개혁 프로그램을 강하게 비판했음을 지적할지도 모른다).[3] 이 같은 모든 계획들이 1935년 위헌으로 규정되면서,[4] 첫 번째 뉴딜은 종말을 고했지만, 노동 관련 정책들은 이후 노동입법에 포함되었다. 하지만 그렇다고 해서 이런 법적 조치가 거시 경제의 안정화에 기여하지 못했다는 의미는 아니다.

대공황이라는 상황에서, 전통적인 경쟁 메커니즘의 대안으로 '계획'에 대한 주장이 일반적으로 통용되었다는 일부의 급진적 관점을 받아들이기는 힘들다(〈상자 22.1〉). [하지만] NRA의 활동을 둘러싼 논란은 수많은 근본적 쟁점을 제기했다. 시장 메커니즘에 어떤 역할이 부여되어야만 하는가? 집중화된 조정 메커니즘은 어디쯤 자리 잡아야 하는가? 이 법들이 폐기되었다는 점은 바로 첫 번째 해답을 제공하는데, 이는 이 시기 이

2_ 이전 장에서는 "기술과 조직의 이질적 특징"이라고 불렀다.

3_ R. Skidelsky, *John Maynard Keynes*, vol. 2, *The Economist as Savior*, 1920-1937 (London: Macmillan, 1992), 492-493[『존 메이너드 케인스』, 고세훈 옮김, 후마니타스, 2009].

4_ 권력분립에 대한 위반이라는 근거에서 그러했다.

| 상자 22.1 | 첫 번째 뉴딜과 계획자들

미국 경제의 급진적이고 지속적인 변화는 첫 번째 뉴딜을 정의하는 데에서 쟁점이었다. 아서 슐레진저의 말에 따르면,

> 첫 번째 뉴딜의 본질은 적극적인 국가계획이었다. 1933년 시기의 사람들은, 근대 산업 사회에서 가격-임금-이윤 행위와 자원 배분 문제가 저절로 풀릴 수 없다고 믿었다. 그들의 관점에서 이런 문제는 민간 영역과 공적 영역의 계획이 상당 정도로 통합되어야만 다뤄질 수 있는 것이었다. ⋯⋯ 첫 번째 뉴딜은 기술적 필요에 맞는 경제 제도의 재구축을 통해 미국을 재건하자고 제안했다.[*]

가디너 민스는 전형적인 계획자였다.[**]

> 그[민스]는 필수 경제 부분들에서 관리 가격이 시장가격보다 우월하고 이것이 경제성장에 필수적인 단계라고 적절하게 주장했다.[***]

이와 대칭적인 또 다른 선택 지점은 작은 정부로 회귀하는 것이었다. 브랜다이스(Louis Dembitz Brandeis) 판사가 상징적 인물이었다.[****]

> 1935년의 싸움[첫 번째 뉴딜이 끝날 무렵]은 필연적으로 계획자들과 신-브랜다이스주의자들 사이, 즉 큰 정부 지지자와 경쟁 지지자들 사이에서 일어났다.[*****]

- [*] A. M. Schlesinger, *The Age of Roosevelt*, vol. 3, *The Politics of Upheaval* (Boston: Houghton Mifflin, 1960), 398.
- [**] G. C. Means, "Industrial Prices and Their Relative Inflexibility," U.S. Congress, Senate, 74th Cong., 1st sess., 1935, S. Doc. 13.
- [***] Schlesinger, *Age of Roosevelt* 3, 218.
- [****] 브랜다이스는 1935년 당시 79세였다. 그는 자신이 토머스 제퍼슨(Thomas Jefferson)과 우드로 윌슨(Woodrow Wilson)(브랜다이스는 그의 조언자였다)의 전통에 있다고 주장했다. 집중은 미국의 전통적인 민주적 가치에 대한 위험이며, "소단위"(small unit)로 돌아가야 한다는 것이 그의 주장이었다. 그는 젊은 추종자들 사이에서 상당한 지지를 받았다.
- [*****] Schlesinger, *Age of Roosevelt* 3, 398.

루어졌던 '시장 메커니즘'에 대한 문제 제기에는 명확한 한계가 있었다
는 것을 시사한다.

관세 이외에도, 전후에 실시된 반독점 정책들은 대공황에 대응하기
위해 실시되었던 도구들 가운데서도 흥미로운 사례일 뿐만 아니라, 비록
완화된 형태였기는 하지만, 제2차 세계대전 이후에도 다소 유지될 수 있
었다.

다양한 정책들과 적자

1930년대와 1940년대에 분명히 어떤 역할을 하긴 했지만, 재정적자는
(2009년 상황과는 대조적으로) 위기에 대처하기 위한 주요 도구로 고려되지
않았다는 점을 상기하는 것이 중요하다.

후버 행정부는 이미 공공 정책을 통해 고용을 지원하거나 실업에 대
한 대책을 내놓는 등의 긴급 정책을 시행했으나, 수요 촉진 정책을 시행
하지는 않았다.[5] 그와 같은 관점은 루스벨트의 정책에서도 유지되었다.[6]
(1932년과 1942년 사이에, 실업자들을 대상으로 한 공공 근로 구제 계획의 일환이
자 아마도 뉴딜에서 가장 대중적 수단 가운데 하나였던 민간자원보전단Civilian Con-
servation Corps의 창설을 상기해 볼 수 있다.)

'경기 부양'을 위해 기간 시설과 다양한 건축물들이 만들어졌지만, 그

5_스타인은 다음과 같이 말한다. "모든 정부 영역 — 연방, 주, 지방 — 에서 이루어진 재정 정책의
수요 촉진 효과는 1930년대 어느 해보다 1931년에 가장 컸다." H. Stein, *The Fiscal Revolu-
tion in America* (Chicago: University of Chicago Press, 1969), 26.

6_같은 책, p. 117.

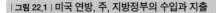

| 그림 22.1 | 미국 연방, 주, 지방정부의 수입과 지출

단위: GDP 대비 %, 연간

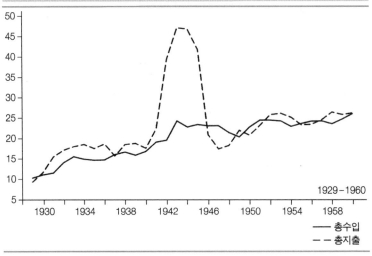

1929-1960

—— 총수입
‑ ‑ 총지출

이상의 수요 정책은 없었다. 그다지 크지 않은 적자가 발생했지만, 루스벨트는 반기지 않았다. 하지만 이런 적자는 자동 안전화 장치built-in stabilizers(경기변동을 완화하기 위한 정부 지출의 관성)가 작동하면서 피할 수 없었던 것이었다. 1937년 산출 수축 기간 동안, 지출이 삭감되었다. 루스벨트 대통령은 입장이 모호하긴 했지만, 이 불운한 실험 이후에야 적자에 대해 더욱 관대한 입장을 견지하게 되었다.[7]

〈그림 22.1〉은 GDP 대비 (연방, 주 및 지방) 정부 수입과 지출 비율을 나타낸 것이다. 이 두 지표 사이의 거리를 통해 예산 균형 수준을 가늠할 수 있다. 뉴딜 이전의 대공황 기간 동안 수입과 지출 모두 매우 증가하지

7_같은 책, pp. 99-100.

만, 대공황의 심각한 성격을 고려하면 적자는 제한적이었음을 관찰할 수 있다. 전반적으로 볼 때, 1930년대와 1940년대의 프로그램들은 전후 수요 정책을 예견하는 것으로 해석될 수 있지만, 거시 경제의 안정을 목적으로 한 주요하고 의도적인 움직임이라고 볼 수는 없다. 그림은 전후 경제 구성체의 주요 특징으로서 정부 수입과 지출(정부의 경제적 규모)의 상승 경향을 나타낸다. 1929년 정부 수입은 GDP 대비 7%였다. 1952년에는 이것이 26%에 달했다(2008년에는 35%).

제2차 세계대전 기간 동안 엄청난 적자가 발생했다. 적자는 케인스주의 시기 동안 제한적이었으나, 결국 1990년대 후반부를 제외한 신자유주의 시기 동안 증가했다(〈그림 19.4〉). 정통 신자유주의 재정 원칙들을 고려한다면, 이는 역설적이라고 볼 수 있지만, 상위 소득 계층에 대한 감세와 높은 이자율을 지급하는 재무부 채권을 통해 가장 부유한 계층에 유리한 정책이 적자를 발생시킨 것이었다.

전후 30년간의 케인스주의 시기를 거친 이후, [정부와 관련 기관들이] 이번 위기에 대응하는 과정을 보면, 그들이 대공황으로부터 여러모로 교훈을 얻고 있다는 점을 알 수 있다. 연준이 금융 부문에 제공한 지원을 통해 전체적인 붕괴를 피하긴 했지만, 신용경색과 거시 경제의 수축을 피할 수는 없었다. 순수 케인스주의적 관점에서, 적자를 통해 수요를 직접 자극하는 것으로 강조점이 이동했다. 산출 수축 시기에는 수입보다 훨씬 많은 대규모의 지출이 필요로 한다는 것이 명확히 이해되었다. 이것이 오바마 대통령의 지출 계획이 의미하는 것이다. 이에 따라, 2009년 적자 규모는 필연적으로 가계와 비금융 기업들의 대출 축소 규모(2007년 2/4분기에서 2008년 4/4분기 사이에 GDP의 -14%)와 유사하게 되어 있다. 하지만 지출 총액이 수축을 멈추고 성장을 회복하는 데 충분할 것인지는 확실하지 않다.

제2차 세계대전 이후의 거시 정책들

적절한 케인스주의적 거시 정책의 틀이 전후에 실행되었다. 민간 기업이 생산과 교역에서 주도적인 역할을 하지만, 거시 정책은 연준과 중앙 기관들에 의해 시행된다는 것이 이런 틀의 주요 골자다. 즉 〈반독점법〉을 통해 어느 정도 완화된 시장 메커니즘을 내세운 것이었다. 케인스주의적인 거시 정책들은 불황 시기에 대규모 적자를 사용하는 것보다는 화폐 및 재정 정책을 통해 거시 경제 메커니즘을 지속적으로 관리하는 것을 의미했다.[8]

1946년 〈고용법〉은 새로운 경향을 표명하는 것으로, 이는 노동과의 새로운 관계를 반향하는 것이었다. 이 법은 케인스주의 경제학 노선을 따라서 완전고용의 유지를 연방정부의 책임으로 규정했다(이 법은 또한 경제자문위원회의 창설을 규정했다). 핵심은 거시 경제의 안정화뿐만 아니라 정부의 임무, 즉 정치적 책임을 규정한 것이었다.

국제적인 요소는 전쟁 말기에 브레턴우즈에서 만들어졌다. 주요 내용은 자본의 국제적 유동성을 제한하는 고정환율제와 일시적으로 국제적 통화 준비금 부족 사태에 처한 국가들을 돕기 위해 IMF를 창설하는

8_"화폐 및 재정 정책"이라는 구절이 확립되어 있던 것은 아니지만, 케인스의 기본적 정책 틀은 이미 1933년에 정의되었다. M. Keynes, "The Means to Prosperity" (1933), *The Collected Writings of John Maynard Keynes* (London: Macmillan, St. Martin's Press for the Royal Economic Society, 1972), 335-366.

것이었다(9장). 그럼에도 불구하고, 미국은 항상 IMF의 역할을 제한하고 자신의 지배력, 특히 달러의 우위를 확보하기 위해 싸웠다.

일국적 수준에서 화폐 정책의 틀이 국가별로 확립되어 있기 때문에, 현 위기의 상황은 전간기에 만연했던 상황과는 다르다. 하지만 세계경제를 고려했을 때, 안정화 메커니즘이 그때와 마찬가지로 부족하다는 점을 알 수 있다. IMF의 조치는 확실히 무시할 만한 것은 아니지만, 전 세계적인 금융 위기는 현재까지 IMF의 능력이 세계경제 안정화에 필수적인 조건들에 들어맞지 않았음을 보여 주었다. 신자유주의적 세계화가 거시 정책에 미치는 고유한 영향력은 심각한 문제를 야기한다.

금융 부문을 안정화하고 길들이는 것

대공황이라는 상황 속에서 금융 부문에 대한 조치로 행해진 다양한 정책들을 살펴봄으로써 우리는 뉴딜이 무엇을 남겼는지 확인할 수 있다.

먼저 (루스벨트 대통령 취임 4일 이후인) 1933년 3월 9일 〈긴급은행법〉 Emergency Banking Act이 실행되었다. 이 법을 통해 연방 차원에서 '은행 휴업'이 실행되었으며, 은행에 대한 감독이 이루어지고, 활동 재개 여부가 결정되었다(이에 따르라, 은행의 3분의 2만 비교적 빠른 시일 내에 업무를 재개할 수 있었다). 이런 극적인 조치 이후, 대대적인 규제 구조의 실행과 FDIC의 설립이 뒤따랐다. 이런 조치들은 금융 부문을 안정화하기 위한 것이었는데, 특히 예금 기관들에 대한 것이었다. 이와 관련해 가장 유명한 것이 〈글래스-스티걸법〉이었다. 이 법은 투기를 제한하고 예금에 대한 이자율 상한regulation q을 규정하는 것이었다. 투자은행과 상업은행의 분리는 〈글래스-스티걸법〉의 핵심 내용이었다. 1933년 증권법과 1934년

〈증권거래법〉Securities Exchange Act은 증권 발행과 증식 시장secondary trading
을 규제했다. 여기에 1934년 중개-판매인에 대한 규제를 덧붙일 수 있다.

다른 장치들은 어려움에 직면한 담보 대출자들에 대한 지원과 신규
대출의 자극을 목적으로 했다. 첫 번째 입법례는 1933년 6월에 통과된
〈주택융자지원법〉Homeowners Refiancing Act이었고, 1934년 연방주택청FHA
과 연방저축대부조합보험공사FSLIC를 창설시킨 1934년 〈국가주택법〉
National Housing Act에 의해 보강되었다. 1937년 주택법이 뒤따랐다. 페니메
이가 정부 기관으로 1938년에 설립되었다. 금융 메커니즘에 대한 이런
새로운 접근에 1935년 〈세입법〉Revenue Act을 덧붙일 수 있다. 이 법은 고
수입, 지대, 기업에 대한 세금을 증가시키는 것으로, "부자 짜내기"Soak the
rich 세금으로도 알려졌다.[9]

뉴딜의 규제 구조는 제2차 세계대전까지 살아남았다. 그래서 이 구
조는 전후 시기부터 신자유주의 시기까지 지속된 미국 경제의 중요한 모
습, 즉 금리 제한이라는 한 축을 규정했다. 1980년대 신자유주의의 최우
선 목적 가운데 하나가 이런 제한을 제거하는 것이라는 사실은 놀랄 만
한 일이 아니다. 그러나 그와 같은 과제를 수행하는 데에는 20년 이상이
소요되었다(9장).

현재의 위기는 명백히 재규제로 이어질 것이다. 서브프라임 대출, 증
권화, OBSE 및 파생 시장의 존재가 문제시된다. 2009년 2월 4일 상원은
행위원회 증언에서 폴 볼커(전임 연준 의장이자 오바마 대통령의 경제회복자

9_J. A. Henretta & D. Brody & L. Duménil & S. Ware, *America's History*, vol. 2, *since 1865*
(Boston: Bedford/St. Martin's, 2004).

문위원회 위원)는 미국 금융 부문에 대한 새로운 규제와 감독 틀의 윤곽을 제시했다. 첫 번째 모습은 위기 이전에 지위가 모호했던 페니메이와 프레디맥을 정부 기관으로 변형시키는 것이었다(13장)(이것은 실제로 1970년 이전 상황으로 되돌아가는 것을 의미한다). 두 번째로 볼커는 헤지펀드와 사모펀드의 등록과 정기적인 보고서 제출을 제시했다. 거대 금융 기업과 관련해, 그는 "고도의 그리고 공통적인 국제 기준에 맞는, 특히 세밀한 규제와 감독"을 주장했고, 아마도 연준의 일부가 될 초규제 기관의 창설을 지적했다. 2009년 2월 20일 또 다른 공표에서 볼커는 (CDO나 CDS와 같은) 수많은 새로운 수단들에 대한 즉각적인 억제를 언급했는데, 이는 신자유수의 이후에 나타날 금융의 운명을 제시하는 것이었다.

노동관계

뉴딜 기간 동안 취해진 조치들은 규제 및 정책 이상의 의미를 가진다. 명실상부하게 대통령 측에서 나온, 노동에 대한 행정부의 새로운 태도는, 최소한 첫 번째 위기의 형세에서, 민중 계급과의 좀 더 광범위하고 새로운 관계(6장에서 언급한 좌파적 타협)의 기반을 형성했다. 이와 같은 입법에, 노동자들의 구매력에 대한 루스벨트 대통령의 꾸준한 관심이 있었다는 점을 추가할 수 있다.

제2차 세계대전 이전에 나타난 노동에 대한 새로운 태도의 사회적 기반이라는 쟁점은 여전히 논쟁적이다. 대기업은 타협에 호의적이었는가 아니면 강하게 반대했는가? 새로운 경로는 일반적으로는 기업, 특히 금융 부문에 맞서서 관료와 노동자들이 동맹한 형태로 해석할 수 있는가?

한 가지는 분명하다. 20세기 초는 전 세계적으로 노동운동이 성장하고 있는 과정이었으며, 미국에서도 계급 대립이 강화되던 시기였고, 1900년에는 미국사회당이 창립되었다. 대규모 파업과 1914년 4월 유명한 러들로Ludlow 학살 및 1913년 미국 노동부와 산업관계위원회CFI 설립을 덧붙일 수 있다.[10] 제임스 웨인스틴에 따르면, 이런 상황은 대기업 분파가 최저임금, 노동자들에 대한 보상, 산업보험, 사회보장(입법 없이 자선 체계처럼)과 같은 노동에 대한 양보에 호의적인 새로운 태도를 취하도록 이끌었다(전국시민연합NCF에서처럼). 그런 경향이 존재했다고 해서 제1차 세계대전 시기에 애국주의의 이름으로 행해진 노동운동에 대한 강력한 억압을 부정할 수는 없다. 수천 명의 사회주의자들과 급진파들이 〈방첩법〉Espionage Act에 의해 유죄 판정을 받고 구금되었다. 1920년대에 노동자들의 조직 능력은 〈반독점법〉에 의해 제한되었다. 대공황 시기였던, 1933년과 1934년에는 수많은 도시에서의 총파업과 공장점거 등 새로운 파업 흐름이 전개되었다.

노동과 자본 사이의 관계와 관련해, 뉴딜 시기의 주요 입법으로는 1935년 7월에 통과된 〈전국노동관계법〉(일명 〈와그너법〉)이 있었다. 이

10_제임스 웨인스틴은 1913~14년 콜로라도 석탄 파업의 이야기를 다음과 같이 말하고 있다. "양측의 파업 전략은 전쟁 준비와 유사하다. CFI의 지도 아래서 보안관들은 주 바깥에서 많은 호위대와 대리인들을 모집했다. 그들은 무장하고 있었고, 회사로부터 보수를 받았다. 채광 시설 주위의 참호 속에 배치되었고, 거대한 탐조등 및 기관총으로 무장했다. …… 직접적인 폭력이 자행되었으며 긴장감도 증가했다. 회사와 보안관들이 저지른 살인에 보복하려는 노조가 있었다. 개별적인 살인 행위는 이내 수백의 파업 노동자들과 구사대들이 연루된 격전으로 전개되었다. 광부들은 게릴라 전투를 광범위하게 전개했다." J. Weinstein, *The Corporate Ideal in the Liberal State*, 1900-1918 (Boston: Beacon Press, 1968), 193. "파업 노동자들과 구사대 사이의 충돌은 러들로 텐트 거주지에서 일어난 격전에서 절정에 다다랐다. 불타는 텐트 안에 갇혀 있던 두 명의 여자와 11명의 어린이가 살해당했다"(같은 책, p. 194).

법은 위헌으로 판결되었던 수많은 조치들을 NRA를 매개로 하여 재도입하는 것이었다(이 법은, 비록 모든 부문은 아니었지만, 대부분의 민간 부문에 영향을 미쳤다). 법은 노동조합 조직, 임금 협상 및 파업에 관한 노동자들의 권리를 보호했다. 또한 최저임금, 최장 노동시간을 규정했고, 전국노동관계위원회NLRB를 설치했다. 예상되는 바대로, 기업들은 "자유 시장"이라는 이름으로 이와 같은 입법 과정에 강력히 반대했다. 그럼에도 불구하고 1938년 〈공정노동기준법〉 Fair Labor Standards Act에 의해 보충되었는데, 이 법의 내용은 초과 노동에 대한 최저임금의 비율을 임금 1.5배로 규정하고, 아동노동 또한 규제하는 것이었다.

1935년 8월 〈사회보장법〉 Social Security Act과 같은 복지 정책들이 덧붙여졌다. 복지 정책의 목적은 퇴직자, 실업자 및 그 가족들을 지원하고 이들에게 의료 서비스를 제공하는 것이었다(모든 사회 범주가 포함되는 것은 아니었는데, 특히 여성과 상당수 미국 흑인들이 그러했다). 이 정책들은 기본적으로 제2차 세계대전 이후에도 유지되었는데, 특히 사회보장 정책은 2000년 기준으로 여전히 65세 이상 인구의 소득 가운데서 30%를 제공하고 있다.[11]

친노동입법은 제2차 세계대전 말까지 지속되었다. 그럼에도 불구하고, 이와 같은 입법의 효과를 제한하기 위한 지속적인 시도 역시 이루어졌다. 대규모 파업 물결이 1946년에 새롭게 발생했다. 〈노사관계법〉, 즉 〈태프트-하틀리법〉 Taft-Hartley Act은 상당수 민주당 의원들이 협력함에

11_G. Duménil & D. Lévy, "Neoliberal Income Trends: Wealth, Class and Ownership in the USA," *New Left Review* 30 (2004), 105-133.

따라, 해리 트루먼Harry S. Truman 대통령의 거부에도 불구하고, 1947년 6월에 통과되었다. 이 법은 노동자 운동의 중요한 걸림돌로 작용했다. 이 법은 〈와그너법〉을 수정했는데, 특히 노동자들의 '불공정 쟁의행위'에 대해 규정했다.

12년의 시차를 두고 나타난 〈와그너법〉과 〈태프트-하틀리법〉은 전후 타협이 형성되는 과정 전반을 전형적으로 보여 준다. 극단적인 대공황 상황에서, 루스벨트 대통령은 금융, 대기업, 그리고 공산주의와 파시즘이라는 이중의 위협에 맞서서, 장래의 사회질서의 기초가 될 노동에 대한 우호적 태도를 견지했다. 전쟁 이후 상당한 조정 과정이 있었지만 복지 구조와 노동에 호의적인 다수의 입법은 전후 초기까지 지속되었다.

대공황의 결과에 대한 이와 같은 교훈은 현재의 위기가 가한 충격을 논함에 있어서도 명심해야만 한다. 위기로 말미암아 민중 계급은 많은 것을 획득할 수 있지만, 그와 같은 성과들은 보존하기 위한 적극적인 노력이 있어야만 할 것이다.

전시경제

전시경제에서 이루어진 정부의 직접적인 개입은 중앙 기관들이 엄청난 적자를 동반하면서(〈그림 22.1〉) 어떻게 경제적 사안들에 개입하는지 알 수 있는 좋은 사례다. 전시경제는 정부가 스스로 수요를 촉진하고, 생산을 직접 조직하며, 가격 및 임금에 대한 통제와 같은 적극적인 거시 정책을 수립하고, 생산 증가를 목적으로 장비와 기간 시설 투자에 직접 개입하는 것을 의미했다.

1943~45년에 이르는 3년 동안 군비 지출은 GDP 대비 약 40%에 달

했다. 1943년에 전체 기업 투자의 60%를 정부가 조달했고, 민간 부문은 경영을 담당했다. 이런 투자는 "정부 소유 민간 운영"government owned and privately operated, GOPO이라고 알려져 있다.[12] 제2차 세계대전 이후, 관련 자산들은 경영을 맡았던 기업에 매우 낮은 가격으로 팔렸고, 정부는 더는 직접 개입하지 않았다. 이런 투자는 전후 경제의 주요 구성 요소인 알루미늄과 고무와 같은 기본 산업 발전에서 중심적인 역할을 했다.

1942년 1월 루스벨트 대통령은 생산에 차질을 빚는 노사 분쟁을 중재하기 위한 전국전시노동위원회National War Labor Board, NWLB를 창설했다. 1945년까지 활동한 이 위원회는 임금과 가격을 통제했다. 위원회 결정은 더 낮은 임금을 선호했고, 관리자들의 임금을 실질적으로 동결하면서 진행되었다.[13] 이런 정책은 5장에서 논의된 임금 불평등의 극적 감소를 설명해 준다.[14] 하지만 더욱 흥미로운 점은, 제2차 세계대전 이후에도 그와 같은 소득 형태가 유지되었다는 점으로, 이와 같은 소득 형태는 매우 점진적으로 역전되었다(〈그림 5.1〉).

12_R. J. Gordon, "$45 Billion of U.S. private Investment Has Been Misleaid," *American Economic Review* 59, no. 3 (1969), 221-238.

13_W. Lewellen, "Executive Compensation in Large Industrial Corporations" (Working paper, National Bureau of Economic Research, 1968).

14_T. Piketty & E. Saez, "Income Inequality in the United States, 1913-1998," *Quarterly Journal of Economics* 118, no. 1 (2003), 1-39.

제2차 세계대전 종결 이후 "온건 자본주의"

1930년대와 1940년대라는 온건 자본주의 초기의 관점에서 전후 자본주의를 관찰해 본다면, 그 주요 특징은 다음과 같다. 민간 기업들이 투자, 산출 및 가격을 결정하는 시장이 존재하지만, 국가도 상당한 역할을 하고 있으며, 금융 부문은 규제된다. 자유무역과 자본의 자유로운 이동은 극도로 제한되었다. 거시 경제에 대한 통제는 중앙 기관의 수중에 있다. 노동의 조직화 권리가 어느 정도는 보장된다. 임금 집중, 더 일반적으로는 상위 소득 계층으로의 소득의 집중은 축소되었다. 배당으로 지불되는 이윤 부분이 제한되고 증권시장은 완만하게 성장한다. 일정 수준의 복지가 보장된다.

산출 축소를 조정하는 수준을 넘어, 미국 경제 및 사회가 일반적으로 이런 변형을 완성하는 데에는 대공황과 전쟁이라는 약 15년의 기간이 걸렸다. 강력한 정치적 지도력과 노동운동의 필사적 노력이 낙관적인 시나리오 속에서 전개될 이후의 시기를 만들어 내는 데 필수적이었다.

| 제 9 부 |

새로운 사회질서와 글로벌 질서

위기 이후의 경제와 정치

신용(연준의 금융 부문에 대한 대출과 증권 구매)과 정부 지출은 위기(채무불이행, 파산, 산출 축소) 및 그것의 악화를 피하기 위한 첫 번째 수단이었다. 위기의 주원인을 치유하는 것이 더 기본적일 뿐만 아니라, 시급히 실행되어야 할 과제였다. 그것은 금융화, 축적, 불균형, 그리고 세계화가 상호작용하면서 발생한 일이었다. 만약 그와 같은 조정이 실현되지 않는다면, 실질적인 회복이 아닌 일시적인 회복만 존재할 것이다. 위기로 인해 미국의 국제적 헤게모니가 심각한 위협을 받았다. 소비에트의 몰락 이후, 단일국가가 세계를 지배했지만 현재는 새로운 시기가 개방되었다. 국제적 역관계power relation의 새로운 네트워크가 이미 형성되고 있다.

앞으로 수십 년간 진행될 역사적 과정은 이와 같은 요소들의 복잡한 상호작용 속에서 규정될 것이며, 이와 같은 요소들이 미국 거시 경제의 조정 및 미국 헤게모니의 지속성을 좌우할 것이다. 하지만 긴급한 수정(금융 규제 및 미국 거시 궤도의 수정)이 요구된다는 것만으로 전환이 이루어질 것이라는 점을 보증하지는 않는다. 만약 그와 같은 전환이 이루어진다고 해도, 그것의 성공 여부를 미리 규정하는 것은 불가능하다.

엄청난 규모의 위험이 도사리고 있다(23장). '민족적national 요소' — 미국 헤게모니에 유지에 대한 관심 — 가 결정적 역할을 할 것이다(24장). 여기에 우리는 정치적 규정 요소를 추가할 수 있는데, 이는 상위 계급들 사이의, [또한] 상위 계급들과 민중 계급들 사이의 경쟁과 협력을 의미한다. 이런 대립의 결과는 단기간에는 아니지만, 신자유주의 이후 관리주의적 추세를 강화하는 새로운 사회질서의 수립으로 이어질 것이다. 우리는 다극화된 세계, 즉 새로운 대서양-

아시아적인 양극적 틀 내에서 국제적 관계들의 재형성을 기대할 수 있다(25장).

　　제9부에서는 지배적인 역사적 추세와 위기의 충격으로 인해 나타날지 모르는 사회의 본질에 대해 논의한다는 점을 이해할 필요가 있다. 정부는 어떤 종류의 개혁 — 현재의 상황을 조정하는 우파적이거나 좌파적인 — 을 수행할 것인가? 어떤 종류의 새로운 국제적 위계 관계가 지배적이게 될 것인가? 앞으로 다가올 세계에 대해 정의하는 것과 좀 더 바람직하다고 판단될 수 있는 세계를 기약하는 것을 혼동해서는 안 될 것이다.

23

경제적 필요조건

위기의 원인들을 검토하고, 현재와 같은 막다른 궁지로 이어진 일련의 사건들이 반복되지 않도록 하는 것이 바로 위기 이후의 국내적·국제적인 대안적 시나리오를 쓰는 첫 번째 단계일 것이다. 예를 들어, 다른 메커니즘과 독립적으로 금융화 추세만을 고려한다면, 금융 안정성에 기여할 수 있는 새로운 규제들이 필수적이다. 이 장에서 채택하고 있는 직접적인 관점 역시 바로 이것이다. 이와 같은 상황을 극복하기 위해 정부가 취할 수 있는 온건하거나 혹은, 좀 더 급진적일 수 있는 광범위한 스펙트럼이 존재하고 있다.

〈도표 2.1〉에서 우리는 위기로 이어지는 두 가지 결정 요소들의 집합을 구별했다. 위의 화살표는 금융화 및 세계화와 결합돼, 상위 계급 일부의 고소득 추구를 강조하고 있다. 두 번째 결정 요소의 집합은 도표의 아랫부분에 있는데, 그것은 하락 추세의 축적과 누적적 불균형들이라는 미국 경제의 궤도다. 아래 두 개의 절에서는, 이와 같은 금융 및 거시적

메커니즘을 다룰 것이다. 세 번째 절에서는 달러 위기의 발생 가능성, 즉 현 위기의 상황을 급진적으로 전환시킬 수도 있는 전개 과정을 논의한다. 마지막 절에서는 신자유주의적 세계화에 대해 논한다.

금융 부문의 재건

고소득의 추구로 표현되는, 가장 대담한(위험한) 형태의 신자유주의적 실천은 금융기관 내에서 이루어졌고, 이 부문에서 극단적으로 표현되었다. 그럼에도, 신자유주의 기간 동안에는 이 같은 팽창과 관련된 위험에 대해서는 그다지 신경을 쓰지 않았다. 위기가 발생함에 따라 금융 부문은 황폐화되었고, 경제 전반은 불안정해졌다. 따라서 앞으로 몇 년과 몇십 년 동안의 의제는 국내적·국제적으로 지속 가능한 조건 아래서 금융 부문을 재건하는 것이 될 것이다.

온건한 비판과 금융 집단들에서 나오는 자기비판의 지점들을 살펴보면 다음과 같다. 네 가지 유형의 메커니즘이 고려된다. (1) 투명성의 증가, (2) 잠재적 위험의 최소화, (3) 부채에 대한 통제, (4) 고소득 절제 등이다. 이런 측면에서 보면 이 네 가지 메커니즘이 실제로 함의하고 있는 내용들을 어느 정도까지 수용할 것인지의 문제만 존재할 뿐이다. 스펙트럼의 또 다른 극단에서 보면, 훨씬 더 급진적인 전환을 꾀하는 의견을 접할 수 있는데, (5) 비금융적 축적에 우호적이도록 실물경제와 금융 부문의 새로운 관계를 수립해야 한다는 의견이 바로 그것이다. 실물경제에 봉사하는 금융 부문은, 이런 영역들 속에서 무제한적으로 추구되는 고소득과는 충돌하는, 또 다른 성격의 금융 부문이다. (6) 글로벌 경제 수준에서 안정화 장치가 부족하다는 것이 마지막 문제다.

1. **투명성**. 매우 자주 언급되는 수단이 바로 정보를 증가시키는 것이다. 투명성 부족이 현재의 위기에서 명백히 중요한 역할을 했고, 따라서 이를 바로잡아야만 한다. 하지만 이와 같은 수정은 제도적 함의를 갖는다. 구조적 재배치 없는 투명성에 대한 언급은 기껏해야 신화에 지나지 않으며, 사실상 프로파간다일 뿐이다. OBSE를 통한 '외부화'는 금융기관의 실제 상황을 은폐했고, 바젤 협약의 자본 비율(〈상자 9.4〉)을 유명무실하게 만들었다. 고의적으로 정보를 차단하고 있는 조세 천국과 같은 역외 센터[1]의 문제도 마찬가지다. 장외거래는 금지되어야만 한다. 게다가 모든 금융기관은 정보에 관한 한 동일한 규칙, 그리고 좀 더 일반적으로 동일한 유형의 규제를 따라야만 한다. 헤지펀드, 사모투자전문회사 등은 일반 기업과 마찬가지로 증권거래위원회SEC의 요구 조건을 충족시켜야만 한다.

2. **위험의 제한**. 위기의 또 다른 주요 요소는 금융기관의 위험한 운용 방식이 증가했다는 점과 관련되어 있는데, 이는 흔히 금융 혁신의 결과로 언급된다. 그와 같은 혁신 과정에 대한 적절한 규제가 존재해야만 했다는 것이 일반적인 의견이다. 하지만 여기서도 역시 구조적 개혁이 반드시 필요하다. 우리는 먼저 예금 관리와 투자 은행업의 위험한 활동을 분리하려고 했던 뉴딜의 〈글래스-스티걸법〉을 생각해 볼 수 있다. 위기가 발생했다는 사실은 상업은행과 투자은행 사이의 경계가 필수적이며, 전통적인 보험과는 다른 의미를 지니는 금융 상품 자체에 대한 보험으로 확장되어야 함을 보여주고 있다. 가계가 초래할 수 있는 위험을 제한하

1_ 역외 센터와 OBSE는 별개의 실체로 나타나기도 하지만 그런 분리를 납득하기는 어렵다.

기 위해, 강력한 억제 수단이 존재하거나 부실 대출을 통제해야만 한다. 그와 같은 제한을 가해야 하는 대상은 너무나 많다. 여기에는 서브프라임 대출(다른 나라에서는 불가능했던)에서부터 거치식interest only, 네거티브 주택담보대출negative amortization[또는 역상각 방식 주택담보대출],[2] ARM 등과 같은 새로운 방식의 주택담보대출까지 포함된다. 이와 같은 규제가 실행된다면, 여러 금융 분야가 의지하고 있는 이윤의 원천이 고갈될 것이다. 증권화와 ABS는 민간 발행자들이 운용하는 위험한 수단 가운데 또 다른 가장 유명한 사례다. 전체적인 피라미드식 구조가 MBS부터 CDO와 CDO-스퀘어[3]까지 원천적인 증권화의 기초 위에 세워졌다. 규제는 직접적 금지(특히 가장 복잡한 수단들과 관련한)에서부터 정부기관 및 정부에 의해 직간접적으로 통제되고 있는 기관까지 포함해야 한다.

만약 '보호'(원자재 가격 변동 또는 채무불이행에 대한 보험의 형태로서)라는 애초의 개념에서 이루어지는 헤징 활동이 현대자본주의 메커니즘의 논리 속에서 경제적으로 정당화될 수 있다면, 파생상품시장은 그런 본래의 목적과는 상당히 거리가 있는 투기를 목적으로 한 시장이었다. 이런 메커니즘 가운데 일부는 규제될 수 있고, 특히 장외거래 시장과 같은 일부는 폐지될 수도 있다. 구조화투자회사SIV에서 이루어지는 것처럼 이자율 격차를 활용한 재정거래는 또 다른 고위험 메커니즘을 광범위하게 나타내고 있다. 바로 그것들은 장단기 증권들 사이의 이자율 격차와 같은,

---

2_[옮긴이] 금리 변동이 발생했을 경우, 금리 변동 차액을 원금에 더해 갚아야 하는 주택담보대출 방식이다. 갚으면 갚을수록 원금이 늘어날 수 있다. 앞서 간단히 설명된 바 있다.

3_[옮긴이] 부채담보부증권 풀을 바탕으로 한 이차적 형태의 부채담보부증권으로 CDO^{2}로 표시되기도 한다.

끊임없이 나타나는 금융 메커니즘의 이질적 특성을 활용했다. 이는 OBSE를 제거해야 하는 또 다른 이유라 할 수 있다.

3. **금융 부문의 부채에 대한 통제.** 레버리지에 대한 제한이 또 다른 중요한 문제다. 위기를 통해 바젤 협약의 자기 규율이 효과적이지 못했음이 드러났다. 헤지펀드, 사모투자전문회사, 패밀리오피스 등의 차입을 제한하는 조치가 긴급히 요구된다. 규제 외에도 잠재적 정책 요소가 존재한다. 화폐 정책은 가계 및 비금융 기업에 대한 대출이라는 금융 메커니즘 가운데 한 범주에 대한 통제만을 꾀한다. 이런 대출이 수요, 생산, 투자에 영향을 미치기 때문이다. 증권화, 보험, 파생상품시장, 레버리지 등과 같은 부채 전체에 대한 통제를 목표로 하는 정책 도구는 존재하지 않는다. 그런 것들이 긴급히 요구된다.

4. **고소득과 회계 절차에 대한 제한.** 이미 9장에서, 무제한적인 고소득 추구에 따르는 고유한 위험을 지적한 바 있다. 이런 활동으로 인해 무분별한 팽창, 위험한 혁신, 위장과 가공적 잉여의 생산이 횡횡했다. 시가 회계를 통해 자본이득과 이윤이 과대평가되며, 기업의 자기자본을 침해하는 거대한 소득 지불을 정당화되기도 한다. 상위 관리자 및 트레이더들의 보너스와 스톡옵션과 같은 보수 양식이 이와 직접적으로 연관되어 있으며, 손실 보고를 위장하고 연기하는 직접적 유인도 이와 관련되어 있다고 생각할 수 있다(네거티브 스톡옵션 또는 보너스는 존재하지 않는다).

5. **실물경제에 봉사하는 금융 부문.** 위기로 인해 은행과 비금융 기업들 사이의 관계가 문제시되고 있다. 미국의 거시 경제 궤도를 강화할 수 있는 조치들과 관련해, 우리는 금융 부문의 이윤 극대화가 비금융 기업의 강력한 축적 동역학 유지와 양립할 수 있는지 질문할 수 있다. 신자유주의적 추세는 정반대의 것을 보여 주었다. 10장에서 이루어진 직접적

인 관찰에 따르면 지불된 소득은 축적에 대한 자금조달 과정에서 비금융기업에 도움이 되는 자본 흐름을 만들어 내지 못했다. 자사주 매입 활동 속에서 네거티브 축적 과정이 나타났다(4장). 중앙 금융기관(예를 들어 채무불이행에 대한 보험과 같은 위험 분야에서 활동하거나 증권화를 관리하는 정부 기관들)의 개입은 경제 발전을 향해 재조정되는 금융 부문의 중심적 요소가 될 것이다.

6. 글로벌 금융에 대한 글로벌 통제. 앞서 나열한 메커니즘 모두에 고유한 국제적 측면이 명백히 존재하고 있다. 신자유주의에서는 전 지구적인 자본 유통의 완전한 자유가 보장되었다. ABS는 아무런 규제 없이 국제적으로 판매되었다. 많은 관련 기업과 수단이 조세 천국에 자리를 잡았다. 재정거래와 같은 활동이 캐리트레이드에서 확인할 수 있는 것처럼 국제적으로 실행되었을 때, 위험은 글로벌한 성격을 띠게 되었다. 위기로 인해 만들어진 새로운 맥락 속에서, 자본 운동에 대한 통제와 글로벌 규제 권한이 국제기구에 부여되어야만 한다.

미국 경제 궤도의 강화

위기의 두 번째 요소들은 미국의 국내 축적 추세가 회복되어야 한다는 점을 지적하고 있다. 바로 이것이 미국의 성장 능력을 좌우한다. 미국 경제의 대외 자금조달에 대한 종속성의 증가와 가계 부채가 도달한 지속 불가능성이, 특히 달러 환율을 위협할 수 있는 '부채'적 구성 요소라는 점에서, 미국의 경제 궤도에 영향을 주고 있는 문제들이라 할 수 있다. 이런 대내외적 부채는 동전의 양면이며, 이를 동시에 억제해야만 한다(11장). 그런 과업을 달성하기는 매우 어렵기 때문에, 실현되는 것이 거의 불가능하다고 평가할 수 있다.

1. 성장과 투자. 성장률이 회복되기 위해서는 탈축적이라는 신자유주의적 추세를 바꾸어 놓을 수 있는 기업지배구조의 전환이 요구된다. 관리의 새로운 목표는 생산적 투자여야만 한다. 이윤이 이런 목적으로 기업 내에 유보되어야 하고, 따라서 이자, 배당, 상위 임금 소득자 분파에 대한 고임금을 줄여야만 한다. 또 다른 통로는, 비금융 기업이 적정한 이자율로 차입할 수 있도록 함으로써 투자를 늘리도록 하는 것이다. 신주 발행 역시 또 다른 통로다. 그것은 자사주 매입 활동과는 완전히 다른 것이다. 국내 투자를 위한 이윤 유보를 지원하는 조세 모형도 이런 수정 과정에 기여할 수 있다.

2. 대외 적자 및 채무의 억제. 긴급히 요구되지만 어려운 또 다른 과업이 무역적자의 증가를 중지시키기 위해 생산 및 수요의 재영토화 조건을 만들어 내는 것이다. 경쟁력 강화, 무역 장벽의 수립, 소비의 제한, 낮은 달러 환율 또는 이런 메커니즘들의 조합이 확실히 요구된다.

이런 조정으로 가는 길에는 많은 장애물이 있다. 무역 장벽을 수립하려는 시도에 대한 다른 나라들의 보복 문제가 제기될 수 있다. 미국의 전 세계적 지배력은 초민족 기업들과 자본수출이라는 체계에 기초하고 있나. 보호수의는 경제적 제국으로서 미국의 위상에 심각한 문제를 야기할 수 있다. 명목임금이 유지된 가운데서 미국으로의 값싼 재화의 유입이 중단된다면, 이는 노동자의 구매력에 잠재적으로 상당한 영향을 미칠 것이고, 임금이 상승 방향으로 조정된다면, 기업의 수익성에 마찬가지의 영향을 미쳤을 것이다(〈그림 4.1〉의 가장 광범위한 의미의 이윤율 정의에 따르면, 미국에서 제조된 것보다 값싼 상품 ─ 소비 및 생산재 ─ 의 대규모 유입이 1970년대 이후 이윤율을 미미하게 상승시킨 요소였다). 최종적으로 달러의 하락 추세가 이 통화의 국제적 지위를 위협하는 위험한 전개 과정으로 나타날 수 있다. 잘 알려진 바와 같이 값싼 통화는 효율적인 해외투자 전략의 방해물이며 외국자본의 진출을 촉진할 수도 있다.

수입을 제한하고 수출을 촉진하는 방식은 미국 영토 내에서 효율적으로 생산할 수 있는 능력을 증가시키는 요인이 될 수 있다. 현재의 경제적 조건을 고려했을 때, 경쟁력을 증가시키기 위해서는 R&D에 대한 정부의 전폭적인 지원(비록 그것이 지난한 과정일지라도)이 필요할 것이다. 하지만 두 가지 추가적 문제가 존재한다. 첫 번째는 세계 다른 지역으로 생산의 많은 비중을 이전시키는 초민족 기업의 능력이며, 두 번째는 증가한 효율성을 바탕으로 동일 영역에 진입하고 있는 경쟁적 도전자들의 점진적인 증가다.

3. **국내 채무.** 11장에서 살펴본 바와 같이 만약 미국 경제의 전반적 궤도가 급속하게 역전되지 않는다면, 특히 미국이 성공적으로 대외 적자와 그에 상응하는 대외 자금조달을 축소시키지 못한다면, 국내 채무를 증가시키면서 정상적 가동률을 유지할 수밖에 없다. 수요를 촉진하기 위해 누가 차입할 수 있을 것인가? 가계와 정부가 두 잠재적 주체이다. 1982년과 1993년 사이에 그와 같은 '짐'을 진 것은 국가였다. 그 후 가계가 이어받았다(이는 〈그림 10.5〉을 통해 명확히 확인할 수 있다). 다음 단계는, 이미 진행되고 있지만, 국가가 다시 차입하기 시작한 것이다.

어느 쪽의 부채 상승이라도 문제가 발생하는데, 단기적으로 그와 같은 상황은 가계 대출과 관련된 신용경색과 정부 부채의 급격한 증가를 결합시킨다. 가계 차입을 통한 잠재적 수요 촉진은 특히 페니메이와 프레디맥과 같은 기관 및 금융 부문의 상황이 회복되고, 차입자들의 상환 능력이 회복되는 것을 가정하고 있다. 주택담보대출 호황 과정에서 우리

는 상환 능력 없는 사회계층의 채무 증가가 가계 부채의 상승으로 이어
졌다는 점을 확인했다. 이 집단은 현재, 그리고 상당 기간 동안, 과다 채
무 상태에 있다. 정부 부채와 관련해서, 문제는 잠재적인 대부 원천이 누
구냐다. 누가 빌려 줄 것인가? 세계 나머지 다른 지역? 중앙은행? 연준은
확실히 미국 정부에 대한 대출을 늘릴 수 있는 역량을 보유하고 있으며
(직접적이거나 재무부 증권을 구입할 은행 또는 기타 금융기관에 도움을 주면서),
이런 통로를 통한 새로운 정부 부채 증가가 이루어질 수 있음을 쉽게 예
상할 수 있다.

4. 화폐 정책. 최종적으로 연준이 거시 경제에 대한 실질적 통제력을
회복할 수 있는지와 관련된 문제가 있다. 9장과 14장에서 이야기한 것처
럼, 위기 이전 몇 년간 미국 화폐 통화 당국은 장기이자율을 통제할 수 있
는 능력을 상실했다. 세계화 경향(그 결과는 미국의 만연한 무역적자로 인해
더욱 배가되었다)이 그 원인이다. 이런 경향으로부터 어떻게 벗어나야 하
는가? 대출량에 대한 직접적인 양적 통제가 출구를 제공할까? 또는 지금
이야말로 글로벌 수준의 거시 관리를 착수할 시기인가? 갈 길이 멀다.

통화 위기? 정부 부채

2009년 시점에서 보면, 가장 큰 위협은 미국 경제의 불균형 축적이 달러
에 대한 잠재적 평가절하로 이어질지 여부다. 이 논의에 들어가기 앞서,
달러 환율의 장기적 양상을 검토할 필요가 있다.

〈그림 23.1〉의 변수는 연준의 두 개의 물가-조정 달러 지표다. 이는
주요 무역 상대국들의 통화에 대해 가중치를 부여한 달러 환율이다(가중
치는 미국의 수출 및 수입 비중을 반영했다). 주요 통화 지표는 미국 바깥에서

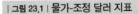# 그림 23.1 | 물가-조정 달러 지표

단위: 1973년=100, 월간

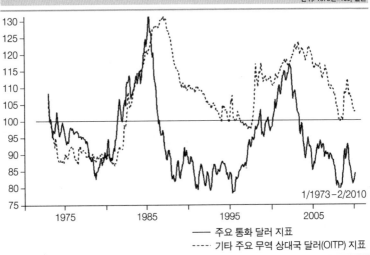

1/1973-2/2010

—— 주요 통화 달러 지표
---- 기타 주요 무역 상대국 달러(OITP) 지표

광범위하게 통용되고 있는 일곱 개의 통화를 의미한다.[4] 반면 '기타 주요
무역 상대국'OITP 지표는 기타 통화들의 부분집합에 의해 규정된다.

　명확한 역사적 추세가 나타나지는 않지만, 그림을 통해 2002년 이후
달러가 다른 통화들에 대해 평가절하되고 있음을 확인할 수 있다. 2009
년 말 현재, 주요 통화 지표는 1970년대 말과 1990년대 초에 관찰할 수
있는 낮은 수준에 도달했다. OITP 지표는 상대적으로 높다고 판단할 수
있다. 주요 통화는 1985년에 정점을 찍은 이후 환율에 대한 급격한 조정
이 이루어진 반면, OITP 통화에서는 그와 같은 급격한 조정이 이루어지
지는 않았다. 많은 통화들이 다소 엄격하게 달러에 고정된 상태이기 때

4_유로 지역, 캐나다, 일본, 영국, 스위스, 오스트레일리아, 스웨덴.

문이다.

무역적자의 결과로 외국인들은 많은 양의 달러를 보유하게 되었다. 이런 달러 잔고를 보유하고 있는 외국인들은 미국 정부 및 기업을 믿고 미국의 증권에 투자했다. 확실히 미국 정부가 채무를 불이행하리라고는 상상하기 어렵지만, 그렇다고 해서 문제가 모두 해결된 것은 아니다. 쉽게 예측할 수 있듯이, 앞으로 수십 년간은, 어느 정도의 인플레이션과 잠재적인 네거티브 실질이자율의 하락 없이, 정부 부채의 증가를 수정하기는 어려울 것이다(2009년 말 시점에서 단기 정부 증권의 실질이자율은 이미 네거티브다). 미국 증권 보유자들에게 그와 같은 상황이 지배적으로 보이거나, 혹은 단지 그럴 듯해 보이기만 해도, 환율에 대한 압박은 강화될 것이다. 그에 따라 환율의 하락 추세가 나타나고, 한계점에 도달하게 되면, 미국 화폐 당국이 통화에 통제력을 상실할 위험이 도사리고 있다. 그 결과 환율은 붕괴될 것이다.

미국 이외의 나라들이 미국에서 발행된 대규모의 공공 증권 포트폴리오를 보유하고 있으며, 특히 중국이 2000년 이후 재무부 증권을 막대하게 구입했다. 분석가들은 중국이 달러의 평가절하로 상당한 손실을 입을 수 있기 때문에, 그와 같은 전개 과정을 추구하지 않을 것이라는 사실을 지적한다. 이런 평가 또한 모호하다. 그런 식의 대안 — 계속해서 더 빌려 주고 위험을 감수하는 — 은 그 어떤 완만한 조정으로도 누적적 문제가 해결될 수 없는 상황을 전형적으로 상징한다. 한계점에 도달한 어떤 지점에서 중국은 결심할 것이다. 그런 한계점이 어디쯤인지 평가할 수 있는 방법은 없으며, 지금과 비교할 수 있는 역사적 선례도 존재하지 않는다.

〈그림 23.2〉를 통해 GDP 대비 비중으로 살펴본 정부 부채의 척도

| 그림 23.2 | 정부 부채

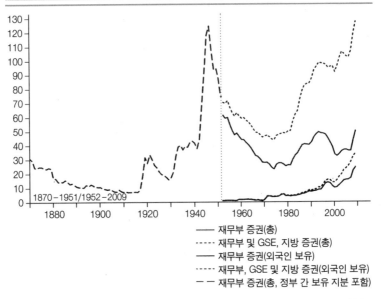

단위: GDP 대비 %, 연간

주: 세 번째와 네 번째 변수는 각각 첫 번째와 두 번째 변수와 같지만, 그 양은 외국인들이 보유하고 있는 증권으로 제한된다.

를 확인할 수 있다. 전후 기간과 신자유주의 기간 사이의 상당한 대비가 우리의 분석과 직접적으로 관련되어 있다. 제2차 세계대전 이후 낮은 실질이자율과 높은 성장률로 인해 정부는 부채의 많은 부분을 상환했던 반면 신자유주의 기간에는 1995년까지의 부채 증가가 두드러진다. 이는 상당한 수준의 실질이자율로 인해 발생했다(이자 외 지출의 GDP 대비 비중은 다소 억제되어 있다). 주요 전쟁 시기를 제외하고는 19세기 이래로 신자유주의 기간만이 그와 같은 급격한 상승이 일어난 유일한 기간임을 강조할 필요가 있다. 마지막 부분을 보면, 위기로 인해 1930년대와 같이 정부 부채의 급격한 상승 추이가 나타나고 있음을 확인할 수 있다. 하지만 상승 수준은 상대적으로 훨씬 크다.

재무부 증권에 지방 증권 및, 페니메이 및 프레디맥과 같은 GSE가 발행한 채권(일반 채권 및 MBS)을 추가할 수 있다. GSE의 MBS는 대부분 가계와 다른 증권들에서 기인하는 대출을 기반으로 발행되며, 이런 점에서 재무부 증권과는 다르다. 하지만 미국 정부도 이에 대해 어느 정도의 책임이 있다(특히 2008년 페니메이와 프레디맥이 국유화되었기 때문이다). 우리는 또한 신자유주의 기간에 이 총량이 엄청나게 증가했음을 지적할 수 있다. 2009년 말에는 총 부채(두 가지 구성 요소의 합, ...)는 제2차 세계대전 동안 도달되었던 정점도 더 큰 수준을 가리키고 있다.

세계 다른 지역이 보유하고 있는 정부 부채 부분이 여기서 논의하고 있는 달러 환율과 특히 관련이 있다. 이는 〈그림 23.2〉의 두 개의 다른 변수들을 통해 확인할 수 있다. 위의 사례와 동일하게 정의되지만, 이번에는 외국인들이 보유한 증권량이다. 가파른 상승 추세가 보인다. 미국의 불균형이 주어진 가운데 두 변수는 계속 증가할 것이다. 이런 관찰을 통해 잠재적인 이자율 상승에 의한 달러 방어와 정부 부채 추이의 역전 사이의 모순을 지적할 수 있다. 명확한 출구는 없다.

결과적으로 미국 경제가 자금조달의 많은 부분을 외국인에 의존하고 있다는 사실은, 한정 불가능한 시간대 내에 달러의 안정성에 의문을 제기할 수밖에 없다. 만약 신자유주의와 신자유주의적 세계화가 지속된다면, 출구를 발견할 수 있을 것이라는 주장은 도저히 믿을 수 없다.

자유무역과 자본의 자유로운 운동

위에서 이야기한 거시 정책 실행의 어려움이 증가했다는 점 말고도, 자유무역과 자본의 자유로운 이동은 자본주의 역사 내에서(케인스 시대를 제외하고는) 항상적인 논쟁의 대상이었다. 많은 사람들이 무역 장벽은 모든 것에 이롭지 않다고 주장한다. 다른 이들은 보호무역이 저발전 국가의 부상에 필수적인 요건이라고 주장한다. 일반적으로 신자유주의적 세계까지는, 적어도 선진 자본주의국가들은, 무역 및 자본 경계의 개방에 우호적으로 행동했다(또는 오히려 그것을 일방적으로 부과했다). 반면 발전도상국들은 이를 제한했다.[5] 그렇다면, 앞으로 몇 년 간은 어떤 추세가 나타날까?

미국 경제의 상황을 통해 발생할 수 있는 곤란은 확실히 국제무역과 금융정책의 추진에 있어서 나타날 수 있는 충격일 것이다. 금융 부문의 안정화를 수행하는 입장에서, 그리고 미국 경제의 궤도를 수정하는 가운데서, 우리는 이런 수정이 신자유주의적 세계화의 틀 내에서 성공할 수 있는지 여부에 대해 궁금할 수밖에 없다. 그리고 정치 지도자들이 자유무역과 자유로운 자본의 운동을 열광적으로 옹호하고 있다고 해서, 이와 같은 수정이 필수적임을 부정할 수는 없을 것이다.

미국의 무역 불균형은 보호조치 없이 수정될 수 있을까? 미국의 해외 직접투자를 엄격히 제한하지 않고도, 새로운 국내 축적 궤도를 수립할 수 있을까? 만약 미국의 상황을 회복하는 것이 다른 수단에 의해 실현되지 않는다면, "대안은 없다." 자유무역과 자유로운 자본 운동에 대한 제한을 피할 수 없을 것이다. 그러나 여기에는 초민족 기업들의 운명이 관

5_P. Bairoch, *Economics and World History: Myth and Paradoxes* (Chicago: University of Chicago Press, 1993).

| 상자 23.1 | 수입대체형 모델

20세기 초반 대부분의 라틴아메리카 국가들은 농업 생산물 및 원료의 수출, 자본재의 수입에 기초한 제국주의적인 국제분업 내에 철저히 삽입되어 있었다. 아르헨티나, 브라질, 멕시코 같은 나라들은 대공황과 제2차 세계대전 동안 발생한 국제무역의 혼란에 큰 영향을 받았다. 이런 상황은 국가가 중요한 역할을 하면서, 국제경제로부터의 종속성을 감소시키려는 이른바 수입대체공업화(ISI) 모델의 발전으로 이어졌다.

이런 정책은 제2차 세계대전 이후 라울 프레비시(Raúl Prebisch), 한스 싱거(Hans Singer), 셀소 푸르타도(Celso Furtado) 등의 작업과 프레비시가 위원장이었던 UN 라틴아메리카와 카리브해 경제위원회(UNECLAC 또는 CEPAL)에 그 이론적 기초를 두고 있다. 이런 경제학자들은 발전도상국의 사회·경제적 '구조'들을 특히 강조하고 있기 때문에(리카도적 비교 우위론의 '추상적' 틀과는 반대되는) "구조주의자"라고 알려져 있다. 싱거·프레비시 가설은 주변부 국가에게는 손해가 되는 무역조건의 악화를 강조하고 있다.●

ISI의 균형은 나라들과 기간에 따라 논쟁적이고 불균등하다. ISI는 1970년대 하이퍼인플레이션으로 끝을 맺었다. 하지만 라틴아메리카 주요 국가들이 제2차 세계대전부터 1980년 외채 위기 시까지 급속하게 성장했고, 신자유주의로 진입한 이후 GDP 추세가 역전되었다는 점은 의심할 여지가 없다(라틴아메리카 주요 7개 국가에 대해서 보면, 1951년과 1980년 사이의 연평균 성장률은 5.7%였고, 멕시코 및 아르헨티나에서 거대 위기가 발생한 1995년과 2001년이 포함되어 있는 1980년에서 2005년 사이에 연평균 성장률은 2.7%였다).

● R. Prebisch, *The Economic Development of Latin America and Its Principal Problems* (New York: United Nations, 1950).

련되어 있을 뿐만 아니라 세계 다른 지역들의 경제의 미래도 걸려 있다.

보호무역의 잠재적 부상을 고려해 본다면 대공황 기간 및 그 이후에 있었던 라틴아메리카의 경험을 고려해 볼 필요가 있다. 라틴아메리카 국가들은 자국의 경제적 잠재성을 확대시키는 ISI라고 알려진 발전 전략을 추구했다(〈상자 23.1〉). 이런 경험을 통해, 보호무역이 단기적으로 영향을 미칠 수 있는 부정적 효과와 그것이 장기적으로 발전 전략에 미칠 수 있는 긍정적인 효과를 명확히 구분할 수 있다. 현재와 같은 위기 속에서, 국제무역의 수축은 신자유주의적 세계화로 진입하기 위해 그들의 발전 전략을 수출 — 원료와 에너지, 고도의 노동 집약적 재화 혹은 점진적으로 더욱 고도화되는 기술 상품 등에 대한 수출 — 지향적 방향으로 전환한 지역 및 국가들에 심각한 결과를 초래할 것이다. 이는 경제가 극도로 수출에 의존하고 있는 일본 및 독일과 같은 나라들에도 마찬가지다. 미국의 기업과 주주들 또한 강화된 보호조치에 의해 영향 받을 것이다(미국 초민족 기업들과 상위 계급은 신자유주의적 세계화로부터 상당한 이익을 얻었다). 하지만 장기적으로 보았을 때, 현재의 위기로 인해 모든 나라들이 긍정적 효과 — 신자유주의적 세계화에 대한 매우 필요한 대안 — 를 가진 자율적인 발전 전략(미국에서는 생산의 재영토화 또는 중국에서는 수요)을 채택하는 쪽으로 이끌어질지 모른다.

24
민족적 요소

앞 장에서는 신자유주의 추세가 초래한 결과에 대한 교정을 강조했다. 두 번째 결정적 쟁점은 미국의 국제적 헤게모니다. 확실히 이 두 가지 요소는 위기 이전의 국제 자본주의 상황을 가장 정확하게 묘사하고 있는 "미국 헤게모니하의 신자유주의"라는 구절에서처럼 결합적으로 고려되어야만 한다.

미국에서 신자유주의가 실행되고, 전 지구적으로 도전자들의 상당한 도약이 이루어진 상황에서, 미국의 경제적 우위는 빠른 속도로 감소했다. 앞으로 수십 년 동안 발생할 사건들의 진행 과정은, 국제적 위계 관계에서 오늘날 나타나고 있는 단극적 형세를 다양한 수준에서 다극적 형세로 점진적으로 대체할 것이다. 그런 추세는 미국의 국제적 헤게모니를 대체하는 '글로벌 경제의 지배 구조' 문제를 제기한다.

국내 경제의 강화와 국제적인 지도력을 유지한다는 일련의 두 문제를 서로 독립적인 형태를 갖는 실천들로 취급할 수는 없다. 20세기 초 이후 미국의 경우와 같이, 기술 및 조직과 같은 영역을 지배하고 있는 큰 나라가 국제적 헤게모니의 잠재적 후보자다. 이는 '민족적 요소'가 결정적이 될 것임을 의미한다. 미국은 지난 두 번의 세계대전 및 대공황과 같은 역사적으로 극적인 시점에서 거대한 잠재력을 보여 주었다.

하지만 미국의 탁월성을 주장하는 이 같은 관점은 이 나라의 애국주의 또는 민족주의와도 깊은 연관을 가지고 있다. 여기서 찬란했던 역사적 과거를 복원하는 역사적 과정에 있는 중국에 대해 생각해 볼 수 있다. 마지막으로 우리는 앞으로 다른 저발전국들의 역할이 증가할 것이라고 가정할 수 있다. 대서양과 아시아라는 양극적 유형은, 제2차 세계대전 이후 [냉전에 기반을 둔 양극적 질서의] 전개 과정을 상기시킨다. 당시의 조건은 불리한 상황에 있는 국가들의 해방에 유리한 상황을 만들어 냈다. 그와 같은 조건은 이 같은 질서로부터 혜택을 받지 못하는 국가의 정부들이 서로 협력하고 스스로를 조직할 수 있는 실제적인 능력을 증진시켰다. 이와 같은 추세를 통해 전 지구적인 다양성이 증가함에 따라, 각 나라들에 사회적 질서에 피드백 효과가 나타날 것이다.

경제적 우위의 상실

문제의 크기는 엄청나고 상황은 빠른 속도로 전개되고 있다. 구매력평가지수PPP GDP을 이용한 〈표 24.1〉을 통해 다양한 지역과 나라들의 2008년 산출을 상대적으로 확인할 수 있다. 표에서 보면 '선진국'과 '신흥 및 발전도상국'을 분리했다(데이터와 용어는 IMF에서 가지고 왔다). 우리는 선진국 경제가 여전히 글로벌 GDP의 거의 55%를 차지하고 있음을 확인할 수 있다. 유럽연합과 미국이 20%를 약간 상회한다. 중국은 거의 12%

| 표 24.1 | 2008년 GDP

단위: PPP 1조 달러

	GDP	%
선진국	37.86	54.7
미국	14.33	20.7
유럽연합	15.29	22.1
기타 선진국	8.23	11.9
신흥 및 발전도상국	31.37	45.3
중국	8.2	11.8
인도	3.31	4.8
러시아	2.29	3.3
브라질	1.98	2.9
멕시코	1.55	2.2
한국	1.28	1.8
기타 신흥 및 발전도상국	12.77	18.5
세계	69.23	100.0

에 달한다.

이런 개략적인 통계적 접근 이외에, 단순히 전 세계적인 GDP 추세만을 고려한다면, 양적인 측면에서 국제적으로 상당한 변화가 일어나고 있음을 알 수 있다. 1970년대 후반에 시작된 중국 및 인도와 같은 나라들의 성장은 잘 알려져 있지만, 또 다른 한편으로 2000년 주변에서 글로벌 추이의 심각한 단절이 이루어지고 있음을 확인할 수 있다. 주변부의 성장이 이런 새로운 경향의 출발점일 뿐만 아니라 중심부 국가들의 성과는 점점 축소되었다(미국의 성장률 감소와 유럽의 느린 성장, 일본의 정체가 빚어낸 효과다).

이는 〈그림 24.1〉을 통해 명확히 확인할 수 있다. 그림은 선진국들의 GDP와 비교한 다양한 신흥 및 발전도상국 집단들의 GDP 값이다. 변수는 선진국 GDP에 대한 각 지역(〈표 24.1〉과 같다) PPP GDP의 비율이다. 그림은 중국과 인도(— —)를 포함한 신흥 및 발전도상국(——)과 기타 신흥 및 발전도상국(·····)로 나누어져 있다. 2000년 이전의 평평한 구

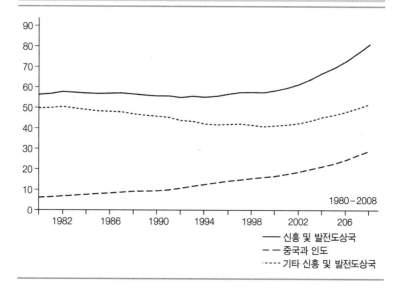

| 그림 24.1 | 선진국 GDP에 대한 발전도상국 및 신흥 시장 GDP의 비율

1980-2008

—— 신흥 및 발전도상국
-- 중국과 인도
····· 기타 신흥 및 발전도상국

간 동안 신흥 및 발전도상국의 GDP는 선진국 GDP의 58%였다(1980~
99년 연평균)(이런 평평한 구간에도 불구하고 다른 국가 집단과 비교해서 중국과
인도에서 또 다른 추세가 나타나고 있음을 확인할 수 있다). 그러나 2008년에는
81%에 달했다! 우리는 이런 효과에 미국에서 나타난 이번 위기와, 그리
고 앞으로 나타날 새로운 추세가 앞으로 추가될 것이라 가정할 수 있다.
만약 그런 추세가 연장된다면 잠재적인 재배치가 멀지 않은 시기에 일어
날 것이다.

세계 다양한 지역의 철강 생산과 관련된 자료를 보면(〈그림 20.4〉),
특히 중국의 철강 생산이 미국과 상당한 격차를 벌리면서 상승 추이에
있다는 점을 확인할 수 있다. 〈그림 20.4〉의 마지막 부분을 보면 중국의
철강 생산이 이미 10년 전에 동일한 수준에 이르렀고, 현재는 미국의 열

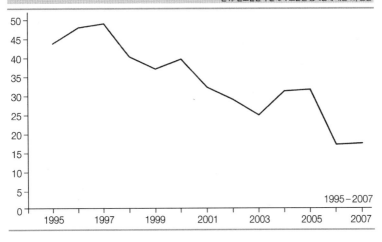

| 그림 24.2 | 미국 국내 법인이 증권시장에서 조달한 신규 자본

단위: 글로벌한 수준에서 조달된 총자본에 대한 %, 연간

배 정도 크다는 것을 확인할 수 있다. 게다가 중국은 현재 전 세계 천연자원에 대한 투자를 대대적으로 늘리면서 자본 수출을 시작하고 있는 중이다(직접투자 형태, 기존 기업의 인수).

하지만 주요 경제 대국들 사이에서 미국이 차지하고 있는 우위를 가장 위협하고 있는 것은 미국의 비금융 기업에서 전형적으로 나타나고 있는 국내 축적의 둔화다. 이 같은 과정은 특히 위기 이전 신자유주의 마지막 국면 동안 일어난 비금융 기업들의 자사주 매입 경향에서 이미 묘사된 바 있다. 미국 영토 내에서 이루어지는 자본축적뿐만 아니라, 글로벌 경제 내에서 이루어지는 미국 자본의 축적 또한 고려되어야만 한다. 여기에서도 상대적 쇠퇴가 명확하게 나타나고 있다. 〈그림 24.2〉는 이런 경향을 명확하게 보여 주고 있다. 전 세계적으로 조달되는 새로운 자본 가운데 미국 기업에 의해 증권시장에서 새롭게 조달되는 자본의 비중이 변수다. 1997년에는 거의 50%에 달하던 것이 2007년 15%로 상당히 떨어진다. 이런 과정을 통해 글로벌한 상황 속에 있는 미국 초민족 자본이 상대적으로 쇠퇴하고 있음을 확인할 수 있다.

국제적 화폐 관계에 대해서 보자면, 달러의 지속적인 리더십에도 불구하고, 발행된 채권의 통화를 보면 2000년 이후 달러의 역할을 대신하고 있는 유로의 영향력이 확대되고 있음을 확인할 수 있다. 1990년대 후반 채권 발행에서 나타난 유로 시장의 우위에도 불구하고, 오직 이런 채권의 4분의 1만이 나중에 유로로 형성된 통화들에 대해서만 발행되었다. 2003년 이후에는 유로로 발행된 채권이 달러로 발행된 것보다 더 컸다.[1] 파운드가 또 다른 선택지를 제공하는 것처럼 보이지는 않다(우리는 이런 움직임을 해석할 때 환율 변동이 상당한 역할을 한다는 걸 의식해야만 한다).

현대 세계경제의 한 가지 특징은, 적어도 위기가 발생하기 이전까지는, 미국과 유럽 자본가계급의 수중으로 자본이 집중되고 그들의 금융기관이 지배적 위치에 있었다는 점이다. 많은 영역에서 유럽은 미국을 앞서 나가는 중이고, 대서양을 아우르는 두 번째 센터로 이미 등장했다. 하지만 현재의 추세를 보면, 자본가계급 및 금융기관[2] 모두와 관련해, 도전자들이 전 세계적으로 부상할 것으로 보인다.

1990년에는 미국 경제의 상대적 쇠퇴를, 미국 국내 경제를 손상키는 민족 자본가계급의 글로벌한 활동 전략 탓으로 돌리는 것이 가능했다. 2000년 이후에 지배적인 글로벌 추세를 보면, 미국의 국제적인 상대적

1_이런 변수들은 G. Duménil & D. Lévy, Additional Materials 1 (2010), www.jourdan.ens. fr/levy/dle2011b.htm.의 〈그림 M1.3〉에 제시되어 있다.

2_G. Duménil & D. Lévy, Additional Materials 1 and 2 (2010), www.jourdan.ens.fr/levy/dle2011b.htm.

지위와는 달리, 그런 전략으로도 미국 자본가계급과 초민족적 기업들이 국제적으로 [자신들의] 우위를 유지할 수 없었음을 볼 수 있다.

이제 직접적으로 진행 중인 추세를 평가할 수 있다. 세계 나머지 지역은 전진 중이다. 미국 경제와 세계 내에 있는 미국 자본은 상대적으로 수축되고 있다. 그리고 이런 쇠퇴의 속도는 흔히 생각하는 것보다 빠르다. 미국은 앞으로 올 수십 년 동안 그런 추세를 역전시킬 수 있는 역량을 과연 갖고 있는가?

다극화된 세계

우리는 확실히 미국 경제의 지배력 쇠퇴와 관련해서 조심스럽게 예상할 필요가 있다. 1970년대에 이미, 자본주의 세계에서 미국이 행사하고 있던 도전 불가능한 지도력의 대체물로서 '삼극'triad이 형성되리라는 의견이 제출되어 있었다. 일본이 신자유주의로 이행하는 과정에서 몰락하고 유럽의 성장은 미국보다 더뎠다. 1990년대 후반 장기 호황의 끝자락까지 다른 주요 국가들과 비교해 미국 경제의 힘은 신자유주의를 통해 강화되었다. 문제는 2000년 이후에 나타난 겉보기에는 우호적인 과정들이 채무의 증가, 광폭한 금융화, 가공적인 초고수익을 대가로만 달성될 수 있었다는 점이다. 위기 이전 몇 년 동안은 확실히 그 쇠퇴를 일시적으로 모면할 수 있었다. 앞으로의 기간 동안 미국이 현재의 위기를 극복하고, 새로운 사회질서를 수립하며, 지속 가능한 거시 궤도를 유지할 수 있는 역량을 보여 준다고 하더라도, 과거에는 도전 불가능했던 미국의 지위가 2008년까지처럼 성공적으로 유지될 것으로 보이지는 않는다.

세계에서 유럽이 갖는 금융적 중요성에도 불구하고, 유럽 대륙이 국제통화로서의 달러를 유로로 대체하면서 새로운 지도자로서 나타날 것으로 상상하기도 어렵다. 잘 알려진 바대로, 유럽연합은 정치적으로 취약한 상태이며, 강력한 정치적 통일체를 수립하는 쪽으로 급속히 진화할 것이라는 징후 역시 존재하지 않는다. 2009년 말 시점에서 보면, 위기로 인해 그런 추세가 촉진된 것으로도 보이지 않는다.

미국과 유럽 사이의 금융 네트워크는 매우 긴밀하다.[3] 앞으로 올 수십 년간의 선택지는 초대서양적 초권력transatlantic superpower이 공고화된 것일 수도 있다. 이를 위해서는 두 지역 사이의 강화된 협력(더 진전된 초범대서양경제협력Transatlantic Economic Partnership, TEP 또는 NATO 내에서 이루어지고 있는 것 이상의 정치·군사적 협력)이 필요하다. 이런 기회를 포착할 수 있을까? 대서양 한쪽이 가지고 있는 야망과 다른 쪽의 결속력 부족이 미국의 어느 정도는 유일한 지도력에 대한 대안을 가로막고 있는 두 개의 주요한 정치적 요소다.

하지만 미국과 유럽의 잠재적 헤게모니의 미래를 주변부의 잠재적 도전자들이 갖고 있는 야망 및 행동과 독립적으로 평가할 수는 없다. 일반적인 경제성장의 측면에서 보면(GDP 성장률) 현재의 추세는 명확히 중국과 인도에 유리한 것으로 보인다.[4] 종종 중국이 미국을 대체하는 새로운 헤게모니적 금융 센터로 떠오를 수 있다는 가설이 제출되기도 한다. 이런 전개 과정의 두 가지 측면을 고려할 필요가 있다. 한편으로, 현 위기

3_G. Duménil & D. Lévy, Additional Materials 1 (2010), www.jourdan.ens.fr/levy/dle2010b.
    htm.

4_G. Duménil & D. Lévy, Additional Materials 2 (2010), www.jourdan.ens.fr/levy/dle2010b.
    htm.

의 첫 번째 국면 동안 주변부의 국가들은 취약해진 세계적 리더들의 자본에 참가할 수 있는 기회를 명확히 포착했다. 주변부 국가들의 국부펀드 Sovereign Wealth Funds, SWF는, 좀 더 높은 수익성을 추구하며, 위험이 없는 정부 증권에 대한 투자로부터 좀 더 긴급한 투자처에 대한 투자로 투자 전략을 전환했다. 이런 나라들의 SWF와 기업들이 미국 금융기관의 지분을 보유하기로 결정한 것은 명확하다. 이 첫 단계에서, 미국 기업들은 실제로 아시아 국가들 또는 고유가로 이익을 얻고 있는 중동 지역의 나라들로부터 금융 지원을 받기 위해 노력했다. 위기가 심화되고 미국 정부가 파산 기관의 자본을 관리하기로 결정하자 이런 움직임은 제한될 수밖에 없었다. 다른 한편으로, 미국의 금융 헤게모니에 대한 도전자들 역시 그들 자신의 금융기관을 발전시켰다. 증권시장 폭락이 상하이와 홍콩 같은 중국의 금융 센터에 영향을 미치긴 했지만, 이 지역의 거대 금융기관은 상당한 중요성을 획득하게 되었다. 그런 전개 과정은 중국의 막대한 산업적 역량을 보충할 아시아의 거대 금융 센터의 수립을 예고하고 있다.

이와 같은 영역에서, 중국이 새로운 리더로 부상하기 위해 가야 할 길은 멀다. 국제적인 지배력을 갖는 통화는 반드시 다른 통화들과 태환되어야만 하며, 환율은 위안화의 경우처럼 해당 국가의 발전에만 봉사하려는 목적으로 관리되어서는 안 된다. 아마도 이와 같은 문제들 때문에 중국은 IMF에서 자신의 역할을 늘리기 위해 모색하고 있는 것으로 보인다.

현대 세계 자본주의 내에는, 연속적인 후보자들의 출현 이외에도 지역적 리더의 헤게모니 아래서 지역적 독립체를 구성하려는 상당한 잠재성이 존재하고 있다. 유럽 연합의 경우를 보면 독일과 프랑스가 그 중심에 있으며, 아시아에는 중국과 일본, 인도 또는 그들 사이의 여러 조합이 가능할 수도 있으며, 러시아를 위시해 중부 유럽과 아시아가 그런 형태

2008년 다보스 보고서를 보면 권력의 이동 양상에 대한 의식이 명확히 표현되고 있다.●

글로벌 비즈니스의 상황은 선진 국가에서 브라질, 러시아, 인도, 중국을 포함한 신흥 시장으로의 권력 이동에 상당한 영향을 받고 있다. 그들은 서구에서 설립된 기업들에 맞서 효과적으로 경쟁하고 있는 그들 자신의 다국적 회사(multinational companies)를 배출했다.

또는

아마도 경제 권력의 균형이 변화하고 있는 상황을 보여 주는 최고의 지표는 서브프라임 부문의 경제적 대실패로 인해 손실을 겪고 있는 거대 은행들에 누가 구제 금융을 하고 있느냐는 것이다. 석유, 전자 및 공공 저축을 통해 몸집을 키운 국부펀드는 [오늘날] 가장 글로벌한 금융 세력으로 부상했으며, 선진 국가의 전략 자산들을 구입함으로써 이윤 이상의 것을 염두에 두고 있다는 우려를 자극하고 있다.

2009년에는 다극적 세계의 수립과 미국 헤게모니의 다소 급격한 쇠퇴에 따른 네 개의 서로 다른 시나리오를 제시하면서, 이런 측면과 결합하는 낮은 수준의 질서 또는 무질서가 유력하다고 주장했다.●●

1. 금융적 지역주의의 세계. 이 세계는 위기 이후의 책임 전가와 추가적인 경제적 [위기의] 전염 위협으로 말미암아 무역 및 금융정책과 관련해 세계를 주요 세 블록으로 만들 것이며, 글로벌 기업들은 전 지구적으로 활동하기 위해 삼분할적 전략을 구축하게 될 것이다.
2. 무엇보다도 서구중심주의는 재편될 터인데, 다음번보다는 이번의 위기를 규제하는 가운데서 발생할 수 있는 위험 및 권력 이동 과정을 대응하기 위한, 극도로 조정되어 있으며 금융적으로는 동질적인 세계의 탄생이 될 것

3. 파편화된 보호주의의 세계는 금융 위기의 장기적 효과를 심화시키는 데에만 기여하는 바닥을 향한 경주와 통화 통제, 분열과 대립을 특징으로 할 것이다.

4. 재조정된 다자주의를 통해 지정학적 권력의 급격한 이동이 발생할 것이며, [잠재적으로 발생할] 효과적인 위험 관리 접근법에 대한 내적인 조정과 불일치는 이를 통해 해결될 수 있을 것이다.

• World Economic Forum, "The Power of Collaborative Action" (Annual Meeting at Davos, 2008), 5 and 7.
•• World Economic Forum, "The Future of the Global Financial System: A Near Term Outlook and Long-Term Scenarios" (Annual Meeting at Davos, 2009), 47.

를 취할 수 있으며, 아프리카에서는 남아프리카공화국을 중심으로 그런 움직임이 있다(이는 다보스 포럼에서 예견된 관점으로 〈상자 24.1〉을 참고하라). 하지만 세계는 과거와 마찬가지로 한편으로는 공고화된 대서양 경제와 다른 한편으로는 강력한 아시아의 극이 있는 양극적 체계가 될지도 모른다.

글로벌 지배 구조

글로벌 추세의 진전은 정치적 문제로서 글로벌 지배 구조의 필요성 또한 제기한다. 다극적 세계의 수립 가능성과 새로운 헤게모니 권력의 출현 부재라는 상황은, 강화된 글로벌 권력 행사를 요구할 것이다. 다시 "대안은 없다." 글로벌 지배 구조가 아니면 무질서다.[5] 화폐·금융적 메커니즘의 영역에서는, 진정으로 국제적인 통화, 국제적인 금융 메커니즘에 대한 감독과 규제, 어려움에 직면한 국가들에 신용 제공, 글로벌 거시 경제 추세에 대한 통제가 훨씬 긴급히 요구되고 있다.

브레턴우즈 협상 및 협정의 경험으로 되돌아가 보는 게 유용하다. 케인스가 원래 기대했던 것처럼 1944년에 출현한 기관들은 최종적으로 진정한 초민족적supranational 기관에 훨씬 가까웠어야 했다. 그런 기관들은 글로벌 이해들을 위해 결정하고 그런 결정을 시행할 수 있는 큰 역량을 향유했어야만 했다(〈상자 24.2〉). 하지만 미국은 IMF와는 별개의 기능을 가지면서도 더 복잡한 국제무역기구International Trade Organization의 설립에 반대했다. 그들은 케인스가 말한 방코르Bancor와 같은 새로운 국제통화의 창설에 거부권을 행사했다. 미국은 자신들이 국제기관들의 수중에 있어야만 했던 국제적 지도력을 가지고 있다고 생각했다. 특히 달러에 국제통화의 역할을 부여했다.

주기적인 G20 회의에도 불구하고 현 위기의 상황은 세계경제를 관리하고 규제할 수 있는 국제기관의 부재와 결합된 위험을 강조하고 있다. 가장 중요한 기관인 IMF가 그런 긴급한 임무를 수행할 수 있는 역량을 가지고 있지 못하며, 힘도 없고 자금도 없는 기관이라는 점이 위기를 통해 드러났다. 이전 몇십 년 동안 IMF는 주변부 국가들에게 신자유주의를 부과하는 데 열정적으로 기여하기는 했지만, 선진 국가들에게는 그어떤 형태의 규율도 시행하지 못하는 그런 기관이었다. 2008년 말, 위기가 세계경제로 확산되는 것에 대응하는 과정에서 연준은 (통화스와프를

5_이와 같은 테제는 찰스 킨들버거가 제시한 바 있다. Charles Kindleberger, *The World in Depression, 1929-1939* (Berkeley: University of California Press, 1993)[『대공황의 세계』, 박명섭 옮김, 매일경제신문사, 1998].

여기서는 언급하고 있는 것은 세계국가의 맹아적 형태임을 강조할 필요가 있다.● 문제는 이상적인 '세계시민의 민주주의'가 아니라 계급의 세계와 제국주의적 위계 관계 속에서 존재할 수 있는 초민족적(supranational) 국가다. 민족적 또는 글로벌한 존재인 국가는 자율적인 실체들이 아니다. 현존하고 있는 취약한 형태의 국제기구들의 활동에서 잘 나타나고 있는 것처럼 계급 및 제국주의적 관계를 초월하는 권력은 아직까지는 없다. 이런 기구들의 활동은 지배적인 계급과 국제적 위계 관계를 반영한다.

모든 나라에서 나타나는 계급 관련 형세에서와 마찬가지로, 그런 기구들은 주요 국가들 사이의 타협과 권력이 수립되는 틀이다. 이곳은 지배적인 국제 질서의 내용이 정의되는 장소다. 전후 기간의 역사를 통해 이런 국제기구의 본질을 명확하게 이해할 수 있다. 영국과 미국의 경쟁 관계가 브레턴우즈협정을 둘러싼 협상의 특징을 잘 보여 준다. 어느 당사자들도 자신의 관점을 부여할 수가 없었다. 타협은 필수적이었다. 냉전 기간에는 두 개의 슈퍼파워 가운데 어느 누구도 지배할 수 없었고 UN이 더 중요한 역할을 했다. 미국 헤게모니 아래 신자유주의하에서 상황은 다시 변화했다. IMF, 세계은행, WTO는 전 세계적인 자유로운 자본 이동과 자유무역을 부과하면서, 민족경제를 국제 자본에 '순응'(특히, 노동과 금융시장에 대한 규제 완화와 민영화를 통해)시키는 새로운 사회질서에 내재한 계급 목표의 대리인으로서 작동했다. IMF는 주변부에서 이른바 '워싱턴 컨센서스', 즉 신자유주의를 부과하는 적극적 행위자였다. 그것은 1990년대 아르헨티나와 같은 지속 불가능하고 극단적인 조건 아래서도 (그 지역 상위 계급의 협조를 바탕으로) 이루어졌다. 이런 새로운 사회적 형세는 때때로 아시아와 같은 대단한 성과를 이루고 있는 모델을 불안정하게 만들기도 했다.

● J. Bidet & G. Duménil, *Altermarxisme: Un autre marxisme pour un autre monde* (Paris: Presses Universitaires de France, 2007), 제8장.

통해 다른 중앙은행들과 협력 하면서) 자기 고유의 역할을 수행하기로 했다. IMF로 업무를 위임하는 게 또 다른 선택지였는데, 이는 IMF에 개입 수단이 주어진다는 것을 의미했다. 현재까지도 이와 같은 방식을 거부하고 있다는 점은, 미국이 현재의 금융 혼란에도 불구하고 달러의 전 세계적인 화폐 헤게모니를 연장하기로 결정했음을 명확히 보여 준다.

하지만 새로운 권력 위계 관계의 수립을 향한 새로운 추세가 진행 중인 징후가 있다. 2009년 시점에서, 러시아와 중국은 IMF의 후원 아래에서 달러의 지배를 대체할 수 있는 새로운 국제통화를 창설하는 방향으로 나아가고 있다. 브라질은 석유 생산 국가들과의 동맹을 모색하고 있으며, 이들 사이에서 일어나는 석유 거래 과정에서 달러를 활용하는 것을 제한하는 경향이 있다. IMF의 의장이었던 도미니크 스트로스 칸Dominique Strauss-Kahn은 IMF의 기금을 현재의 두 배인 5천억 달러로 늘리길 원한다고 말한 바 있다. 일본은 추가적으로 1천 억 달러를 빌려 주는 데 동의한다는 신호를 보냈다. 2009년 초 유럽의 지도자들 역시 IMF의 기금을 늘리는 데 우호적인 발언을 했다. 중국 중앙은행[인민은행]장인 저우 샤오촨 Zhou Xiaochuan은 합성 통화를 만들어 내는 데 IMF의 특별 인출권Special drawing rights, SDR을 활용하자고 제안했다. 2009년 4월과 9월에 있었던, G20 회의 기간 동안 이루어진 선언은 이런 추세를 확증하고 있다. 미국 헤게모니에 의문을 제기할 새로운 위기는 아마도 필연적인 것이었을 것이다. 이런 과제들을 수행하기 위해 [위와 같은] 새로운 흐름이 나타나고 있는 것만으로 충분할까? 아마도 달러의 위기가 동반되어야 할 것이다.

국내적으로 강해지고 국제적으로도 지도적 역할을 유지하기

위기와 경쟁자들의 부상이라는 상황 속에서, 미국이 경제 회복에 도움이 되는 조건을 만들어 내는 것은 상당히 힘들 것이다. '안이한' 대응은 상당히 급속한 쇠퇴로 이어질지 모른다.

미국 헤게모니의 잠재적 붕괴에 대한 분석에서, 미국의 지배력이 역사적으로 수립된 상황이 주는 교훈을 잊어서는 안 된다. 제1차 세계대전 말, 새로운 금융 부문의 지원을 통해 미국이 획득한 거대하며 극도로 효율적인 기업 체계와 최첨단 관리 부분의 진보는 미국의 국제적 우위를 확고하게 했다.[6] 이 같은 지도력은 주요 제조업 분야에서 미국 기업이 차지하는 탁월한 지위 속에서 명확히 표현되었다.

태평양에서 멀게는 그 남부 지역까지 북미를 지배한다는 미국의 '자명한 운명'manifest destiny의 내용을 미국이 성공적으로 완수했다면, 20세기 초 현대자본주의의 제도적 틀 ─ 이 영역들 내에서 가장 탁월한 성과를 내게 된 ─ 에 대한 초기의 접근과 세계를 지배한다는 미국의 소명 사이의 조화에 대한 명확한 인식이 존재했을 것이다. 윌슨주의적 관점에서는 상쟁하는 국가들 사이에서 가장 광범위한 의미에서 '효율적인' 나라가 선두에 서는 경향이 더 크다는 식으로 이해되었고, 미국은 바로 이와 같은 지점에서 우위를 차지했다. 그리고 이와 같은 새로운 국제적 지도력의 점진적인 실행은 이후 미국의 기술적·조직적인 진보의 공고화에 결정적인 요소가 되었다.

6_A. D. Chandler, *Scale and Scope: The Dynamics of Industrial Capitalism* (Cambridge, Mass.: Harvard University Press, 1990).

이 같은 역사적 선례는 생산관계의 역사적 진보 — 특히 기업, 금융, 관리 혁명 — 와 전 세계적인 제국주의 간 위계 관계의 네트워크를 분리하는 것이 불가능함을 보여 준다. 첫 번째 영역[생산관계]에서 선도적인 큰 나라가, 두 번째 영역[제국주의 국가들 사이에서의 위계 관계]에서도 중심적인 지위를 차지한다. 자본주의가 현재 진입하고 있는 국면 내에서, 미국 상위 계급은 그런 갱신된 틀을 창조하고 실행해야 되는 상황에 있다.

미국 헤게모니를 위협하고 있는 위험 요인들과 영국의 지배에 대한 제1차 세계대전의 효과를 비교해 볼 수 있다. 케인스가 분석했듯, 제1차 세계대전 이후 영국은 고환율 수준에서 파운드화의 태환성을 회복하는 방식(케인스가 분석한 대로 이는 1920년대 내내 거시 경제 침해 효과를 발휘했다)으로 이전의 금융적 지도력을 회복하려고 시도했다.[7] 영국 기업들은 새로운 관리주의적 표준을 받아들이지 않았다.[8] 그와 달리 미국은 제1차 세계대전 이후 새롭게 부상하는, '제도적으로' 가장 효율적인, 세력으로 자리 잡았다. 미국은 19세기 말에 시작한 전통적이고 **공식적인** 제국을 건설하려는 유혹을 포기하고 월슨주의적인 **비공식적** 제국주의의 새로운 영역으로 이동했다.[9]

영국 헤게모니에서 미국 헤게모니로의 이행은 점진적으로 달성되었

7_J. M. Keynes, "The End of Laissez-Faire: Essay in Persuasion" (1926), *The Collected Writings of John Maynard Keynes*, vol. 9 (London: Macmillan, St. Martin Press for the Royal Economic Society, 1972), 272-294.

8_Chandler, Scale and Scope.

9_N. Gordon Levin, *Woodrow Wilson and World Politics* (Oxford: Oxford University Press, 1968).

다.[10] 대공황이 미국에서 시작되었음에도 불구하고, 미국 — 전시경제와 결국 승리로 이어진 전쟁에의 뒤늦은 참여를 통해 — 은 소비에트에 맞서 이른바 자유세계의 명백한 지도자로서 떠올랐다. 현재의 위기에서도 마찬가지다. 열강들 사이에서 새로운 사회적 틀 — 관리, 교육, 기술, 연구, 발전 전략 — 을 가장 효율적으로 실행하는 국가들이, 적어도 지역적으로, 선두로 나설 수 있는 능력을, 나아가 국제적 위계 관계에서도 가장 높은 지위를 점할 수 있는 능력을 점차적으로 획득할 것이다.

잠재적 반응?

미국이 그와 같은 우위를 순순히 포기할 것이라고 상상하기는 어렵다. 제1차 세계대전과 제2차 세계대전 이래로 미국은 적어도 세계의 일부를 지도하는 진정으로 놀라운 역량을 보여 주었다. 이 같은 지배는 기술·조직·금융에서의 지도력과 막대한 대외 투자, 두 번에 걸친 세계대전, 그리고 세계 다른 지역에서 일상적으로 수행하는 군사작전, 전복, 부패 행위 등과 같은 다양한 형태의 도구를 통해 행사되었다. 베트남전 패배의 트라우마를 제외하면 그 어떤 전쟁 또는 위기도 이 헤게모니를 불안정하게 만들지 못했다. 특히 대공황도 미국의 국제적 지도력을 불안정하게 만들지 못했다는 점이 과거로부터 얻을 수 있는 중요한 교훈이다.

10_1920년대 중앙은행들은 파운드 준비금 이외에도 달러 잔고를 축적하는 중이었다. B. Eichengreen & M. Flandreau, "The Rise and Fall of the Dollar, or When Did the Dollar Replace Sterling as the Leading Reserve Currency?"(Genoa, Italy: Past, Present and Policy Panel, 2008).

그와 같은 쇠퇴의 징후, 혹은 임박한 쇠퇴에 대한 인식이 앞으로 몇 십 년 동안 중요한 역할을 할 것이라 가정할 수 있다. 미국 헤게모니의 운 명을 예측하기 위해서는, 사회 경제적 발전의 결과뿐만 아니라, 위기에 대한 대응 및 새로운 사회질서의 수립을 둘러싼 정치에 영향을 미칠 어 떤 요소에 대해서도 고려해야만 한다. 미국의 지위를 유지하려는 정치 적·이데올로기적 결정은 특권적 소수에게 유리한 '자유로운(자본주의적) 시장' 내에서 이루어지는 무제한적 소득 추구의 동역학과는 반대되는 조 직 및 효율성을 부과할 수 있는 주요 세력들 사이에서 중요한 의미를 가 질 것이다. 그와 같은 확신[미국이 그 지위를 유지하려고 한다는]이 있을 때만 이 금융적 이해관계를 필수적으로 봉쇄해야만 한다는 점을 부각시킬 수 있다. 신자유주의의 두 가지 목표("금융에 좋은 것이 미국에도 좋다")의 명백 한 일시적 수렴은 단지 이런 양립성의 환상을 만들어 냈고, 신자유주의 적 계급 전략이 지속될 수 있는 정치적 조건을 제공했다. 이런 기간은 아 마 끝난 것 같다.

미국은 이전의 극적인 역사적 사건들(뉴딜 및 전쟁) 속에서, 거대한 조 직적 역량과 강력한 국가를 바탕으로 자신의 전 세계적인 우위를 방어하 기 위한 민족적인 헌신을 보여 주었다. 하지만 또한 이런 민족적 요소를 위협하는 측면도 존재한다. 이는 극우적 대안이라는 측면에서 제시되는 위험스런 전개 과정인 '민족주의'의 발흥이다.

앞으로 수십 년 동안, 강화되는 국제적 경쟁의 틀 속에서 주요 요소 는 조직적 역량이 될 것이며, 민족적 요소가 자신의 야망을 실현하기 위 해 지도력을 보유하려는 후보자들의 능력에서 중심적 역할을 할 것이다. 하지만 이 영역은, 위기에 직면한 어느 한 리더의 고독한 경주가 아니라, 경쟁의 영역이다.

중국의 도전

미국의 민족적 요소에 대해 논의를 할 때, 우리는 유일하게 미국만이 이런 측면에 해당되는 것이 아니라는 점을 기억해야만 한다. 미국만이 강력한 국가가 필요할 때 자신의 손에 운명을 거머쥘 수 있는 세계 유일의 나라는 아니다. 다소 다른 역사적 맥락이기는 하지만 메이지 시대 일본에 나타났던 역사적 궤도가 현재 중국에서, 엄청난 잠재력을 갖고, 반복되고 있다. 중국은 19세기와 20세기 초 동안 특히 아편전쟁과 1919년 베르사유조약을 통해 제국주의 열강들로부터 굴욕을 당했다. 일시적으로 나타났던 중화민국의 수립 이후 7년 뒤 베르사유조약이 체결되자, 이에 대한 반발로 5·4운동이 전개되며 장기적인 문화·정치적 과정을 개시되었고, 마오쩌둥毛澤東의 지도 아래서 1949년 공산주의 세력에 의해 민족적 자존심을 회복하기에 이르렀다. 사회질서의 변화에도 불구하고, 새로운 중국의 지도자들은 마오쩌둥의 이미지를 보존하며, 그가 품었던 야망을 공유하고 있다. 그것은 바로 과거에 중국이 향유했던 높은 지위를 회복시키려는 열망이다.

최근까지 이루어진 중국 경제와 사회의 전환이 갖고 있는 명확한 내용이 규정되어야만 할 것이다. 중국은 값싼 노동과 강력한 조직 역량을 바탕으로 신자유주의적 국제분업을 충분히 이용했다. 이와 동시에 중국은 자기중심적 발전self-centered development과 전 지구적 팽창이라는 좀 더 광범위한 전략을 모두 추구했다. 현재까지 신자유주의가 지배하는 세계에서 실행된 움직임은, 그에 앞서 러시아에 미쳤던 영향처럼, 중국에 강력한 영향을 미치고 있다.

신자유주의적 세계로의 통합이라는 관점에서 보았을 때, 중국은 이전의 사회질서에서 유래하는 매우 강력한 정부의 보호 아래에서 이중적인 과정에 참여해 왔다. 여기서 주요 요소는, 공기업이 여전히 중요한 부문이긴 하지만, 이와 나란히 자본주의적 부문 내에서 시초 축적이 진행되고 있다는 점이다. 실제로, 중국에서는 사적인 부가 축적되고 있다(2008년을 기준으로 이미 중국 내에 42명의 억만장자가 있으며, 홍콩에는 26명이 존재하고 있다). 중국 학계 내에서도 신자유주의는 엄청난 영향력을 행사하고 있다. 다른 한편으로, 특히 통화 및 금융기관 통제와 관련한 몇 가지 점에서 중국은 신자유주의의 요구 조건 모두를 따르고 있지는 않다. 이는 신자유주의 모델의 전 세계적 확산에 대한 주요 예외 사례라 할 수 있다.

현재의 위기로 인해 만들어진 조건은, 매우 강력한 민족적 요소를 통해 촉진되는 관리주의적 추세의 연장과 확장에 유리한 쪽으로 만들어져 있을지 모른다. 단기적으로 보면, 이는 왜 중국이 위기에 훨씬 더 잘 대응할 수 있는지에 관한 이유를 설명해 준다. 여전히 엄청난 발전 속도를 유지하고 있다는 점에서 그것이 증명된다. 장기적으로, 우리는 위기로 인해 다소 변형된 '중국의 길'이 앞으로 수십 년 동안 연장될 것이라 가정할 수 있다. 이런 궤도에는 세계 전체에서 나타나고 있는 잠재적인 배치의 다양성이 추가될 것이다. 하지만 중국이 점증하고 있는 '화폐'의 힘, 즉 자본축적에 저항할 수 있는 방법은 무엇인가?

대중투쟁: 다양성의 증가

미국의 헤게모니 아래에서 신자유주의적 세계화가 진행된 30년 동안, 모든 사회질서가 점진적으로 단일한 모습으로 수렴되어 갔다. 아프리카, 아시아, 라틴아메리카와 같은 신자유주의적 질서 속에 종속된 나라들이 겪은 고통은, 신자유주의라는 피할 수 없는 공통의 운명에 적응하지 못한 사람들에게 나타난 불행한 결과들 속에서 잘 나타나 있다. 그것은 다른 나라의 사람들에게도 마찬가지다. 전 세계가, 심지어 중국까지도, 이른바 고통의 모델로 수렴하도록 예정되어 있었다. 지금까지의 상황은 이와 같았지만, 앞으로 수십 년 동안 중요한 역할을 할지 모르는 몇 가지 한계들도 존재하고 있다.

1. 먼저 신자유주의적 규칙이 모든 나라에서 국내적으로 실행되어야만 했는데, 이는 대체로 성공적으로 실행되었다. 모든 곳에서 '시장'(달리 부르자면, 상위 계급과 가장 강력한 국가들의 행동의 자유)이 지배적이었다. 이런 틀은 인구 가운데 가장 취약한 계층에 대한 최소한의 지원 — 민간 의료보험 및 연금기금, 그리고 민중 계급의 연대를 위협할 수도 있는 복지 시스템의 축소 — 과 결합했다.

신자유주의를 주창하는 사람들의 마음속에 있었던, 신자유주의적 추세로의 글로벌한 이행이라는 '장밋빛' 그림은 일반적인 사회적 배치와 결코 완벽하게 일치하지는 않았다. 대부분의 국가들에서, 상위 계급들 사이의 신자유주의적 타협은 미국보다는 진전되지 못했다. 유럽과 일본에서 이전의 사회적 양상은 결코 완전히 상쇄되지 않았으며, 이는 심지어 미국에서도 마찬가지였다. 유럽 사회 또는 일본 사회는 전후 기간의 경험으로부터 여전히 영향을 받고 있으며, 이들 나라에서는 경제 및 복지 체계에 대한 정부의 강력한 개입이 이루어지고 있다. 전통적으로 좌파 지향을 갖는 정당들이 신자유주의적 방향으로 이동했지만(1980년대와 1990년대 "중도"라고 불린), 노조들과 급진 좌파 조직과 같은 민중운동들은 자신들이 기억하고 있는 대안적 권력 형세로부터 영감을 얻고 있었다.

2. 국제 관계의 측면에서 보면, 각 나라들은 거대한 자유무역 지역 또는 국제적인 상품과 자본의 흐름이 개방된 세계 내에서 국제분업상의 구

체적 지위를 수립해야만 했다. 주변부의 국가들은 자신들이 더 잘 수행 (여기서 말하고 있는 '수행'은 다른 활동들과의 비교 속에서 이해해야 하고, 비교 우위론에서처럼 대외무역 균형과 국제 경쟁력을 확보할 수 있는 환율과 관련해 이 해해야만 한다)할 수 있는 활동으로 특화될 것이라 예상되었다. 그리하여 주변부는 중심부에 값싼 상품을 공급하고, 투자자들에게 높은 수익성을 획득할 수 있는 기회 — 달리 말하자면, 신자유주의 제국의 세계에서 가 장 최선의 조건 — 를 제공할 것이었다. 하지만 중국뿐만 아니라 많은 곳 에서 더 복잡한 민족 발전 전략이 시행되었고, 제국주의적 압력에 대한 저항이 때때로 강력하게 나타났다.

20년 동안의 적응 기간(때로는 독재 또는 1990년대의 멕시코 위기, 2001 년 아르헨티나 위기 등과 같은 극적인 형태로) 이후, 라틴아메리카는 민중의 투쟁, 선거, 새로운 정책들을 통해 제국주의적 신자유주의 질서에 대한 거부를 표현했던 첫 번째 지역이다. 신자유주의가 득세하던 시절 멕시코 는 북미자유무역협정NAFTA(1994년 발효)을 체결했다. 하지만 WTO 도하 Doha라운드 실패의 여파로 인해, 2001년에 시작된 미주자유무역지대 FTAA(ALCAÁrea de Libre Comercio de las Américas로도 잘 알려진)에 대한 논의는 애 초 목표로 했던 타결 시한인 2005년을 넘기며 무산되었다(2009년 말 시점 에서도, 이 과정은 여전히 협상 중에 있지만 성공 확률이 적다). 2004년 초에는 베네수엘라, 쿠바를 축으로 '우리 아메리카 민중을 위한 볼리바르적 대 안'Alternativa Bolivariana para los Pueblos de nuestra Américan, ALBA이 만들어졌다. 2010년에는 니카라과, 볼리비아, 에콰도르, 카리브 해의 작은 세 개 섬을 포함하게 되었다. 남미에서 좌파 지향적인 정부들이 선출되었다는 점 역 시 이와 유사한 경향을 나타내고 있다(콜롬비아와 페루는 제외).

제2차 세계대전 이후 이미 양극화된 세계 속에서, 당시 두 개의 초권력에 대해, "제3세계"라고 알려진 지역이 일정한 자율성을 가지고 등장할 수 있었다. 1955년의 반둥회의, 라틴아메리카의 ISI, 상당수 국가들에서 나타난 강력한 정부 주도의 발전(19세기 유럽의 산업화 및 그 당시 소비에트주의에 영향을 받은)이 그와 같은 시기를 상징하고 있었다. 신자유주의의 위기는 발전도상국들이 그런 기회를 포착할 수 있도록 하고 있다. 그러나 정확한 형세는 아직 나타나지 않은 상태이며, 이행 과정만이 존재하고 있다.

요약하자면, 앞으로 수십 년간 이어질 핵심 쟁점은 세계 다른 지역들의 정치·경제적 궤도일 것이다. 어떤 추세가 지배적이 될까? [이전과 같이] 신자유주의적 동역학이 세계를 지배하고 [여전히] 미국이 주도하는 새로운 논리는 상상하기 어렵다. 유럽은 미국과 같은 지속 불가능한 궤도의 제약에 반드시 직면하지는 않을 것이다. 유럽은 그리 심각하지 않고, 좋지도 나쁘지도 않은 상황이다. 중국, 러시아, 인도, 브라질과 같은 나라들에서 지배적인 사회질서가 무엇이 될 것인지 중요하다. 신자유주의를 향한 움직임이 지속될 것인가 아니면 혁신적인 경로가 나타날 것인가? 현재 사회민주주의적 추세가 나타나고 있는 라틴아메리카도 예외가 될 수 없다.

따라서 세계적 규모에서 신자유주의의 운명은 엄격히 말해 미국과 유럽에 달려 있지는 않으며, 앞으로 수십 년 동안 점진적으로 그 중요성은 감소할 것이다. 그 운명은 세계 다른 지역의 도전자들이 따르는 경로를 따라 장기적으로 규정될 것이다. 30년 동안의 신자유주의적 세계화 이후 밀어닥친 현재의 상황으로 인해 새로운 관점이 개방되고 있다. 이런 역사적 추세의 열쇠는 중국과 남아메리카의 정치적 추세와 관련되어 있다.

25

신자유주의 이후

역사 동역학의 관점 — 구조적 위기를 통해 구분되는 연속적인 다양한 사회질서들 — 에서 보면 현 위기의 발생은 현대자본주의의 새로운 국면, 즉 새로운 사회질서로의 이행을 시사한다. 하지만 역사적 사건이 단순히 반복된다는 것은 납득하기 어려운 주장일 것이다.

위기의 첫 단계 동안 미국에서는 제한된 형태의 조정이 이루어졌을 뿐이다. 하지만 우리는 장기적으로 커다란 수정이 있을 것이라 예상해야만 한다고 가정하고 있다. 그와 같은 수정은, 기업 관리와 정책이라는 광범위한 의미에서, 강화된 관리주의적 추세의 형태를 띨 것이다. 이는 우파 또는 좌파적 지향의 사회적 타협 내에서 이루어질 것이지만, 현재의 정치적 상황은 이 연구에서 "신관리주의적 자본주의"라고 부르고 있는 우파적 형태의 대안을 따라 갈 것이라 예상할 수 있다.

시간대와 사건의 제약

2010년 또는 그 이후에 나타난 양의 성장률로의 복귀로 말미암아, 상위 계급과 정부 ― 신자유주의적 목표를 지속시키는 데 있어 고유한 위험을 갑작스럽게 깨달은 ―가 새로운 사회질서의 기초를 신중히 다질 수 있는 새로운 시간이 자동적으로 만들어졌다고 말하는 것은 순진한 생각일 것이다. 곤란한 상황들이 축적된 결과로서만, 극적인 조정의 필요성이 점진적으로 인식될 수 있을 것이다. 만약 발생하는 사건들의 무게가 확고하지 않다면 필수적 조정이 발생하지 않을 수도 있다. 새로운 동역학을 자극할 수 있는 잠재적 전개 과정은 다음과 같다. (1) 경제 회복의 약화와 GDP의 새로운 수축이 나타날 가능성, (2) 새로운 금융적 혼란의 반복, (2) 달러 위기, (4) 미국의 경제적 우위가 상실될 새로운 징후.

얼마나 걸릴까? 1장에서 우리는 역사적 관점을 통해 구조적 위기의 상당한 지속과 연루된 메커니즘의 다양성을 지적하고 있다. 2009년 시점에서 보면, 한 가지 확실한 것은 위기가 끝나지 않았다는 점이다. 새로운 극적인 상황이 예상되고 있다. 대공황과 제2차 세계대전(1929~45년에 이르는 기간)의 사례가 시사적이다. 현재의 위기도 아마 예외가 없을 것이다. 결정적 문제는 '회복'이 의미하는 바다. 앞으로 몇 년 동안 미국의 성장을 어떻게 지속시킬 수 있을까? 가계에 대한 과감한 신용 정책을 통해? 정부 지출을 통해? 이런 선택지는 모두 위험하다. 1990년대 후반 장기 호황을 연상시키는 새로운 투자 호황이 데우스 엑스 마키나로서 중심 무대에 나타날 것인가? 그게 얼마나 지속될까? 대체로 앞으로 10년이나 20년 동안 미국 거시 경제의 궤도는 어떻게 될 것인가?

여기서 우리가 도달한 결론은 다음과 같다. 즉 신자유주의가 가진 기회는 그리 많지 않지만, 이 결과는 어느 정도까지 지속될지 모르는 시간대 내에서 규정될 것이다. 신자유주의의 목표는 미국 헤게모니의 유지와는 양립 불가능하고 또는 더 엄격하게 말해 헤게모니의 쇠퇴를 늦추지 못할 것이다. 또한 그런 목표는 미국 거시 경제 궤도를 수정하는 데도 도움이 되질 않는다. 그리고 두 개의 문제 집합이 관련되어 있다. 우리는 미국이 자신의 상대적 힘을 유지하기 위한 결정이 중요한 역할을 할 것이라 가정할 수 있다. 빠른 시일 내에 일어날 것이라 예상되지는 않지만 말이다.

관리주의적 추세의 강화

신자유주의 동역학의 대안은 무엇인가? 이는 전통적으로, 시장과 조직화, 또는 시장과 국가 개입 사이에 존재하는 딜레마로 정식화된다. 현재의 추세들을 수정하기 위해서는, 국가의 개입을 강화하고, 이른바 자율적인 시장 메커니즘을 상대적으로 축소하는 것이 필요하다고 한다. 이는 신자유주의적 프로파간다에 대한 케인스주의의 직접적인 대응을 의미한다. 하지만 이는 기초적인 사회관계의 본질을 인정하지는 않는다. [다시 말해] 계급적 양식과 위계 관계의 측면에서, 결정적 지점은 **자본가계급**에 대해 상대적으로 관리자 계급에 주어진 역할 및 그 두 계급 사이의 관계다.

자본가계급, 금융 관리자, 상위 관리자들의 목표와 이를 달성하기 위한 실천으로 인해, 하나의 국가로서 미국의 힘을 보존하는 것과 상위 계급의 이해 사이의 분기가 발생했다. 이와 같은 분기는 비금융 관리자들의 이해와 미국의 이해 사이에서는 본질적으로 존재하지 않는다. 이런 속성은 비금융 관리자들의 상대적인 사회적 지위 강화에 유리하게 작동하는 중요한 요소다. 앞으로 수십 년 동안 진행될 경제적 거버넌스의 변화라는 측면에서 보면, 비금융 기업과 정부 기관 내의 기술 및 조직을 맡고 있는 관리자들의 역할이 증가해야만 하고, 이들에게 사실상의 지도력 ― 적어도 상당한 범위에서 신자유주의에 고유한 편향과 목표로부터 자유로운 관리 ― 이 부여되어야만 한다.

이런 관리자 지도력 강화의 주요 측면은 다소 직관적으로 이해할 수 있다. 그 첫 번째 측면은, 투자를 위해서 비금융 기업 내에 이윤을 유보할 필요가 있다는 점이다. 새로운 기업지배구조에 긴급히 요구되는 것은, '주주 가치의 창조'를 더는 관리의 배타적 목표로 설정하지 않는 것이다. 증권시장에서의 막대한 이익을 더는 기대할 수 없다. 두 번째는 이와 관련된 정책이다. 정책은 단순히 규제 완화가 아니라 교육, 연구 또는 인프라스트럭처의 개발 등 효율성에 목표를 두어야만 한다. 세 번째 요소는 인플레이션과 조세정책이다. 모두 거대 금융자산 포트폴리오를 보유하고 있는 사람들에게 위협적인 것들이다. 하지만 이 두 가지 모두 앞으로 다가올 몇 년 그리고 수십 년 동안 정부 채무의 증가를 조정하기 위해 필수적인 것들이며, 역사의 교훈이기도 하다. 이번 위기에 대응하는 과정에서 명백히 드러난 바와 같이, 상위 계급의 다양한 분파들 사이에 여러 가지 이해들이 존재하는 상황에서, 비금융 관리자들과 관료 분파가 그와 같은 방향으로 나아가는 데 주도권을 행사할 것으로 기대할 수 있다. 하지만 신자유주의적 추세로부터 상당한 이익을 얻은 사람들, 즉 자본가들, 금융 관리자들과 (5장에서 묘사한 잡종 형성 과정과 관계있는) 상위 관리 분파의 저항이 있을 것이다.

미국 경제의 상황을 회복시키기 위해 상위 소득 계층으로의 거대한 소득 유입을 엄격히 제한할 필요가 있다. 그런 조정 과정에는 자본소득

(이자 및 배당)뿐만 아니라, 신자유주의적 타협의 지주로서 신자유주의 기간 동안 기업 내에서 발생한 잉여 유출의 주요 근원이라 할 수 있는 높은 '잉여노동 보수'에 대한 제한도 포함되어야만 한다. 문제는 이런 과정에서 어떻게 상위 계급들을 설득시킬 수 있을 것인가와 관련되어 있다.

관리주의적 효율성과 사회적 경도: 좌파 또는 우파

앞으로 몇십 년 동안 사회적 위계 관계의 상층에서 벌어질 시나리오에 대한 탐구는 〈표 6.1〉에 나와 있는 배치의 양상을 다시 떠올리게 한다. 그와 같은 유형학은 '우편향' 또는 '좌편향'과 같은 권력 형세의 정치적 지향을 강조하고 있다. 우파적 타협은 자본가계급과 관리자 계급 사이의 동맹을 일컫는다. 좌파적 타협은 관리자 계급과 민중 계급 사이의 동맹을 말한다. 이 첫 번째 규준은 두 번째 규준과 결합하는데, 그것은 각각의 사례에서 지도력을 행사하는 계급에 달려 있다. 신자유주의의 사회적 기초는 자본가들의 지도력 아래서 자본가계급과 관리자 계급이 타협하는, 즉 우파적인 타협([1])을 나타내는 것으로 이야기할 수 있다. 전후 초반부의 몇십 년 동안 지배적이었던 사회적 타협은 관리자 계급의 주도 아래에서 이루어진 관리자 계급과 민중 계급 사이의 타협([2])이라고 할 수 있다. 이를 '좌편향'이라고 부른다. 하지만 지금까지는 전례가 없었던 또 다른 형세가 표에 나타나 있다. 그것은 신자유주의에서 그랬던 것처럼 우파적인 타협이지만, 자본가계급 대신에 관리자 계급이 주도한다([3]).

이런 분류를 해석할 때, (1) 기업지배구조, 정부 개입, 규제, 정책의 의미에서 **조직 및 효율성**과 (2) 좌파적인 또는 우파적인 지배적인 타협이 가진 정치적 지향 속에 있는 **민중 계급**의 운명이라는 두 개의 측면을 구별하는 것이 중요하다. 여기서 두 번째 측면이 중도 좌파적 타협과 사회적 위계 관계 상층에서 일어나는 신관리주의적 자본주의 사이를 구별하는 데 중요하다.

따라서 〈도표 1.4〉에서 주장하는 것처럼 잠재적 시나리오를 분석하는 과정에서 두 가지 분기를 고려할 수 있다.

1. 첫 번째 분기는 현재의 위기와 같은 사건이 짧은 시간 내에 반복되는 것을 피하기에 충분할 수 있는 수준에서 제한적 조정이 이루어지고, 이와 같은 상태에서 신자유주의가 지속되는 것이다. 그런 형세는 위의 [1]의 상황이라고 할 수 있다. 이는 2009년 말 기준에서 보면 미국에서 대표적으로 나타나고 있다. 금융을 감독하는 기관을 창설하거나 엄격한 바젤 기준을 적용하는 제한적 수단만이 고려되고 있다. 다른 말로 하면 진지한 면은 아무것도 없다.

2. 또 다른 상황의 두 번째 흐름은 미국이 직면하게 되는 곤란한 상황을 좀 더 효율적으로 통제할 수 있는 관리주의적 지도력의 수립이다. 미국 경제의 지속 불가능한 궤도와 국제적 헤게모니의 쇠퇴 모두 새로운 기업 관리, 새로운 정책, 제한적인 세계화를 요구하고 있다.

이런 사회적 배치를 정의하는 주요소는 소득분배다. 고소득에 대한 봉쇄는 좌파적 타협([2])에 잘 들어맞는다. 그런 상황은 신관리주의적 자본주의([3])의 경우에는 전혀 다를지도 모른다. 이런 사회질서의 세 가지 특징이 강조되어야만 한다.

1. 상층부에서 이루어지는 동맹은 고소득을 엄격히 통제할 수 있는 '본질적 근거' — 즉, 사회질서에 적합한 사회적 기초에 고유한 근거 — 가 없다. 하지만 관리자들이 주도한다는 것은, 그에 상응해 관리자들에게 유리한 소득 위계 관계의 재배치가 일어나면서 관리자 계급과 자본가

계급 사이의 새로운 세력균형이 나타난다는 것을 의미한다. 그중에서도 신관리주의적 자본주의의 필수적 구성 요소인 금융 규제는 자본소득의 확대를 막을 수 있을 것이다. 따라서 관리주의적 형태의 차이에 따라, 우리는 자본소득(이자 배당, 증권시장에서 발생하는 자본이득) 및 소득 위계 관계의 상층으로의 고소득 흐름에 대한 완만한 봉쇄가 발생할 수도 있으리라 예상할 수 있다. 신자유주의에서는 심지어 비금융 기업 내의 상위 관리자들이 증권시장의 성과를 직접적인 목표로 상정했고, 그에 따라 보수를 받았다. 새로운 사회질서는 본질적으로 이런 행위를 제한할 것이다. 금융 관리는 직접적으로 영향을 받을 것이다.

2. 여기서 현대자본주의에서 전형적으로 나타나는 상위 계급들 사이의 잡종 형성 과정의 결과로 돌아가 보는 게 중요하다. 동일한 상위 계층들이 초고임금과 자본소득으로 이익을 얻는 경향이 점점 더 나타나고 있다. 자본가 가계들 가운데 적어도 가장 역동적인 부분은 자본소득이 감소되었지만, 이미 우리가 본 사례에서처럼 고임금을 통해 줄어든 소득을 보상받을 수 있다.

3. 하지만 신관리주의적 자본주의의 사회적 배치에 '내재적인' 이와 같은 근거들 외에도, 미국 경제의 현 상황과 구체적으로 연관된 또 다른 요소들이 있다. 그것은 미국의 국제적 헤게모니의 급격한 쇠퇴와 미국 경제 궤도의 지속 불가능한 특징들을 억제하기 위한 필요조건이다. 사실상 이런 요소들로 인해 신자유주의적 추세를 포기하고 새로운 사회질서로 이행해야 하는 절박함이 만들어진다. 하지만 여기에는 그 이상의 것이 연루되어 있다. 사회적 위계 관계의 상층부에서 상위 계급 — 자본주의적일 뿐만 아니라 관리주의적 부분 또는 다소 그에 해당하는 — 은 적어도 이행기 동안에는 스스로 자신들의 소득을 제한하는 조치를 수행해

야 한다. 이는 소비를 제한하고, 국내 축적 추세를 복원하며 대외무역의 불균형을 조정하기 위해 기본적으로 요구되는 조건이다. 하지만 상위 계급이 스스로 그런 규율을 부과할 수 있는지는 증명된 바 없다.

사회 변화의 경제학과 정치학

신자유주의의 위기와 같은 구조적 위기는 위의 분기 과정에서 어느 쪽에 유리한가?

구조적 위기가 사회 변화로 이어지는 것은 확실하지만, 대공황과 1970년대 위기 사이를 비교하면서, 권력 형세의 잠재적 분기 효과가 어떤 식으로 나타나는지 보는 것이 가장 좋을 것이다. 두 개의 위기 모두 동일한 사회적 행위자들 사이에서 나타나는 사회적 대립의 갑작스런 증가로 이어졌다. 하지만 약 40년 사이의 거리를 두고 두 역사적 시점 사이에는 놀랄 만한 이율배반이 존재하고 있다. 결과 — 대공황 이후 벌어진 자본가 이익에 대한 논쟁과 1970년대 위기 이후 그 이익의 복권 — 는 정반대였다. 앞선 위기는 헤게모니의 위기였고, 뒤에 벌어진 위기는 수익성의 위기였다. 그리고 위기 상황과 그 잠재적 결과들 사이에는, 기술적이지 않은, 어떤 관계가 존재한다.

대공황 기간 동안 전 세계적인 강력한 노동자 운동이 만들어 낸 압력 아래서 행정 관료들과 민중 계급 사이의 유대 관계가 수립되었다. 대공황 이후에 지배적인 조직적·기술적 경향은 이에 유리한 기초적 조건들을 만들어 냈다. 자본 생산성이 상승했고, 이윤율이 유지되었으며, 임금 소득자의 구매력이 증가하고, 정부 수입 또한 증가했다.

1970년대의 위기 기간에는 전후 타협을 뒷받침한 사회 세력들이 성공적으로 위기에 대응하지 못했다. 전후 타협은 정치적으로 취약했고, 1960년대에 타협을 지탱하던 기초적인 경제 조건들이 사라지게 됨에 따라 불안정할 수밖에 없었다(5장). 케인스주의적 정책들은 수요가 불충분했던 것이 아니라 부족한 이윤율이라는 상황 속에서 실패했나. 소득분배와 관련된 대립은 여전히 지속되었다. 이미 살펴 본 바와 같이, 위기로 인해 특히 커다란 파업의 물결이 일어나면서 악화된 민중 계급의 상황과 관련된 저항이 발생했다. 비록 노동자 운동으로 인해 신자유주의적 추세의 영향력이 상당히 감소하기는 했지만, 1980년대 이후는 노동자 운동의 역사에서 보면 기본적으로 후퇴의 시기였다. 그와 동시에 자본가들은 점진적으로 증가한 효율성을 바탕으로 행동했고, 상위 관리자들의 지원에 기초해 이전에 갖고 있던 특권들을 완전히 복권시키려고 시도했다. 민중 계급이 패배했다. 따라서 스스로 개혁할 수 없었던 소비에트주의와 사회민주주의 타협 모두 분해되면서, 단일 세계의 새로운 금융 헤게모니에 길을 열어 주었다.

앞으로 수십 년 동안 상위 계급이 직면할 딜레마와 전후 타협 실패 사이에 평행선을 그릴 수 있다. 현 위기의 맥락에서 만약 23장에서 이야기한 과업들이 자본가계급과 관리 분파의 강력한 저항 때문에 달성되지 않는다면, 1970년대 후반의 상황과 극도로 유사하지만, 민중 계급이 배제된 사회적 위계의 상층부에서 이루어지는 타협으로 이어질 수 있을 것이다. 결과는 동일하다. 이전의 권력 형세가 종말을 고하는 것이다.

우편향으로 가는 길

역사적 상황이 다르기는 하지만, 이번 위기는 민중 투쟁에 중요한 역사적 기회(대공황을 연상시키는)를 만들어 내고 있다. 미국 경제의 현 상황을 휘어잡기 위해서는 ─ 금융 체계의 재건, 축적 추세의 복권, 불균형의 조정 ─ 금융 이익을 봉쇄할 필요가 있다. 1930년대와 마찬가지로 상위 계급의 응집력을 불안정화할 수 있는 위기가 발생할 수도 있다.

낙관적으로 보자면, 상위 임금 소득자 대부분이 뉴딜과 유사한 이행 과정을 밟으려 하고 민중 계급의 지지를 얻으려고 하는 상황을 생각해 볼 수 있다. 지도력의 이동이 민중운동의 압력 아래서 달성될 것이다. 그런 추세는 관리자들이 새로운 목표를 실현하는 데 민중 계급의 지원을 필요로 하기 때문에 민중 계급의 요구에 유리한 조건을 만들어 낼 것이다. 다른 말로 하면, 민중 계급에 이런 식으로 의존하지 않으면, 관리자들은 자본가계급의 이해를 길들일 수 없을 것이다. 가장 부유한 인구 분파들의 이해를 방어하는 데 더는 헌신하지 않는 관리 분파(금융 관리 이외의 구성 요소, 관리의 하위 영역 등)와 동맹한 정부 관료들도 민중에 의존하지 않으면 안 된다.

이번 위기에 오바마 행정부가 행한 초기 대응 과정(특히 고소득, 조세, 규제, 복지)에서, 상위 계급 가운데 일부에서 이런 움직임이 미미하게나마 분명히 나타났다. 하지만 2009년 말 새로운 과정이 진행되는 것을 살펴보면 그런 정치적 추세는 더는 나타나고 있지 않다.

강력한 민중운동이 존재하지 않는 한, 극우적 대안에 기회를 줄 수 있는 가장 최악의 결과이자 배제할 수 없는 비관적 시나리오가 있다. 전간기 동안에는, 민중 투쟁이 루스벨트의 행동을 지지하면서 나치 독일에서와 같이 다른 나라에서 나타난 극우적 선택지가 지배적이 되는 것을 막았다. 비관적인 시나리오의 결과는 국내적인 억압과 국제적으로 벌어지는 위험한 군사적 행동을 의미하는 지독한 형태가 될 것이다. 그것은 어떤 의미에서는 그 절정에서 보여 주었던 신보수주의적 경향보다 더 악화된 모습을 보일 것이다.

신관리주의적 자본주의는 더 현실적인 세 번째 시나리오이다. 다른 나라와는 상당히 다른 미국의 사회적 관계의 구조적 특징은 사회 피라미드 상층 구성 부분의 긴밀한 관계다. 잘 알려져 있듯이, 전후 타협 시기 동안 유럽 또는 일본이 미국보다 자본가 이익을 더욱 강력히 봉쇄했다. 이와 같은 미국의 특징은 상위 계층의 저축이 대체로 증권에 투자되고, 소유자 또한 상위 관리자의 일부로서 상당한 보수를 받고 있는, 상층부의 잡종 형성 과정 및 신자유주의적 타협 내에서 잘 나타나고 있다.

신자유주의 이후 그와 같은 특권적 고리는 단기적으로 관리자와 관료들이 과감한 수단을 통해 그들의 사회적 '사촌'인 자본 소유자의 이익에 손실을 미칠 수도 있는 행동을 주저하도록 만들면서, 긴급하게 요구되는 급격한 변화의 실행을 뒤로 미루는 쪽으로 작동할 수 있다. 2009년 말 상황은 그런 배치가 우세한 것으로 보인다. 하지만 미국의 사회적 위계 관계 상층에서 나타나고 있는 이 같은 기초적 형세는 또한 권력 분배와 소득 패턴의 정확한 결과가 무엇이든 간에 상위 계급의 합동 전략에 확고한 기초를 제공한다. 이는 민중 계급에는 유리하지 않은 상당한 잠재적 변화가 발생할 것임을 의미한다.

따라서 전반적인 사회적 추세는 사회적 위계 관계의 상층에서 벌어지는 새로운 타협의 수립이 좌편향적이라기보다는 우편향적인 사회적 배치를 나타내고 있다. 이전 장에서는 민족적 요소라고 지칭한 것과 약화된 민중 투쟁이라는 상황 속에서 이런 신관리주의적 전략이야말로 신자유주의적 위기의 결과로 앞으로 수십 년 동안 나타날 수 있는 가장 그럴듯한 결과일 것이다.

| 부록 |

"부록 A"를 통해 11장에서 이루어지고 있는 분석이 기초하고 있는 모델을 소개한다. "부록 B"는 데이터 출처를 다루고 있다.

추가 자료는 아래의 저자들의 웹페이지에서 확인할 수 있다.

www.jourdan.ens.fr/levy/dle2011b.htm

M1. A North Atlantic Financial Hegemony?

    Capitalist classes: A joint U.S.-European leadership I

    Large financial institutions: A joint leadership II

    The cutting edge of financial mechanisms: U.S. leadership

    Direct investment abroad: A joint leadership III

    Currencies: The dominance of the dollar

    Partners across the Atlantic

    The rise and decline of Japan

M2. The Emerging Financial Periphery.

    Capitalism in the periphery

    Financing the U.S. economy: Asia and oil-producing coutries

    More demanding foreign investors

    The rise of sovereign funds

    The "third-world debt": The IMF's lost stick

이 부록을 통해 신자유주의 기간에 나타난 기본적인 거시 메커니즘의 성격을 해석할 수 있는 미국 경제에 대한 모델을 소개하려고 한다. 이 모델의 목적은 경기변동이 아니라 장기적인 궤도를 연구하는 데 있다.

좀 더 복잡한 틀 속에서 다루어질 수 있는 몇 개의 단순한 가정이 필요하다. 특히, 플로우와 스톡 변수들 사이의 관계를 명확하게 다루는 것이 모델의 결과를 변경시키지 않을 수 있다. 주어진 매개변수에 대한 가정 아래서, 이런 방식으로 플로우 및 스톡 변수들을 조정함으로써 동조적인homothetic 궤도를 구현할 수 있다.

11장의 틀이 사용되고 있는데, 비금융 기업, 소비자, 금융 부문, 세계 나머지 지역, 즉 네 개의 경제 주체를 고려하고 있다. "소비자"는 기업과 가계를 모두 일컫는다. 그리고 이런 경제 주체들로부터 발생하는 수요가 "소비"다. 주로 소비자에 대한 대출이 이루어지기 때문에 화폐 정책을 통해 일반적 소비 수준이 관리된다. 기업은 케인스주의적 방식으로 수요 수준에 따라 자신의 생산능력에 대한 사용을 조정한다. 수요는 국내적으로 구매되는 투자와 소비의 합이고, 수출이 추가된다.

고정자본 스톡의 값은 1이며, "정상" 또는 "목표" 가동률에 상응하는 생산능력 또한 $u = 1$이다. 모든 변수들은 이런 고정자본 스톡이나 그에 상응하는 "정상 GDP", 즉 $u = 1$일 때의 산출 수준에 대해 표현된다. 따라서 가동률은 실제 GDP(산출 또는 총소득)를 측정하며, 이런 GDP는 1보다 클 수도 작을 수도 있다. 그리스 문자는 매개변수이며, 로마자는 내생변수다.

거시적 틀

기본적 관계는 〈도표 A.1〉의 화살표로 표현된다.

1. 소득 플로우는 소비자에게 임금, 자본소득, 또는 세금으로 지불된다. 정상 가동률일 때 이 소득은 α와 같다. 그 밖에 변수는 u에 따라 다양하다.

$$R = \alpha + \beta(u - 1) = \alpha - \beta + \beta u,\ \text{단}\ 0 < \beta < \alpha < 1$$

2. 자본 스톡이 1이기 때문에 자본 스톡의 비율로 표현되는 기업의 투자 I로 경제의 잠재성장률, ρ가 측정된다. 투자는 자기 자금으로부터 조달되므로 기업의 차입은 없다. 위의 소득 플로우를 지불한 이후 남아 있는 소득 부분으로 투자재를 구매한다.

$$\rho = I = u - R = -(\alpha - \beta) + (I - \beta)u$$

$\alpha > \beta$이기 때문에 R/u, 즉 GDP 중 소득으로 분배되는 몫은 u가 증가할수록 감소한다. 반대로 투자몫, I/u는 경기 순응적이다.

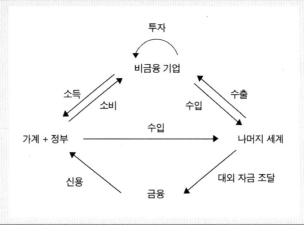

3. 금융 체계는 소비자에게 예금 중에서 순 신규 대출 플로우 ψ을 제공한다. 신규 대출(포지티브 또는 네거티브) 플로우는 중앙은행이 감독한다.

4. 소비자로부터 발생하는 수요는 소득과 순 신규 대출의 합과 같다. $C = R + \psi$ 따라서 소비자 저축은 $-\psi$이다.

5. 국내 경제 주체의 총수요는 소비와 투자의 합이다.

$$D = C + I = u + \psi$$

6. 수요의 일정 부분, $m = \lambda D$는 수입import이다. 나머지 부분 $(1 - \lambda)D$는 국내 생산자에게 간다.

7. 경제는 세계 다른 지역에 수출한다. 그 부분은 그 나라의 잠재 산출의 ϵ에 해당한다.

8. 대외 자금조달은 오로지 금융 부문을 통해 국내 경제에 도입된다.

주요 변수의 결정 요소

다른 변수들도 위로부터 도출될 수 있다. "적자"로 표시하는 무역수지(수입 빼기 수출)는 $d = m - \epsilon$이다. 세계 다른 지역으로부터의 대외 자금조달 플로우, f는 이 적자분과 같다. 다음과 같은 항등식이 성립한다.

(A.1) $$f = d$$

무역적자의 발생은 곧 세계 다른 지역으로부터의 자금조달이 증가한다는 의미다.

기업은 수요를 구성하는 모든 요소의 총합 — 국내 생산자들로부터 구매되는 소비와 투자에 수출을 합한 — 에 산출을 맞춘다. $u = (1 - \lambda)D + \epsilon$, u에 대한 음함수 식이고, 그것의 근root는 다음과 같다.

(A.2) $$u = 1 + \frac{1 - \lambda}{\lambda}\psi - \frac{\delta}{\lambda}$$

δ는 다음과 같은 의미를 지니고 있다.

(A.3) $$\delta = \lambda - \epsilon$$

δ는 형식상 적자임을 주의하자. $u = 1$이라고 가정하면, 첫 번째 항

λ는 순 대출의 효과를 제외한 기업과 가계의 수입import을 나타내며, 두 번째 항 ϵ은 수출을 나타낸다. 따라서 δ는 "구조적 적자 발생 성향"을 나타낸다.

방정식 A.2에 있는 u값을 수입과 수출에 대한 표현으로 대체하면 다음과 같은 방정식을 얻을 수 있다.

(A.4)
$$D = \frac{\psi + \epsilon}{\lambda} \text{와 } m = \psi + \epsilon$$

A.1과 A.4, 그리고 무역적자에 대한 정의, $d = m - \epsilon$을 결합하면 다음과 같은 방정식을 얻을 수 있다.

(A.5)
$$f = d = \psi$$

이 방정식은 무역적자 d와 세계 다른 지역으로부터의 자금조달 f가 같으며, 순 국내 대출 ψ 플로우, 즉 마이너스 소비자 저축이 같다는 것을 의미한다.

플로우와 스톡이 결합된 모델 속에서 동일한 분석을 행할 수 있다.[1]

1_그런 모델에서는 하첨자 t를 사용해 기간 간 분석을 실행한다. 다음과 같은 두 개의 방정식이 사용된다. $K_{t+1} = K_t + I_t$와 $\Phi_{t+1} = F_t + \psi_t$ K와 Φ는 각각 고정자본 스톡과 부채 스톡을 가리킨다. 동조적 궤도 위에서 모든 변수들에 공통된 성장률은 다음과 같다.
$$\rho = b((1-\beta)\frac{(1-\lambda)\psi + \epsilon}{\lambda} + \beta - \alpha)$$
고정자본 스톡 대비 부채 스톡으로 측정된 채무율(the rate of indebtedness)은 $\frac{b\psi}{\rho}$ 이다.

화폐 정책: 가동률 vs. 적자와 채무

이번 절의 논의는 δ와는 별개로 유효하다. 단순화하기 위해, 미국 경제의 상황에 상응하는 $\delta > 0$인 경우만을 고려한다.

차입 수준은 중앙은행의 통제 아래에 있다. 정상 생산능력의 가동은 특정한 신규 차입 플로우로 가능하게 된다.

(A.6) $$u = 1 \Leftrightarrow \psi = \psi_1, \ \psi_1 = \frac{\delta}{1 - \lambda}$$

이런 차입 수준은 δ(적자 성향이 큰 국가)와 λ(수입 성향이 큰 국가)가 크기 때문에 더욱 더 커진다.

신규 차입 수준이 0이라는 것은 1이 아닌 사전적으로 주어진 가동률이 존재한다는 것이다.

$$\psi = 0 \Leftrightarrow u = u_0, \ u_0 = 1 - \frac{\delta}{\lambda}$$

차입의 조절과 정상 가동률의 유지라는 두 가지 목표는 모순적일 뿐만 아니라 별개의 문제다. 보다 높은 가동률이 유지되기 위해서는 소비자가 더 많은 차입할 필요가 있으며, 더 높은 수준의 차입은 보다 큰 무역 적자로 이어지며, 이는 대외 자금조달의 증대를 야기한다.

두 가지 유형의 국가와 네 가지 배열

δ의 값에 따라 국가들을 두 가지 유형으로 분류할 수 있다. 네거티브 적자 발생 경향을 갖는, 다시 말해 흑자를 발생시키는 성향의 국가, 즉 중국 및 독일(배열 1)과 프랑스와 미국 같은 포지티브 적자 발생 성향을 갖는

국가(배열 2, 3, 4)가 있다.

1. 흑자 발생 성향을 갖는 국가. 이 첫 번째 경우에는 $u = 1$이 대외 무역 흑자, $f = \psi_1 < 0$(포지티브 소비자 저축)과 더불어 도달될 수 있다. 무역 균형($f = \psi = 0$)일 경우 $u > 1$을 의미하기 때문에 화폐 당국은 이런 상황을 인플레이션에 대한 공포로 인해 피하려고 한다.

다음의 세 가지 배열은 두 번째 범주에 국가에 속하는 나라들에 해당한다.

2. 소비자 부채와 대외 자금조달을 무제한적으로 확대할 수 있는 능력을 갖고 있는 국가. 이 두 번째 경우에도 $u = 1$이 도달될 수 있다. 그런 조건은 소비자에게 신규 대출 플로우를 공급하는 것이다. $\psi = \psi_1$

3. 소비자 부채를 제한적으로만 확대할 수 있는 국가. 만약 ψ가 제한되어 있다면($\psi < \psi^+$, $\psi^+ < \psi_1$), 가동률은 1보다 작고, 방정식 A.2에 의해 규정된다.

4. 대외 자금조달을 제한적으로만 확대할 수 있는 국가. 만약 f가 제한되어 있다면($f < f^+$, $f^+ < \psi_1$), 위와 동일한 상황이 지배적일 것이다.

배열 2는 신자유주의 기간 동안(2005년까지) 미국 경제의 상황에 상응한다. 배열 3은 금융 메커니즘의 엄청난 폭발이 일어난 마지막 국면(2005년 이후) 동안의 미국 경제를 묘사하고 있다. 배열 4는 대체로 11장에서 논의한 수요 부족 상황에 있는 프랑스와 같은 유럽 국가들에 해당한다.

미국 거시 궤도에 대한 적용

$\delta = \lambda - \epsilon > 0$($\beta$는 일정하다고 가정)과 매개변수 α, λ, ϵ을 변화시키면 서 미국 경제의 역사적 궤도($\delta > 0$)를 모델을 통해 분석할 수 있다. 관찰된 상황은 적어도 2005년까지 두 번째 배열에 해당한다. 화폐 정책의 목표는 생산능력의 가동을 유지하고($u = 1$) 적절한 성장률을 달성하는 것이었다.

10장에서 증거를 제공하고, 11장에서 소개된 전환shift(분배적 전환과 자유무역으로의 전환)이라는 두 가지 중요한 전개 과정은 수렴 효과를 갖는다. 분배적 전환은 상층부로의 고임금, 이자, 배당과 같은 낭비적 분배를 일컫는다. 이로써 α가 상승한다. 자유무역으로의 전환은 글로벌 경제로 미국 경제가 삽입되는 과정을 일컫는다. 후자의 측면에서 보면, 두 개의 직접적 추세가 연루되어 있다. (1) 수입품에 대한 매력의 증대(노동비용이 상대적으로 낮은 국가들과의 무역 유출입의 자유화)는 λ의 증가로 나타난다. (2) 수출 증가 경향, 즉 ϵ의 증가. 하지만 미국 대외무역적자의 폭발적 증가를 가정할 필요는 없다. 오직 대외무역에 대한 점진적 개방만이 요구된다(적자 발생 성향인 δ는 일정한 것으로 가정하자).

1. 축적과 성장률의 감소가 직접적으로 나타난다. $\rho = 1 - \alpha$.

2. 소비자, 가계, 정부에 대한 순국내대출의 플로우, ψ의 증가.(방정식 A.6) 이를 11장에서는 "거시 안정화 장치로서 신용의 유효성 감소"라고 불렀다.

3. 총 산출에서 소비몫이 증가. $C = \alpha + \psi$

4. 와 5. 무역적자 d의 증가와 세계 다른 지역으로부터의 대외 자금 조달 f의 증가(항등식 A.5).

● 주요 데이터 출처 목록

BIS: Bank ofInternationai Settlement. www.bis.org/statistics/.

BOE: Bank of England, www.bankofengland.co.uk.

EURO: Eurostat, epp.eurostat.ec.europa.eu.

FAA: Fixed Assets Accounts Tables (BEA),
　　www.bea.gov/national/FA2004/index.asp

FED: Federal Reserve, Statistics and Historical Data,
　　www.fedefalreserve.gov/eeonresdata/releaseslstatisticsdata.htm .

FOF: Flow of Funds Accounts (Federal Reserve),
　　www.federalreserve.gov/Releases/Zl/Currentldata.htm.

FORBES: Forbes, Lists, www.forbes.comilists/.

IFSL: International Financial Services London, www.ifsl.org.uk.

ITA: International Transactions Accounts (BEA),
　　www.bea.gov/international/index.htm.

MBA: Mortgage Bankers Association, www.mbaa.org/.

NIPA: National Income and Product Accounts (BEA),
　　www.bea.gov/national/index.htm.

PS: T. Piketty and E. Saez, "Income Inequality in the United States, 1913~1998,"
　　Quarterly Journal of Economics, vol. 118, no. 1 (2003), 1-39,
　　www.econ.berkeley.edu/-saez.

WEO: World Economic Outlook (IMF), www.imf.orglexternallnslcs.aspx?id=28.

WFE: World Federation of Exchanges, www.world-exchanges.org/statistics.

WWR: World Wealth Report of Capgemini~Merrill Lynch, Archives,
　　www.us.capgemini.com/woridwealthreportOS/wwf_archives.asp.

Yahoo: Yahoo Finance, finance.yahoo.com/.

미국 GDP, GDP 디플레이터, GWP을 반복적으로 이용하고 있는데, 이
세 가지 변수들의 출처는 다음과 같다.

- 미국 GDP: NIPA, table 1.1.5.
- 미국 GDP 물가지수(price index): NIPA, table 1.1.4.
- GWP: WEO와 Penn World Tables, pwt.econ.upenn.edu/

표 출처

3.1: WWR.

5.1: PS, table A7.

7.1: (1) FOF; (2) NIPA (3) WFE (4) WWR (5) Sovereign Wealth Funds Institute,
swfinstitute.org/funds.php (6) WEO (7) Mckinsey Global Institute
(8) Pensions & Investments- Warson Wyatt World 500 largest Managers
(9) CBS fund management (10) The Banker, www.thebanker.com
(11) BIS, Banking statistics, table 6A.

7.2, 7.3: FOF, table L.1.

8.1: IFSL.

8.2: IFSL.

10.1: FOF, table L.1, L.107

11.1: NIPA, table 2.1.

11.2: NIPA, table 2.1, 3.1, 1.14.

12.1: A. B. Ashcraft and T. Schuermann, *Understanding the Securitization of
Subprime Mortgage Credit* (New York: Federal Reserve Bank, 2007).

12.2: MBA, News and Media, Press Center.

13.1: Asset-Backed Alert, ABS Market statistics, www.abalert.com.

13.2: FOF, table L.102, L126, L.209, L.210, L.211, L.212.

13.3: Asset-Backed Alert, ABS Market statistics, www.abalert.com.

17.1: IMF, Global Financial Stability Report, April and October 2008.

20.1: BOE, Financial Stability Report, October 2008.

24.1: WEO.

그림 출처

3.1: PS, table A3.

3.2: PS, table A1.

3.3, 3.4, 3.5: NIPA, table 1.14; PS, table B2.

3.4: NIPA, table 1.14; PS, table B2.

3.5: NIPA, table 1.14; PS, table B2.

4.1: NIPA, table 1.14; FAA, table 6.1; FOF, tables L.102, B.102.

4.2: FED, table H.15.

4.3: NIPA, table 1.14, 7.10.

4.4: FOF, table F.102, B.102.

4.5: NYSE, Composite index, www.nyse.com/about/listed/nya_resources.stml;
     NIPA, table 1.14.

4.6: FAA, table 6.1ES; NIPA, table 1.5.4, 1.14, 6.19, 7.10; FLOW, table B.102,
     R.102, F.xxx and L.xxx with xxx=102, 109, 114, 115, 116, 117, 127, 129.

4.7: FDIC, Historical Statistics on Banking, www2.fdic.gov/hsob/.

5.1: PS, table B2.

7.1: FOF, table L.1.

7.2: FED, Commercial paper.

7.3: The Boston Consulting Group, "Get Ready for the Private-Equity Shakeout.
     Will This Be the Next Shock to the Global Economy?"(Heino Meerkatt,
     Heinrich Liechtenstein, December 2008).

7.4: BIS, Semiannual OTC derivative markets statistics.

8.1: World Trade Organization(WTO), Total merchandise trade,
     stats.wto.org/StatisticalProgram/WSDBStatProgramHome.aspx.

8.2: United Nations Conference on Trade and Development,
     stats.unctad.org/FDI/ReportFolders/ReportFolders.aspx.

8.3: NIPA, table 1.7.5, 6.16; ITA, table 1; BIS, Triennial Central Bank Survey of
     Foreign Exchange and Derivatives Market Activity, table 1.

8.4: FOF, table L.209, L. 212.

8.5: EURO, Balance of payments statistics and international investment
     positions.

8.6: BIS, Banking statistics, table 6A.

8.7: BIS, Banking statistics, table 2A.

9.1: EURO, ten-year government bond yields, secondary market.

9.2: FED, table H.10: Yahoo.

9.3: FED, table H.10: Yahoo.

10.1: NIPA, table 1.1.5; FED, table H10.

10.2: FOF, table L.107.

10.3: NIPA, table 2.3.5, 7.4.5; FOF, table F.100.

10.4: NIPA, table 7.4.5; FOF, table, F.100.

10.5: FOF, table L.1.

10.6: FOF, table L.100, B.100.

10.7: NIPA, table 1.14; FOF, table F.102, L102, B.102.

10.8: FOF, table L.107; EURO, Balance of payments statistics and international investment positions.

12.1: NIPA, table 1.7.6.

12.2: NIPA, table 5.3.5.

12.3: MBA, Research and Forecasts, Economic Outlook and Forecasts.

12.4: FOF, table F.212.

12.5: Consumer expenditure survey, Bureau of Labor and Statistics.

12.6: Standard and Poor's, Alternative Indices, Case-Shiller Home Price Indices, www.standardpoors.com/.

12.7: U.S. Census Bureau, New Residential Construction, www.census.gov/ftp/pub/const/permits_cust.xls.

13.1: FOF, table L.210, L, 126.

13.2: Asset-Backed Alert, ABS Market statistics, www.abalert.com. FOF, table F.212.

14.1: FED, table H.15; Freddie Mac, Primary Mortgage Market Survey, www.freddiemac.com/pmms/.

15.1: FED, Factors Affecting Reserve Balances, table H.4.1.

16.1: FED, Charge-off and Delinquency Rates.

16.2: Markit CDX indices, www.markit.com/information/products/category/indices/cdx.htm.

16.3: FED, table H.15; British Bankers' Association, Historic LIBOR rates, www.bba.org.uk/bba/jsp/polopoly.jsp?d=141&a=627.

17.1: NYSE, Composite and financial indices, www.nyse.com/about/listed/nya_resources.stml, www.nyse.com/about/listed/nykid_resource.shtml.

17.2: Yahoo.

18.1: FED, Factors Affecting Reserve Balances, table H.4.1.

18.2: FED, Factors Affecting Reserve Balances, table H.4.1.

18,3: FED, Factors Affecting Reserve Balances, table H.4.1.

18.4: FED, Factors Affecting Reserve Balances, table H.4.1.

19.1: FOF, table F.100, F.102.

19.2: FED, table G.17.

19.3: U.S. Census Bureau, Monthly Retail Sales, www.census.gov/marts/www/timeseries.html.

19.4: NIPA, table 3.1.

20.1: Yahoo.

20.2: FED, table H.10.

20.3: FED, table H.10; Yahoo.

20.4: World Steel Association, Crude Steel Production www.worldsteel.org/.

20.5: OECD, stats.oecd.org/wbos/Index.aspx?datasetcode=MEI_TRD.

20.6: ECB, sdw.ecb.europa.eu/browse.do?node=bbn131;BOE, www.bankofengland.co.uk/statistics/rates/baserate.xls; FED, table, H.15; Bank of Japan, www.boj.co.jp/en/theme/research/stat/boj/discount/index.htm,

20.7: FED, table H.4.1; ECB, www.ecb.int/mopo/implement/omo/html/tops.zip.

21.1: G. Duménil and D. Lévy, The U.S. Economy since the Civil War: Sources and Construction of the Series (Paris: Cepremap, Modem, 1994), www.jourdan.ens.fr/levy/.

21.2: FED, table H6; FOF: table 109, 127, R. J. Gordon, The American Business Cycle: Continuity and Change, (1986), Appendix B; Federal Reserve, All Bank Statistics, United States, 1896-1955 (Washington D.C.: Board of the Federal Reserve, 1959), fraser.stlouisfed.orf/publications/allbkstat/; R. Grossman, "U.S. Banking History, Civil War to World War II," R. Whaples, EH.Net Encyclopedia (2008), eh.net/encyclopedia.

21.3: Annual Report of the Controller of the Currency (Washington D.C.: U.S. Department of the Treasury, 1931), 6 and 8; O. M. W. Sprague, History of Crises under the National Banking System (Washington D.C.: Government Printing office, National Monetary Commission, 1910), table 2.4; Grossman, "U.S. Banking History".

21.4: Federal Reserve, Banking and Monetary Statistics, 1914-1941 (Washington, D.C.: Board of the Federal Reserve, 1943), fraser.stlouisfed.org/publications/bms/.

22.1: NIPA, table 1.1.6.

23.1: FED, table H.10.

23.2: FOF, table, 209, 210, 211; TreasuryDirect, www.treasurydirect.gov/reports/pd/histdebt/histdebt.htm.

24.1: WEO.

24.2: WFE.

옮긴이 후기

이 책은 프랑스의 경제학자 제라르 뒤메닐과 도미니크 레비가 2011년 하버드대학 출판부에서 발행한 『신자유주의의 위기』*The Crisis of Neoliber-alism*를 번역한 것이다. 사실 이 책의 원고는 원저자들에 의해 2009년에 이미 완성되어 있었고, 필자는 2009년부터 번역을 준비하고 있었다. 하지만 하버드대학교 출판부의 출간 날짜가 조금씩 미루어지면서 2011년에서야 출간되었으며, 그 후 몇 개월 뒤 한국어판 계약이 정식으로 이루어져 작업을 진행했고 이제야 끝마칠 수 있었다. 이 책이 담고 있는 내용이 적절한 시기에 공개되도록 하기 위해 최대한 빨리 한국어판을 출간할 수 있도록 노력을 했지만 그래도 상당한 시간이 걸릴 셈이다.

제라르 뒤메닐과 도미니크 레비가 한국어판 서문에서 이야기하고 있듯이 이 책이 주로 다루고 있는 시기는 이미 3~4년 전이다. 그 이후로 시간이 흘러 2007년 8월 위기 시작된 시점부터 따지자면 벌써 8년이 흘렀다. 하지만 이 위기는 아직 끝나지 않았고, 현재 진행형이다. 그럼에도 불구하고 우리나라에서는 초기 일부 출판계의 위기 관련 서적 출판 붐을 제외하고는 이 위기에 대한 논의가 그다지 진척되지 못했다. 이번 위기의 원인은 무엇이며, 어떻게 전개되었는가, 그 결과를 어떤 식으로 예상할 수 있을 것인가? 자본주의 최후의 위기인가, 아니면 신자유주의의 위기인가? 첫 번째 한국의 경우 이번 위기가 1997년 한국에서 발생한 외환 위기와 달리 미국에서 발생한 위기이며, 동아시아 경제의 빠른 회복이라는 과정 덕분에 이번 위기에 대한 논의가 지지부진한 것으로 보인다. 둘째 기존 주류 경제학계가 갖고 있는 현실도피적 경향과 진보 학계가 갖고 있는 타성 때문이다. 미국 경제의 위기 이후 나타나고 있는 중국 경제의 지속적 성장을 바탕으로 한 동아시아 경제의 빠른 경제 회복은 그 회복에도 불구하고 존재하는 민중 계급의 절박함과는 달리 관리자들 및 학자들, 젊은 학생들에게까지 이 위기에 대한 논의가 긴급하다는 필요성을 느끼지 못하게 했다.

게다가 옮긴이 또한 여러 대학에서 시간강사로서 강의하고 있었지만 최소한 한국에서 이번 위기를 적극적으로 논의하고 있는 어떤 수업이나 커리큘럼이 존재한다는 걸 들어본 바가 없다. 특히 거시 경제정책의 상당 부분이 수정되고 논쟁되어야 하며, 따라서 경제 이론의 상당 부분도 수정을 요하지만 일부 교과서에서 위기를 단편적으로 다루는 것 이외에는 아직 이런 논쟁점에 대해 충분히 설명되고 있지는 않다. 기존에 해 왔던 것을 답습할 뿐이다. 이는 주류 경제학계의 아집과 타성에 책임이 있을 것이다. 마르크스주의 진영을 포함한 진보 학계 또한 그다지 진전된 논의를 보여 주지 못하고 있다. 위기 초반에 있었던 일부 논평을 제외하고는 이번 위기에 대한 명확한 논점을 찾아볼 수가 없다. 이전의 내용을 반복하거나(이는 마르크스주의 진영에 특징적인데, 이들에 따르면 이전에 발생했던 위기나 이번에 발생했던 위기나 별다를 바 없다. 왜냐하면 원인이 다 똑같기 때문이다. 자본주의가 문제다). 위기의 직접적 원인이라고 할 수 있는 금융 부문에 대한 단편적 시각을 반복하고 있다. 물론 이런 논의들 자체를 모두 폄하할 수는 없지만 가장 큰 문제 가운데 하나는 이런 논의들 사이의 논쟁 또는 교류의 부재다. 단순한 논의 그 자체보다는 논의들 사이의 논쟁과 이를 통해 드러나는 논점의 차이가 위기에 대한 대중적 인식을 진전시키는 데 도움을 줄 것이다. 하지만 우리 진보 학계는 어떤 이유에서인지 이런 대중적 인식을 확대할 수 있는 논쟁이라는 계기를 완전히 포기해 버린 것 같다. 자기 진영의 정체성을 확보하는 데 주력하거나, 논의의 대부분을 희화화시키거나 인민주의화시켜 이른바 주류화 또는 정권 교체의 수단으로 삼고 있다.

앞서 밝힌 바와 같이 이런 상황에서 이 책의 저자 중 한 사람인 제라르 뒤메닐도 한국을 두 차례나 방문하면서 논의의 불을 지폈다. 하지만 이런 시도는 성공적이지 못했다. 그때마다 한국 학계, 특히 마르크스주의 학계는 뒤메닐의 논의를 이른바 '케인스주의적 관점 또는 대안' 또는 '금융자본주의 비판'이라는 식으로 평가했다(이는 특정한 정파의 입장을 지칭하는 건 아니며, 한국의 마르크스주의 학계 전체를 의미한다). 이에 대해서는 이 책을 읽는 독자들이 충분히 파악할 것이라 믿는데, 사실 이 책의 저자들은 그런 식의 대안이나 비판을 제시한 적이 없다. 이 책의 저자들이 행하고 있는 연구는 당연히 이번 위기에 대한 여러 가지 대응 혹은 연구 중의 하나다. 이는 논쟁되어야 할 대상이며, 이런 논쟁을 통해 논점이 드러나고 이를 접하는 연구자, 활동가, 학생 등은 자신의 입장을 세울 것이다. 하지만 저자들이 주장하지도 않은 논리로 그들의 논점을 정리해 버리는 건 여러 면에서 타당하지 않다. 이런 이유로 인해 옮긴이는 저자들에게

"한국어판 서문"도 현재의 논쟁들과 경험들을 요약하는 방식으로 써주기를 부탁했다.

하지만 독자들도 느낄 수 있듯이 저자들의 문체는 상당히 건조하고 간결하다. 서문에서 저자들은 다른 학자들(특히 마르크스주의적 관점의 학자들)과 자신들의 입장 차이를 명확히 밝히고 있지만 그 이외의 사족은 존재하지 않는다. 이에 "옮긴이 후기"를 통해 저자들과 관련된 논쟁의 일부를 소개하려고 한다. 앞으로 이야기될 논의의 대부분이 이 책에서 이미 소화되고 있는 것임에도 불구하고 먼저 위기의 원인과 관련된 논의 일부와 그 결과 또는 대안과 관련된 논의를 옮긴이의 입장을 추가해 정리하려고 한다.

위기의 원인

모든 구조적 위기의 원인은 이전의 사회질서에 존재한다. 1890년대와 대공황, 1970년대 위기, 그리고 현 위기 모두 이전의 사회질서와 경제 체계가 해당 구조적 위기의 원인이다. 결과 또한 그와 같은 이전의 사회질서를 변형시키는 과정에서 존재한다. 따라서 1890년대는 그 자체로 수익성 위기로서 이는 경쟁의 격화에서 비롯된 것이다. 따라서 결과 또한 이런 경쟁의 격화를 조정하는 과정으로 나타난다. 이 같은 과정에서 등장한 금융 헤게모니하의 삼중의 혁명(기업, 관리, 금융 혁명)은 대공황의 원인이 된다. 마찬가지로 대공황은 금융 헤게모니를 약화시키는 방식의 사회질서와 경제 체계로 귀결된다. 1970년대에 발생한 구조적 위기는 이렇게 구성된 전후 타협의 수익성 악화가 그 원인이다. 이 과정에서 소득분배와 관련한 투쟁이 벌어지고 그것은 자본가계급의 승리와 자본가계급 및 상층 관리자들의 동맹을 의미하는 신자유주의로 귀결된다. 제2차 금융 헤게모니가 등장한 것이다.

이런 식으로 구조적 위기를 유형화한다면 역시 이번 위기의 원인은 그 이전의 사회질서와 경제 체계인 제2차 금융 헤게모니다. 물론 이는 미국 헤게모니라는 국제적인 경제적 위계 관계와 관련되어 있다. 제2차 금융 헤게모니는 미국 주도의 신자유주의적 세계화다. 문제는 이런 현 위기의 원인이 수익성과는 어떤 관련을 맺느냐는 것이다. 이 책의 저자들이 제시하는 관점은 단선적이지 않고 복잡하다. 이 책의 저자들은 옮긴이에게 "우리가 이렇게 위기의 원인을 복잡화시키지 않고 1970년대 수익성 위기의 연장으로 이번 위기를 해석했다면 연구는 더 수월했을 것"이라고 고백한 적이 있다. 독자들이 이 책에서 확인할 수 있는 것처럼 저자들의 입장은 이번 위기는 "수익성 위기"(이윤율 저하로 인한 위기)가 아니라는 것이다.

이런 입장은 상당히 많은 마르크스주의자들에게 공격을 받았다. 그럼에도 불구하고 수익성 위기로 이번 위기를 진단하지 않는 마르크스주의자들은 상당히 많다. 각기 입장은 조금씩 다르지만 사이먼 모훈Simon Mohun, 던컨 폴리Duncan Foley나 미셸 위송Michel Huisson 등도 이번 위기를 수익성 위기로 진단하지 않는다. 그러므로 수익성의 현실적 수준과 그것이 거시 경제의 미치는 영향에 대한 명확한 이론적 정의가 있어야 한다. 이는 이윤율이 왜 중요한가라는 근본적 질문 때문이다. 이에 대해 저자들은 다음과 같은 두 가지 측면을 강조한다. 첫째, 높은 이윤 율은 자본 또는 기업의 투자 성향을 자극한다. 두 번째 높은 이윤율은 투자를 위한 자금조달에 기여한다. 다른 말로 하면 이윤율은 한편으로 자본주의 체계 내에서 각 국면이 갖고 있는 기술·조직적 효율성 및 사업 역량을 표현하는 것이다. 따라서 이런 지표는 자본주의경제를 설명하는 결정적 요소로 작용한다. 이런 이유로 자본주의 동역학에 대한 분석에 이윤율이 중심에 있는 것이다. 우리는 확실히 1890년대 또는 20세기 초 그리고 1970년대의 위기를 이윤율 저하 또는 저자들의 용어를 빌어 마르크스적 궤도가 나타났기 때문이라고 평가할 수 있다. 이런 전반적 (또는 마르크스적) 이윤율 저하는 다양한 형태로 정의될 수 있는 모든 이윤율(세후 이윤율 또는 자기자본수익률ROE)의 저하로 함께 이어졌다.

왜 이윤율의 저하가 문제인가? 우리는 어느 정도의 이윤율 수준에서 경제가 압박되어 위기로 이어지는지 정확히 알지 못한다. 그 기준점benchmark point은 0%인가? 아니면 2~3% 수준인가? 마이너스 이윤율인가? 이윤율의 저하는 갑작스러운 산출의 붕괴, 불안정한 메커니즘을 만들어 내지만, 동시에 상호적으로 그런 경제적 상황이 이윤율을 급격히 축소시키기도 하기 때문이다. 그렇다면 이윤율이 상승하는 상황은 어떠한가? 이윤율이 상승하는 상황은 여러모로 경제에 유리한 조건을 만들어 내지만, 그렇다고 이런 상황이 모든 위기의 조건을 상쇄시키는 건 아니다. 이윤율이 상승하는 상황에서도 자본주의 내에서는 위기가 발생했다!

만약 우리가 이번 위기를 수익성 위기로 판단한다면, 신자유주의 이후에도 수익성은 지속적으로 하락하거나 정체되어 있었다는 것을 의미한다. 다른 마르크스주의 논자인 미국의 경제학자 앤드루 클라이먼Andrew Kliman이 이 같은 주장을 하는 대표적 학자다. 그는 이른바 시점적 단일 체계Temporal Single System 해석을 이윤율의 경험적 추계 방식에 도입해 역사적 비용historical cost(다시 말해 장부가격)에 기초한 이윤율을 계산했다. 그의 계산에 따르면 1970년대 이후 미국 경제의 이윤율은 정체(하락한 것은 아니다)되어 있고, 이를 극복하는 허구적 방식이 신자유주의였다.

하지만 이런 주장은 경험적으로나 이론적으로 문제가 있다. 특히 그가 도입한 새로운 추계 방식은 그의 이론에 기초하면 옳을지 모르나 경제적 상식과는 반대되는 것이다. 그가 말하는 역사적 비용에 기초한 이윤율 계산은 미시적/기업 영역에는 해당되고 의미 있을지 모르나 거시/국내 경제적 측면에서는 의미가 없는 방식이다. 자본주의적 경쟁 내에서 장부 가격 이윤율은 경쟁을 거치면서, 거시적 측면에서 의미를 잃는다. 이는 경제협력개발기구OECD의 자본 추계 기본 매뉴얼에도 소개되어 있는 경제적 상식이므로 이런 몰상식에 기초한 새로운 추계 방식이 어떤 의미를 가질지 미지수다.[2] 게다가 이런 해석을 거치자면 결국 신자유주의 30년이 허상 위에서 구축되어 있었다는 걸 의미하는데, 이는 논의를 단순화시킬 뿐만 아니라 이런 허상에 불과한 경제체제에 마르크스 진영이 거의 빈사 상태에 이를 정도로 패배했다는 걸 자인하는 꼴밖에 되지 않을 것이다.

또 다른 대표적 위기 원인 진단은 신자유주의 기간 내에 이루어진 노동조건의 후퇴, 특히 소득분배의 악화가 이번 위기를 일으켰다는 것이다. 이는 마르크스주의 경제학 일부와 포스트케인스주의 학파에서 주장되는 것으로 이번 위기에 대한 대안의 측면에서도 상당한 주목을 받고 있다. 많은 사람들이 신자유주의 기간 동안 삶이 팍팍해졌다고 체감하고 있으므로 더욱이 이 같은 원인 진단을 현실적이라 생각할 것으로 보인다. 하지만 분석은 좀 더 복잡해질 필요가 있다. 신자유주의 기간 내내 대

2_여러 자리에서의 토론을 통해 이에 대한 정보와 아이디어를 제공해 준 아르헨티나 부에노스아이레스대학교의 후안 콘블리트(Juan Kornblihtt)에게 감사한다.

다수의 실질소득이 줄어들고, 다시 말해 악화된 노동조건 속에서 고통을 겪고 있는 건 사실이지만, 그 시기 전반적인 거시 경제적 수요가 축소되었다는 증거는 없다. 이 책에서 보여 주고 있듯이, 전반적 소비 수요는 증가했고, 이는 이번 위기의 주요 원인 중 하나다. 특히 임금 소득자 상위 계층의 소득이 급격히 늘어나서 그 밖의 계층과의 큰 격차를 보여 주고 있다. 이는 임금 소득자 간의 분열을 강화하고 있으며, 노동자 운동의 큰 장애물이 되고 있다. 즉 단순히 임금 소득자 계층의 소득 축소를 말하는 것은 의미가 없다. 상위 임금 소득자 계층의 빠른 소득 성장은 신자유주의적 타협의 주요소이었다. 그렇다면 그들은 누구인가? 이 이야기는 이 후기의 전반을 관통하는 주요한 주제이며, 이는 저자들이 제기하고 있는 삼극의 계급 형세와 관련이 있다.

자본주의적 금융

경제학 내에는 금융에 대한 양극단의 논의가 존재하고 있다. 한편에서는 금융을 최첨단의 경제적 메커니즘이며, 시장의 효율성을 극대화시키는 활동으로 여기고 있다. 이는 단순히 이론적 측면에 그치는 것이 아니다. 불과 몇 년 간 금융적 활동은 상당히 세련화되고 복잡화되었다. 이런 활동을 뒷받침하는 수많은 연구자들과 연구 기관에 의해 해당 활동을 정당화하는 수많은 논문이 쏟아져 나왔고, 사회 전반의 지배적 흐름을 구성하게 되었다. 많은 젊고 총명한 학생들이 금융 부문의 막대한 임금 또는 보너스, 그리고 그것을 바탕으로 하는 사회적 지위를 획득하기 위해 이 같은 활동에 자발적으로 뛰어들었다. 또 다른 한편에서 자본주의적 금융을 신기루 또는 기생적 활동으로 보는 사람들이 있다. 그들에게 금융이란 비생산적 활동의 대표적 사례다. 다시 말해 자본주의 핵심에는 생산이 자리 잡고 있고, 금융은 베일veil에 불과하다. 특히 일부 마르크스주의자들에게도 이런 경향이 강한데, 이들은 금융적 성과의 가공적 측면을 강조한다. 대체로 이들은 앞서 말한 바대로 1970년대 이윤율 저하 경향을 완전히 극복하지 못한 자본주의가 실물 부문의 낮은 수익성 때문에 금융 부문으로 이동했고, 이 같은 금융 부문으로의 이동으로 인해 자본주의의 '기생성'이 더욱 확대되었다고 보고 있다. 문제는 자본주의의 생산에 있는 것이며, 그 과정에서 일어났던 자본주의경제의 성과는 금융 부문의 가공적이고, 신기루에 가까운 현상에 불과한 것이다.

우리는 마르크스주의 진영의 이야기 대부분에 공감을 하면서도, 몇몇 측면에서는 그 이야기를 그대로 받아들이기는 힘들다고 본다. 첫째, 자본주의의 금융 부문과 실물 부문 간의 관계를 단순화하기는 힘들다. 자본주의는 근본적으로 화폐적 생산 경제다. 화폐·금융적 관계의 면밀한 검토 없이 자본주의경제의 특징들과 운동 법칙을 읽어 내는 것은 불가능하다. 게다가 현대자본주의에서 금융은 단순한 하나의 산업 부문 이상의 의미를 갖는, 자본가계급의 소유권이 체현되어 있고 행사되며 실현되는 계급적 기관들 및 제도를 의미한다. 금융 부문에 대한 계급적 검토 없이 현대자본주의 및 현 위기에 대한 분석이 제대로 이루어지기는 힘들 것이다. 이는 관리자 계급에 대한 분석을 동반하지 않으면 아무 소용이 없다. 임금 소득자로의 관리 기능의 위임이 진전됨에 따라서 금융은, 자본가계급의 계급적 기관으로서의 성격을 더욱 명확히 하게 되었다. 단순히 산업자본가와 금융자본가의 대립이 문제가 아니라 상위 계급 내의 타협과 인터페이스가 더욱 문제다. 이것이 현대자본주의의 계급적 복잡성을 추적하는 열쇠가 된다. 둘째, 마르크스주의적 분석에 특징적인 '가공성'에 대한 강조에도 불구하고, 우리는 그를 통해 이루어진 상위 계급의 성과와 상위 임금 소득자 계층과의 타협이라는 물질적 현실을 부정할 수 없다. 신자유주의 기간 동안 이룩한 상위 계급의 부와 소득의 회복은 신기루가 아니다. 그들은 상당 양의 자산을 획득했고, 소득을 축적했다. 금융 부문에 대한 정책적 지원과 규제 완화가 없었으면 이는 불가능한 성과였다. 이 같은 지원을 바탕으로 해당 부문의 규모와 사회적 위계 관계의 중요성은 끊임없이 증대되어 왔다. 셋째, 금융화와 항상 맞물려 이야기되는 세계화(다시 말해 금융 세계화)는 자본주의의 특정 시기에 반복되는 그런 현상이 아니다. 이는 페르낭 브로델Fernad Braudel의 시각에 영향을 받은 세계 체계론적 시각에도 포함되어 있으며, 다수의 마르크스주의자들도 상당한 영향을 받았다. 이들에 의하면 금융화는 '가을의 징후'sign of autumn다. 하지만 우리[저자들과 옮긴이]는 이런 시각을 받아들이지 않는다. 금융화와 세계화 모두 자본주의 고유의 현상(어떤 특정 시기에 주기적으로 반복되는 것이 아니라)이다. 억제되지 않은 자본가계급의 고소득 추구로 인해 현대자본주의는 폭발했다.

하지만 마르크스가 지적했듯이 자본주의적 소유는 생산력의 발전과 함께 기생화되고 있고, 이미 거대하게 사회화되어 있으며, 따라서 금융적 형태로 제도화된 소유는 소규모 자영업자의 수준을 제외하고는 어떤 특정 집단이나 개인의 사용권 행사로 축소되기가 힘들다. 따라서 금융의 발전은 동시에 사회 대다수에 발휘되는 통제권이 이런 소유 형태와 관련되어 있다고 주장할 수 있게 만든다. 다시 말해 규제 완화를 통한 비밀스런 사적 이익 추구가 어떤 형태로 발생하고 있는지 드러내야 한다. 또한이 같은 비밀스러운 금융적 이익 추구 형태는 임금 형태로 가장하고 있는 경우가 많다. 실제로 임금 소득자 계층 내의 소득의 분화는 잉여 노동 보수 형태(저자들이 제시하고 있는 아이디어)를 띠는 고임금을 통해 이루어졌다. 우리는 이런 고임금 형태가 어떤 방식으로 자리 잡았는지 더욱 연구해 볼 필요가 있다.

자본주의 내의 관리자

저자들의 이론적 기여 중 가장 논쟁이 되고 있는 부분 중에 하나인데, 이들이 제시하고 있는 이런 틀 덕분에 저자들이 '마르크스주의의 틀'을 벗어나고 있다는 의심의 눈초리가 많다. 먼저 자본주의에 대한 관리주의적 접근은 마르크스의 틀로부터 벗어난 것은 아니다. 저자들은 마르크스의 역사 유물론적 접근 방식에 근본적으로 입각해 현대적 틀에 맞게 수정한다는 '근본주의적이지만, 수정주의적인'이라는 용어를 많이 사용한다. 관리주의적 접근은 20세기 미국 자본주의의 변형과 그에 따른 계급 형세의 변화라는 저자들의 마르크스주의적 틀에 기초하고 있다. 또한 이는 저자들의 현실 사회주의에 대한 관점과 연루되어 있다. 저자들은 기존에 존재했고, 지금도 잔존하고 있는 현실 사회주의의 유산을 인류의 비전이라고 평가하지 않는다. 즉 우리의 미래로서 현실 사회주의를 제시할 수 없으며, 현실 사회주의는 '관료주의적 관리주의'에 불과하다는 것이다. 여기서 '관료적'이라는 말은 비효율성을 강조하는 의미에서 사용하는 것으로, 미국의 '자본-관리주의' 형태에도 미치지 못한다는 의미다.

이는 사회주의에 내한 논쟁에서 진행된, 국가자본주의, 타락한 노동자 국가, 그리고 사회주의도 아니고 자본주의도 아닌 새로운 생산관계 Neither Capitalism Nor Socialism, NCNS 에 대한 논쟁 및 20세기 자본주의에 대한 연구로서 '관리 자본주의'라는 계기로부터 비롯되었다. 먼저 사회주의 논쟁과 관련해 한국에서 윤소영 교수에 의해 이런 내용이 소개된 바가 있지만 이런 '관리주의적 접근'의 타당성 자체에 대한 논의는 진행된 바가 없다. 즉, 그 주장은 '관리주의적 접근'은 'NCNS'이기 때문에 옳지 않다는 주장 아닌 주장만 있을 뿐이며, 이를 주장했던 미국의 제임스 번햄 James Burnham 등의 주류화 과정을 언급하면서 관리주의적 해석을 회피해 왔을 뿐이다. 하지만 이런 위험성 때문에 현실을 새롭게 읽고 계급 형세를 파악할 수 있는 주요한 자원을 포기할 수는 없다. 또한 미국의 알프레드 챈들러 Alfred Chandler 등에 의해 소개된 '관리 자본주의'의 틀은 이전에 한국에서는 '경영자 자본주의'라는 용어로 널리 읽혀지고 있었는데, 이런 용어법은 여러모로 '관리 자본주의'라는 틀을 협소화시키고 있다. 다시 말해 '경영자 자본주의'는 일종의 사회학적 용어로 생산관계에 입각한 계급적 접근을 차단하는 역할을 한다 하지만 저자들의 논의에서 '관리 자본주의'라는 의미는 그런 의미로 좁게 정의되지 않는다.

또한 이 같은 관리주의적 접근을 이른바 '혁명적 정세 속에서 노동자계급의 관성'에 대한 여러 다른 접근법과 비교해 볼 필요가 있다. 다시 말해 자본주의가 위기에 빠져도 마르크스의 혁명 주체로서 '노동자계급'은 주체화되지 않았다는 주장이다. 이에 대한 연구는 주로 이데올로기 연구를 통해 철학이나 사회학의 주제가 되어 왔다. 따라서 마르크스주의적 연구는 주로 프랑스의 철학자인 에티엔 발리바르 Étienne Balibar나 미셸 푸코 Michel Foucault(또는 그 주변의 인물들)로부터 그 탈출구를 찾아왔다고 할 수 있다. 노동자계급의 분할이나 그 이질적 구성과 관련된 연구는 자취를 감추고 이데올로기 연구가 주로 마르크스주의 연구의 중심축을 차지해 왔는데, 이런 연구들이 갖는 의의에도 불구하고 마르크스주의 후퇴에 일정 정도 역할을 해왔다. 하지만 최근 들어 2000년대 및 현재까지 이어지고 있는 신자유주의의 위기라는 정세 속에서 노동자계급의 분할 및 실질적 생활 조건의 후퇴에 대한 연구가 다시금 주목받고 있다. 하지만 이미 많은 마르크스주의 연구자들이 이런 영역에서 활동하지 않고, 철학과 사회학에 자리 잡고 있으며, 이 영역은 포스트케인지언 연구자들이나 제도주의 연구자들이 주도하고 있다. 특히 미래의 유럽을 두고 벌어지고 있는 첨예한 논쟁, 즉 유로화 및 불평등에 대한 문제에서 마르크스주의자들의 모습을 찾기 힘들다.

오히려 관리주의적 접근은 이런 불평등에 대한 문제와 미래의 비전에 대한 문제에 접근할 수 있는 정치경제학적 사고를 부활시키는 계기가 될 수 있다. 앞서 말한 바와 같이, 불평등 문제는 신자유주의의 위기와 그 분기점bifurcation에서 첨예한 논쟁의 대상이 되고 있다. 이를 포스트케인지언적 접근처럼 거시 총계적 임금몫으로 접근하기는 힘들고, 교육 및 숙련 편향적 기술 진보의 영향으로 발생한 것으로 치부하기에는 그 폭과 깊이가 더 복잡하게 얽혀 있다. 이 책에서도 제시되고 있는 바이지만, 확실히 최상위 계층의 소득은 신자유주의 등장과 더불어 급격히 상승했다. 하지만 임금 소득 상위 계층의 소득 성장은 신자유주의와 꼭 일치하지는 않는다. 이들의 소득은 신자유주의 이전에도 꾸준히 상승해 왔고, 다만 신자유주의와 더불어 그 상승률이 탄력을 받았을 뿐이다. 그렇다면 임금 소득 상위 계층은 도대체 누구란 말인가? 특히 이번에 발생한 위기 시기에도 이들 상위 계층의 소득과 자산, 부채의 복잡한 얽힘은 위기로 이어지는 주요한 계기가 되었다. 신자유주의가 임금 소득자의 노동조건과 소득을 악화시키는 계기가 되었다면 그들은 어떻게 이 와중에서 살아남을 수 있었는가?

또한 대안으로 제시될 비전에 대한 논의에도 기여할 것이다. 노동자 운동 및 사회운동의 지리멸렬함은 그 주체들의 의지에서 비롯되지 않는다. 운동의 주체들은 항상 '의지에서 낙관'적이다. 그렇지 않다면 그들이 그와 같은 열악한 상황에서 자신을 유지하기가 힘들기 때문이다. 오히려 그 지리멸렬함은 대안적 사고의 부재로부터 온다. 우리는 신자유주의의 분기 속에서 우리는 무엇을 제시할 것인가? 과거에 대한 명확한 정리가 없이는 미래로 제시되는 비전에 누구도 관심을 갖지 않을 것이며, 실제로 그렇기도 하다. 과거와 현재의 비극적 역사에 대한 고백이 아니라 인식이 있어야 한다. 어느 누구도 과거와 현재의 현실 사회주의를 미래 인류의 비전으로 받아들이지 않을 것이기 때문이다.

이 "옮긴이 후기"는 이 책과 관련된 논쟁이 어떤 식으로 얽혀 있는지 개괄적으로 살펴보는 것에 불과하다. 이 책은 마르크스주의 경제학 연구에서 나온 이번 위기에 관한 가장 폭넓고, 정교한 분석임은 분명하다. 위기와 더불어 다른 여러 분석 또한 등장했고, 아직도 진행 중이며 충분한 의의를 가지고 있는 연구들이 존재하고 이는 환영할 만한 일이다. 이 책도 그중에 하나로서 다른 관점들과 논쟁을 하고, 개개인이 자신의 관점을 만들어 갈 수 있는 주요한 자원으로 쓰일 수 있다. 이 책이 출간된 시점은 조금 늦어졌지만, 여전히 위기 원인에 대한 논쟁은 유효하고 더욱 활성화될 필요가 있다. 저자들은 프랑스 출판사의 요청으로 이 책을 요약하고 유럽과 미국의 정치경제 상황을 전망하는 새로운 저작을 내놓았다 (G. Duménil et D. Lévy, *La grande bifurcation: En finir avec le néolibéralisme*, La Découverte, 2014). 이 책 이후의 이야기에 관심 있는 분은 이 새 저작을 참고하시면 될 것이다.

마지막으로 이 책을 번역하는 데에는 필자 개인의 노력만이 있었던 것은 아니고, 고려대학교 서양사학과 박사과정의 김동혁 씨가 논문을 준비하는 기간에도 불구하고 일부분을 번역해 보내 주어 큰 도움을 받았다. 또한 내용을 이해하기 위한 세미나를 중앙대학교 사회학과 백승욱 교수님의 도움으로 진행할 수 있었고, 그 와중에 참가하신 분들의 의견도 들을 수 있었다. 후마니타스 출판사 편집부의 도움으로 좀 더 읽기 쉬운 책으로 거듭날 수 있었는데, 남아 있는 오류나 부족한 부분은 옮긴이의 몫이라고 할 수 있다. 마지막으로 이 책의 저자인 제라르 뒤메닐은 옮긴이의 모든 질문에 서면으로나 직접적인 대화를 통해 답해 주었다. 그의 유일한 희망은 그의 이론이 한국을 비롯한 여러 나라의 사람들의 사회운동과 인식에 도움을 주고 논쟁되는 것이다.

2014년 6월
파리에서, 김덕민

| 찾아보기 |